Studien und Materialien zur Musikwissenschaft
Band 38,2

László Strauß-Németh

Johann Wenzel Kalliwoda
und die Musik am Hof von Donaueschingen

2

Georg Olms Verlag
Hildesheim · Zürich · New York
2005

László Strauß-Németh

Johann Wenzel Kalliwoda
und die Musik am Hof von Donaueschingen

Band 2
Vollständiges Werkverzeichnis

Georg Olms Verlag
Hildesheim · Zürich · New York
2005

Umschlagmotiv:
Autograph des Klavierstücks "Les Adieux", WoO IV/19
(aus: Badische Landesbibliothek, Karlsruhe, Mus. Ms.840)

Der Verfasser dankt der Badischen Bibliotheksgesellschaft Karlsruhe und dem Kulturamt der Stadt Karlsruhe
für die großzügige Unterstützung bei der Drucklegung dieser Arbeit.

Bibliografische Information Der Deutschen Bibliothek
Die Deutsche Bibliothek verzeichnet diese Publikation
in der Deutschen Nationalbibliografie; detaillierte bibliografische Daten
sind im Internet über *http://dnb.ddb.de* abrufbar.

∞ ISO 9706
Gedruckt auf säurefreiem und alterungsbeständigem Papier
Herstellung: Hanf Buch- und Mediendruck, 64319 Pfungstadt
Umschlaggestaltung: Barbara Gutjahr, Hamburg
Printed in Germany
Zugl.: Diss., Freiburg i. Br., Univ., 2003
© Georg Olms Verlag AG, Hildesheim 2005
www.olms.de
ISBN 3-487-12976-0
ISSN 0176-0033

In memoriam

Prof. Dr. Manfred Schuler
(1931 - 2001)

Vorwort der Badischen Landesbibliothek Karlsruhe

Es waren sehr glückliche Umstände, die den musikalischen Nachlass von Johann Wenzel Kalliwoda (1801-1866) in Karlsruhe in der Badischen Landesbibliothek (BLB) an einem Ort vereinigten.

Der Komponist, der über vierzig Jahre als Fürstlich Fürstenbergischer Hofkapellmeister in Donaueschingen wirkte, hat ein Gesamtwerk hinterlassen, das rund 250 mit Opuszahl versehene Werke und etwa noch einmal so viele Werke ohne Opuszahl umfasst. Es befand sich bei seinem Tod hauptsächlich an zwei Orten: Zum einen an seiner Dienststätte in Donaueschingen, und zum anderen in Karlsruhe, wo einige Kinder des Komponisten lebten und auch er selbst seinen Lebensabend verbrachte. Hier blieb ein Teil seines musikalischen Nachlasses in Familienbesitz erhalten (Autographen, Abschriften und Drucke), den die Nachfahren später vervollständigten. 1951 wurden diese Musikalien der BLB zunächst als Depositum übergeben und im Jahr 1989 von dieser schließlich angekauft. Dabei umfasste die Sammlung 386 Nummern, bestehend aus 92 Autographen, 77 Abschriften sowie 214 Drucken (meist Erstausgaben). Der Nachlass enthielt außerdem das künstlerische Erbe des Sohnes Wilhelm Kalliwoda (1827-1893), der nicht zuletzt in seiner Funktion als Badischer Hofkapellmeister von 1866 bis 1875 die Musikgeschichte Karlsruhes mitgeprägt hat.

Donaueschingens Musiktradition am Hof lässt sich bis ins 16. Jahrhundert zurück nachweisen. Zu besonderer Blüte kam dort das Musikleben in der zweiten Hälfte des 18. Jahrhunderts – ein Besuch des jungen Wolfgang Amadeus Mozart im Jahr 1766 ist dokumentiert – und in der ersten Hälfte des 19. Jahrhunderts, als auch ein Musikgenie wie Franz Liszt kurze Zeit am Hof weilte. Der größte Teil der Musikalien, die jemals am Hof in Donaueschingen erklungen sind, ist als geschlossener Bestand erhalten geblieben. In 3.612 Handschriften und 3.920 Drucken ist ein Repertoire überliefert, das alle Gattungen umfasst, von der Oper über Konzert und Sinfonie bis zu Kirchenmusik und Kammermusik sowie Werken, die bei den Donaueschinger Musiktagen des 20. Jahrhunderts erklungen sind. Um 1920 wurden die gesamten bis dahin vorhandenen Musikalien in der Fürstlich Fürstenbergischen Hofbibliothek neu geordnet und katalogisiert – darunter auch die Werke Kalliwodas, die während seiner Amtszeit als Hofkapellmeister in Donaueschingen entstanden und dort verwahrt wurden. Dieser Bestand zählte etwa 120 Drucke, acht Sammelbände mit fast 150 Klavierwerken und Liedern sowie 249 durchnummerierte Handschriften.

Das Land Baden-Württemberg hat im Jahr 1999 die gesamte Musikaliensammlung mit großzügiger Unterstützung der Stiftung Kulturgut Baden-Württemberg, der Kulturstiftung der Länder und der Badischen Bibliotheksgesellschaft e. V. angekauft und so befinden sich die Donaueschinger Musikalien nun in der

Badischen Landesbibliothek. Damit sind die beiden Hauptquellen für die Überlieferung der Musik J. W. Kalliwodas wieder an einem Ort zusammengeführt.[1]

Der aus Prag stammende Musiker war im 19. Jahrhundert sehr geschätzt: „Mit einem ausgezeichneten Talente für die Komposition verbindet er einen Grad von Virtuosität auf der Violine, der ihm bei mancher größeren Kapelle den ersten Rang gewiß unbestritten ließ. Dabei ist er ein fertiger Klavierspieler: 3 Talente, die man in diesem Grad von Ausbildung selten beisammen findet."[2] Mit diesen Worten wurde der junge Musiker in Donaueschingen gelobt und dem Fürsten empfohlen.

Zu den Aufgaben Kalliwodas als Kapellmeister in Donaueschingen gehörte neben der Organisation von Konzerten für alle Gelegenheiten am Hof insbesondere die Komposition von neuen Werken. Außerdem unternahm er als versierter Violinkünstler zahlreiche Reisen, wodurch er den musikalischen Ruf der kleinen Residenz bedeutend verbreitete. Häufigstes Ziel seiner Konzertauftritte war Leipzig, wo er nicht nur alle seine Sinfonien (ur-)aufführen konnte, sondern auch namhafte Musiker wie Felix Mendelssohn Bartholdy und Robert Schumann traf. Letzterer lobte wiederholt die Kompositionen Kalliwodas, so schrieb er zu einer der insgesamt sieben Sinfonien: „Über die Sinfonie von Kalliwoda, seine 5te, berichteten wir schon in einer kleinen Notiz, wie sie uns innig wohlgefallen habe; sie ist eine ganz besondere und, was die von Anfang bis zum Schluß sich gleichbleibende Zärte und Lieblichkeit anlangt, wohl einzig in der Sinfonienwelt."[3]

Nach seinem Tod ereilte den Komponisten das Schicksal, das er mit vielen seiner Kollegen teilte: Er wurde rasch vergessen und war lange nur noch denen bekannt, die im Unterricht auf der Violine mit seinen Duetten als Lehrmaterial in Berührung kamen. Doch dies hat sich gewandelt: Das Interesse an Kalliwodas Musik wächst kontinuierlich. Sie wird heute wieder erforscht, neu gedruckt, in Konzerten aufgeführt und auf Tonträgern eingespielt. Ideale Bedingungen für diese Entwicklung sind durch die hervorragende Quellenlage geschaffen, die im Jahr 2000 durch den Ankauf einiger Briefe von und an Johann Wenzel und Wilhelm Kalliwoda (u. a. von Richard Wagner und Clara Schumann) aus Privatbesitz sinnvoll ergänzt werden konnte. Nicht zuletzt trägt jedoch das vorliegende aus-

---

[1] Durch einen Irrtum stand bereits in der ersten Ausgabe der Musikenzyklopädie *Die Musik in Geschichte und Gegenwart*, hrsg. Friedrich Blume, Kassel [u. a.] 1958, Bd. 7, Sp. 454-459, hier Sp. 456: „der gesamte künstlerische Nachlaß von J. W. u. Wilhelm Kalliwoda" befinde „sich in der LB Karlsruhe".
[2] Zitiert nach: Karl Strunz, „Johann Wenzel Kalliwoda (1801-1866)", in: *Die Kultur*, 1. Heft, 1910, S. 39-40.
[3] *Neue Zeitschrift für Musik* 12 (1840), zitiert nach: Robert Schumann, *Gesammelte Schriften über Musik und Musiker*, 5. Aufl., hrsg. von Martin Kreisig, Leipzig 1914, Bd. 1, S. 503.

führliche Werkverzeichnis von László Strauß-Németh dazu bei, die künftige Arbeit mit dem Werk Kalliwodas effektiver zu machen. Dafür sei ihm auch von Seiten der Bibliothek Dank gesagt.

Die Badische Bibliotheksgesellschaft e. V. hat sich um Kalliwoda und um die Aufarbeitung bzw. Wiederaufführung seiner Musik sehr verdient gemacht. Für den Zuschuss zum Druck dieses Werkverzeichnisses gebührt ihr herzlicher Dank. Sie hat sich dadurch ein bleibendes Verdienst um den Namen Kalliwoda erworben.

Dr. Martina Rebmann
Leiterin der Musikabteilung
der Badischen Landesbibliothek Karlsruhe

Vorwort des Verfassers

Bei wissenschaftlichen Abhandlungen, aber auch kleineren Monographien über die Biographie eines Künstlers trifft man häufig auf den Untertitel: „Leben und Werk". Nur selten wird dagegen die Publikation dem zweiten Aspekt dieser Ankündigung so gerecht, wie bei der Veröffentlichung eines vollständigen Werk- bzw. – im Falle von Musikern – Kompositionsverzeichnisses. Die Entstehung dieses Bandes war ursprünglich gar nicht beabsichtigt. Er kam aber aus dem Wunsch heraus zustande, die zahlreichen, bereits gesichteten und mit ihren Inzipits festgehaltenen Kompositionen sinnvoll zu ordnen, möglichst vollständig zu erfassen und sie so der Musikforschung einerseits sowie den an der Musik des 19. Jahrhunderts interessierten Ensembles andererseits zugänglich zu machen. So wuchs neben der eigentlichen Dissertation auch der Umfang dieses Verzeichnisses, bis erst kurz vor Abgabe der Entschluss fiel, es als Teil II meiner Doktorarbeit einzureichen. An dieser Stelle sei ein erneuter Dank an meinen Doktorvater, Prof. Dr. Konrad Küster, ausgesprochen, der den letzten Anstoß zu dieser Entscheidung gab.

Das ehrgeizige Vorhaben erwies sich als ein im Umfang alle Erwartungen übertreffendes Projekt, bei dessen Bewältigung ich auf die tatkräftige Hilfe vieler Institutionen und Einzelpersonen angewiesen war. Aus zahlreichen Bibliotheken von London, Lübeck und Berlin bis nach Stuttgart, München und Wien erhielt ich unkompliziert und meist umgehend die angeforderten Informationen. Im Mittelpunkt standen themenbedingt Forschungen in der Fürstlich Fürstenbergischen Hofbibliothek in Donaueschingen sowie der Badischen Landesbibliothek in Karlsruhe; hier gebührt Frau Gisela von Briel (bis 2000 in Donaueschingen) sowie Frau Dr. Martina Rebmann und ihrer Mitarbeiterin Frau Eva Žilova (Karlsruhe) mein aufrichtigster Dank. Sie alle haben mir bei den langwierigen Erfassungsarbeiten in besonderer Weise geholfen, die Noten und Manuskripte unkompliziert bereitgestellt und auch mal Öffnungszeiten um mir wertvolle Minuten verlängert.

Vielen Dank an Frau Dr. Gertraut Haberkamp von der RISM-Arbeitsgruppe Deutschland (München) für die ersten wichtigen und weiterführenden Informationen sowie Herrn Dr. Bernd Wiechert vom Verlag C. F. Peters (Frankfurt a. M.) für die stets unverzügliche und ausführliche Beantwortung meiner häufigen Anfragen. Ebenso bin ich dem Mainzer Verlag Schott Musik International sowie den privaten Sammlern, die mir eine Kopie ihrer Kalliwoda-Manuskripte zur Verfügung gestellt haben, zu Dank verpflichtet.

Die zweibändige Form der Dissertation bedeutete nicht nur für mich, sondern auch für meine Frau doppelte Arbeit. Sie durchlebte und zuweilen durchlitt mit mir die Entstehung auch und gerade dieses Werkverzeichnisses. Deshalb sei ihr in diesem Vorwort für ihre unermüdliche Hilfe und noch mehr für ihre große Geduld besonders gedankt.

Schließlich danke ich Herrn Prof. Dr. Wolfgang Klose von der Badischen Bibliotheksgesellschaft Karlsruhe. Er zeigte spontanes Interesse an meiner Arbeit und sagte mir eine großzügige finanzielle Unterstützung zu. Zusammen mit dem Zuschuss des Kulturamtes Karlsruhe konnten so die hohen Druckkosten vollständig gedeckt werden.

Einer der Wegbereiter der ersten Stunde für das Projekt „Kalliwoda und Donaueschingen" war Prof. Dr. Manfred Schuler (†). Es wird für mich unvergesslich bleiben, wie er in einem Freiburger Café den entscheidenden und richtungsweisenden Anstoß für die Arbeit gab. Er fühlte sich der Musikgeschichte Donaueschingens stets verbunden; während er jedoch den Ankauf der fürstlichen Musikbibliothek durch das Land Baden-Württemberg noch erleben durfte, war ihm das im Blick auf die Fertigstellung meiner Arbeit nicht mehr vergönnt. Das vorliegende Werkverzeichnis erschließt einen Teil des Notenbestandes, der ihm sehr am Herzen lag; ein Grund mehr, ihm diese Arbeit posthum zu widmen.

Freiburg, im Oktober 2004   László Strauß-Németh

INHALTSVERZEICHNIS

Vorwort der Badischen Landesbibliothek Karlsruhe VII

Vorwort des Verfassers X

Einleitung 1

Der Aufbau des Katalogteiles 4

Siglen- und Abkürzungsverzeichnis 8

Literatur 12

Verzeichnis der Kompositionen nach Gattungen geordnet 15

1. Teil: Werke mit Opuszahl 29

2. Teil: Werke ohne Opuszahl 207

    Einleitung zum zweiten Teil 209

    I.   Orchesterwerke 211

    II.   Werke für ein oder mehrere Soloinstrumente mit Orchester 222

    III. Kammermusik 234

    IV. Solowerke für Klavier oder Harmonium 244

    V.   Opern und Schauspielmusiken, Einlagenummern 261

    VI. Messen und Kirchenmusik 283

    VII. Weltliche Kantaten 319

    VIII. Männerchöre 328

    IX. Lieder mit Klavierbegleitung 349

    X.   Sonstiges 374

Liste der vertonten Gedichte, nach Titeln geordnet 381

Liste der vertonten Texte, nach Textanfängen geordnet 391

Verzeichnis der Dichter 405

Liste der Widmungsträger 410

Einleitung

Kalliwodas musikalischer Nachlass umfasst 243 mit Opuszahlen veröffentlichte Werke sowie etwa noch einmal so viele Kompositionen, von denen nur ein kleiner Teil im Druck erschienen ist. Der glückliche Umstand, dass der komplette Bestand nunmehr in der Badischen Landesbibliothek in Karlsruhe geschlossen aufbewahrt wird, ist das Ergebnis einer langen, an zwei Orten parallel verlaufenen Entwicklung, die schon zu Kalliwodas Lebzeiten ihren Anfang genommen hatte. Das Fürstenhaus in Donaueschingen bemühte sich von Anfang an, die Manuskripte und Drucke seines langjährigen Hofkapellmeisters wohlgeordnet aufzubewahren, doch den ersten Schritt zur übersichtlichen Verwahrung seiner Werke leistete Kalliwoda noch selbst: Bereits seit frühen Jahren war er angehalten, regelmäßig Inventarlisten über alle Musikalien – dazu gehörten die Instrumente, deren Ersatzteile wie auch Noten – anzulegen. Aus einer solchen erstellte er 1860 einen Auszug, der ausschließlich seine eigenen ungedruckten Kompositionen enthält. Die Liste, datiert vom 7. April 1860, ist wie folgt überschrieben:

Catalog sämtlicher von mir komponierten Werke, d. h. (Manuscripte) welche in dem <u>Inventarium der fürstl. Hofkapelle</u> verzeichnet sind. Die unterstrichenen Nrn sind und waren immer nur, für die hiesigen Verhältnisse <u>d. h. musikalische Leistungsfähigkeiten</u> berechnet.[4]

Warum Kalliwoda dieses Verzeichnis zu jenem Zeitpunkt erstellt hat, ist nicht bekannt, es blieb aber die letzte Aufstellung dieser Art von seiner Hand. Für die Bestandsaufnahme ist es jedoch gerade im Blick auf die Bühnen- und Kirchenmusik sehr hilfreich. Es wird vor allem ersichtlich, für welche Opern wie viele und welche Art von Einlagenummern entstanden und welche Messen ursprünglich für welche Besetzung bestimmt waren. Bezüglich der Datierung im Sinne von *ante quem* bzw. *post quem* hilft das Dokument allerdings nicht weiter, denn 1860 lagen die meisten identifizierbaren Kompositionen bereits vor und stehen somit allesamt auf der Liste. Die kleinen Werke wiederum sind nicht einzeln aufgeführt, sondern je nach Gattung als ein Posten zusammengefasst.[5] Nach der Pensionierung Kalliwodas veranlasste Fürst Karl Egon III. den Ankauf von dessen Manuskripten gegen eine um 500 Gulden erhöhte jährliche Leibrente. Die auf diese Weise

---

[4] FFA, Personalakte *Kalliwoda* (KA 22), Dok. 86/87. Unterstreichungen original.

[5] Unter der Rubrik *Kirchenmusik* lautet dieser letzte Punkt: „Verschiedene Choräle, 4.stimmige Lieder, Zwischen und Vorspiele, theils für Harmoniemusik, theils für Saiteninstrumente, für den evangelischen Gottesdienst in der Schloßkapelle." Unter der Gruppe *Theater und Conzertmusik* heißt es: „III Ouverturen, verschiedene Entracte, und Festmärsche für Orchester / Solostücke für verschiedene Blaßinstrumente / Verschiedene kleine Piecen theils für Orchester theils nur für Harmonie."

erweiterte Notensammlung bildete die Grundlage für den im ausgehenden 20. Jahrhundert erhaltenen Bestand an Werken des langjährigen Hofkapellmeisters in der fürstlichen Hofbibliothek Donaueschingen.[6]

Nach dem Tod Kalliwodas 1866 blieben die Nachkommen mit dem Fürstenhaus in regelmäßigem brieflichen Kontakt. Anfängliche gezielte Anfragen seitens der Familie nach Notenausgaben beruhten auf konkreten Anlässen oder Aufführungsabsichten. Erst in den 1890er Jahren widmete sich Gustav Kalliwoda, jüngster Sohn des Hofkapellmeisters und Hofapotheker in Karlsruhe-Durlach bzw. später in Freiburg i. Br., dem musikalischen Erbe seines Vaters und begann, dessen Œuvre möglichst vollständig zu sammeln. Zu dem in der Familie verbliebenen meist handschriftlichen Nachlass kaufte er fehlende Werke vorwiegend beim Freiburger Musikalienhandel Ruckmich in Druckausgaben nach, und was im Handel nicht mehr erhältlich war, suchte er über Zeitungsannoncen in Donaueschingen und Karlsruhe antiquarisch zu erwerben. Zusätzlich überließ ihm das Fürstenhaus kostenlos 21 Duplikate aus seinem Bestand. Diejenigen Stücke, die Gustav Kalliwoda in keiner Weise bekommen konnte, ließ er in der fürstenbergischen Hofbibliothek abschreiben, so dass schließlich auch die Familie einen recht umfangreichen Bestand an Werken des Hofkapellmeisters besaß. 1989 wurde dieser Nachlass an die Badische Landesbibliothek in Karlsruhe verkauft. Als schließlich das Fürstenhaus zehn Jahre später den Großteil seiner Hofbibliothek veräußerte, konnte das Land Baden-Württemberg den Donaueschinger Musikalienbestand komplett erwerben; er wird nun ebenfalls in der Badischen Landesbibliothek in Karlsruhe aufbewahrt. Somit befindet sich Kalliwodas gesamter musikalischer Nachlass an einem Ort, allerdings nach wie vor nach Provenienzen getrennt.

Doch auch der Karlsruher Bestand kann den Anspruch auf Vollständigkeit nicht erheben, denn es gibt eine kleine Anzahl gedruckter Musikalien, die in keiner der beiden Bibliotheken vorhanden, dafür aber in auswärtigen Katalogen nachweisbar sind. Anders verhält es sich mit den nur als Manuskript hinterlassenen Kompositionen. Bei ihnen muss der Forscher das vorhandene Material als gegeben annehmen, über weitere Stücke kann er nur spekulieren, auf solche kann er nur durch Zufall stoßen. Da Kalliwoda seine Manuskripte häufig auch verschenkte oder verkaufte, können bislang unregistrierte Kompositionen von ihm auch in Zukunft auftauchen. Bei den edierten Werken hingegen sind die Autographen nur in wenigen Fällen überliefert. Kalliwoda hat sie vor einer Veröffentlichung an die jeweiligen Verlage geschickt, die sie einbehalten haben. Heute liegen sie teilweise in deren Archiven, teilweise sind sie aber auch verschollen. Aus diesem Grund

---

[6] Die Einträge aus dem genannten eigenhändigen Katalog Kalliwodas, die eindeutig einer Komposition zugeordnet werden können, werden im Werkverzeichnis – ausschließlich im **zweiten** Teil (Werke ohne Opuszahl) – in der Zeile *Catalog* zitiert.

wurde im ersten Katalogteil (Werke mit Opuszahl) die Rubrik *Autograph* in der Regel weggelassen und nur in solchen Fällen aufgenommen, in denen ein solches vorlag.

Neben den unveröffentlichten, nur handschriftlich vorliegenden Kompositionen hat Kalliwoda auch seine in Druck erschienenen Werke in einer Auflistung dokumentiert. Aus dem Nachlass der Familie ist ein Büchlein erhalten, in das der Komponist eigenhändig sämtliche Opuszahlen mit Kurztitel eingetragen hat und mit der Überschrift versah: „Verzeichniß der gestochenen Werke von J: W: Kalliwoda."[7] Da alle Veröffentlichungen bis zum op. 243 aufgeführt sind, lässt sich das Dokument in Kalliwodas letztes Dienst- und Lebensjahr 1865/66 datieren.[8] Weitere Listen dieser Art – teilweise auch unvollständige – stammen von den Söhnen und dienten weniger zur lückenlosen Aufreihung der Werke des Vaters, sondern dazu, die vorhandenen bzw. lieferbaren Drucke festzuhalten. Hier findet man einige Opuszahlen gar nicht, andere dagegen mehrfach aufgeführt, immer ergänzt mit den Angaben über den Verlag und teilweise sogar den Preis.

Noch zu Lebzeiten des Komponisten veröffentlichte Constant von Wurzbach 1863 im *Biographischen Lexikon des Kaiserthums Oesterreich*[9] ein erstes umfassendes Werkverzeichnis Kalliwodas. Obwohl der Verfasser in seine Liste laut Ankündigung nur die „bedeutenderen Compositionen" aufnehmen wollte, findet man die Opuszahlen von 1 bis 237 fast vollständig und mit einer relativ niedrigen Fehlerquote erwähnt. Dieses Verzeichnis blieb knapp hundert Jahre das einzige seiner Art. Als einen Ansatz kann man die Liste von François-Joseph Fétis von 1862 bezeichnen[10]. Er zählt nach Gattungen geordnet die jeweiligen Opusnummern auf, wobei er erst bei der ersten Sinfonie ansetzt (op. 7) und über das op. 151 aus dem Jahr 1848 nicht hinausgeht. Von daher ist seine Übersicht ohne Belang. Ebenfalls nach Gattungen geordnet ist die Aufstellung von Walter Kramolisch im MGG-Artikel von 1958. Er gibt zwar zu den einzelnen Kompositionen auch Druckort und -jahr an, verzichtet aber auf die detaillierte Nennung der zahlreichen kleineren Klavier- und Kammermusikwerke sowie der Lieder.[11] Selbst in dieser Übersicht stößt man auf den auch von Wurzbach begangenen Fehler, dass nämlich bei vielen Werken zwischen op. 1 und 10 die entsprechende Komposition von Kalliwodas Sohn *Wilhelm* genannt ist.

---

[7] Kalliwodas Sohn Emil hat in das Buch nachträgliche Anmerkungen eingefügt; von ihm stammt auch der Titel auf dem Deckblatt: „Verzeichnis der Werke von J. W. Kalliwoda." (BLB Karlsruhe, Pers. Nachlass J. W. Kalliwoda. Kiste 3, Umschlag 15, Nr. 273.)
[8] Die Einträge in diesem Büchlein werden im Werkverzeichnis – ausschließlich im **ersten** Teil (Werke mit Opuszahl) – in der Zeile *EWV* (= Eigenhändiges Werkverzeichnis) zitiert.
[9] Band 10, Wien 1863. S. 396-400.
[10] Biographie universelle des musiciens et bibliographie générale de la musique. Bd. 4. Paris 1862. S. 471.
[11] Die Musik in Geschichte und Gegenwart. Bd. 7., Kassel etc. 1958, Sp. 455f.

Für das vorliegende Werkverzeichnis wurden neben den aufgeführten unveröffentlichten wie auch gedruckten Quellen vor allem die Anzeigen von Neuerscheinungen in den Leipziger Fachpublikationen *Allgemeine musikalische Zeitung* (AmZ) bzw. *Neue Zeitschrift für Musik* (NZfM) berücksichtigt. Sie gaben in der Regel Auskunft über das Erscheinungsjahr der Kompositionen. Stücke, die weder in Donaueschingen noch in Karlsruhe vorlagen, konnten fast vollständig in den Beständen anderer Bibliotheken nachgewiesen werden, vor allem in der Staatsbibliothek zu Berlin, Preußischer Kulturbesitz sowie der Bayerischen Staatsbibliothek in München, außerdem in der British Library London sowie in den Nationalbibliotheken in Österreich (Wien) und in der Tschechischen Republik (Prag). Schließlich erwiesen sich auch die Archive der Musikverlage C. F. Peters in Frankfurt a. M. sowie Schott in Mainz als hilfreiche Informationsquellen.

Der Aufbau des Katalogteiles

Analog zu Kalliwodas Gesamtœuvre ist auch der Hauptteil des Werkverzeichnisses in zwei Bereiche untergliedert. Im ersten Teil finden sich die im Druck erschienenen Kompositionen nach den jeweiligen Opusnummern in aufsteigender Reihung. Bis auf vier Fälle, bei denen eine Zahl doppelt vergeben wurde, ist jede Nummer genau einem Werk bzw. einer Werkgruppe zugeordnet. Der zweite Teil beinhaltet die Werke ohne Opuszahl (WoO), die nach Gattungen sortiert und somit jeweils gruppenweise erweiterungsfähig sind. (Ausführliche Hinweise zum zweiten Teil siehe in der Einleitung dort.)

Die Angaben zu jeder Komposition informieren möglichst genau über deren Entstehung, Gestalt, Publikationsart und Rezeption, gegliedert nach folgenden Rubriken:

Haupttitel ist in der im Deutschen gebräuchlichen Formulierung in Kurzform wiedergegeben, nur bei kleinerer Besetzung werden die ausführenden Instrumente hinzugefügt (z. B. *Grande Polonaise* → *Polonaise für Klavier*). Dabei werden Standardbesetzungen (Streichquartett, Klaviertrio) als bekannt vorausgesetzt. Die Gattung *Concertino* wird als Bezeichnung für das kleinere einsätzige Konzert beibehalten.

Tonarten werden nur mitgeteilt, wenn im Werk eine einheitliche Haupttonart erkennbar ist. Das gilt auch für Tanzreihen, bei denen mindestens das erste und letzte Stück in derselben Tonart stehen. Viele Kompositionen Kalliwodas wechseln in ihrem Verlauf von einer Moll- zu einer Dur-Tonart. Analog zu Beethovens 9. Sinfonie wird in so einem Fall die Ausgangstonart (Moll) angegeben.

Satzbezeichnungen werden zusätzlich zu den Noteninzipits gesondert mitgeteilt. Bei Vokalwerken steht an dieser Stelle der Titel, Textbeginn sowie – wenn bekannt – der Dichter in Klammern.

Widmung: Eventuelle Widmungsträger werden gleich zu Beginn an exponierter Stelle genannt. Ein Verzeichnis sämtlicher Widmungsträger mit Kurzinformationen zu ihrer Person befindet sich im Anhang dieser Arbeit.

Noteninzipits: Abgedruckt sind in der Regel vier Anfangstakte des jeweiligen Werkes oder – sofern eine langsame Einleitung vorliegt – der Beginn sowie der Anfang des schnellen Teiles mit Angabe des Taktes, in dem dieser einsetzt. Die einzelnen Sätze werden nur bei großen Gattungen (Sinfonie, Sonate, Klaviertrio, Streichquartett sowie Messen) mitgeteilt.

EWV: Eigenhändiges Werkverzeichnis. Kalliwodas Eintrag in das Büchlein *Verzeichnis der Werke von J. W. Kalliwoda.* aus dem Nachlass der Familie. (Näheres siehe im Einleitungstext.)

Besetzung: Aufgeführt werden die ausführenden Instrumente der Originalfassung; bei Alternativen („für Violine oder Violoncello") sind beide Varianten entsprechend genannt. Bei kleinerer Besetzung werden die beteiligten Instrumente ausgeschrieben, in den übrigen Fällen, v. a. bei der Auflistung des Orchesters, nur Instrumentenkürzel verwendet, die den Abkürzungen des RISM angelehnt sind. (Vgl. die Gesamtliste im Siglen- und Abkürzungsverzeichnis.)

Datierung: Die Datierung konnte entweder aufgrund des bekannten Erscheinungsjahres oder einer überlieferten Uraufführung erfolgen. Im ersten Fall wird eine Jahreszahl, im zweiten ein genaues Datum mitgeteilt. In seltenen Fällen – häufiger bei den Werken ohne Opuszahl – liegt ein datiertes Manuskript oder eine Abschrift vor, deren Angaben dann übernommen wurden. Es wird auf jeden Fall in Klammern mitgeteilt, auf welche Weise die Datierung ermittelt wurde. Lagen gar keine Anhaltspunkte vor, dann wurde aufgrund der letzten bzw. folgenden bestimmbaren Werke ein Entstehungsjahr vermutet und durch ein angehängtes c (=*circa*) gekennzeichnet (z. B. 1829c).

Erworben: Im Fürstenbergarchiv in Donaueschingen werden in den Akten der Hofkapelle zahlreiche Rechnungen über den Kauf von Musikalien aufbewahrt. Diese Quittungen geben genaue Information darüber, wann der Fürstenhof Kompositionen von Kalliwoda angeschafft hatte. Da dies für Forschungszwecke interessant sein kann, wird dieses Datum für die überlieferten Fälle in der Zeile *Datierung* mit aufgeführt.

Autograph: In dieser Rubrik werden nur Quellen mitgeteilt, die von Kalliwodas Hand stammen und entweder das Gesamtwerk (Partitur) beinhalten, oder auch Teile bzw. Stimmen daraus. Aufgeführt ist die entsprechende Bibliothek mit der jeweiligen Signatur des Autographs.

Abschriften: Wie in der Rubrik *Autograph* sind auch hier handschriftliche Kopien von dem gesamten Werk oder Teilen daraus genannt, die jedoch von fremden Personen erstellt wurden. Auch hier werden die Bibliotheken mit der entsprechenden Signatur mitgeteilt.

Bearbeitung: An dieser Stelle sind alternative Besetzungsmöglichkeiten aufgezählt. In der Regel handelt es sich um die Klavierfassung sinfonischer oder konzertanter Musik, die auch in Druck erschien; daneben können auch handschriftliche Varianten vorliegen. Erwähnt sind außerdem kompositorische Abweichungen von Abschnitten oder ganzen Sätzen eines Stückes. Der Aufbewahrungsort von den erwähnten Bearbeitungen ist jedoch nicht hier, sondern in der entsprechenden Rubrik *Autograph*, *Abschriften* oder *Drucke* aufgeführt. Kalliwoda hat zuweilen zu publizierten Werken später weitere Instrumente handschriftlich hinzugefügt. Diese gelten nicht als Bearbeitung, sondern sind als Ergänzung bei *Besetzung* in Klammern angegeben.

Druck: Aufgeführt sind sämtliche nachgewiesenen Drucke der jeweiligen Komposition. Mindestens von den Erstdrucken wird der genaue diplomatische Titel mit Zeilenumbrüchen mitgeteilt, außerdem Verlag, Verlagsort sowie Plattennummer. In manchen Fällen – gerade aus jüngerer Zeit – sind auch die Erscheinungsjahre überliefert; um eine Verwechslung mit den Plattennummern zu vermeiden, werden die Jahreszahlen immer *kursiv* gesetzt. Ebenso ist v. a. bei der fremdsprachigen Edition von Liedern zu beachten, dass zur eindeutigen Unterscheidung die Liedtitel stets *kursiv*, Textanfänge hingegen „in Anführungszeichen" aufgeführt sind.

Bibliothek: Sämtliche Bibliotheken, in denen das besprochene Werk nachgewiesen ist, sind an dieser Stelle mit den dazugehörigen Signaturen aufgeführt. Die Angaben setzten sich zusammen aus:
- Bibliothekssigle (Signatur, Signatur [Zusatzinformation]) ▪

Die Bibliothekssiglen nach RISM sind im Abkürzungsverzeichnis aufgeschlüsselt.

Anzeigen und Rezensionen: Aufgeführt sind Publikationen mit den genauen Fundorten, an denen das Werk angezeigt oder rezensiert wird. Vereinzelt enthalten die angegebenen Stellen auch Besprechungen von Aufführungen in verschiedenen Städten.

Literatur: Aufgeführt sind bedeutende Veröffentlichungen, die das jeweilige Werk besprechen bzw. darauf Bezug nehmen. Der Kurztitel „Strauß-Németh, Kalliwoda. Bd. 1. Kap. ..." verweist auf den ersten Teil der vorliegenden Arbeit, wobei zu beachten ist, dass auch hier nur im Fall einer ausführlichen Analyse ein Verweis vorliegt, nicht jedoch bei einer bloßen Erwähnung der Komposition. Weitere Kurztitel (*Neumann*, *BLB Ausstellungskatalog* usw.) sind über das Abkürzungsverzeichnis bzw. die Literaturliste eindeutig zu bestimmen.

Anmerkung: Alle weiteren Hinweise und ergänzenden Informationen werden in dieser Rubrik mitgeteilt. Die an dieser Stelle genannten Daten von weiteren Aufführungen v. a. in Donaueschingen und Stuttgart sind den Programmzetteln der Hofkonzerte (im Fall Donaueschingen) bzw. einer veröffentlichten Datenbank der Württembergischen Landesbibliothek Stuttgart entnommen (siehe Eintrag „WLB-Datenbank" im Abkürzungsverzeichnis).

Die teilweise sehr zahlreichen Angaben in den Rubriken *Drucke* und *Bibliothek* sind durch einen schwarzen Würfel (■) voneinander getrennt. Ergänzungen zu Haupteinträgen stehen in runden, weitere Unterergänzungen in eckigen Klammern. Die Orthographie des 19. Jahrhunderts wurde in Kalliwodas Einträgen sowie anderen Zitaten stets beibehalten, lediglich die Form der Interpunktion der heute üblichen Weise angepasst (Joh: → Joh. ; Binde=strich → Binde-strich ; /: ... :/ → (...)).

Siglen- und Abkürzungsverzeichnis

Bibliothekssiglen nach RISM

A (Österreich)

A-FK = Feldkirch, Domarchiv
A-SEI = Stift Seitenstetten
A-VOR = Stift Vorau
A-Wdp = Wien, Bibliothek der Dominikanerprovinz
A-Wn = Wien, Nationalbibliothek

B (Belgien)

B-Bc = Brüssel, Conservatoire Royal de Musique

CZ (Tschechien)

CZ-CHRm = Chrudim, Okresní mus.
CZ-Pnm = Prag, Tschech. Nationalbibliothek

D (Deutschland)

D-As = Augsburg, Staats- und Stadtbibliothek
D-AMms = Amberg, Malteser-Studienstiftung
D-ARN = Arnshausen, Kath. Pfarrei; heute Diözesanarchiv Würzburg
D-B = Staatsbibliothek zu Berlin, Preußischer Kulturbesitz (alter Bestand)
D-B*: Neuerer Bestand aus der Berliner Staatsbibliothek
D-BB = Klosterkirche Benediktbeuren
D-Cl = Coburg, Landesbibliothek
D-Dl = Dresden, Sächsische Landesbibliothek – Staats- u. Universitätsbibliothek, Musikabteilung
D-DO = Donaueschingen, Fürstlich Fürstenbergische Hofbibliothek (jetzt: D-KA)
D-DT = Detmold, Lippische Landesbibliothek
D-HEms = Heidelberg, Musikwissensch. Institut der Universität (Nachlässe aus der Hedwig Marx-Kirsch-Stiftung)
D-KA = Karlsruhe, Badische Landesbibliothek (Kalliwoda-Nachlass)
D-KA*: regulärer Bestand der Bad. Landesbibliothek Karlsruhe
D-LÜh = Lübeck, Bibliothek der Hansestadt
D-Mb = München, St. Bonifaz
D-Mbs = München, Bayerische Staatsbibliothek
D-NEhz = Neuenstein, Hohenlohe-Zentralarchiv
D-OLl = Oldenburg, Landesbibliothek
D-Sl = Württemberg. Landesbibliothek Stuttgart
D-SPlb = Speyer, Pfälzische Landesbibliothek
D-TI = Tübingen, Schwäbisches Landesmusikarchiv

D-TRs = Trier, Stadtbibliothek

GB (Großbritannien)

GB-Lbl = London, British Library

H (Ungarn)

H-Bn = Budapest, Széchényi Nationalbibliothek

Abkürzungsverzeichnis

Abschr: Abschrift.

ADB: *Allgemeine Deutsche Biographie*. Auf Veranlassung seiner Majestät des Königs von Bayern herausgegeben durch die historische Commission bei der königl. Akademie der Wissenschaften. Berlin 1875ff.

AfMw: *Archiv für Musikwissenschaft*. Zeitschrift. Wiesbaden (seit 1984 Stuttgart).

AmZ: *Allgemeine musikalische Zeitung*. Leipzig. Begründet 1798 von Johann Friedrich Rochlitz.

Autogr: Autograph (kleingeschrieben: als Adjektiv).

Bbl: Blechbläser.

BLB: Badische Landesbibliothek Karlsruhe.

BLB Ausstellungskatalog: Badische Landesbibliothek Karlsruhe. „...Liebhaber und Beschützer der Musik" Die neu erworbene Musikaliensammlung der Fürsten zu Fürstenberg in der Badischen Landesbibliothek. Ausstellungskatalog. (PATRIMONIA 188) Karlsruhe 2000.

BLKÖ: Biographisches Lexikon des Kaiserthums Oesterreich. Hrsg. von Constant von Wurzbach. Wien 1863 (Bd. 10).

CPM: The Catalogue of Printed Music in the British Library to 1980. Vol. 32. London etc. 1984.

DVA: Deutsches Volksliedarchiv Freiburg i. Br.

FFA: Fürstlich Fürstenbergisches Archiv Donaueschingen.

FFB: Fürstlich Fürstenbergische Hofbibliothek Donaueschingen.

Hbl: Holzbläser.

Hd: Hände (Angabe bei Klavierwerken).

Hs: Handschrift.

Kl-Ausz: Klavierauszug.

Kl.lied: Klavierlied.

KuWi: Kunst und Wissenschaft. Oberabteilung des am häufigsten zitierten Aktenbestandes aus dem Fürstenbergarchiv in Donaueschingen. (FFA, Abt. Hofverwaltung, Kunst und Wissenschaft. Vol. I, Fasc. 1. → FFA, KuWi I/1.)

Mf: *Die Musikforschung*. Zeitschrift der deutschen „Gesellschaft für Musikforschung". Kassel.

MGG: *Die Musik in Geschichte und Gegenwart*. Hrsg. von Friedrich Blume. Kassel 1949ff.

MGG[II]: *Die Musik in Geschichte und Gegenwart*. Zweite, neubearbeitete Ausgabe. Hrsg. von Ludwig Finscher. Kassel etc. 1994ff.

NZfM: *Neue Zeitschrift für Musik*. Leipzig. Begründet 1834 von Robert Schumann.

o. A.: ohne (Tempo-)Angabe.

ÖNE: Oesterreichische National-Encyklopaedie. Hrsg. von J. J. H. Czikann und F. Gräffer. Wien.

Orch: Orchester.

RISM: Répertoire International des Sources Musicales (Internationales Quellenlexikon der Musik; vgl. *Literatur*).

Str: Streicher.

WLB-Datenbank: Datenbank zu den Abonnementskonzerten der Königlich-Württembergischen Hofkapelle (1818-1858). (www.wlb-stuttgart.de/referate/musik/konzerte.htm)

WoO: Werk ohne Opuszahl.

Instrumentenverzeichnis

Bar	= Bariton
Becken	
Bl	= Bläser
Cl	= Klarinette
Cor	= Horn
Fag	= Fagott
Fl	= Flöte
Kb	= Kontrabass
Kl	= Klavier
MCh	= Männerchor; wenn nicht anders vermerkt, vierstimmig.
Ob	= Oboe
Ophikl	= Ophikleide
Pic	= Pikkolo
Sopr	= Sopran
Str	= Streichorchester, bestehend aus 2 Violinen, Viola, Cello und Bass (Abweichungen werden stets einzeln aufgeführt)
Tamb	= Trommel (**-pic** = klein; **-gr** = groß)
Ten	= Tenor
Timp	= Pauken (als Paar)
Tr	= Trompete
Trb	= Posaune (mit der Lagebezeichnung **-a**, **-t**, **-b**)
Triangel	
Vl	= Violine
Vla	= Viola
Vlc	= Violoncello

LITERATUR
Liste der verwendeten Nachschlagewerke (Kataloge)
Literatur, die nur einzelne Werke betrifft, ist unter der jeweiligen Komposition, aber nicht in der folgenden Liste aufgeführt.

Bayerische Staatsbibliothek. Katalog der Musikdrucke (BSB-Musik). Bd. 8. K. G. Saur Verlag. München etc. 1989.

The Catalogue of Printed Music in the British Library to 1980. (= CPM) Vol. 32. London etc. 1984.

Deutsch, Otto Erich: Musikverlags Nummern. Eine Auswahl von 40 datierten Listen 1710-1900. Verl. Merseburger. Berlin 1961.

Deutsche Staatsbibliothek Berlin, Preußischer Kulturbesitz. Katalog der Musiksammlung. Georg Olms Verlag. Hildesheim 1990. Mikrofiche 197.

Deutsches Literatur-Lexikon. Biographisch-Bibliographisches Handbuch. Begründet von Wilhelm Kosch. 3., völlig neu bearb. Auflage. Bern & München 1968ff.

Handbuch der musikalischen Literatur. Nachdruck der folgenden beiden Ausgaben von Carl Friedrich Whistling in einem Band. Georg Olms Verlag. Hildesheim 1975.
- Handbuch der musikalischen Literatur oder allgemeines systematisch geordnetes Verzeichniss gedruckter Musikalien, auch musikalischer Schriften und Abbildungen mit Anzeige der Verleger und Preise, herausgegeben von C[arl] F[riedrich] Whistling. Leipzig 1828.
- Ergänzungsband zum Handbuch der musikalischen Literatur, die während des Druckes erschienenen Werke bis zum Ende des Jahres 1828, und die Namensregister über das ganze Werk enthaltend, herausgegeben von C. F. Whistling. Leipzig 1829.

Handbuch der musikalischen Literatur. Nachdruck der folgenden beiden Ausgaben von Adolph Hofmeister in einem Band. Georg Olms Verlag. Hildesheim 1975.
- Handbuch der musikalischen Literatur oder allgemeines systematisch geordnetes Verzeichniss gedruckter Musikalien, auch musikalischer Schriften und Abbildungen mit Anzeige der Verleger und Preise. Zweiter Ergänzungsband, die vom Januar 1829 bis zum Ende des Jahres 1833 neu erschienenen und neu aufgelegten musikalischen Werke enthaltend. Angefertigt von Ad. Hofmeister. Leipzig 1834.

- Handbuch der musikalischen Literatur oder allgemeines systematisch geordnetes Verzeichniss gedruckter Musikalien, auch musikalischer Schriften und Abbildungen mit Anzeige der Verleger und Preise. Dritter Ergänzungsband, die vom Januar 1834 bis zum Ende des Jahres 1838 neu erschienenen und neu aufgelegten musikalischen Werke enthaltend. Angefertigt von Ad. Hofmeister. Leipzig 1839.

Katalog der Musikdrucke der Tschechischen Nationalbibliothek, Prag. Georg Olms Verlag. Hildesheim 1991. Mikrofiche 66.

Kramolisch, Walter: Artikel *J. W. Kalliwoda*. In: MGG Bd. 7. Kassel etc. 1958, Sp. 454-459.

Die Musikhandschriften der ehemaligen Klosterkirchen Weyarn, Tegernsee und Benediktbeuern. Bearb. von Robert Münster und Robert Machold. G. Henle Verlag. München 1971.

Die Musikhandschriften katholischer Pfarreien in Franken Bistum Würzburg. Bearb. von Gertraut Haberkamp und Martin Seelkopf. G. Henle Verlag. München 1990.

Die Musikhandschriften der St. Josefskongregation Ursberg, des Cassianeums Donauwörth und der Malteser-Studienstiftung Amberg. Bearb. von Nicole Schwindt-Gross und Barbara Zuber. G. Henle Verlag. München 1992.

Neumann, W[illiam]: Die Componisten der neueren Zeit. Biographien. Bd. 41: Peter Joseph Lindpaintner - Johann Wenzel Kalliwoda. Cassel 1856. S. 79-118. (Der Band enthält die gesammelten Rezensionen aus der Leipziger AmZ, teilweise etwas ausführlicher formuliert.)

Österreichische Nationalbibliothek, Wien. Musiksammlung: Alter Katalog der Musikdrucke. Georg Olms Verlag. Hildesheim 1985. Mikrofiche 92/93.

Österreichische Nationalbibliothek, Wien. Musiksammlung: Katalog der Musikhandschriften. Georg Olms Verlag. Hildesheim 1984. Mikrofiche 41.

Pazdírek, Franz: Universal-Handbuch der Musikliteratur aller Zeiten und Völker. Bd. VI. Wien 1904ff. Unveränderter Nachdruck der Originalausgabe. Hilversum 1967.

Potyra, Rudolf: Theatermusikalien der Landesbibliothek Coburg. Katalog [in zwei Halbbänden]. G. Henle Verlag. München 1995.

Répertoire International des Sources Musicales. Serie A/II: Musikhandschriften nach 1600. Thematischer Katalog. K. G. Saur Verlag. München etc. ^{6}2001. (= 4. CD-ROM).

Schuler, Manfred: Die Musikalien der Fürsten zu Fürstenberg. Untersuchungen zu Genese und Bestand der neu erworbenen Sammlung. In: Badische Landesbibliothek Karlsruhe. „...Liebhaber und Beschützer der Musik" Die neu erworbene Musikaliensammlung der Fürsten zu Fürstenberg in der Badischen Landesbibliothek. Ausstellungskatalog. (PATRIMONIA 188) Karlsruhe 2000. S. 15-20.

Strauß-Németh, László: Artikel *J. W. Kalliwoda*. In: MGG, 2. Aufl. Personenteil, Bd. 9. Kassel etc. 2003. Sp. 1404-1410.

Südwestdeutsche Persönlichkeiten. Bearbeitet von Heinrich Ihme. Stuttgart 1988.

Wurzbach, Constant von (Hrsg.): Artikel *J. W. Kalliwoda*. In: Biographisches Lexikon des Kaiserthums Oesterreich. Bd. 10, Wien 1863, S. 396-400.

VERZEICHNIS DER KOMPOSITIONEN
Nach Gattungen geordnet.

I. Orchesterwerke

A. Sinfonien

op. 7	Sinfonie Nr. 1, f-Moll
op. 17	Sinfonie Nr. 2, Es-Dur
op. 32	Sinfonie Nr. 3, d-Moll
op. 60	Sinfonie Nr. 4, C-Dur
op. 106	Sinfonie Nr. 5, h-Moll
op. 132	Sinfonie Nr. 6, F-Dur
WoO I/1	Sinfonie Nr. 7, g-Moll

B. Ouvertüren

op. 38	Ouvertüre Nr. 1, d-Moll
op. 44	Ouvertüre Nr. 2, F-Dur
op. 55	Ouvertüre Nr. 3, C-Dur
op. 56	Ouvertüre Nr. 4, E-Dur
op. 76	Ouvertüre Nr. 5, d-Moll
op. 85	Ouvertüre Nr. 6, Es-Dur
op. 101	Ouvertüre Nr. 7, c-Moll
op. 108	Ouvertüre Nr. 8, A-Dur (*Ouverture Pastorale*)
op. 126	Ouvertüre Nr. 9, C-Dur (*Ouverture Solennelle*)
op. 142	Ouvertüre Nr. 10, f-Moll
op. 143	Ouvertüre Nr. 11, B-Dur
op. 145	Ouvertüre Nr. 12, D-Dur
WoO I/2	Ouvertüre Nr. 13, Es-Dur
op. 206	Ouvertüre Nr. 14, c-Moll
op. 226	Ouvertüre Nr. 15, E-Dur
op. 238	Ouvertüre Nr. 16, a-Moll
op. 242	Ouvertüre Nr. 17, f-Moll
WoO I/3	Ouvertüre Nr. 18, F-Dur
WoO I/4	Ouvertüre Nr. 19, e-Moll
WoO I/5	Ouvertüre [Nr. 20], D-Dur
WoO I/6	Ouvertüre [Nr. 21], d-Moll
WoO I/7	Ouvertüre [Nr. 22], D-Dur
WoO I/8	Ouvertüre [Nr. 23], C-Dur
WoO I/9	Ouvertüre [Nr. 24], a-Moll

C. Sonstige Orchesterwerke

op. 202	Sechs Harmoniestücke für Militärmusik
op. 227a	Zwei Festmärsche (E-, F-Dur)
WoO I/15	Introduction et Air styrien, E-Dur
WoO I/16	Fantasie, E-Dur
WoO I/10	Marsch, F-Dur
WoO I/11	Festmarsch, F-Dur
WoO I/12	Marcia charactéristique, d-Moll
WoO I/13	Festmarsch, C-Dur
WoO I/14	Marcia, C-Dur
WoO I/17	Walzer und Galopp, D-Dur
WoO I/20	Trauermusik, d-Moll

II. Werke für ein oder mehrere Soloinstrumente mit Orchester

A. Werke für eine Violine

op. 9	Violinkonzert, E-Dur
WoO II/1	Violinkonzert, e-Moll
WoO II/2	Violinkonzert, D-Dur (*verschollen*)
op. 15	Concertino Nr. 1, E-Dur
op. 30	Concertino Nr. 2, A-Dur
op. 72	Concertino Nr. 3, D-Dur
op. 100	Concertino Nr. 4, C-Dur
op. 133	Concertino Nr. 5, a-Moll
op. 151	Concertino Nr. 6, D-Dur
WoO II/4	Concertino [Nr. 7], E-Dur
WoO II/5	Concertino [Nr. 8], F-Dur
WoO II/3	Konzertstück, D-Dur
op. 13	Variations brillantes [Nr. 1], A-Dur
op. 18	Variations brillantes [Nr. 2], D-Dur
op. 22	Variations brillantes [Nr. 3], E-Dur
op. 73	Variations brillantes [Nr. 4], C-Dur
op. 89	Variations brillantes [Nr. 5], A-Dur
op. 118	Variations brillantes [Nr. 6], G-Dur
op. 43	Divertissement de Concert Nr. 1, A-Dur
op. 75	Divertissement de Concert Nr. 2, A-Dur
op. 134	Divertissement de Concert Nr. 3, G-Dur
op. 41	Große Fantasie, A-Dur
op. 74	Fantasie Nr. 2, A-Dur
op. 125	Fantasie [Nr. 3], E-Dur
op. 8	Polonaise Nr. 1, e-Moll
op. 45	Polonaise Nr. 2, E-Dur

Werke für eine Violine (*Forts.*)

op. 35	Potpourri Nr. 1, G-Dur
op. 36	Potpourri Nr. 2, D-Dur
op. 37	Großes Rondo Nr. 1, A-Dur
op. 84	Großes Rondo Nr. 2, D-Dur
op. 107	Introduction, Romanze und Rondo, F-Dur
op. 115a	Adagio sentimental, F-Dur
WoO II/8	Adagio, A-Dur
WoO II/9	Adagio, e-Moll
WoO II/10	Adagio religioso, E-Dur
WoO II/11	Adagio und Variationen, A-Dur
WoO II/13	Allegro, E-Dur
WoO II/15	Drei Fantasien (A-, E-, F-Dur)
WoO II/17	La Mélancholie, G-Dur
WoO II/19	Andante und Rondino, H-Dur

B. Werke für zwei Violinen

op. 14	Variations brillantes, E-Dur
op. 20	Concertante, A-Dur
op. 83	Konzertvariationen, E-Dur
op. 109	Introduction und Rondo, E-Dur
op. 196	Introduction und Polka, A-Dur

C. Werke für ein Soloinstrument

op. 16	Rondo für Klavier und Orchester, Es-Dur
op. 71	Variationen und Rondo für Klavier und Orchester, B-Dur
op. 82	Introduction und Rondo für Klavier und Orchester, F-Dur
WoO II/16	Fantasie für Klavier und Orchester, E-Dur
op. 52	Divertissement für Flöte und Orchester, G-Dur
op. 80	Divertissement für Flöte und Streicher, A-Dur
WoO II/20	Rondo für Flöte und Orchester, A-Dur
WoO II/23	Variationen für Flöte und Orchester, G-Dur
op. 58	Divertissement für Oboe und Orchester, C-Dur
op. 110	Concertino für Oboe und Orchester, F-Dur
WoO II/14	Allegro brillante für Oboe und Bläser, F-Dur
WoO II/24	Variationen für Oboe und Orchester, C-Dur
op. 128	Introduction und Variationen für Klarinette und Orch., B-Dur
WoO II/25	Variationen für Klarinette und Orchester, Es-Dur
op 57	Variationen und Rondo für Fagott und Orchester, B-Dur

Werke für ein Soloinstrument (*Forts.*)

WoO II/21	Rondo für Fagott und Orchester, B-Dur
op. 51	Introduction und Rondo für Horn und Orchester, F-Dur
WoO II/12	Adagio für Orchester mit obligatem Horn, F-Dur
WoO II/22	Rondoletto für Horn und Orchester, f-Moll

D. Werke für zwei und mehr Soloinstrumente

op. 59	Divertissement für zwei Hörner und Orchester, F-Dur
WoO II/18	Potpourri für zwei Waldhörner und Orchester, B-Dur
WoO II/7	Concertino für Flöte, Oboe und Orchester, F-Dur
WoO III/15	Duo für Violine, Violoncello und Streicher, g-Moll
op. 48	Concertante für Flöte, Violine und Cello mit Orch., A-Dur

III. Kammermusik

A. Werke für Streichquartett und -quintett

op. 61	Streichquartett Nr. 1, G-Dur
op. 62	Streichquartett Nr. 2, A-Dur
op. 90	Streichquartett Nr. 3, G-Dur
op. 193	Fantasie für Streichquartett, D-Dur
op. 240	Air varié für Streichquartett, e-Moll
WoO III/7	Adagio für Streichquartett, F-Dur
WoO III/8	Ländler für Streichquartett, D-Dur
WoO III/9	Marsch für Streichquartett, B-Dur
WoO III/10	Marsch für ein nicht näher bezeichnetes Quartett, As-Dur
WoO III/11	Quartett zur Kommunion, As-Dur
WoO III/12	Ungarischer Tanz für Streichquartett, d-Moll
WoO III/14	Zwei Quintettsätze für den Gottesdienst (As-, Es-Dur)

B. Violinduos und -soli

op. 50	Großes Duo, C-Dur
op. 70	Zwei Duos (Es-Dur, g-Moll)
op. 116	Drei konzertante Duos (G-, D-, C-Dur)
op. 152	Drei konzertante Duos (F-, D-Dur, e-Moll)
op. 178	Drei leichte Duos (C-, G-, D-Dur)
op. 179	Drei leichte konzertante Duos (F-, B-, Es-Dur)
op. 180	Drei leichte konzertante Duos (A-Dur, d-Moll, Es-Dur)
op. 181	Drei leichte konzertante Duos (B-Dur, a-Moll, F-Dur)
op. 213	Zwei leichte Duos (A-, D-Dur)
op. 234	Großes Duo (E-Dur)

Violinduos und -soli (*Forts.*)
- op. 243   Drei leichte Duos (G-, D-, C-Dur)
- op. 208   Zwei Duos für Violine und Viola (C-, G-Dur)
- op. 64   Drei Etüden für Solovioline
- op. 87   Sechs Etüden für Solovioline

C. Kammermusik mit Klavier

- op. 121   Klaviertrio Nr. 1, f-Moll
- op. 130   Klaviertrio Nr. 2, D-Dur
- op. 200   Klaviertrio Nr. 3, Es-Dur
- op. 66   Divertissement für Klavierquintett, C-Dur
- op. 129   Konzertvariationen für Klavierquartett, G-Dur
- WoO III/20   Fantasie für 2 Violinen, 2 Klaviere und Harmonium, D-Dur

D. Werke für ein Streichinstrument und Klavier

- op. 21   Konzertvariationen für Violine und Klavier, G-Dur
- op. 24   Konzertrondo für Violine oder Cello und Klavier, A-Dur
- op. 103   Vier Walzer mit Introduction und Coda für Violine und Klavier
- op. 111   Duett (Sonate) für Violine und Klavier, A-Dur
- op. 148   Sechs Salonstücke für Violine und Klavier
- op. 157   Fantasie nach Motiven aus *La Bohémienne* von Balfe, A-Dur
- op. 158   Fantasie nach Motiven aus *Ernani* von Verdi, E-Dur
- op. 158a   Romanze für Violine und Klavier, E-Dur
- op. 159   Großer Walzer für Violine und Klavier, G-Dur
- op. 170   Variationen, 3 heitere Stücke und Rondo für Violine und Klavier
- op. 173   Fantasie nach Motiven aus *Le Prophète* von Meyerbeer, D-Dur
- op. 174   Fantasie nach Motiven aus *Siège de Corinth* von Rossini, G-Dur
- op. 175   Fantasie über Steyrische Lieder für Violine und Klavier, A-Dur
- op. 183   Drei Salonstücke für Violine und Klavier (Es-, G-Dur, d-Moll)
- op. 191   Drei Walzer mit Introduction für zwei Violinen und Klavier
- op. 198   Introduction und Galopp für Violine und Klavier, G-Dur
- op. 209   Zwei Charakterstücke für Violine und Klavier (A-, E-Dur)
- op. 211   Introduction und Air Styrien für Violine und Klavier, A-Dur
- op. 212   Konzertfantasie für Violine und Klavier, D-Dur
- op. 231   Zwei Salonstücke für Violine und Klavier (e-Moll, F-Dur)
- op. 237   Drei Ländler mit Introduction und Coda für Violine und Klavier
- WoO III/2   Fantasie über Motive von Auber für Violine und Klavier, E-Dur
- WoO III/3   Fantasie über Motive von Verdi für Violine und Klavier, A-Dur
- WoO III/4   Introduction und Rondino für Violine und Klavier, G-Dur
- WoO III/5   Fünf kleine Stücke für Violine und Klavier

Werke für ein Streichinstrument und Klavier (*Forts.*)

WoO III/6	Meditation für Violine und Orgel, D-Dur
op. 184	Zwei heitere Stücke für Violoncello und Klavier (G-, D-Dur)
op. 186	Sechs Nocturnes für Viola und Klavier
op. 204	Fantasie für Viola und Klavier, F-Dur

E. Werke für ein Blasinstrument und Klavier

op. 228	Morceau de Salon für Oboe und Klavier, G-Dur
op. 229	Morceau de Salon für Klarinette und Klavier, F-Dur
op. 230	Morceau de Salon für Fagott und Klavier, B-Dur
op. 225	Zwei Adagios für Harmonium und Klavier (Des-, As-Dur)
WoO III/1	Andante grazioso für Klavier und Harmonium, C-Dur

F. Werke für Bläserensemble

WoO III/13	Harmoniestück für 2 Klar., Englischh. und 2 Hörner, As-Dur
WoO III/16	Serenade für Flöte, Oboe, Fagott, Horn und Gitarre, F-Dur
WoO III/17	Polonaise für Flöte, 2 Klarinetten, Fag. und 2 Hörner, B-Dur
WoO III/18	Galopp für Flöte, 2 Klarinetten, 2 Fag. und 2 Hörner, Es-Dur
WoO III/19	Harmonie für Flöte, 2 Klar., 2 Fagotte und 2 Hörner, Es-Dur

IV. Werke für Tasteninstrumente

A. Zweihändige Werke für Klavier oder Harmonium

op. 33	Fantasie, E-Dur
op. 176	Große Sonate, Es-Dur
op. 25	Variationen über eine Tiroler Melodie, As-Dur
op. 53	Variationen über ein Originalthema, F-Dur
op. 94	Variat. über Motive aus *Das Heilmittel* von Hérold, As-Dur
WoO IV/35	Adagio für Harmonium, e-Moll
WoO IV/36	Adagio für Harmonium, As-Dur
WoO IV/37	Festlied für Harmonium, As-Dur
WoO IV/38	Lied ohne Worte für Harmonium, F-Dur
WoO IV/39	Pastorale für Harmonium, B-Dur
op. 40	Drei Amusements
op. 68	Drei Solos
op. 104	Drei Bagatellen
op. 141	Scherzo, a-Moll
op. 149, 1	Drei Tiroler
op. 156	Sechs Steyrer
op. 160	Vier Stücke
op. 161	Zwei Adagios

Zweihändige Werke für Klavier oder Harmonium (*Forts.*)

op. 167	Impromptu, E-Dur
WoO IV/16	Impromptu, f-Moll
WoO IV/17	Impromptu, g-Moll
op. 185	Drei Stücke
op. 187	Adagio varié, Des-Dur
op. 188	Drei Amusements
op. 194	Drei Unterhaltungsstücke
op. 201	Drei Salonstücke
op. 222	Drei Steyrische Lieder
WoO IV/1	Abendglocken, As-Dur
WoO IV/2	Adagio, F-Dur
WoO IV/13	Gondoliera, Es-Dur
WoO IV/34	Wiegenlied, B-Dur
op. 3	Sechs Galopps
op. 78	Fünf Galopps
WoO IV/31	Walzer, f-Moll
WoO IV/9	Galopp, F-Dur
op. 6	Drei Märsche
op. 153, 2	Drei Militärmärsche
op. 166	Drei Märsche
WoO IV/22	Zwei Militärmärsche
op. 10	Rondo, As-Dur
op. 11	Rondo, A-Dur
op. 19	Drei Rondos
op. 23	Rondo, As-Dur
op. 42	Rondo, B-Dur
op. 49	Rondo passionato, g-Moll
op. 149, 2	Drei Mazurkas
op. 153, 1	Fünf Mazurkas mit Trio
op. 164	Drei Mazurkas
op. 149, 3	Drei Polkas
op. 163	Introduct. + Polka, Es-Dur
op. 195, 2	Frühlings-Polka, F-Dur
op. 199	Drei Polkas
op. 205, 2	Introduct. + Polka, As-Dur
WoO IV/25	Sechs Polkas
op. 5	Drei Polonaisen
op. 165	Polonaise, As-Dur
op. 1	Acht Walzer mit Coda
op. 2	Walzer mit Coda
op. 12	Zwölf Walzer

Zweihändige Werke für Klavier oder Harmonium (*Forts.*)

op. 69	Vier große Walzer
op. 81	Vier große Walzer + Coda
op. 102	Großer Walzer, As-Dur
op. 115	Valse mèlancholique, f-Moll
op. 140	Valse brillante, E-Dur
op. 195, 1	Valse sentimentale, Des-Dur
op. 205, 1	Introd. + Walzer, Es-Dur
op. 210	Valse sentimentale, Des-Dur
WoO IV/28	Walzer *Le Désir*, Des-Dur
op. 29	Zwölf Tänze
op. 31	Souvenir de Danse, E-Dur
op. 34	Zwölf Tänze
op. 46	Acht Tänze
op. 63	Zwölf Tänze
op. 65	L' engagement de danse
op. 86	Sechs Kontretänze
op. 88	Sechs Kontretänze
op. 97	Sechs Tänze
op. 119	Vier Tänze *Les invitations*
op. 120	Zwei Tänze
op. 127	Zwei Tänze

Weitere unveröffentlichte Klavierstücke in der Gruppe WoO IV.

B. Werke für Klavier zu vier Händen

op. 26	Drei Märsche (Es-, C-, D-Dur)
op. 27	Großer Walzer, C-Dur (auch für zwei Hände)
op. 28	Divertissement, F-Dur
op. 39	Zwei Walzer mit jeweils zwei Trios (D-, A-Dur)
op. 47	Divertissement, G-Dur
op. 92	Großer Galopp über ein Thema von Donizetti, E-Dur
op. 93	Großer Walzer, D-Dur
op. 95	Fünf Kontretänze
op. 123	Récreation musicale, Des-Dur
op. 123a	Introduction und Rondo, F-Dur
op. 135	Große Sonate, g-Moll
op. 162	Allegro, D-Dur
op. 168	Introduction und Rondo, A-Dur
op. 169	Großer Walzer, G-Dur
op. 203	Divertissement, G-Dur
op. 227	Zwei Festmärsche (E-, F-Dur)

V. Opern und Schauspielmusiken, Einlagenummern

A. Opern und Fragmente

WoO V/1	Prinzessin Christine von Wolfenburg
WoO V/2	Blanda, die silberne Birke
WoO V/3	Dritte Oper ohne Titel (*8 Nummern*)
WoO V/4	Die Wunderbare (*2 Nummern*)
WoO V/5	Die Bürgschaft (*2 Nummern*)
WoO V/6	Der Zauberschild (*3 Nummern*)
WoO V/7	Billibambuffs Hochzeitsreise

B. Einlagenummern

WoO V/8	Vier Einlagen zur Oper *La clemenza di Tito* von Mozart
WoO V/9	Zwischenaktmusik zur Oper *Don Giovanni* von Mozart
WoO V/10	Einlagearie zur Oper *Sargines* von Paër
WoO V/11	Zwei Einlagen zur Oper *La gazza Ladra* von Rossini
WoO V/12	Einlagearie zur Oper *L'inganno Felice* von Rossini
WoO V/13	Einlagearie zur Oper *Das Heilmittel* von Hérold
WoO V/14	Zwei Einlagen zur Oper *Der neue Gutsherr* von Boieldieu
WoO V/15	Drei Einlagen zur Oper *Fanchon* von Himmel
WoO V/16	Fünf Einlagen zur Oper *Regine* von Adam
WoO V/18	Der Gesang der Muezzin zur Oper *Die Wüste* von David
WoO V/20	Konzertarie für Sopran (*Per pieta, non dir mi addio*)
WoO V/21	Duett für Sopran und Bass (*Ah crudel tu voi ch'io mora*)
WoO VII/15	Quartett (*Fra le belle sono quella*)
WoO V/22	Scherzlied für Bass (*Rauchen können noch gefallen*)
WoO V/23	Zwei Männerchöre mit Orchesterbegleitung
WoO VIII/21	Kriegerlied für zweist. Männerchor und Orchester
WoO VIII/29	Soldatenlied für Männerchor unisono und großes Orchester

C. Melodramen

WoO V/24	Stimmen zu einem Melodram
WoO V/25	Melodram
WoO V/26	Musik zu einem Melodram

VI. Messen und Kirchenmusik

A. Messen und Messgesänge

op. 137	Große Festmesse, A-Dur	
WoO VI/1	Orchestermesse, B-Dur	
WoO VI/2	Orchestermesse, G-Dur	
WoO VI/3	Messe für Soli und Chor (auch mit Harmoniebegl.), F-Dur	
WoO VI/3b	Messe für drei Sopranstimmen und Bläser, F-Dur	
WoO VI/4	Messe für Soli und Chor (auch mit Bläser), a-Moll	
WoO VI/5	Kleine dreistimmige Messe, G-Dur	
WoO VI/6	Messe für Sopran, Tenor und Streicher, B-Dur	
WoO VI/7	Messe für zwei Soli und Männerchor / gem. Chor, G-Dur	
WoO VI/8	Deutsche Messe für Männerch. (auch mit Harm.begl.), B-Dur	
WoO VI/9	Deutsche Messe für eine Gesangstimme und Orgel, D-Dur	
WoO VI/10	Benedictus für Sopran und Klavier, Des-Dur	
WoO VI/11	Benedictus für Tenor und Orgel, f-Moll	
WoO VI/12	Benedictus für eine Singstimme und Orgel, B-Dur	
WoO VI/13	Agnus Dei für eine Singstimme und Orgel, f-Moll	
WoO VI/14	Agnus Dei für Bariton und Orgel, Es-Dur	

B. Requiem

WoO VI/15	Requiem für Sopr, Ten, 2 Bässe (oder MChor) u. Org., c-Moll
WoO VI/16	Requiem für gemischten Chor und Orchester, d-Moll
WoO VI/17	Requiem für Männerchor und Orgel, d-Moll
WoO VI/18	Deutsches Traueramt für eine Singstimme und Orgel, d-Moll
WoO VI/19	Deutsches Seelenamt für Männerchor und Orchester, d-Moll
WoO VI/19a	Deutsches Traueramt für Chor und Bläser, d-Moll
WoO VI/20	Trauergottesdienst für Neudingen für 2st. Männerch. und Org.

C. Te Deum

WoO VI/21	Te Deum für Chor und Orchester, C-Dur
WoO VI/22	Te Deum für Chor und Orchester, D-Dur
WoO VI/23	Te Deum für Chor und Orchester, D-Dur
WoO VI/24	Te Deum für Chor und Orchester, D-Dur
WoO VI/25	Te Deum für Chor a cappella, D-Dur
WoO VI/26	Deutsches Te Deum (Hymnus) für Chor und Orch., D-Dur

D. Sonstige Kirchenmusik

WoO VI/27	Ave Maria für Sopran oder Tenor, Chor und Orch., E-Dur
WoO VI/28	Lied zur Einsegnung einer Orgel f. Chor, Orch. u. Org., D-Dur
WoO VI/29	Kirchengesang für dreist. Frauenchor und Orgel, As-Dur
WoO VI/30	Drei geistliche Gesänge für verschiedene Besetzung
WoO VI/31	Pange Lingua für dreist. Männerch., Streicher und Org., F-Dur
WoO VI/32	Kirchenarie für Sopran und Orchester, B-Dur
WoO VI/32a	Kirchenlied für Sopran und Klavier, H-Dur
WoO VI/33	Kirchenlied für eine Singstimme und Klavier, f-Moll
WoO VI/34	Häusliches Gebet für Chor, Es-Dur
WoO VI/35	Zwei Geistliche Lieder für Chor, Es-Dur
WoO VI/36	Lied zur hl. Erstkommunion für Chor und Streicher, Es-Dur
WoO VI/37	Lied zur ersten hl. Kommunion für Chor und Orch., Es-Dur
WoO VI/37a	Lied zur ersten hl. Kommunion für Männerchor, F-Dur
WoO VI/38	Lied während der Firmung für MChor und Bläser, As-Dur
WoO VI/39	Lied zur Einsegnung eines Brautpaares für Chor, As-Dur
WoO VI/40	Musik zur Trauung (Hochzeitskantate) für Soli, Chor u. Orch.
WoO VI/41	Zwei Trauungslieder für Chor und Orchester
WoO VI/42	Chor zur Weihe einer Glocke

VII. Weltliche Kantaten

WoO VII/1	Abschiedskantate für Soli, Chor und Orchester
WoO VII/2	Festkantate für zwei Soli, Chor und Orchester
WoO VII/3	Festkantate mit Bläser und Gitarrenbegleitung
WoO VII/4	Festkantate für Männerchor (*Stimmt an ihr Freunde*)
WoO VII/5	Festgesang für Männerchor a capp. bzw. für Chor und Orch.
WoO VII/6	Festgesang (*Heut klingt das Lied*) für Chor und Orchester
WoO VII/7	Festgruß (*Laßt frohe Lieder schallen*) für Chor und Orch.
WoO VII/8	Festgruß (*Seid gegrüßt in diesen Hallen*) für Chor und Orch.
WoO VII/9	Huldigungschor mit kleinem Orchester und Gitarre
WoO VII/10	Hymne *Dem Höchsten* für Chor und Orchester
WoO VII/11	Hymne von Franz Müller für Chor und Orchester
WoO VII/12	Morgenlied für Chor, Flöte, drei Streicher und Gitarre
WoO VII/13	Neujahrsstück *Die Audienz* für Soli, Chor und Orchester
WoO VII/14	Neujahrslied 1823 für Sopran, zweist. Chor und Orchester
WoO VII/15	Schiller-Kantate für Chor und Orchester

VIII. Chöre (meist a cappella)

op. 96	Sechs Gesänge für Männerchor
op. 99	Sechs Gesänge für vier Singstimmen
op. 114	Sechs Gesänge für Männerchor
op. 124	Vier Gesänge für vier Singstimmen
op. 131	Sechs heitere Männerchöre
op. 136	Sechs Männerchöre (*verschollen*)
op. 138	Vier heitere Gesänge für Männerchor
op. 144	*Fischerlied*. Vierstimmiges Lied für gemischten Chor
op. 145a	*Fürstenberghymne*. Lied für gemischten Chor
op. 146	*Sturm und Segen*. Vierstimmiger Männerchor
op. 190	*Liebe und Wein*. Vierstimmiger Männerchor
op. 232	Zwei Gesänge ernsten Inhalts für Männerchor
op. 233	Vier deutsche Männerchöre
op. 239	Vier heitere Männerchöre
op. 241	Fünf Gesänge für Männerchor
WoO VIII/2	*Die Abendglocke*. Vierstimmiger Männerchor
WoO VIII/4	*Danklied*. Vierstimmiger Männerchor
WoO VIII/5	*Das deutsche Lied*. („Wenn sich der Geist") Männerchor
WoO VIII/6	*Das deutsche Lied II*. („Schlag an, du Lied") Männerchor
WoO VIII/7	*Deutsches Lied*. („Willst du ein Mann!") Männerchor
WoO VIII/11	Einweihungs- und Begräbnislied für Männerchor

Weitere unveröffentlichte Chorwerke in der Gruppe WoO VIII.

IX. Lieder mit Klavierbegleitung

A. Klavierlieder

op. 4	Sechs Deutsche Lieder
op. 54	Sechs Gesänge für Sopran oder Tenor
op. 67	Sechs Lieder für Sopran oder Tenor
op. 79	Sechs Gesänge für Alt oder Bass
op. 112	Sechs Lieder für eine Singstimme
op. 113	Vier Gesänge für Bass
op. 139	Fünf Lieder für eine Singstimme
op. 147	Drei Balladen für Mezzosopran oder Bariton
op. 150	Sechs Lieder für eine Singstimme
op. 154	Sechs Lieder für Mezzosopran oder Bariton
op. 155	*Die Jäger*. Lied für Mezzosopran oder Bariton
op. 171	Sechs Lieder für Sopran oder Tenor
op. 172	Fünf Lieder für Sopran oder Tenor
op. 177	Drei Lieder für Sopran

Klavierlieder (*Forts.*)

op. 192	Sechs Lieder für Sopran oder Tenor
op. 197	Drei Gesänge für zwei Soprane
op. 207	Vier Lieder für zwei Soprane
op. 214	Fünf Lieder für Sopran oder Tenor
WoO IX/4	Drei Lieder für eine Singstimme
WoO IX/5	Zwei Lieder von J. W. Schäfer
WoO IX/6	Zwei Lieder für eine Singstimme
WoO IX/7	Zwei Gedichte
WoO IX/10	*Abendliche Kahnfahrt.* Lied für eine Singstimme
WoO IX/11	*Abschiedsständchen.* Lied für eine Singstimme
WoO IX/14	*Erwartung.* Lied für eine Singstimme
WoO IX/15	*Der Fischer.* Lied für eine Singstimme
WoO IX/16	*Freundschaft und Liebe.* Lied für Sopran
WoO IX/20	*Husarenlied.* Lied für Bariton
WoO IX/21	*In der Schänke.* Lied für Bass
WoO IX/22	*Der sterbende Landwehrmann.* Lied für eine Singstimme
WoO IX/24	*Mein Herz und deine Stimme.* Lied für eine Singstimme
WoO IX/26	*Nachtlied eines Einsamen.* Lied für eine Singstimme
WoO IX/29	*Schifferlied* (Vogl) für eine Singstimme
WoO IX/30	*Schifferlied II* für eine Singstimme
WoO IX/33	*Trennung.* Lied für eine Singstimme
WoO IX/34	*Der Troubadour.* Lied für Bariton
WoO IX/35	*Tyroler-Lied* für eine Singstimme mit Gitarre oder Klavier
WoO IX/36	*Walzer.* Lied für eine Singstimme

Weitere unveröffentlichte Lieder und Gesänge in der Gruppe WoO IX.

B. Lieder mit obligatem Instrument

op. 91	Drei Gesänge für Sopran oder Tenor mit obl. Violine
op. 98	Drei Gesänge für Sopran mit obl. Violine
op. 105	*Der Postillion.* Lied für Bariton mit obl. Violoncello
op. 117	*Heimatlied.* Lied für Sopran mit obl. Klarinette
op. 122	*Zur Heimat.* Lied für hohe Stimme mit obl. Violoncello
op. 182	Drei Lieder für Mezzosopran oder Bariton mit obl. Horn
op. 189	Vier Lieder für Mezzosopran mit obl. Violoncello
op. 236	*Der Sennin Heimweh.* Lied für Sopran mit obl. Violine
WoO IX/19	*Heimweh.* Lied mit obl. Horn

C. Vokalensembles

op. 77	Variat. über ein Tiroler Lied für Sopr. und 3 Männerst., F-Dur
WoO IX/37	Zweistimmiges Volksliedchen für Sopran und Tenor
WoO IX/38	Weihnachtsliedchen für zwei Singstimmen
WoO IX/39	Duettino für Sopran und Tenor
WoO IX/40	Duett für Tenor und Bass, zwei Flöten u. Hörner sowie Gitarre
WoO IX/41	Terzett für zwei Tenöre und Bariton

X. Sonstiges (Fastnachtsstücke u.a.)

WoO X/1	Donaueschinger Narrenmarsch
WoO X/2	Fastnachtsbericht und Narrenlied
WoO X/3	Menagerlied für Männerchor und drei Instrumente
WoO X/4	Zwei Arrangements für Violine und Orchester
WoO X/5	Arrangement für Violine und Klavier (Andante von Mozart)
WoO X/6	Arrangement für Violine und Klavier (Lied von Schubert)
WoO X/7	Arrangement für Klavierquartett (Preghiera)
WoO X/8	Arrangement für Chor und Orch. (100. Psalm von Händel)
WoO X/9	Fünf Arrangements für Orchestrion
WoO X/10	Acht Arrangements für Harmonium
WoO X/11	15 Polnische Volkslieder arrangiert für Klavier

Weitere Fragmente und Skizzen in der Gruppe WoO X.

1. Teil
Werke mit Opuszahl

Op. 1   Acht Walzer mit Coda, F-Dur

Entré   Nr. 1 – Nr. 8 [ohne Tempoangabe]   Coda

EWV: *Walzer mit Coda für Pf.*
Besetzung: Klavier.
Datierung: 1820c.
Abschriften: D-KA (Nr. 237).
Druck: *VIII / WALSES avec CODA / pour le / Piano-Forte / par / J. W. Kalliwoda.* Marco Berra, Prag 282.
Bibliothek: D-KA (Don Mus.Dr. 3031[1]) ▪ D-Mbs (2 Mus.pr. 1510, Beibd.2) ▪ D-HEms (Magazin).
Anmerkung: Die im BLKÖ unter dieser Opusnummer genannte „Caprice-Fantasie" (Leipzig 1851) stammt von *Wilhelm* Kalliwoda.

Op. 2   Drei Walzer mit Coda, D-Dur
Nr. 1 – Nr. 3 [ohne Tempoangabe]   Coda

EWV: *Walzer mit Coda für Pf.*
Besetzung: Klavier.
Datierung: 1820c.
Druck: *WALZER sammt CODA / für das / Piano-Forte / von / J. W. Kalliwoda.* Marco Berra, Prag 291.
Bibliothek: D-KA (Don Mus.Dr. 3031[1]) ▪ D-Mbs (2 Mus.pr. 1510, Beibd.3).
Anmerkung: Dieses Stück fehlt im Sammelband von Donaueschingen (Dr. 3031[1]). Bereits Kalliwodas Sohn Gustav weist am 10.09.1900 durch einen handschriftlichen Eintrag auf diese Tatsache hin: „Wie ... an die fürstl. fürstenbg. Bibliothek bereits gemeldet, war bei Empfang des vorliegenden Bandes Musikalien von J. W. Kalliwoda, von dem unter Nr. 9 verzeichneten Opus 2. (Walzer sammt Coda) nur das Titelblatt vorhanden, während die Notenblätter herausgeschnitten waren."
Die im BLKÖ unter dieser Opusnummer genannten „Sechs Charakterstücke" (Leipzig 1851) stammen von *Wilhelm* Kalliwoda.

Op. 3   Sechs Galopps, Es-Dur
1. Con fuoco   2. Vivo   3. Vivace   4. Scherzo   5. [o. A.]   6. Marcato

EWV: *VI Galopp für Pf.*
Besetzung: Klavier.
Datierung: 1820c.
Abschriften: D-KA (Nr. 213) ▪ D-KA (Don Mus. Autogr. 18 [Abschrift der Galopps Nr. 3 (in C-Dur) und Nr. 5. Sie sind in umgekehrter Reihenfolge geordnet und mit der Tempoangabe *Vivace* sowie dem Titel „2 Hasen Galop" überschrieben.]).
Druck: *VI / Favorit Galopp / pour le / Piano Forte / par / I. W. KALLIWODA.* Marco Berra, Prag 383.
Bibliothek: D-KA (Don Mus.Dr. 3031^I) ▪ CZ-Pnm (59 E 2664).

Op. 4   Sechs deutsche Lieder

Nr. 1: Romanze des Troubadour, *Hörst du den Ton.*
   E-Dur / Langsam
Nr. 2: Lied, *O! Was spricht so laut zum Herzen* (Christian August Vulpius).
   e-Moll / Mit Bewegung
Nr. 3: Die Rückkehr, *So nahst du endlich freundliches Gestade* (D. Schreiber).
   G-Dur / Mit Empfindung
Nr. 4: Die unbekannte Blume, *Jüngst ging ich durch Busch und Haine.*
   A-Dur / Mit Empfindung
Nr. 5: Sehnsucht, *Was zieht mir das Herz so* (Johann Wolfgang v. Goethe).
   f-Moll / Bewegt
Nr. 6: Die Schiffende, *Sie wankt dahin* (Ludwig Christoph H. Hölty).
   E-Dur / Ruhig

EWV: *VI Lieder für Sopran mit Pfbgl.*
Besetzung: Hohe Gesangstimme, Klavier.
Datierung: 1820c.
Abschriften: D-KA (Don Mus. Ms. 2758 [Der Band enthält ca. 50 nach und nach von Hand eingetragene Lieder; daraus Nr. 13: *Die Rückkehr* in Es-Dur]) ▪ D-LÜh (P, 408 [Nr. 1 mit Git.]).
Druck: *6 Deutsche Lieder / mit Begleitung des / PIANO-FORTE / in Musik gesetzt / von / J. Kalliwoda.* Marco Berra, Prag 309 (Nr. 1-3), 310 (Nr. 4-6) ▪ *DIE RÜCKKEHR: / ... / mit Begleitung des / Pianoforte oder der Guitarre / von / I. KALLIWODA.* Ad. Nagel, Hannover 496 (= Lied Nr. 3).
Lied Nr. 1 in: *LYRA / eine Sammlung von / Liedern Balladen Duettinis / der vorzüglichsten Componisten mit Begleitung des Piano Forte und / der Guitarre.* Band II. Herder, Freiburg. (N° 27, S. 52f. 1828) ▪ *Pfennigmagazin.* P. J. Tonger, Köln (mit Git.).
Bibliothek: D-KA (Don Mus. Dr. 1585, Nr. 291 [nur Nr. 3 als Abschr. und Druck]) ▪ D-B (Mus. O.2228, Mus. O.13900 [Nr. 1], Mus. O.8237 [Nr. 1 mit Git.]) ▪ A-Wn (MS 42.897) ▪ CZ-Pnm (59 C 3872) ▪ GB-Lbl (E.600.t.{8.} [Nr. 3]) ▪ H-Bn (Ms.mus.IV 976 [Nr. 3]).
Anmerkung: Diese Liedersammlung ist nur aufgrund von Kalliwodas Werkverzeichnis und des Druckortes Prag als op. 4 zu bestimmen, da in den Noten keine Opusnummer steht.
Den Text des Liedes Nr. 1 (*Hörst du den Ton*) hat Kalliwoda auch einem Männerchor zugrunde gelegt (vgl. WoO VIII/26).

Op. 5 Drei Polonaisen

1. g-Moll 2. B-Dur 3. D-Dur [alle ohne Tempoangabe]

EWV: *III Märsche für Pf.*
Besetzung: Klavier.
Datierung: 1820c.
Abschriften: D-KA (Nr. 235, versehentlich als op. 6 gekennzeichnet).
Druck: *TROIS POLONAISES / pour le / Piano-Forte / composées par / J. W. Kalliwoda / Maitre de Chapelle de S.A.S. le Prince de Fürstenberg*. Marco Berra, Prag 570.
Bibliothek: D-KA (Don Mus.Dr. 3031^1).
Anmerkung: Entweder hat sich Kalliwoda beim Erstellen seines Verzeichnisses geirrt, oder beim Druck wurden bei op. 5 und 6 die Opusnummern vertauscht. Wahrscheinlich wurden in den Noten in Karlsruhe die Nummern nachträglich aufgrund von Kalliwodas Eintrag ins Falsche korrigiert. Die in der MGG unter dieser Opusnummer verzeichneten "6 Marienlieder" (Leipzig 1867) sind von *Willhelm* Kalliwoda.

Op. 6 Drei Märsche

1. Marcia brillante, Es-Dur   2. Marcia funebre, As-Dur
3. Marcia pomposo (Maestoso), F-Dur

EWV: *III Polonaisen für Pf.*
Besetzung: Klavier.
Datierung: 1820c.
Abschriften: D-KA (Nr. 160a; versehentlich als op. 5 gekennzeichnet) ▪ D-KA (Don Mus. Ms. 903 [nur Nr. 3]) ▪ FFB (Musikalien, Best. Kalliwoda, Nr. 40 [unvollst. Skizze]).
Bearbeitung: Der Marsch Nr. 3 liegt auch in zwei Orchesterfassungen vor (vgl. WoO I/11).
Druck: *Trois Marches / pour le / Piano-Forte / composeés par / J. W. Kalliwoda / Maitre de Chapelle de S.A.S. le Prince de Fürstenberg.* Marco Berra, Prag 569.
Bibliothek: D-KA (Don Mus. Dr. 3031[1]) ▪ A-Wn (MS 2079).

Op. 7 Sinfonie Nr. 1, f-Moll
1. Largo - Allegro 2. Adagio ma non troppo
3. Menuetto. Allegro scherzo 4. Finale. Allegro molto

Dionys Weber gewidmet.

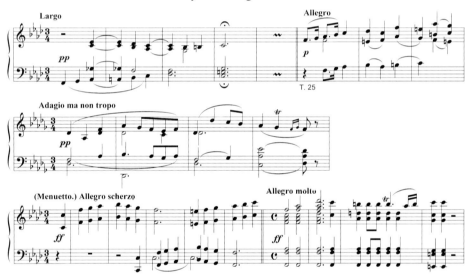

EWV: *1ste Sinfonie für Orch. (auch für Pf. 4händig) / Adagio daraus für Pf. 2händig.*
Besetzung: 2 Fl, 2 Ob, 2 Cl, 2 Fag, 2 Cor, 2 Tr, Trb-b, Timp, Str.
Datierung: Dezember 1825 (Uraufführung in Prag). ▪ **Erworben** am 14.04.1839.
Autograph: unbekannt.
Abschriften: D-KA (Don S.B. IV, Nr. 6 [Stimmen-Sammelbände]) ▪ D-KA (Don Mus. Ms. 993[7] [Mappe fehlt, enthält laut Katalog Stimmen], Mus. Ms. 2859 [2 Stimmensätze ohne Trb]) ▪ D-KA (Anh. Nr. A3 [*Adagio für Klavier zu 2 Hd.*], Nr. 119 [*Adagio / tiré et arrangé / Pour le Piano-Forte & Violon / de la première / Sinfonie / de / J. W. Kalliwoda. / arrang. von W. Kalliwoda.*]).
Bearbeitung: Klavier zu 4 Hd. von F. Mockwitz und Carl Czerny; Sonderausgabe des *Adagio*. Bearbeitung desselben für Violine und Klavier von Wilhelm Kalliwoda. Arrangement für Orgel von George Cooper (G. Cooper: The Organist's Manual N° 3. London).
Drucke: Partitur / Stimmen: *Première / SINFONIE / En Fa mineur. (F moll) / à grand Orchestre / composée et dédiée / à Monsieur F. D. Weber / Directeur du Conservatoire de Musique à Prague /*

par son Elève / J. Kalliwoda. / Maitre de Chapelle de S.A. le Prince de Fürstenberg. Breitkopf, Leipzig 4372 (*1826*) ▪ *Das Erbe Deutscher Musik. Bd. 109. (Abteilung Orchestermusik, Bd. 7.) Herausgegeben von Albrecht Dürr.* Breitkopf & Härtel, Wiesbaden SON 380, S. 1-115. (*1998*).

Klav. zu 4 Hd.: *Première / SINFONIE / composée / par / J. W. KALLIWODA / Oevre 7 / arrangée / Pour le Pianoforte à quatre mains / par / CHARLES CZERNY.* C. F. Peters, Leipzig 3578 (*1826*) ▪ *Priemière / SINFONIE / de / J. W. Kalliwoda / arrangée / Pour le Pianoforte / à quatre mains / par / F. Mockwitz.* Breitkopf, Leipzig 4263 (*1827*) ▪ *PREMIÈRE SINFONIE / de / J. W. KALLIWODA / arrangée / pour le Piano à quatre mains / par / F. MOCKWITZ. / Nouvelle Edition.* Breitkopf, Leipzig 6019.

Adagio f. Klav.: *ADAGIO / tiré et arrangé / Pour le Piano-Forte / de la première / SINFONIE / de / J. W. KALLIWODA.* Breitkopf, Leipzig 5454 (*1833*).

Bibliothek: D-KA (Don Mus. Dr. 1621, Mus. Dr. 1620, Mus. Dr. 2943^a [alle 4 Hd.], Mus. Dr. 3031^l [*Adagio*]) ▪ D-KA (Nr. 135 [4 Hd.], Nr. 161 [*Adagio*]) ▪ D-KA* (M 1805 R [4 Hd.]) ▪ FFB (Musikalien, Best. Kalliwoda, Nr. 50 [Trb-Stimme]) ▪ D-B (213114, Mus. O.2229 [4 Hd.], 110124 [Orgel] ▪ D-B* (Mus LS Yd 210-109, DMS 227 240-109) ▪ D-HEms (K 12 d, Magazin [4 Hd.]) ▪ D-Mbs (4 Mus.pr. 50038 [4 Hd.], 4 Mus.pr. 53320 [*Adagio*]) ▪ D-DT (Mus-n 562) ▪ D-Cl (TB Sinf 61) ▪ D-Sl (LS: Nr 960-109) ▪ A-Wn (MS 9434 [4 Hd.]) ▪ GB-Lbl (h.1510.a., e.92.{3.} [4 Hd.], f.133.t.{1.} [*Adagio*]).

Anzeigen und Rezensionen: AmZ 1827, Sp. 177; 1828, Sp. 400; 1839, Sp. 564; NZfM 1853, Bd.I, S. 187.

Literatur: W. Neumann, Die Componisten der neueren Zeit. Cassel 1856, S. 82f. ▪ H. Kretzschmar, Führer durch den Concertsaal. I. Abt. Leipzig 1887, S. 130. ▪ Strauß-Németh, Kalliwoda. Bd. 1. Kap. 3.2.1.

Anmerkung: Die erste Symphonie gehört zu Kalliwodas meistaufgeführten Werken dieser Gattung. In Donaueschingen erklang sie ein halbes Jahr nach ihrer Prager Uraufführung, am 2. Juni 1826. Die AmZ erwähnt sie außerdem in Konzerten u.a. in Berlin (1834), Breslau (1831, 1838, 1841), Erfurt (1835), Halle (1834), Jena (1833), Königsberg (1835), Leipzig (1826, 1831, 1833, 1834, 1838), Magdeburg (1827, 1834), Mannheim (1824), München (1827), Naumburg (1836) und Prag (1828). Weitere Aufführungen erfolgten am 14.12.1830 in Stuttgart (WLB-Datenbank) sowie am 6.2.1854 in Gotha (Katalog von D-Cl).

Op. 8   Konzertpolonaise Nr. 1, e-Moll
Introduzione. Poco Adagio - Polonaise [ohne Tempoangabe]

Joseph Strauß gewidmet.

EWV: *Polonaise für Violine mit Orchbgl. und Pfbgl. / (für Pf. 2 und 4händig).*
Besetzung: Vl princ, 2 Fl, 2 Ob, 2 Fag, 2 Cor, Str.
Datierung: 22. November 1826 (Uraufführung in Donaueschingen); 1828 (Druck).
Abschriften: D-KA (Anh. Nr. A1 [Kl zu 2 Hd.]).
Bearbeitung: Violine und Klavier sowie Klavier zu 2 bzw. 4 Händen. In den Klavierfassungen entfällt die Einleitung (Poco Adagio); die entsprechenden Drucke setzten direkt mit der Polonaise ein.
Drucke: *POLONOISE (!) / pour le / VIOLON / avec Accompagnement de / l' Orchestre ou de Pianoforte / composée et dediée / A SON AMI / Josephe Strauss / Maître de la Chapelle de S. A. R. le Grand Duc de Bade / PAR / J. KALLIWODA. / Maître de la Chapelle de S. A. le Prince de Fürstenberg etc. etc.* J. P. S. Spehr, Braunschweig 1815, 1816 (Kl-Ausz.) ▪ Julius Bauer, Braunschweig 1226 (Vl+Kl).
<u>Für Klavier</u>: *Grande POLONAISE / pour le / Pianoforte / Musique de / J. Kalliwoda / Maître de la Chapelle de S.A.S. le Prince de Fürstenberg.* G. M. Meyer jun., Braunschweig 20 ▪ *GRANDE POLONOISE / pour le Pianoforte à deux / ou à quatre mains / Musique de / I. KALLIWODA. / Maître de Chapelle de S.A.S. le Prince de Fürstenberg.* G. M. Meyer jun., Braunschweig 80.
Bibliothek: D-KA (Don Mus. Dr. 1606 [2 Stimmensätze + weitere Str-Stimmen als Abschr.], Mus. Dr. 3031[1] [für Kl zu 2 u. 4 Hd.]) ▪ D-KA (Nr. 112 [Bauer]) ▪ D-B (Mb 1882, 113088 [Bauer]) ▪ CZ-Pnm (59 A 5783) ▪ GB-Lbl (h.3212.c.{7.} [Vl+Kl]).
Anzeigen und Rezensionen: AmZ 1829, Sp. 104+200.
Anmerkung: Es kann nicht mit letzter Gewissheit gesagt werden, dass es sich bei der angekündigten „Polonaise für die Violine" im November 1826 in Donaueschingen wirklich um dieses Werk handelt; die Leipziger Erstaufführung hingegen fand am 5. März 1829 statt.
Die vorliegende Komposition ist zugleich der dritte Satz eines unveröffentlichten Violinkonzertes in e-Moll (WoO II/1); in welcher Reihenfolge die beiden Werke entstanden, ist unbekannt.

Op. 9   Violinkonzert, E-Dur
1. Allegro maestoso   2. Larghetto   3. Rondo. Allegro

Friedrich Wilhelm Pixis gewidmet.

EWV: *Concert für die Violine mit Orch.*
Besetzung: Vl princ, 2 Fl, 2 Ob, 2 Cl, 2 Fag, 2 Cor, 2 Tr, (Trb), Timp, Str.
Datierung: 22. Dezember 1821 (Uraufführung in Prag); 1828 (Druck).
Druck: *CONCERTO / pour le Violon / avec accompagnement de l' Orchestre / dedié / À MR F. PIXIS / Professeur de Violon du Conservatoire de Musique à Prague / par son Elève / J. W. Kalliwoda. / Maître de Chapelle de S.A.S. le Prince de Fürstenberg.* Breitkopf, Leipzig 4521.

Bibliothek: D-KA (Don Mus. Dr. 1542 [mit zusätzl. Trb-Stimme als Hs.]) ▪ D-KA (Nr. 51 [Stimmen]) ▪ D-B (38805) ▪ D-Cl (TB So 70).
Anzeigen und Rezensionen: AmZ 1822, Sp. 50.
Literatur: Hans Engel, Das Instrumentalkonzert. Leipzig 1932, S. 285.

Op. 10   Rondo für Klavier, As-Dur
Introduction. Adagio - Rondo. Allegro grazioso

Therese von Haysdorf gewidmet.

EWV: *Rondeau für Pf.*
Besetzung: Klavier.
Datierung: 11. März 1828 (Aufführung in Donaueschingen). ▪ **Erworben** am 19.09.1843.
Bearbeitung: Nachträgliche Str-Begleitung in: FFB (Musikalien, Best. Kalliwoda, Nr. 31 [*Begl. zu einem Clavier Rondo.*]).
Druck: RONDEAU / pour le / PIANOFORTE / composée et dediée / à Mademoiselle Thérese de Haysdorf / Dame d'honneur de S.A.S. la Princesse de Fürstenberg / par / J. KALLIWODA. / Maître de Chapelle de S.A.S. le Prince de Fürstenberg. Breitkopf, Leipzig 4546.
Bibliothek: D-KA (Don Mus. Dr. 3237, Mus. Dr. 3031[1]) ▪ D-KA (Nr. 177) ▪ D-Dlb (Mus. 1-T-531 [*Sammelband von zwei- und vierhändiger Klaviermusik*, darin Nr. 5]).
Anzeigen und Rezensionen: AmZ 1828, Sp. 330.
Anmerkung: Für das auf dem Konzertprogramm in Donaueschingen angekündigte „Rondo für Klavier" kommt zwar neben dieser Komposition auch das op. 11 infrage, aber zwei Indizien sprechen stärker für das vorliegenden op. 10: Zum einen ist die Widmungsträgerin eine Angehörige der Hofgesellschaft, zum anderen deuten die überlieferten Streicherstimmen auf eine konzertante Aufführung des Stückes in einem größeren Rahmen hin.
Die in der MGG unter dieser Opusnummer verzeichneten "6 Phantasiestücke" sind von *Wilhelm* Kalliwoda.

Op. 11 Rondo für Klavier, A-Dur
Adagio - Rondo. Allegro

Baronin Verene d' Obvexer gewidmet.

EWV: *Rondeau für Pf.*
Besetzung: Klavier.
Datierung: 1828 (Druck). ▪ **Erworben** am 19.09.1843.
Druck: *RONDEAU / pour le Pianoforte / composée et dediée / à Madem[lle] la Baronne Verene d' Obvexer / par / J. W. KALLIWODA / Maître de Chapelle de S.A.S. le Prince de Fürstenberg.* Breitkopf, Leipzig 4843.
Bibliothek: D-KA (Don Mus. Dr. 1617[1], Mus. Dr. 3031[1]) ▪ D-KA (Nr. 178) ▪ D-B (O.5874) ▪ D-HEms (M 406 ze).
Anzeigen und Rezensionen: AmZ 1829, Sp. 538.
Literatur: Neumann, Die Componisten der neueren Zeit. Cassel 1856, S. 91-93.

Op. 12 Zwölf Walzer

1. Vivace, Es-Dur   2. [o. A.], As-Dur   3. [o. A.], Es-Dur
4. [o. A.], As-Dur   5. Brillante, Es-Dur   6. Con fuoco, As-Dur
7. Lusingando, As-Dur 8. Di bravura, f-Moll   9. Vivo, As-Dur
10. Con legerezza, As-Dur 11. Con fuoco, Es-Dur 12. Di bravura, B-Dur

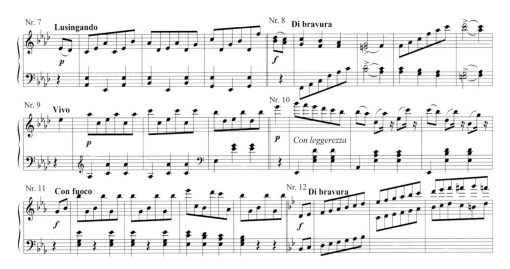

EWV: *Valses brillantes für Pf.*
Besetzung: Klavier.
Datierung: 1828 (Druck). ▪ **Erworben** am 19.09.1843.
Abschriften: D-KA (Nr. 238).
Bearbeitung: Klavier zu 4 Händen.
Drucke: *DOUZE WALSES / modernes et brillantes / pour le / Pianoforte / par / J. W. KALLIWODA*. Wilhelm Paul, Dresden 38 (2 Hd.) bzw. 171 (4 Hd.).
Bibliothek: D-KA (Don Mus. Dr. 1633, Mus. Dr. 3031[1]).

Op. 13   Konzertvariationen, A-Dur
Introduzione. Adagio - Tema. Allegretto

Karl Lange gewidmet.

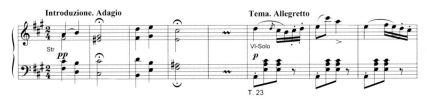

EWV: *Variationen für Violine mit Orch. und Pfbgl.*
Besetzung: Vl princ, 2 Fl, 2 Cl, 2 Fag, 2 Cor, Str.
Datierung: 10. März 1829 (Uraufführung in Leipzig).
Bearbeitung: Vl und Streichorchester: D-KA (Don Mus. Ms. 993[1] [*Adagio & Thema Varie pour Le Violon Principalle* (!) *avec deux Violons Alto, Violoncello & Basso*. Stimmenabschr.; Solost. fehlt]). Vl und Klavier.
Druck: *Variations / BRILLANTES / Pour le Violon / avec Accompagnement de l' Orchestre / ou de Pianoforte / composées et dediées / à son Ami / Charles Lange / par / J. W. KALLIWODA. / Maitre de Chapelle de S.A.S. le Prince de Fürstenberg*. Fr. Hofmeister, Leipzig 1462.

Bibliothek: D-KA (Don Mus. Dr. 1629) ▪ D-KA (Nr. 103 [Vl+Kl]) ▪ D-B (93695) ▪ CZ-Pnm (59 A 5880).
Anzeigen und Rezensionen: AmZ 1829, Sp. 788.
Literatur: Neumann, Die Componisten der neueren Zeit. Cassel 1856, S. 93-95.

Op. 14   Doppelvariationen, E-Dur
Introduzione. Adagio - Tema. Andante

EWV: *Variationen für 2 Violinen mit Orch. / auch 4händ. für Pf.*
Besetzung: 2 Vl princ, 2 Fl, 2 Ob, 2 Fag, 2 Cor, Str.
Datierung: 16. März 1826 (Uraufführung in Donaueschingen); 1829 (Druck).
Abschriften: D-KA (Don Mus. Ms. 993[3] [*Introduzione / et / Variatione / pour / Deux Violino Principale / avec / Accompagnemento / de Grand Orchestre*. 2 Stimmensätze]).
Bearbeitung: 2 Vl und Klavier sowie Klavier zu 4 Hd. von F. Mockwitz.
Drucke: *VARIATIONS / brillantes / pour deux Violons / avec Accomp. de l' Orchestre / composées / par / J. W. Kalliwoda / Maître de Chapelle de S.A.S. le Prince de Fürstenberg.* Breitkopf, Leipzig 4905 ▪ *VARIATIONS / brillantes / Pour deux Violons avec Orchestre / composées / par / J. W. Kalliwoda / arrangées / Pour Pianoforte à quatre mains / par MOCKWITZ.* Breitkopf, Leipzig 4687.
Bibliothek: D-KA (Don Mus. Dr. 1630, Mus. Dr. 3031[1] [4 Hd.]) ▪ D-KA (Nr. 70) ▪ D-B (66934, O.5875 [4 Hd.]) ▪ D-HEms (Magazin).
Anzeigen und Rezensionen: AmZ 1830, Sp. 48.
Literatur: Neumann, Die Componisten der neueren Zeit. Cassel 1856, S. 95f.
Anmerkung: Neben der Aufführung vom März 1826 findet man am 14. März 1827 ein weiteres „Concertante für zwei Violinen" auf dem Konzertprogramm in Donaueschingen, das sich sowohl auf diese Komposition als auch schon auf das op. 20 beziehen könnte. Es ist aber wahrscheinlicher, dass das spätere Werk erst im Jahr 1830 uraufgeführt wurde.
Die beiden Stimmensätze in den Donaueschinger Abschriften (Ms. 993[3]) bieten zwei unterschiedliche Orchesterbesetzungen: Während die erste Variante sich mit der Druckfassung deckt, hat die zweite nur eine Flöte und statt der Oboen zwei Klarinetten. In beiden Fällen fehlen die Solostimmen.
Das Variationsthema liegt auch in einer Klavierfassung vor (vgl. WoO IV/27, Nr. 1).

Op. 15 Violinconcertino Nr. 1, E-Dur
Allegro maestoso

August Matthaei gewidmet.

EWV: *Concertino N^{ro} 1. für Violine mit Orch. und Pfbgl.*
Besetzung: Vl princ, 2 Fl, 2 Ob, 2 Cl, 2 Fag, 2 Cor, 2 Tr, (Trb-b), Timp, Str.
Datierung: 5. März 1829 (Uraufführung in Leipzig).
Bearbeitung: Vl und Klavier.
Druck: *CONCERTINO / pour le / Violon / avec Accompagnement de l' Orchestre / ou de Pianoforte / composé et dédié à son Ami / A. Matthaei / par / J. W. KALLIWODA / Maitre de Chapelle de S.A.S. le Prince de Fürstenberg.* C. F. Peters, Leipzig 2058 (Orch.St. und Kl-Ausz; *1830*) ▪ London (*1851*).
Bibliothek: D-KA (Don Mus. Dr. 1556 [Posaunenst. nur handschriftl.]) ▪ D-KA (Nr. 52 [Kl-Ausz. ohne Solostimme]) ▪ D-B (Mb 1866, 24139 [Vl+Kl]) ▪ D-Dlb (Mus. 5404-O-501 [Vl+Kl]) ▪ D-LÜh (L 165 [Vl+Kl]) ▪ CZ-Pnm (59 A 3179 [Vl+Kl], 59 A 5629 [Stimmen]) ▪ GB-Lbl (h.2040.i.{2.}, h.195.{7.}).
Anzeigen und Rezensionen: AmZ 1829, Sp. 200.

Op. 16 Konzertrondo für Klavier und Orchester, Es-Dur
Introduzione. Adagio maestoso - Rondo. Allegretto

Emilie Reichold gewidmet.

EWV: *Rondeau für Pf. mit Orch.*
Besetzung: Kl princ, 2 Fl, 2 Cl, 2 Fag, 2 Cor, 2 Tr, (Timp), Str.
Datierung: 10. März 1829 (Uraufführung in Leipzig).
Abschriften: D-KA (Don Mus. Ms. 983 [*Rondeau pour le Piano-Forte avec accompagnement d' Orchestre*. Stimmen mit zusätzl. Pauke; Solostimme als Autograph]).
Bearbeitung: Zwei Klaviere.

Drucke: GRAND RONDEAU / pour le / Piano-Forte / avec Accompagnement de l' Orchestre / composée et dediée / à Mademoiselle Emilie Reichold / par / J. W. KALLIWODA. / Maitre de Chapelle de S.A.S. le Prince de Fürstenberg. C. F. Peters, Leipzig 2096 (mit Orchester) bzw. 2156 (mit Klavier).
Bibliothek: D-KA (Don Mus. Dr. 3313 [Stimmen], Mus. Dr. 3031^{II} [Solostimme]) ▪ D-KA (Nr. 179) ▪ D-B (Mb 1886) ▪ D-Mbs (4 Mus.pr. 21322) ▪ CZ-Pnm (59 C 1109).
Anzeigen und Rezensionen: AmZ 1829, Sp. 201 (Uraufführung); AmZ 1830, Sp. 492.
Literatur: Neumann, Die Componisten der neueren Zeit. Cassel 1856, S. 96f.
Anmerkung: Kalliwoda hat in den Stimmensbaschriften die Tempoangabe des zweiten Teiles in *Allegretto grazioso* ergänzt.

Op. 17   Sinfonie Nr. 2, Es-Dur
1. Larghetto - Allegro vivace   2. Larghetto
3. Menuetto. Allegro risoluto   4. Rondo. Allegro con spirito

Fürst Karl Egon II. zu Fürstenberg gewidmet.

EWV: *2te Sinfonie für Orch. / (auch für Pf. 4händig)*.
Besetzung: 2 Fl, 2 Ob, 2 Cl, 2 Fag, 2 Cor, 2 Tr, Trb-b, Timp, Str.
Datierung: 14. März 1827 (Uraufführung in Donaueschingen).
Autograph: D-KA (Nr. 36 [III. Satz *Menuetto* für Klavier]).
Abschriften: D-KA (Don S.B. IV, Nr. 7 [Stimmen-Sammelbände]) ▪ D-KA (Don Mus. Ms. 2851a [Stimmen] + 2851b [weitere Str-Stimmen]).
Bearbeitung: Klavier zu 4 Hd. von Carl Czerny; versch. Arrangements für Orgel von George Cooper; Arrangement für Fl, 2 Vl, 2 Vla, Vlc, Kb von Henry J. Lincoln.
Drucke: Partitur / Stimmen: *Seconde / SINFONIE / à grand Orchestre / composée et dediée / A Son Altesse Sérénissime Monseigneur / LE PRINCE REGNANT / CHARLES EGON / DE FÜRSTENBERG / Landgrave de Baar et de Stuhlingen etc. etc. / par / Son maitre de Chapelle / J. W. KALLIWODA.*

C. F. Peters, Leipzig 2059 ▪ *The Symphony 1720-1840. A comprehensive collection of full scores in sixty volumes. Ed. by Barry S. Brook. Serie C, Volume XIII, Score 3.* (hrsg. von David E. Fenske.) New York, London *1984*. S. 191-241: Facsimile einer Handschrift aus der *Allen A. Brown Collection of the Boston Public Library*, Sign. M312.16.
Bearbeitungen: *Seconde / SINFONIE / composée / par / J. W. KALLIWODA / Oeuv. 17. / arrangée / Pour le Piano-Forte à quatre mains / par / CHARLES CZERNY*. C. F. Peters, Leipzig 2156 ▪ G. Cooper: The Organist's Manual N° 1. London ▪ *Moderato from a Symphony.* in: G. Cooper, Organ arrangements 2, London ▪ Wessel & Co, London (Kammerbes.).
Bibliothek: D-KA (Don Mus. Ded. 57, Mus. Dr. 1620 [4 Hd.], Mus. Dr. 2943^a [4 Hd.]) ▪ D-KA (Nr. 136 [4 Hd.]) ▪ D-KA* (M 1805 R [4 Hd.]) ▪ FFB (Musikalien, Best. Kalliwoda, Nr. 51 [Trb-Stimme]) ▪ D-AMms (140/2) ▪ D-B (197098, Mus. O.2230 [4 Hd.], 110124 [Orgel], O.36303 [Moderato f. Orgel]) ▪ D-Dlb (Mus. 5404-N-501 [4 Hd.]) ▪ D-DT (Mus-n 563) ▪ D-Cl (TB Sinf 51) ▪ D-HEms (K 43 e, Magazin [4 Hd.]) ▪ A-Wn (MS 35.940) ▪ CZ-Pnm (59 A 377 [4 Hd.]) ▪ GB-Lbl (e.95.a.{8.} [4 Hd.], h.2782.qq. [Fl-Septett]).
Anzeigen und Rezensionen: AmZ 1829, Sp. 200+721; AmZ 1831, Sp. 263+684; Iris 1831.
Literatur: Neumann, Die Componisten der neueren Zeit. Cassel 1856, S. 83. ▪ Kretzschmar, Führer durch den Concertsaal. I. Abt. Leipzig 1887, S. 130. ▪ Strauß-Németh, Kalliwoda. Bd. 1. Kap. 3.2.1.
Anmerkung: Im Autographennachlass von D-KA finden sich unter der Nr. 36 mehrere Tänze für Klavier (vgl. WoO X/12); auf fol. 7^r – 8^r steht das *Menuetto* aus der zweiten Sinfonie für Klavier. Wie bei der Symphonie Nr. 1 (op. 7) existieren auch hier in der AmZ mehrere Berichte von Konzerten, in denen dieses Werk erklang: Basel (1834), Breslau (1831), Dessau (1838), Erfurt und Halle (1835), Jena (1832, 1834), Leipzig (1827, 1829, 1830), Magdeburg (1831) und Prag (1833, 1838). Die Leipziger Erstaufführung fand am 5. März 1829 statt, eine Wiederholung in Donaueschingen im Rahmen der Museumskonzerte am 23. April 1864.

Op. 18 Konzertvariationen über ein Thema aus der Oper *La Donna del Lago* von Rossini, D-Dur
Introduzione. Grave - Tema. Moderato

Thomas Täglichsbeck gewidmet.

EWV: *Variationen für Violine mit Orch. auch mit Pfbgl. / auch für Pf. 4händig.*
Besetzung: Vl princ, 2 Vl, Vla, Vlc, (nachträglich: Fl, Ob, Fag, 2 Cor).
Datierung: 1830c. ▪ **Erworben** am 10.05.1844.
Abschriften: D-KA (Don Mus. Ms. 916 [nur Bläserstimmen]).
Bearbeitung: Vl und Klavier sowie Klavier zu 4 Hd.
Drucke: *VARIATIONS / BRILLANTES / sur un thême de l' Opera / La Donna del Lago / de Rossini / pour le Violon / avec Accompagnement de l' Orchestre / ou de Quatuor, ou de Pianoforte / composées et dediées a son Ami / Th. Täglichsbeck / par / J. W. KALLIWODA / Maitre de Chapelle*

de S.A.S. le Prince de Fürstenberg. C. F. Peters, Leipzig 2095, 2682 (Vl+Kl, *1838*) ▪ *Deuxième / CONVERSATION AU PIANOFORTE / à quatre mains / arrangèe par / Henri Enke / d' après / LES VARIATIONS BRILLANTES / pour Violon avec Orchestre / Op. 18. / de J. W. Kalliwoda, / Maître de Chapelle de S.A.S. le Prince de Fürstenberg*. C. F. Peters, Leipzig 2884 ▪ Costallat, Paris (Vl+Kl, *1844*).
Bibliothek: D-KA (Don Mus. Dr. 1637 [Orig. u. Vl+Kl], Mus. Dr. 1544 [4 Hd.], Mus. Dr. 3031^{II} [4 Hd.]) ▪ D-KA (Nr. 63 [Stimmen + Kl-Ausz.]) ▪ D-B (Mus. 13015) ▪ D-LÜh (J 197) ▪ D-Mbs (4 Mus.pr. 17327) ▪ D-OLl (Cim I 456, 12) ▪ CZ-CHRm (S-40-81-1440) ▪ CZ-Pnm (59 A 6062).
Anmerkung: Laut Anweisung kann die Streicherbegleitung aus einem Orchester oder einem Soloquartett bestehen. Das Thema stammt aus der Arie „Oh quante lacrime" der genannten Oper von Rossini und ist auch der Hauptgedanke der populären Ouvertüre.

Op. 19 Drei Rondos für Klavier

Nr. 1: Grande Valse en forme de Rondeau. Allegro con moto, G-Dur
Nr. 2: Rondeau varié. Allegro, A-Dur
Nr. 3: Rondeau brillant. Introduction. Adagio – Allego, D-Dur

Christian August Pohlenz gewidmet.

EWV: *III Rondeaux für Pf.*
Besetzung: Klavier.
Datierung: 1830c. ▪ **Erworben** am 19.09.1843.
Druck: *Trois / RONDEAUX / pour le / Piano-Forte / composés et dediés à Son Ami / A. POHLENZ / par / J. W. KALLIWODA / Maitre de Chapelle de S.A.S. le Prince de Fürstenberg*. C. F. Peters, Leipzig 2098-2100.
Bibliothek: D-KA (Don Mus. Dr. 1616, Mus. Dr. 3031^{V}) ▪ D-KA (Nr. 180 [Nr. 1+2 als Druck, Nr. 3 als Abschr.]) ▪ D-HEms (Magazin) ▪ A-Wn (MS 20.432).

Op. 20 Doppelconcertino, A-Dur
Introduzione. Allegro - Tema. Moderato

Vinzenc Bartak und Johann Taborsky gewidmet.

EWV: *Concertante für 2 Violinen mit Orch. und Pfbgl. / dtto. 4händig.*
Besetzung: 2 Vl princ, Pic, 2 Fl, 2 Ob, 2 Cl, 2 Fag, 2 Cor, 2 Tr, Timp, Tamb-gr, Becken, Str.
Datierung: 10. Februar 1830 (Aufführung in Donaueschingen). ▪ **Erworben** am 10.05.1844.
Abschriften: A-Wn (S.m. 588 [Stimmen]).
Bearbeitung: 2 Vl und Klavier, Klavier zu 4 Hd. von Henri Enke.
Drucke: *CONCERTANTE / pour / deux Violons / avec Accompagnement / de grand Orchestre / ou de / PIANOFORTE / composée et dediée à ses amis / V. Bartak et J. Taborsky / par / J. W. KALLIWODA / Maitre de Chapelle de S.A.S. le Prince de Fürstenberg.* C. F. Peters, Leipzig 2145, 2146 (Vl+Kl, *1832*) ▪ *Première / CONVERSATION AU PIANOFORTE / à quatre mains / arrangée / par / Henri Enke / d' apres / LA CONCERTANTE pour DEUX VIOLONS / op. 20. / de / J. W. KALLIWODA, / Maître de Chapelle de S.A.S. le Prince de Fürstenberg.* C. F. Peters, Leipzig 2865 ▪ Costallat, Paris (Vl+Kl).
Bibliothek: D-KA (Don Mus. Dr. 1553 [mit handschriftl. Triangelst.], Mus. Dr. 1543 [4 Hd.], Mus. Dr. 3031^{II} [4 Hd.]) ▪ D-KA (Nr. 71) ▪ D-B (Mb 1865, 170722 [Vl+Kl]) ▪ D-DT (Mus-n 550) ▪ GB-Lbl (g.505.{8.}).
Anmerkung: Kalliwoda führte dieses Concertino im Mai 1831 in Prag auf, wo er es den beiden Widmungsträgern, zwei seiner Studienkollegen, überreichen konnte. Daher ist es wahrscheinlich, dass das Werk erst im Jahr zuvor entstand und in Donaueschingen das erste Mal gespielt wurde und nicht bereits im Jahr 1827, als ebenfalls ein „Concertante für zwei Violinen" auf dem Programm eines Hofkonzertes stand (vgl. op. 14).

Op. 21 Variationen für Violine und Klavier, G-Dur
Introduzione. Allegro con fuoco - Tema. Tempo di Marcia

Franz Kapferer gewidmet.

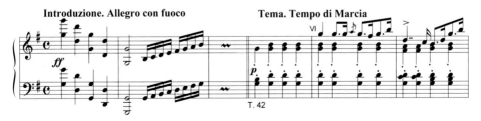

EWV: *Variationen für Pf und Violine.*
Besetzung: Violine, Klavier.
Datierung: 1831c. ▪ **Erworben** am 19.09.1843.
Druck: *VARIATIONS / concertantes / pour le / PIANOFORTE et Violon / composées / et dédiées à son ami / LE DOCTEUR F. KAPFERER / par / J. W. KALLIWODA, / Maitre de Chapelle de S.A.S. le Prince de Fürstenberg.* C. F. Peters, Leipzig 2131 ▪ Costallat, Paris.
Bibliothek: D-KA (Don Mus. Dr. 753 [verschollen]) ▪ D-KA (Nr. 102) ▪ D-Mbs (4 Mus.pr. 18343) ▪ GB-Lbl (h.210.b.{3.}).

Op. 22 Konzertvariationen, E-Dur
Introduzione. Allegro maestoso - Tema.

Frédéric Stahl gewidmet.

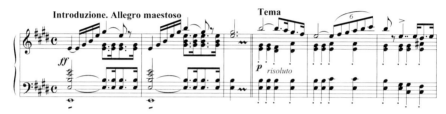

EWV: *Variationen für die Violine mit Orch.*
Besetzung: Vl princ, 2 Ob, 2 Fag, 2 Cor, Str.
Datierung: 1831c.
Abschriften: D-KA (Don Mus. Ms. 915 [Stimmen]).
Bearbeitung: Vl und Klavier. Die Handschrift aus dem Donaueschinger Nachlass enthält folgende von der Druckfassung abweichende Stimmen: 2 Fl, 2 Clar, 2 Fag, 2 Cor, 2 Tr, Timp, Str.
Druck: *VARIATIONS / brillantes / pour Le Violon / avec Accompagnement d' Orchestre / ou de / Piano-Forte / composées et dediées / à son Ami F. Stahl / par / J. W. KALLIWODA, / Maitre de Chapelle de S.A.S. le Prince de Fürstenberg.* C. F. Peters, Leipzig 2172, 2173 (Vl+Kl) ▪ ders. 2683 (Neuauflage).
Bibliothek: D-KA (Don Mus. Dr. 1589 [Solostimme fehlt]) ▪ D-KA (Nr. 64 [Stimmen]) ▪ D-B (Mb 1892) ▪ D-LÜh (L 202) ▪ CZ-Pnm (59 A 6062 [Stimmen]) ▪ GB-Lbl (h.1613.b.{1.}).

Op. 23 Rondo für Klavier, As-Dur
Introduzione. Moderato - Poco Allegro con brio

Baronin Emma von Uechtritz gewidmet.

EWV: *Rondeau für Pf.*
Besetzung: Klavier.
Datierung: 1831 (Druck). ▪ **Erworben** am 19.09.1843.
Druck: *Rondeau / POUR LE PIANO-FORTE / composée et dediée / à Mademoiselle la Baronne Emma d' Uechtritz / par / J. W. KALLIWODA. / Maître de Chapelle de S.A.S. le Prince de Fürstenberg*. Breitkopf, Leipzig 5066.
Bibliothek: D-KA (Don Mus. Dr. 1614, Mus. Dr. 3031[1]) ▪ D-KA (Nr. 181) ▪ D-B (O.5878) ▪ D-HEms (M 406 zd).
Anzeigen und Rezensionen: AmZ 1831, Sp. 614.
Literatur: Neumann, Die Componisten der neueren Zeit. Cassel 1856, S. 98.
Anmerkung: Es lässt sich nicht eindeutig klären, ob es sich bei dem am 22. Dezember 1830 in Donaueschingen aufgeführten „Rondo für Klavier" um diese oder eine frühere Komposition handelt.

Op. 24 Rondo für Violine und Klavier über ein Thema aus der Oper *Il Barbiere di Siviglia* von Rossini, A-Dur

Introduzione. Poco Adagio - Rondo. Allegro

Baron Ferdinand von Hornstein gewidmet.

EWV: *Rondeau für Pf. und Violine.*
Besetzung: Vl (Vlc) und Klavier.
Datierung: 1832 (Druck). ▪ **Erworben** am 19.09.1843.
Drucke: *Rondeau concertant / pour / PIANOFORTE et VIOLON / ou Violoncelle / sur un thême de l' Opéra: / le Barbier de Séville de Rossini / composé et dédié / À SON AMI, LE BARON / Ferdinand de Hornstein / ... / par / J. W. KALLIWODA, / Maître de Chapelle de S.A.S. le Prince de Fürstenberg.* C. F. Peters, Leipzig 2211 ▪ G. A. Zumsteeg, Stuttgart ▪ Costallat, Paris.
Bibliothek: D-KA (Don Mus. Dr. 1617 [Solostimme fehlt], Mus. Dr. 1965) ▪ D-KA (Nr. 128) ▪ FFB (Musikalien, Best. Kalliwoda, Nr. 54 [Solo-Vl + Solo-Vlc]) ▪ D-Mbs (4 Mus.pr. 17326) ▪ D-NEhz (Langenburg Musikalien, Bü 672) ▪ A-SEI (V 2204) ▪ CZ-Pnm (59 A 5874) ▪ GB-Lbl (g.505.{7.}).
Anzeigen und Rezensionen: AmZ 1832, Sp. 372.
Literatur: Neumann, Die Componisten der neueren Zeit. Cassel 1856, S. 98f.

Op. 25 Klaviervariationen über ein Tyroler Thema, As-Dur
Allegretto - Tema. Grazioso

EWV: *Variationen für Pf.*
Besetzung: Klavier.
Datierung: 1831c.
Abschriften: D-Dl (Mus. Q 3111 [Zugangsnr.])
Drucke: *VARIATIONS / sur un air Tyrolien / pour le / Pianoforte / par / J. W. KALLIWODA. / Maitre de Chapelle de S.A.S. le Prince de Fürstenberg.* C. F. Peters, Leipzig 2186 ▪ London (*1847*).
Bibliothek: D-KA (Don Mus. Dr. 3031^V) ▪ D-KA (Nr. 186) ▪ D-HEms (M 406 i) ▪ CZ-Pnm (59 A 5878) ▪ GB-Lbl (h.715.{21.}).

Op. 26 Drei Märsche für Klavier zu vier Händen
Nr. 1: Marcia eroica, Es-Dur   Nr. 2: Allegro con brio, C-Dur
Nr. 3: Moderato risoluto, D-Dur
(Nr. 3 für 2 Hände: Marche maestoso, D-Dur)

EWV: *III Grand Marches (à 4 mains.)*
Besetzung: Klavier zu 4 Hd.
Datierung: 1831c. ▪ **Erworben** am 19.09.1843.
Bearbeitung: Marsch Nr. 3 für Klavier zu 2 Hd. (siehe *Drucke*); dasselbe für Pic, Fl, 2 Ob, 2 Cl, 2 Fag, 2 Cor, 2 Tr, Timp. In: D-KA (Don S.B. III, Nr. 13 [Stimmen-Sammelbände]). Vgl. *Anmerkung*.
Drucke: *Trois / GRANDES MARCHES / Pour le Pianoforte / à quatre mains / composées par / J. W. KALLIWODA. / Maître de Chapelle de S.A.S. le Prince de Fürstenberg*. Breitkopf, Leipzig 5071 ▪ *Trois / GRANDES MARCHES / Pour le Pianoforte à quatre mains / composées / par / J. W. KALLIWODA. / Maitre de Chapelle de S.A.S. le Prince de Fürstenberg*. Breitkopf, Leipzig 5607 ▪ *Musikalisch-dramatische Blumenlese fürs Piano Forte*. (C. C. Büttinger) 3. Bändchen, 8. Heft, Nr. 30. Freiburg Herder 1825. S. 144-145. (Nr. 3 für 2 Hd.) ▪ *Morceaux favoris pour piano à quatre mains*. Augener & Co, London. No. 22. (Nr. 1, *1886*).
Bibliothek: D-KA (Don Mus. Dr. 3238, Mus. Dr. 3031[I]) ▪ D-KA (Nr. 201) ▪ D-B (O.5877) ▪ D-Dlb (Mus. 5404-T-502) ▪ D-SPlb (Mus. 12 292 [Nr. 3 für 2 Hd.]) ▪ CZ-Pnm (59 A 703) ▪ GB-Lbl (e.379.c. [Nr. 1]).
Anmerkung: Die bei Herder Freiburg veröffentliche zweihändige Fassung des Marsches Nr. 3 trägt die Überschrift: *Marsch aus der Oper Damon und Pÿtias*. Eine Oper mit diesem Titel gibt es von Kalliwoda nicht, was auf eine Fremdverwendungung des Werkes durch den Verlag hindeutet. Dagegen wird ersichtlich, dass zumindest dieser dritte Marsch schon 1825, also mindestens sechs Jahre vor dem Erscheinen der vierhändigen Stücke komponiert worden sein muss.
Ein vollständiges Stimmenmaterial der Orchesterfassung liegt nur für Marsch Nr. 3 vor (siehe *Bearbeitung*). Allerdings befinden sich in D-KA (Nr. 202[II]) jeweils eine Flöten- und Violinstimme vom zweiten, sowie in FFB (Musikalien, Best. Kalliwoda, Nr. 39) die erste Violinstimme vom ersten Stück.

Op. 27   Walzer für Klavier zu vier Händen, C-Dur
Allegro con brio

EWV: *Grand Valse für Pf. (à 4 mains.) / (auch 2händig.)*
Besetzung: Klavier zu 4 Hd.
Datierung: 1831 (Druck).

Bearbeitung: Klavier zu 2 Hd.
Drucke: *GRANDE VALSE / pour le / Pianoforte / à quatre mains / par / J. W. KALLIWODA / Maitre de Chapelle de S.A.S. le Prince de Fürstenberg*. C. F. Peters, Leipzig 2182 ▪ *GRANDE VALSE / Oeuv. 27. / arrangée pour le / Piano-Forte / à deux mains / composée / par / J. W. KALLIWODA...* C. F. Peters, Leipzig 2351 ▪ Augener, London (*Invitation pour la danse*, 1840c) ▪ E. Ashdown, London.
<u>Sammelausgabe der Walzer op. 27 und op. 169</u>: *VALSES CÉLÈBRES / pour / Piano à quatre mains / par / J. W. KALLIWODA. / Opus 27 & 169*. C. F. Peters, Leipzig 2182 ▪ Neuauflage: C. F. Peters, Leipzig 6792 ▪ Edition Peters, Frankfurt/M 1062 (*1959*).
Bibliothek: D-KA (Don Mus. Dr. 3031^III [2+4 Hd.]) ▪ D-KA (Nr. 260) ▪ D-KA* (M 476 R) ▪ D-B (Mus. 12631, O.98802) ▪ D-Dlb (Mus. 5404-T-501) ▪ D-Sl (Kal 160/2580) ▪ CZ-Pnm (59 A 5876 [2 Hd.] + 59 C 6440) ▪ GB-Lbl (h.726.h.{19.}).
Anzeigen und Rezensionen: AmZ 1831, Sp. 163; NZfM 1858, Bd.I, S. 272.
Literatur: Neumann, Die Componisten der neueren Zeit. Cassel 1856, S. 97f.

Op. 28 Divertissement für Klavier zu vier Händen, F-Dur
Introduzione. Andante - Tema. Allegretto

EWV: *Divertissement für Pf. (4händig)*.
Besetzung: Klavier zu 4 Hd.
Datierung: 1832c. ▪ **Erworben** am 19.09.1843.
Bearbeitung: Concertino für Flöte, Oboe und Orchester (vgl. WoO II/07).
Druck: *DIVERTISSEMENT / pour le Piano à quatre mains / composé / par / J. W. KALLIWODA*. Breitkopf, Leipzig 5206.
Bibliothek: D-KA (Don Mus. Dr. 3031^l) ▪ D-KA (Nr. 204) ▪ D-B (Mus. O.2231) ▪ D-Dlb (Mus. 1-B-557,24) ▪ CZ-Pnm (59 L 17).

Op. 29   Zwölf Tänze für Klavier

      6 **Walzer**: 1. Es-Dur   2. As-Dur   3. Des-Dur   4. As-Dur
                  5. Es-Dur   6. Moderato con espressione, f-Moll
      6 **Galopps**: 1. Es-Dur   2. As-Dur   3. Des-Dur   4. As-Dur
                  5. Es-Dur   6. Vivace, Es-Dur

EWV: *Danses brillantes für Pf.*
Besetzung: Klavier.
Datierung: 1833 (Druck).
Bearbeitung: Walzer Nr. 5 und Galopp Nr. 1+5 jew. in D-Dur für Orchester (vgl. WoO I/17); Galopp Nr. 5 für Bläserseptett (vgl. WoO III/18).
Druck: DANSES BRILLANTES / N°1. Six Walses, / N°2. Six Galops, / pour le / Piano-Forte / par / J. W. KALLIWODA / Maitre de Chapelle de S.A.S. le Prince de Fürstenberg. C. F. Peters, Leipzig 2249 (Walzer), 2250 (Galopps).
Bibliothek: D-KA (Don Mus. Dr. 1545, Mus. Dr. 3031^III) ▪ D-KA (Nr. 239 [Walzer], Nr. 214 [Galopps in Abschr.]) ▪ D-HEms (M 406 j) ▪ D-Mb (No. 85) ▪ D-Sl (Kal 160/2550-2 [Galopps]) ▪ A-Wn (MS 20.433).
Anzeigen und Rezensionen: Amz 1833, Sp. 83.
Literatur: Neumann, Die Componisten der neueren Zeit. Cassel 1856, S. 100.

Op. 30 Violinconcertino Nr. 2, A-Dur
Allegro con fuoco

Bernhard Molique gewidmet.

EWV: *Concertino N^ro 2 für Violine mit Orch. u Pfbgl.*
Besetzung: Vl princ, 2 Fl, 2 Ob, 2 Cl, 2 Fag, 2 Cor, 2 Tr, Timp, Str.
Datierung: 2. März 1831 (Uraufführung in Donaueschingen).
Abschriften: D-KA (Don Mus. Ms. 993^8 [enthält nur die Stimmen von Vl 1+2 u. Bass]).
Bearbeitung: Vl und Klavier; Arrangement für Orgel von George Cooper bzw. John Hiles.
Drucke: Second / CONCERTINO / pour le / Violon / avec accompagnement d' Orchestre / composé et dedié / à son Ami B. Molique / par / J. W. KALLIWODA / Maitre de Chapelle de S.A.S. le Prince de Fürstenberg. C. F. Peters, Leipzig 2214, 2215 (Vl+Kl) ▪ SHORT VOLUNTARIES / for the / ORGAN / ... / arranged by / JOHN HILES. Novello, Ever & Co, London & New York Volume 5. ▪ Motiv Larghetto. in: G. Cooper, Organ arrangements 3, London.
Bibliothek: D-KA (Don Mus. Dr. 1540 [Solostimme fehlt]) ▪ D-KA (Nr. 53 [Stimmen]) ▪ D-B (Mb 1864, O.36303 [Orgel, Cooper], O.11875 [Orgel, Hiles]) ▪ D-Cl (TB So 72) ▪ D-LÜh (L 192).
Anzeigen und Rezensionen: AmZ 1832, Sp. 571; NZfM 1835, Bd.II, S. 62.
Literatur: Neumann, Die Componisten der neueren Zeit. Cassel 1856, S. 99.
Anmerkung: Die Leipziger Erstaufführung fand am 18. Oktober 1832 statt.

Op. 31 Souvenir de Dance für Klavier, As-Dur
Introduzione. Cantabile - (Allegro vivace) - Allegretto con dolcezza

EWV: *Souvenir de Danse für Pf.*
Besetzung: Klavier.
Datierung: 1833 (Druck).
Bearbeitung: Klavier zu 4 Hd.
Drucke: *SOUVENIR de DANSE / pour le / Piano-Forte / composée / par / J. W. KALLIWODA, / Maitre de Chapelle de S.A.S. le Prince de Fürstenberg*. C. F. Peters, Leipzig 2354 ▪ *SOUVENIR... etc / Arrangée à quatre mains*. C. F. Peters, Leipzig 2641 ▪ Augener, London (*1846*).
Bibliothek: D-KA (Don Mus. Dr. 1623, Mus. Dr. 3031^{III} [2 Hd.], Mus. Dr. 3031^{I} [4 Hd.]) ▪ D-KA (Nr. 192) ▪ D-KA* (M 3531 RH) ▪ D-B (O.11145 [4 Hd.]) ▪ D-HEms (M 406 r) ▪ D-Mbs (4 Mus. pr. 53284) ▪ A-Wn (MS 20.434) ▪ CZ-Pnm (59 A 3242 + 59 A 5875) ▪ GB-Lbl (g.443.n.{11.}, h.947.{10.}).
Anzeigen und Rezensionen: AmZ 1833, Sp. 468.
Literatur: Neumann, Die Componisten der neueren Zeit. Cassel 1856, S. 100f.

Op. 32 Sinfonie Nr. 3, d-Moll
1. Adagio molto - Allegro non troppo, con energia   2. Poco Adagio, con espressione
3. Menuetto. Allegretto, marcato molto   4. Rondo. Allegro agitato

Dem Leipziger Konzertdirektor gewidmet.

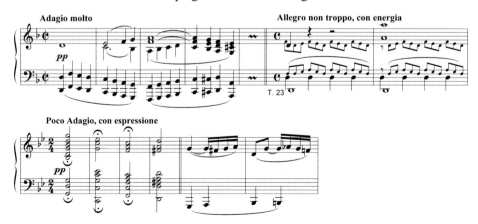

EWV: *Sinfonie für Orch. / (auch 4händig)*.
Besetzung: 2 Fl, 2 Ob, 2 Cl, 2 Fag, 4 Cor, 2 Tr, Trb-b, Timp, Str.
Datierung: 10. März 1830 (Uraufführung in Donaueschingen); 1832 (Druck).
Abschriften: D-KA (Don S.B. IV, Nr. 8 [Stimmen-Sammelbände]) ▪ D-KA (Don Mus. Ms. 891 [je ein Stimmensatz für beide Fassungen]) ▪ D-KA (Nr. 137 [Abschr. der Czerny'schen Bearbeitung für 4 Hd.]) ▪ D-Mbs (Mus. Mss. 12252 [Partitur u. Str-Stimmen]).
Bearbeitung: Klavier zu 4 Hd. von C. Czerny.
Dreisätzige Fassung der Sinfonie mit neuer langsamer Einleitung, je einem zusätzlichen Horn und Posaune sowie mehrerer kleinerer Abweichungen: 1. Largo – Allegro, 2. Menuetto. Allegro, 3. Rondo. Allegro molto. (In: D-KA [Don Mus. Ms. 891]).
Drucke: *Troisième / SINFONIE / à grand Orchestre / composée et dédiée / à Directeur Grande Concert à Leipzig / par / J. W. Kalliwoda. / Maitre de Chapelle de S.A. le Prince de Fürstenberg.* C. F. Peters, Leipzig 2219 (*1832*) ▪ *Troisième / SINFONIE / composée / par / J. W. KALLIWODA / Oeuvre 32. / arrangée / Pour le Pianoforte à quatre mains / par / CHARLES CZERNY.* C. F. Peters, Leipzig 2274.
Bibliothek: D-KA (Don Mus. Dr. 1620 [4 Hd.], Mus. Dr. 2943[a] [4 Hd.]) ▪ D-KA* (M 1805 R [4 Hd.]) ▪ FFB (Musikalien, Best. Kalliwoda, Nr. 52 [Cor1-4 u. Trb-b als Druck; zusätzl. ein Stimmenblatt mit Cor1+2 als Autograph]) ▪ D-B (Mb 1888, Mus. O.13234 [4 Hd.]) ▪ D-DT (Mus-n 564) ▪ D-HEms (Magazin [4 Hd.]) ▪ D-Mbs (4 Mus.pr. 54900 [Stimmen], 4 Mus.pr. 20094 [4 Hd.]) ▪ GB-Lbl (h.1510.c.).
Anzeigen und Rezensionen: AmZ 1830, Sp. 539 (Aufführung in Stuttgart); AmZ 1832, Sp. 221, Sp. 297+749 (Aufführung in Leipzig).
Literatur: Neumann, Die Componisten der neueren Zeit. Cassel 1856, S. 84-87. ▪ Kretzschmar, Führer durch den Concertsaal. I. Abt. Leipzig 1887, S. 130f.
Anmerkung: Die Leipziger Erstaufführung dieser Sinfonie fand am 2. Februar 1832 statt, bereits drei Wochen nach der Uraufführung, am 30. März 1830, erklang sie jedoch schon in Stuttgart (WLB-Datenbank). Ähnlich der ersten beiden Sinfonien lassen sich auch bei diesem Werk mehrere Aufführungen anhand der Berichte in der AmZ belegen: Basel (1834), Breslau (1833), Dessau (1836, 1838, 1841), Erfurt u. Jena (1835), Koblenz (1841) sowie Leipzig (1834, 1840).

Op. 33 Fantasie Nr. 1 für Klavier, E-Dur
Allegro con brio

Graf Gustav von Enzenberg gewidmet.

EWV: *Fantasie für Pf.*
Besetzung: Klavier.
Datierung: 1833 (Druck). ▪ **Erworben** am 19.09.1843.
Bearbeitung: Fantasie für Klavier und Orchester (vgl. *Anmerkung* zum WoO II/16).
Abschriften: D-KA (Don Mus. Ms. 2857 [*Fantaisie pour le Piano Forte. Stimmen*]).
Druck: FANTAISIE / pour le / Piano-Forte / composée et dediée / à Monsieur le Conte / Gustave d' Enzenberg / par / J. W. KALLIWODA, / Maitre de Chapelle de S.A.S. le Prince de Fürstenberg. C. F. Peters, Leipzig 2338.
Bibliothek: D-KA (Don Mus. Dr. 3241, Mus. Dr. 3031^V) ▪ D-KA (Nr. 157) ▪ D-B (201009) ▪ D-HEms (M 406 f) ▪ A-Wn (MS 20.435).
Anmerkung: Am 20. Februar 1834 stand in Donaueschingen eine als „neu" gekennzeichnete „Fantasie für das Pianoforte" auf dem Programm des Hofkonzertes. Ob es sich dabei um die vorliegende Komposition handelt, ist deshalb ungewiss, weil in diesem Fall die Uraufführung erst im Jahr nach dem Erscheinen der Noten stattgefunden hätte, während Kalliwoda in der Regel seine Werke schon vorher präsentierte.

Op. 34 Tänze für Klavier
6 **Walzer**: 1. Es-Dur 2. B-Dur 3. D-Dur 4. G-Dur
5. D-Dur 6. B-Dur **Cotillon**, Es-Dur **Ländler**, C-Dur
6 **Galopps**: 1. C-Dur 2. F-Dur 3. C-Dur 4. F-Dur 5. C-Dur 6. C-Dur

EWV: *Danses brillantes für Pf.*
Besetzung: Klavier.
Datierung: 1833 (Druck).
Druck: *DANSES BRILLANTES / N° 1. Six Walses, etc. / N° II. Six Galops, / pour le / Piano-Forte / par / J. W. KALLIWODA / Maitre de Chapelle de S.A.S. le Prince de Fürstenberg*. C. F. Peters, Leipzig 2386 (Walzer), 2387 (Galopps).
Bibliothek: D-KA (Don Mus. Dr. 1546, Mus. Dr. 3031[III]) ▪ D-KA (Nr. 241 [Walzer], Nr. 215 [Galopps]) ▪ D-B (59008).

Op. 35 Potpourri Nr. 1 für Violine und Orchester, G-Dur
Allegretto

EWV: *Premier Potpourri für Violine mit Orch. u Pfbgl.*
Besetzung: Vl princ, Fl, Ob, Fag, 2 Cor, Str.
Datierung: 15. Oktober 1832 (Uraufführung in Leipzig; vgl. *Anmerkung*).
Abschriften: D-KA (Don Mus. Ms. 942 [Stimmen, zusätzl. kl. Trommel u. Triangel]).
Bearbeitung: Vl und Klavier. Diese Komposition ist eine Bearbeitung einer der Einlagenummern zur Oper *Fanchon* aus dem Jahr 1830 (vgl. WoO V/15).
Drucke: *Premier / POTPOURRI / pour le / Violon / avec accompagnement d' Orchestre / ou de / PIANOFORTE / composé / par / J. W. KALLIWODA, / Maitre de Chapelle de S.A.S. le Prince de Fürstenberg.* C. F. Peters, Leipzig 2333, 2334 (Vl+Kl).
Bibliothek: D-KA (Don Mus. Dr. 1609 [Solostimme fehlt]) ▪ D-KA (Nr. 61 [Stimmen]) ▪ D-B (191172) ▪ D-Dlb (Mus. 5404-O-500) ▪ D-LÜh (L 199) ▪ GB-Lbl (h.1613.b.{2.}).
Anzeigen und Rezensionen: AmZ 1833, Sp 68.
Literatur: Neumann, Die Componisten der neueren Zeit. Cassel 1856, S. 99f.
Anmerkung: Der Umstand, dass die beiden Potpourries für Violine, op. 35 und 36, direkt hintereinander erschienen sind, erschwert die genaue Zuordnung der aufgeführten Werke dieser Gattung bei mehreren Konzerten in Donaueschingen, Stuttgart und Leipzig. Im Rahmen der Museumskonzerte erklang jeweils ein „Potpourri für die Violine" am 15.12.1830 sowie am 30.11.1831. In Stuttgart kam eine so bezeichnete Komposition am 1.1.1834, am 30.1.1838 und am 10.3.1840 zur Aufführung (WLB-Datenbank). Schließlich wurde auch bei einem Extrakonzert am 15.10.1832 in Leipzig ein Potpourri Kalliwodas gespielt (AmZ).

Op. 36 Potpourri Nr. 2 für Violine und Orchester, D-Dur
Andante

EWV: *II. Potpourri für Violine mit Orch. u Pfbgl.*
Besetzung: Vl princ, Fl, Ob, Fag, 2 Cor, Str.

Datierung: 1833c.
Bearbeitung: Vl und Klavier.
Drucke: *Second / POTPOURRI / pour le / Violon / avec accompagnement d' Orchestre / ou de / Pianoforte / composé / par / J. W. KALLIWODA. / Maitre de Chapelle de S.A.S. le Prince de Fürstenberg.* C. F. Peters, Leipzig 2423, 2424 (Vl+Kl).
Bibliothek: D-KA (Don Mus. Dr. 1610) ▪ D-KA (Nr. 62 [Stimmen]) ▪ D-B (Mb 1884) ▪ D-LÜh (L 200).
Anmerkung: Zum Aufführungsdatum vgl. die Anmerkung zu op. 35.

Op. 37 Konzertrondo Nr. 1, A-Dur
Introduzione. Andante moderato - Rondo. Allegro brillante

Moritz Gotthold Klengel gewidmet.

EWV: *Grand Rondeau für Violine mit Orch. u Pfbgl.*
Besetzung: Vl princ, 2 Fl, 2 Ob, 2 Cl, 2 Fag, 2 Cor, 2 Tr, Timp, Str.
Datierung: 15. Oktober 1832 (Uraufführung in Leipzig).
Abschriften: D-KA (Don Mus. Ms. 982 [2 Stimmsätze + 1 gedr. Stimmsatz]).
Bearbeitung: Vl und Klavier.
Drucke: *GRAND RONDEAU / pour le / VIOLON / avec accompagnement d' Orchestre / ou de / Pianoforte / composé et dédié / à son Ami M. G. Klengel / par / J. W. KALLIWODA, / Maitre de Chapelle de S.A.S. le Prince de Fürstenberg.* C. F. Peters, Leipzig 2375, 2376 (Vl+Kl).
Bibliothek: D-KA (Don Mus. Dr. 3268 [nur Solostimme]) ▪ D-KA (Nr. 105 [Vl+Kl]) ▪ D-B (24141) ▪ D-Mbs (4 Mus.pr. 21323) ▪ GB-Lbl (g.505.{2.} [Vl+Kl]).
Anzeigen und Rezensionen: AmZ 1833, Sp. 684.
Literatur: Neumann, Die Componisten der neueren Zeit. Cassel 1856, S. 103f.
Anmerkung: Die vorliegende Komposition wurde am 12. Dezember 1832 in Donaueschingen aufgeführt. Ob es sich jedoch bei „Introduction und Rondo für die Violine", was am 18. März 1835 dort erklang, auch um dieses Stück handelt, oder bereits um das Rondo Nr. 2 (op. 84), ist unbekannt.

Op. 38 Ouvertüre Nr. 1, d-Moll
Adagio - Allegro molto

Der Konzertgesellschaft in Magdeburg gewidmet.

EWV: *1ste Ouverture für Orch. / (auch für Pf. 4händig).*
Besetzung: 2 Fl, 2 Ob, 2 Cl, 2 Fag, 2 Cor, 2 Tr, Trb-b, Timp, Str.
Datierung: 1833 (Druck). ▪ **Erworben** am 19.09.1843 (4 Hd.).
Abschriften: D-KA (Don S.B. VIII, Nr. 7 [Stimmen-Sammelbände]).
Bearbeitung: Klavier zu 4 Hd.; Harmoniemusik für Fl, 2 Ob, 2 Cl, 2 Fag, 2 Cor, 2 Trb, Kb von W. E. Scholz. Die Frühfassung dieser Ouvertüre sowie Anmerkungen dazu siehe unter WoO I/6.
Drucke: *Première / OUVERTURE / À / grand Orchestre /composée et dédiée / au / Comité du Concert / à / Magdeburg / par / J. W. KALLIWODA, / Maitre de Chapelle de S.A.S. le Prince de Fürstenberg.* C. F. Peters, Leipzig 2373 ▪ *Première / OUVERTURE / pour le / Pianoforte à quatre mains / composée / par / J. W. KALLIWODA, / Maitre de Chapelle de S.A.S. le Prince de Fürstenberg.* C. F. Peters, Leipzig 2374.
Bibliothek: D-KA (Don Mus. Dr. 1593, Mus. Dr. 1620 [beide f. Kl zu 4 Hd.]) ▪ D-KA (Nr. 140 [4 Hd.]) ▪ D-B (Mus. 20416, Mus. O.16301 [4 Hd.]) ▪ D-Cl (TB Ouv 28) ▪ D-DT (Mus-n 554) ▪ D-NEhz (Öhringen Musikalien, Bü 60 [Harmonie]).
Anzeigen und Rezensionen: AmZ 1833, Sp. 655+708; NZfM 1834, S. 38. Aufführung in Zürich: AmZ 1834, Sp. 348.
Literatur: Neumann, Die Componisten der neueren Zeit. Cassel 1856, S. 102f. ▪ Kreisig, Martin (Hrsg.): Gesammelte Schriften über Musik und Musiker von Robert Schumann. Leipzig ⁵1914, S. 144f. (Abdruck der Rezension Schumanns aus der NZfM 1834, S. 38.)

Op. 39 Zwei Walzer für Klavier zu vier Händen
Nr. 1: Vivace, D-Dur (mit 2 Trios)   Nr. 2: Vivace, A-Dur (mit 2 Trios)

EWV: *Deux Valses für Pf. (4händig)*.
Besetzung: Klavier zu 4 Hd.
Datierung: 1833 (Druck). ▪ **Erworben** am 19.09.1843.
Druck: *DEUX VALSES / pour le / Pianoforte à quatre mains / par / J. W. KALLIWODA. / Maitre de Chapelle de S.A.S. le Prince de Fürstenberg.* C. F. Peters, Leipzig 2377 (Nr.1), 2378 (Nr.2) ▪ Augener, London ▪ E. Ashdown, London ▪ Costallat, Paris (*Les nouveaux papillons*).
Bibliothek: D-KA (Don Mus. Dr. 1631, Mus. Dr. 3031^{III}) ▪ D-KA (Nr. 258) ▪ D-B (Mus. 18183) ▪ D-HEms (Magazin) ▪ A-Wn (MS 20.436) ▪ D-DT (Mus-n 7876 [Nr. 2]) ▪ D-Mbs (4 Mus.pr. 21324-2 [Nr. 2]).

Op. 40   Drei Charakterstücke für Klavier

Nr. 1: *Die Tulpe*, Rondoletto pastorale. Allegretto, G-Dur
Nr. 2: *Rose*, Grande Valse. Moderato, D-Dur
Nr. 3: *Veilchen*, Grand Galop. Vivace, G-Dur.

Prinzessin Elisabeth zu Fürstenberg gewidmet.

EWV: *Trois Amusements für Pf.*
Besetzung: Klavier.
Datierung: 1833 (Druck).
Abschriften: D-KA (Nr. 165 [Nr. 1], Nr. 242 [Nr. 2], Nr. 216 [Nr. 3]).
Druck: *Trois / AMUSEMENS / en forme des Rondeaux / pour le / Piano-Forte / composés et dediés / à Son Altesse / MADAME LA PRINCESSE / ELISABETH DE FÜRSTENBERG / &ca. / par / J. W. KALLIWODA, / Maitre de Chapelle de S.A.S. le Prince de Fürstenberg.* C. F. Peters, Leipzig 2381-83 ▪ Augener, London.
Bibliothek: D-KA (Don Mus. Ded. 33, Mus. Dr. 3031^{V}) ▪ D-HEms (M 406 h [nur Nr. 1+3]).

Op. 41 Konzertfantasie Nr. 1 nach Motiven aus der Oper *Fra Diavolo* von Auber, A-Dur
Allegro

EWV: *Grande Fantasie für Violine mit Orch. u Pfbgl.*
Besetzung: Vl princ, Fl, 2 Ob, 2 Cl, 2 Fag, 2 Cor, 2 Tr, Timp, Str.
Datierung: 1833 (Druck).
Autograph: D-Dlb (Mus. 5404-O-3).
Bearbeitung: Vl und Klavier. In FFB (Musikalien, Best. Kalliwoda, Nr. 34) ist eine Fl-Princ-Stimme zu dieser Konzertfantasie überliefert, was darauf hindeutet, dass das Werk auch mit Flöte gespielt wurde.
Drucke: *GRANDE FANTAISIE / sur des Motifs / de l' Opera: Fra Diavolo / pour le / Violon / avec accompagnement d' Orchestre / ou de / PIANOFORTE / composée / par / J. W. Kalliwoda, / Maitre de Chapelle de S.A.S. le Prince de Fürstenberg.* C. F. Peters, Leipzig 2401, 2402 (Vl+Kl).
Bibliothek: D-KA (Don Mus. Dr. 1560) ▪ D-KA (Nr. 57 [Stimmen]) ▪ D-B (Mb 1873) ▪ D-AMms (87/1) ▪ D-LÜh (L 196) ▪ CZ-Pnm (59 A 5872).
Anzeigen und Rezensionen: AmZ 1833, Sp. 750.
Literatur: Neumann, Die Componisten der neueren Zeit. Cassel 1856, S. 104f.

Op. 42 Rondo für Klavier, B-Dur
Alla polacca. Allegretto

Charlotte Fink gewidmet.

EWV: *Rondeau à la Polonaise für Pf.*
Besetzung: Klavier.
Datierung: 1833 (Druck).
Druck: *RONDEAU / à la / POLONAISE / pour le / Piano-Forte / composé et dedié / à / Mademoiselle Charlotte Fink / par / J. W. KALLIWODA. / Maitre de Chapelle de S.A.S. le Prince de Fürstenberg.* C. F. Peters, Leipzig 2388.

Bibliothek: D-KA (Don Mus. Dr. 1613, Mus. Dr. 3031^V) ▪ D-KA (Nr. 183) ▪ D-B (59009) ▪ D-HEms (M 406 g).
Anzeigen und Rezensionen: AmZ 1833, Sp. 598.
Literatur: Neumann, Die Componisten der neueren Zeit. Cassel 1856, S. 101.

Op. 43 Divertissement Nr. 1 für Violine und Orchester, A-Dur
Introduzione. Larghetto - Tema. Allegretto

Heinrich August Mühling gewidmet.

EWV: *Divertissement für Violine mit Orch.*
Besetzung: Vl princ, 2 Fl, 2 Fag, 2 Cor, Str.
Datierung: 1834c.
Bearbeitung: Vl und Klavier.
Drucke: *DIVERTISSEMENT / de / CONCERT / ou / Introduction, Variations / et Rondoletto / pour le / Violon / avec accompagnement d' Orchestre / ou de / Pianoforte / composé et dedié / à son Ami A. Mühling / par / J. W. KALLIWODA, / Maitre de Chapelle de S.A.S. le Prince de Fürstenberg.* C. F. Peters, Leipzig 2470 bzw. 2471 (Vl+Kl) ▪ E. Ashdown, London (Vl+Kl).
Bibliothek: D-KA (Don Mus. Dr. 3150) ▪ D-KA (Nr. 60 [Stimmen]) ▪ D-B (197741) ▪ D-DT (Mus-n 552a [nur Solostimme]) ▪ D-LÜh (L 194) ▪ GB-Lbl (g.505.{4.}).

Op. 44 Ouvertüre Nr. 2, F-Dur
Poco Adagio - Allegro vivace

Den Orchestermitgliedern in Leipzig gewidmet.

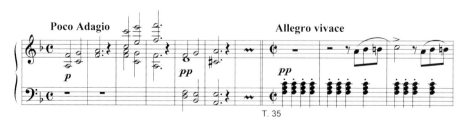

EWV: *2te Ouverture für Orch. / (auch für Pf. 4händig).*

Besetzung: 2 Fl, 2 Ob, 2 Cl, 2 Fag, 2 Cor, 2 Tr, Trb-b, Timp, Str.
Datierung: 15. Oktober 1832 (Uraufführung in Leipzig). ▪ **Erworben** am 19.09.1843 (4 Hd.).
Abschriften: D-KA (Don S.B. III, Nr. 10 + S.B. VIII, Nr. 8 [zwei Sätze Stimmen-Sammelbände]) ▪ FFB (Musikalien, Best. Kalliwoda, Nr. 19 [Stimmen]) ▪ A-Wn (S.m. 21422, S.m. 23985 [Stimmen]).
Bearbeitung: Klavier zu 4 Hd.; Transkription für versch. besetzte Orchester.
Drucke: *Seconde / OUVERTURE / à / grand Orchestre / composée et dédiée / aux / membres d'Orchestre / à / Leipzig / par / J. W. Kalliwoda, / Maitre de Chapelle de S.A.S. le Prince de Fürstenberg.* C. F. Peters, Leipzig 2421 ▪ *Seconde / OUVERTURE / pour le / Pianoforte à quatre mains / composée / par / J. W. KALLIWODA, / Maitre de Chapelle de S.A.S. le Prince de Fürstenberg.* C. F. Peters, Leipzig 2422 ▪ *Ouverture de Concert pour Piano.* Henry Litolff, Braunschweig 13051 ▪ *Ouverture in F pour Piano à quatre mains.* Litolff, Braunschweig 13052 ▪ J. G. Seeling, Dresden ▪ E. Ashdown, London (4 Hd.) ▪ Thieme, Zutphen (4 Hd.) ▪ *Konzert-Ouverture, für Orchester instrumentiert von E. Schmidt.* Cöthen ▪ Bellmann, Potschappel (für kl. und gr. Orch, kl. und gr. Militärorch. sowie Kavalleriemusik) ▪ Apollo, Berlin (Streichorch.) ▪ Boosey & Co, London (Militärorch., *1902*) ▪ *Lustspiel-Ouverture für Klavier.* Europa, Berlin 674 (*1910*).
Bibliothek: D-KA (Don Mus. Dr. 1594, Mus. Dr. 1620 [beide für Kl zu 4 Hd.]) ▪ D-KA (Nr. 141 [4 Hd.]) ▪ D-B (105507 [Kl], 179582 [Litolff, 2 Hd.], 179710 [Litolff, 4 Hd.], 71697 [Schmidt]) ▪ D-AMms (140/1) ▪ D-Cl (TB Ouv 79) ▪ D-HEms (Magazin [4 Hd.]) ▪ A-Wn (MS 32.482 [4 Hd.]) ▪ GB-Lbl (h.1549. [Militärorch.]).
Anzeigen und Rezensionen: AmZ 1832, Sp. 759; AmZ 1834, Sp. 344; NZfM 1834, S. 38.
Literatur: Neumann, Die Componisten der neueren Zeit. Cassel 1856, S. 105-107. ▪ Kreisig, Martin (Hrsg.): Gesammelte Schriften über Musik und Musiker von Robert Schumann. Leipzig ^{5}1914, S. 144f. (Abdruck der Rezension Schumanns aus der NZfM 1834, S. 38.)

Op. 45 Konzertpolonaise Nr. 2, E-Dur
Allegro moderato

W. Schmitt gewidmet.

EWV: *Second Polonaise für Violine mit Orch. u Pfbgl. / (auch für Pf. 4händig).*
Besetzung: Vl princ, 2 Fl, 2 Cl, 2 Fag, 2 Cor, Str.
Datierung: 8. Februar 1832 (Uraufführung in Donaueschingen).
Abschriften: D-KA (Nr. 257 [4 Hd.]).
Bearbeitung: Vl und Klavier, Klavier zu 4 Hd.
Drucke: *Seconde Polonaise / pour le / VIOLON / avec accompagnement d' Orchestre / ou de / Piano-Forte / composée et dédiée / à son ami W. Schmitt / par / J. W. KALLIWODA / Maitre de Chapelle de S.A.S. le Prince de Fürstenberg.* C. F. Peters, Leipzig 2494, 2496 (Vl+Kl) ▪ *Seconde*

Polonaise / Oeuv. 45. / composée et arrangée / pour le Pianoforte à quatre mains / par / J. W. KALLIWODA, / Maitre de Chapelle de S.A.S. le Prince de Fürstenberg. C. F. Peters, Leipzig 2495.
Bibliothek: D-KA (Don Mus. Dr. 1607, Mus. Dr. 3031¹ [4 Hd.]) ▪ D-B (Mb 1883, Mus. 3146 [Vl+Kl]) ▪ D-HEms (Magazin) ▪ D-LÜh (L 198) ▪ CZ-Pnm (59 A 5873) ▪ GB-Lbl (g.505.{6.} [Vl+Kl]).
Anzeigen und Rezensionen: NZfM 1835, Bd.II, S. 62.
Anmerkung: In Leipzig wurde diese Komposition am 8. November 1832 gespielt. Bei den Aufführungen in Stuttgart am 31. Januar 1837 sowie erneut in Donaueschingen am 8. Januar 1834 könnte es sich im Prinzip auch um die erste Konzertpolonaise (op. 8) handeln.

Op. 46 Acht Tänze für Klavier

4 **Walzer**: 1. D-Dur   2. G-Dur   3. D-Dur   4. G-Dur
4 **Galopps**: 1. D-Dur   2. G-Dur   3. D-Dur   4. A-Dur

EWV: *Danses brillantes für Pf.*
Besetzung: Klavier.
Datierung: 1834 (Druck).

Druck: *DANSES BRILLANTES / N° 1. Quatre Walses, / N° II. Quatre Galops, / pour le / Pianoforte / par / J. W. KALLIWODA, / Maitre de Chapelle de S.A.S. le Prince de Fürstenberg.* C. F. Peters, Leipzig 2488 (Walzer), 2489 (Galopps).
Bibliothek: D-KA (Don Mus. Dr. 3031^{III}) ▪ D-KA (Nr. 243 [Walzer], Nr. 217 [Galopps]).

Op. 47 Divertissement für Klavier zu vier Händen, G-Dur
Grave - Allegretto grazioso

EWV: *Divertissement für Pf. (4händig).*
Besetzung: Klavier zu 4 Hd.
Datierung: 1834 (Druck). ▪ **Erworben** am 19.09.1843.
Druck: *DIVERTISSEMENT / pour le / Piano Forte / à / quatre mains / composé / par / J. W. KALLIWODA. / Maitre de Chapelle de S.A.S. le Prince de Fürstenberg.* C. F. Peters, Leipzig 2441.
Bibliothek: D-KA (Don Mus. Dr. 3031^{V}) ▪ D-KA (Nr. 205).

Op. 48 Trio für Flöte, Violine und Violoncello nach Motiven aus der Oper *Zampa* von Hérold, A-Dur
Allegro

EWV: *Trio für Flöte, Violine u Cello.*
Besetzung: Fl, Vl, Vlc,
(Pic, 2 Ob, 2 Cl, 2 Fag, 2 Cor, 2 Tr, Tamb-gr, Tamb-pic, Triangel, Str).
Datierung: 20. März 1833 (Uraufführung in Donaueschingen); 1834 (Druck).
Bearbeitung: Zusätzliche Orchesterbegleitung (handschriftlich im Donaueschinger Nachlass).

Druck: CONCERTANTE / pour / Flûte, Violon et Violoncelle / sur des motifs favoris de l' Opéra: Zampa. / composée / par / J. W. KALLIWODA, / Maitre de Chapelle de S.A.S. le Prince de Fürstenberg. C. F. Peters, Leipzig 2434.
Bibliothek: D-KA (Don Mus. Dr. 1539) ▪ D-KA (Nr. 44).
Anmerkung: Am 27. November 1833 wurde diese Komposition unter dem Titel „Fantasie" in Donaueschingen wiederholt. Sie erklang wahrscheinlich bei mindestens einer der Aufführungen in der Fassung mit Orchesterbegleitung. Diese später hinzugefügten Stimmen setzen erst im dritten Abschnitt, nach über 120 Takten ein, einige Bläser teilweise ganz zum Schluss.

Op. 49 Rondo passionato für Klavier, g-Moll
Allegro

Clara Wieck gewidmet.

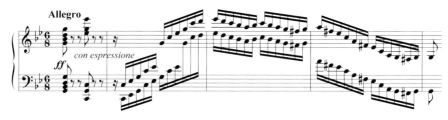

EWV: *Rondeau für Pf.*
Besetzung: Klavier.
Datierung: 1834 (Druck). ▪ **Erworben** am 19.09.1843.
Abschriften: D-KA (Nr. 182).
Druck: RONDO / Passionato / pour le / Piano Forte / composé et dedié / à Mademoiselle Clara Wieck / par / J. W. KALLIWODA. / Maitre de Chapelle de S.A.S. le Prince de Fürstenberg. C. F. Peters, Leipzig 2442.
Bibliothek: D-KA (Don Mus. Dr. 3031^V) ▪ D-HEms (Magazin) ▪ D-Mbs (4 Mus.pr. 55936) ▪ A-Wn (MS 20.437).

Op. 50 Großes Duo für zwei Violinen, C-Dur
1. Moderato   2. Andante con Variazioni
3. Scherzo. Prestissimo   4. Rondo. Allegro vivace

Karl Böhme gewidmet.

EWV: *Grand Duo für 2 Violinen.*

Besetzung: 2 Violinen.
Datierung: 1834 (Druck).
Druck: *GRAND DUO / pour / Deux Violons / composé et dedié / À SON AMI CHARLES BÖHME / par / J. W. KALLIWODA. / Maitre de Chapelle de S.A.S. le Prince de Fürstenberg.* C. F. Peters, Leipzig 2435 ▪ ebd. (Neuauflage *1851*).
Bibliothek: D-KA (Don Mus. Dr. 1552,1) ▪ D-KA (Nr. 42) ▪ D-B (59083) ▪ GB-Lbl (h.214.a.{9.}).
Anzeigen und Rezensionen: NZfM 1851, Bd.II, S. 124 (Neuauflage sämtlicher Violinduos).

Op. 51   Konzertrondo für Horn und Orchester, F-Dur
Introduzione. Allegro moderato - Rondo. Allegretto grazioso

EWV: *Introduction und Rondo pour le Cor avec Orch.*
Besetzung: Jagdhorn oder chromat. Horn princ, 2 Fl, 2 Cl, 2 Fag, 2 Cor, Str.
Datierung: 27. November 1833 (Uraufführung in Donaueschingen).
Bearbeitung: Horn und Klavier.
Drucke: *Introduction / et / RONDEAU / pour le / Cor de chasse / ou le / Cor chromatique / avec accompagnement d' Orchestre / composés / par / J. W. KALLIWODA. / Maitre de Chapelle de S.A.S. le Prince de Fürstenberg.* C. F. Peters, Leipzig 2485 ▪ *Introduction and rondo / op. 51 / for horn and orchestra.* (hrsg. von John Madden) Musica Rara, London MR 1918 (*1978*, Cor+Kl) ▪ Edition KaWe, Amsterdam KW 94a (hrsg. von Emmanuel Kaucky, *1976*) ▪ Tucson/Arizona KCH-5005 (hrsg. von Kenneth Henslee, *1996*).
Bibliothek: D-KA (Nr. 78) ▪ D-KA* (M 4742) ▪ D-B* (N. Mus. 19824) ▪ GB-Lbl (g.1094.w.{1.} [Cor+Kl], g.861.nn.{2.}).
Anzeigen und Rezensionen: NZfM 1857, Bd.I, S. 132.
Anmerkung: In Leipzig wurde diese Komposition am 30. Januar 1834 aufgeführt. Ob es sich bei dem „Rondo über Tyroler Lieder für das chromat. Horn", das am 22. März 1834 in Donaueschingen gespielt wurde, auch um dieses Werk handelt, ist nicht ausgeschlossen – zumal das Hauptthema des Rondos einem Jodlermotiv ähnelt –, aber ebenso wenig eindeutig belegbar.

Op. 52 Divertissement für Flöte und Orchester, G-Dur
Introduzione. Adagio - Tema. Tempo di Marcia

EWV: *Divertissement p. l. Flute avec Orch.*
Besetzung: Fl princ, Fl, 2 Ob, 2 Fag, 2 Cor, Str.
Datierung: 1831 oder 1833 (Aufführung in Donaueschingen; vgl. *Anmerkung*); 1834 (Druck).
Autograph: D-KA (Don Mus. Ms. 962 [*Variationen*; Stimmen. Lediglich die Vlc/Bass-Stimme ist von Kalliwoda selbst überschrieben mit *Divertimento*.]).
Bearbeitung: Fl und Klavier.
Druck: *Grand / DIVERTISSEMENT / pour la / FLÛTE / avec accompagnement d' Orchestre / ou de / Piano-Forte / composé / par / J. W. KALLIWODA, / Maitre de Chapelle de S.A.S. le Prince de Fürstenberg.* C. F. Peters, Leipzig 2478 bzw. 2479 (Fl+Kl).
Bibliothek: D-KA (Don Mus. Dr. 3152 [nur Solostimme]).
Anzeigen und Rezensionen: NZfM 1843, Bd.II, S. 175 (Aufführung in Leipzig).
Anmerkung: In Donaueschingen erklang am 15. November 1831 sowie am 13. März 1833 ein *Divertimento* bzw. *Divertissement* für Flöte. Ob es sich bereits beim ersten Werk um diese Komposition handelt, kann zwar nicht ausgeschlossen werden, ist aber drei Jahre vor der Drucklegung nicht ganz sicher. Beim zweiten Konzert wurde dagegen mit großer Wahrscheinlichkeit dieses Stück gespielt, ebenso am 22. März 1836 in Stuttgart.

Op. 53 Variationen über ein Originalthema für Klavier, F-Dur
Introduzione. Adagio - Tema. Allegretto grazioso

EWV: *Variations für Pf.*
Besetzung: Klavier.
Datierung: 1834 (Druck). ▪ **Erworben** am 19.09.1843.

Druck: *VARIATIONS / sur / un thème original / pour le / Piano-Forte / composées / par / J. W. KALLIWODA, / Maitre de Chapelle de S.A.S. le Prince de Fürstenberg.* C. F. Peters, Leipzig 2476 ▪ Augener, London (*Adieu au Tyrol*).
Bibliothek: D-KA (Don Mus. Dr. 1635, Mus. Dr. 3031^V) ▪ D-KA (Nr. 187) ▪ D-B (201010) ▪ D-LÜh (N, 985) ▪ CZ-Pnm (59 A 5879) ▪ GB-Lbl (h.62.bb.{11.}).

Op. 54   Sechs Gesänge für Sopran oder Tenor

Nr. 1: Ode, *Willkommen silberner Mond* (Friedrich Gottlieb Klopstock).
   Des-Dur / Moderato con sentimento
Nr. 2: Im Thale, *Es rauschen die Wasser* (August Schnezler).
   g-Moll / Allegro appassionato
Nr. 3: Lied, *Wo bist du hin* ([Ernst Th. Amadeus?] Hoffmann).
   As-Dur / Adagio
Nr. 4: Soldatenliebe, *Steh ich in finstrer Mitternacht* (Wilhelm Hauff).
   D-Dur / Tempo di marcia
Nr. 5: Lied eines Schweizerknaben, *Mein Arm wird stark* (Friedrich L. zu Stolberg).
   d-Moll / Moderato
Nr. 6: Das Auge der Nacht, *Fromm und treu in stiller Nacht* (August Schnezler).
   F-Dur / Andante

Matthias Sulger gewidmet.

EWV: *VI Gesänge für Sopran mit Pf.*
Besetzung: Hohe Gesangstimme, Klavier.
Datierung: 1834 (Druck). ▪ **Erworben** am 29.04.1845.
Autographen: D-KA (Don Mus. Ms. 2757 [Lied Nr. 2], Mus. Ms. 2716 [Lied Nr. 3]).
Abschriften: D-KA (Nr. 323 [Nr. 1 als Einzelabschrift: *SECHS GESÄNGE / componirt / von / J. W. KALLIWODA. C. F. Peters, Leipzig 2497.*]).

Druck: *SECHS GESÄNGE / für / eine Sopran- oder Tenor-Stimme / mit Begleitung des Pianoforte / componiert u. gewidmet / seinem Freunde / M. SULGER / fürstlich Fürstenbergischen Hofrath / von / J. W. Kalliwoda.* C. F. Peters, Leipzig 2497 ▪ Lied Nr. 4 mit Gitarrenbegl. in: *Pfennigmagazin 1.* P. J. Tonger, Köln ▪ London (Nr. 2: *The mill stream is roaring* + Nr. 6: *The eye of night; 1846*).
Bibliothek: D-KA (Don Mus. Dr. 1572, Mus. Dr. 2944a) ▪ D-B (Mus. 3139) ▪ D-LÜh (P, 1210[I]) ▪ D-Mbs (2 Mus.pr. 2221) ▪ CZ-Pnm (59 A 2722) ▪ GB-Lbl (H.2156.a.{7.}, H.2156.b.{10.});
<u>Einzelne Lieder</u>: D-B (Mus. O.8237 [Nr. 4]) ▪ A-FK (IV 118 [Nr. 2]) ▪ GB-Lbl (H.2136.{8.} [Nr. 6], H.2136.{9.} [Nr. 2]) ▪ D-LÜh (P, 272 [Nr. 5+6]; P, 473 [Nr. 6]).
Anzeigen und Rezensionen: AmZ 1840, Sp. 678.
Literatur: Neumann, Die Componisten der neueren Zeit. Cassel 1856, S. 107f.
Anmerkung: Am 20. Februar 1834 standen auf dem Programm des Museumskonzertes in Donaueschingen „Lieder mit Klavier-Begleitung", die als „neu" gekennzeichnet waren. Da sich das Datum mit dem Erscheinungsjahr der vorliegenden Lieder deckt, könnte es sich dabei um diese Gesänge op. 54 handeln.

Op. 55 Ouvertüre Nr. 3, C-Dur
Allegro con fuoco

EWV: *3te Ouverture für Orch. (e-Moll) / auch für Pf. 4händig.*
Besetzung: 2 Fl, 2 Ob, 2 Cl, 2 Fag, 2 Cor, 2 Tr, Trb-b, Timp, Str mit 2 Vla.
Datierung: 15. Oktober 1832 (Uraufführung in Leipzig). ▪ **Erworben** am 19.09.1843 (4 Hd.).
Abschriften: D-KA (Don S.B. VIII, Nr. 9 [Stimmen-Sammelbände]) ▪ A-Wn (S.m. 23986 [Stimmen]).
Bearbeitung: Klavier zu 4 Hd.
Drucke: *Troisième / OUVERTURE / à / grand Orchestre / composée / par / J. W. Kalliwoda. Maitre de Chapelle de S.A.S. le Prince de Fürstenberg.* C. F. Peters, Leipzig 2529 ▪ *Troisième / OUVERTURE / pour le / Pianoforte à quatre mains / composée / par / J. W. KALLIWODA. / Maitre de Chapelle de S.A.S. le Prince de Fürstenberg.* C. F. Peters, Leipzig 2561 ▪ Thieme, Zutphen.
Bibliothek: D-KA (Don Mus. Dr. 1620 [4 Hd.]) ▪ D-KA (Nr. 142 [4 Hd.]) ▪ D-B (O.57496 [4 Hd.]) ▪ D-Dlb (Mus. 5404-T-500 [4 Hd.]) ▪ D-Cl (TB Ouv 65) ▪ D-DT (Mus-n 555) ▪ D-HEms (Magazin [4 Hd.]).
Anzeigen und Rezensionen: AmZ 1832, Sp. 759 (Aufführung in Leipzig).
Anmerkung: Der Katalog von D-Cl verzeichnet Aufführungen in Gotha (um 16.3.1843) bzw. in Coburg (um 13.9.1843). Bei der falschen Tonartangabe Kalliwodas handelt es sich wohl um eine Verwechslung mit der nächsten Ouvertüre op. 56.

Op. 56 Ouvertüre Nr. 4, E-Dur
Larghetto - Presto

EWV: *4te Ouverture für Orch. (C-Dur) / auch für Pf. 4händ.*
Besetzung: 2 Fl, 2 Ob, 2 Cl, 2 Fag, 4 Cor, 2 Tr, Trb-b, Timp, Str.
Datierung: 26. November 1835 (Uraufführung in Leipzig). ▪ **Erworben** am 19.09.1843 (4 Hd.).
Abschriften: D-KA (Don S.B. III, Nr. 9 + S.B. VIII, Nr. 10 [zwei Sätze Stimmen-Sammelbände]) ▪ FFB (Musikalien, Best. Kalliwoda, Nr. 7 [Str-Stimmen ohne Vl2]) ▪ A-Wn (S.m. 23987 [Stimmen]).
Bearbeitung: Klavier zu 4 Hd.
Drucke: *Quartième / OUVERTURE / à / grand Orchestre / composèe / par / J. W. Kalliwoda. / Maitre de Chapelle de S.A.S. le Prince de Fürstenberg.* C. F. Peters, Leipzig 2614 ▪ *Quatrième / OUVERTURE / pour le / Pianoforte à quatre mains / composée / par / J. W. KALLIWODA. / Maitre de Chapelle de S.A.S. le Prince de Fürstenberg.* C. F. Peters, Leipzig 2615 ▪ Apollo, Berlin.
Bibliothek: D-KA (Don Mus. Dr. 1595, Mus. Dr. 1620 [beide 4 Hd.]) ▪ D-KA (Nr. 143 [4 Hd.]) ▪ D-B (197742, O.11146 [4 Hd.]) ▪ D-Cl (TB Ouv 63) ▪ D-DT (Mus-n 556) ▪ D-HEms (Magazin [4 Hd.]).
Anzeigen und Rezensionen: Aufführungen in Kassel: AmZ 1837, Sp. 132 und AmZ 1838, Sp. 595; Leipzig: AmZ 1835, Sp. 836.
Anmerkung: Der Katalog von D-Cl verzeichnet eine Aufführung in Gotha, vor dem 24.4.1868. Bei der falschen Tonartangabe Kalliwodas handelt es sich wohl um eine Verwechslung mit der vorhergehenden Ouvertüre op. 55.

Op. 57 Variationen u. Rondo für Fagott und Orchester, B-Dur
Introduzione. Adagio - Tema con Variazioni. Allegretto

EWV: *Variations p. l. Baßon mit Orch.*
Besetzung: Fag princ, Fl, 2 Cl, 2 Cor, Fag, Str.
Datierung: 1835c.
Autograph: D-KA (Don Mus. Ms. 952 [*Variationen von J. W. Kalliwoda.* Stimmen]).
Abschriften: FFB (Musikalien, Best. Kalliwoda, Nr. 6 [nur Solost.]).
Bearbeitung: Fag und Klavier.

Drucke: *VARIATIONS / et / RONDEAU / pour le / BASSON / avec accompagnement d' Orchestre / composés / par / J. W. KALLIWODA, / Maitre de Chapelle de S.A.S. le Prince de Fürstenberg*. C. F. Peters, Leipzig 2552 (Orch.St. und Kl-Ausz.); ebd. 3904 (Neudruck Klavierauszug, *1856*) ▪ *Variations...* (hrsg. von Hans Steinbeck) Eulenburg, Zürich / New York GM 168 (*1976*).
Bibliothek: D-KA (Nr. 77) ▪ D-KA* (M 3543) ▪ D-DT (Mus-n 565) ▪ D-Mbs (4 Mus.pr. 57860 [KlAusz.]) ▪ CZ-Pnm (59 A 5871) ▪ GB-Lbl (g.271.n.{1.}).
Anzeigen und Rezensionen: NZfM 1856, Bd.II, S. 243 (Neuauflage).
Anmerkung: Laut WLB-Datenbank wurde diese Komposition am 30.1.1838 in Stuttgart gespielt.

Op. 58 Divertissement für Oboe und Orchester, C-Dur
Introduzione. Allegretto - Allegro

EWV: *Divertissemente p. l. Hautbois mit Orch.*
Besetzung: Ob princ, Fl, 2 Cl, 2 Fag, 2 Cor, Str.
Datierung: 22. Januar 1834 (Uraufführung in Donaueschingen).
Druck: *DIVERTISSEMENT / pour / l' Hautbois / avec accompagnement / d' Orchestre / composé / par / J. W. KALLIWODA, / Maitre de Chapelle de S.A.S. le Prince de Fürstenberg*. C. F. Peters, Leipzig 2553.
Bibliothek: D-KA (Don Mus. Dr. 1550) ▪ D-KA (Nr. 75) ▪ D-DT (Mus-n 552).

Op. 59 Divertissement für zwei Hörner und Orchester, F-Dur
Introduzione. Adagio - Allegro - Moderato

EWV: *Divertissemente pour deux Cors mit Orch.*
Besetzung: 2 Cor princ, 2 Fl, 2 Ob, 2 Cl, 2 Fag, Str.
Datierung: 1835c.
Druck: *DIVERTISSEMENT / pour / Deux Cors / avec accompagnement d' Orchestre / composé / par / J. W. KALLIWODA, / Maitre de Chapelle de S.A.S. le Prince de Fürstenberg*. C. F. Peters, Leipzig 2565 ▪ *DIVERTIMENTO / pour 2 cors / et orchestre / Op. 59*. Kunzelmann, Adliswill GM

167 (Kl.-Ausz.) ▪ *Divertimento / opus 59 / for 2 horn and orchestra.* (hrsg. von Kenneth Henslee) Tucson/Arizona KCH-6004 (*1995*).
Bibliothek: D-KA (Nr. 79) ▪ D-KA* (M 4743).
Anmerkung: Ohne im Titel darauf hinzuweisen variiert Kalliwoda im zweiten Teil des Werkes ein bekanntes Thema Rossinis, das dieser häufiger verwendet hat, u. a. in der Schlussarie der Cenerentola aus der gleichnamigen Oper. Dieses Thema dominiert auch im Hauptteil des ebenfalls für zwei Hörner komponierten Potpourri (WoO II/18); trotz dieser Parallelen handelt es sich aber um zwei eigenständige Werke.

Op. 60   Sinfonie Nr. 4, C-Dur
1. Adagio - Allegro non troppo   2. Romanze. Andante
3. Scherzo. Allegro molto   4. Finale. Vivace

Der Philharmonischen Gesellschaft London gewidmet.

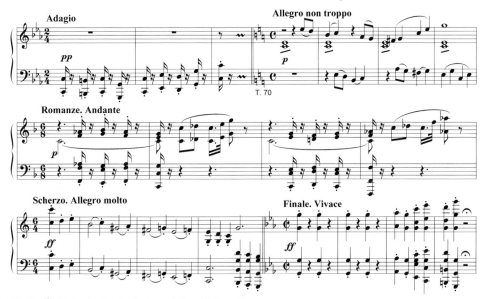

EWV: *4te Sinfonie für Orch. / auch für Pf. 4händig.*
Besetzung: 2 Fl, 2 Ob, 2 Cl, 2 Fag, 2 Cor, 2 Tr, 3 Trb, Timp, Str.
Datierung: 12. März 1835 (Uraufführung in Leipzig).
Abschriften: D-KA (Don S.B. IV, Nr. 9 [Stimmen-Sammelbände]) ▪ D-KA (Don Mus. Ms. 2852 [Stimmensatz ohne Trb]).
Bearbeitung: Klavier zu 4 Hd. von Carl Czerny.
Drucke: Partitur / Stimmen: *Quatrième / SINFONIE / à / grand Orchestre / composée et dediée / à la / Société Philharmonique / à / LONDRES / par / J. W. KALLIWODA / Maître de Chapelle de S.A.S. le Prince de Fürstenberg.* C. F. Peters, Leipzig 2521 ▪ *The Symphony 1720-1840. A comprehensive collection of full scores in sixty volumes.* Ed. by Barry S. Brook. Serie C, Volume XIII, Score 4. (hrsg. von David E. Fenske.) New York, London *1984*. S. 243-297: Facsimile einer Handschrift aus der *Allen A. Brown Collection of the Boston Public Library*, Sign. M312.17.

Klav. zu 4 Hd.: *Quatrième / SINFONIE / composée / par / J. W. KALLIWODA / Oevre 60. / arrangée / Pour le Pianoforte à quatre mains / par / CHARLES CZERNY.* C. F. Peters, Leipzig 2551.
Bibliothek: D-KA (Don Mus. Dr. 1620, Mus. Dr. 2943[b] [beide 4 Hd.]) ▪ D-KA (Nr. 138 [4 Hd.]) ▪ FFB (Musikalien, Best. Kalliwoda, Nr. 53 [Vla- u. Trb-Stimme]) D-B (196682, O.11151 [4 Hd.]) ▪ D-HEms (K 43 e, Magazin [4 Hd.]) ▪ GB-Lbl (h.1510.b.).
Anzeigen und Rezensionen: AmZ 1835, Sp. 237; AmZ 1836, Sp.279 (Aufführung in Berlin); AmZ 1835, Sp. 853 und AmZ 1840, Sp. 187 (weitere Aufführungen in Leipzig).
Literatur: Kretzschmar, Führer durch den Concertsaal. I. Abt. Leipzig 1887, S. 131.
Anmerkung: Die Sinfonie wurde am 18. März 1835 in Donaueschingen aufgeführt. Ihre langsame Einleitung ist auf einigen Stimmabschriften mit „Marcia Funebre" überschrieben.

Op. 61 Streichquartett Nr. 1, G-Dur
1. Allegro moderato   2. Adagio   3. Scherzo. Allegro   4. Vivace

J. Graff gewidmet.

EWV: *I. Quatuor für Saiteninstrumente.*
Besetzung: 2 Vl, Vla, Vlc.
Datierung: 1835c.
Abschriften: D-KA (Don Mus. Ms. 917 [Stimmen]).
Bearbeitung: Orgelarrangement (nur 2. Satz) von John Hiles.
Druck: *Premier / QUATUOR / pour / deux Violons, Alto et Violoncelle / composé et dedié / à son Ami J. Graff / par / J. W. KALLIWODA. / Maitre de Chapelle de S.A.S. le Prince de Fürstenberg.* C. F. Peters, Leipzig 2518.
Orgelbearbeitung: *SHORT VOLUNTARIES / for the / ORGAN / ... / arranged by / JOHN HILES.* Novello, Ever & Co, London & New York Volume 5. ▪ John Hiles, Organ Arrangements. Novello, Ever & Co, London & New York 1893 ff. Book 8.
Bibliothek: D-KA (Nr. 45) ▪ D-KA* (M 2544) ▪ D-B (O.11875 [Orgel]) ▪ GB-Lbl (h.2830.b.{5.}, f.325. [Orgel]).
Literatur: Albrecht Dürr, BLB Ausstellungskatalog. S. 47-53.

Op. 62   Streichquartett Nr. 2, A-Dur
1. Allegro vivace   2. Scherzo. Presto   3. Adagio   4. Vivace

Fr. Max Kníže gewidmet.

EWV: *II. Quatuor für Saiteninstrumente.*
Besetzung: 2 Vl, Vla, Vlc.
Datierung: 1836c.
Autograph: D-KA (Don Mus. Ms. 912 [Stimmen]).
Druck: *Second / QUATUOR / pour / deux Violons, Alto et Violoncelle / composé et dedié / à son Ami F. M. Knjze, / par / J. W. KALLIWODA, / Maitre de Chapelle de S.A.S. le Prince de Fürstenberg*. C. F. Peters, Leipzig 2603 ▪ *Quartett in A-Dur für 2 Violinen, Viola und Violoncello.* Amadeus-Verlag, Winterthur BP 1056 (hrsg. von Bernhard Päuler, *1999*).
Bibliothek: D-KA (Don Mus. Dr. 1611) ▪ D-KA (Nr. 45) ▪ D-KA* (M 11548) ▪ D-B* (55 NB 2227) ▪ D-Sl (50a/100005) ▪ GB-Lbl (h.2830.b.{6.}).
Literatur: Albrecht Dürr, BLB Ausstellungskatalog. S. 47-53.

Op. 63   Zwölf Tänze für Klavier
6 **Walzer**:   1. Vivace, E-Dur   2. A-Dur   3. E-Dur   4. E-Dur   5. A-Dur   6. E-Dur
6 **Galopps**:   1. E-Dur   2. C-Dur   3. E-Dur   4. A-Dur   5. E-Dur   6. F-Dur

EWV: *Danses brillantes für Pf.*
Besetzung: Klavier
Datierung: 1835c.
Drucke: *DANSES / BRILLANTES ET MODERNES / N° 1. Six Walses, / N° 2. Six Galops, / pour le / Piano-Forte / par / J. W. KALLIWODA. / Maitre de Chapelle de S.A.S. le Prince de Fürstenberg* C. F. Peters, Leipzig 2556 (Walzer), 2557 (Galopps).
Bibliothek: D-KA (Don Mus. Dr. 1547, Mus. Dr. 3031[III]) ▪ D-KA (Nr. 244 [Walzer], Nr. 218 [Galopps]) ▪ D-HEms (M 406 o) ▪ A-Wn (MS 20.438).

Op. 64   Drei Etüden für Violine
Nr. 1: Adagio, a-Moll   Nr. 2: Adagio - Tempo di Valse, G-Dur
Nr. 3: Allegro vivace, d-Moll

EWV: *Trois Etudes p. l. Violon seul.*
Besetzung: Violine.
Datierung: 1835c.
Druck: *Trois Études en forme de fantaisie pour le Violon.* C. F. Peters 2554, Leipzig.
Bibliothek: D-B (Mb 1872 [Kriegsverlust]) ▪ GB-Lbl (h.210.b.{4.}).

Op. 65   L' engagement de Danse, Es-Dur
Moderato - Allegro vivace

EWV: *L' engagement de Danse für Pf. / auch noch 4händig.*
Besetzung: Klavier.
Datierung: 1835c.
Druck: *L' ENGAGEMENT DE DANSE / pour le / Piano Forte / composé / par / J. W. KALLIWO-DA. / Maitre de Chapelle de S.A.S. le Prince de Fürstenberg.* C. F. Peters, Leipzig 2555.
Bibliothek: D-KA (Don Mus. Dr. 1559, Mus. Dr. 3031^{III}) ▪ D-KA (Nr. 210) ▪ D-B (201011).

Op. 66 Divertissement für Klavier und Streicher, C-Dur
Introduzione. Adagio - Tema. Allegretto

EWV: *Divertissemente für Pf. mit Quartettbegl.*
Besetzung: Kl princ, Str.
Datierung: 1835c. ▪ **Erworben** am 19.09.1843 und 17.05.1858.
Bearbeitung: Zusätzliche Bläserstimmen: 2 Fl, 2 Ob, 2 Fag, 2 Cor. In: FFB (Musikalien, Best. Kalliwoda, Nr. 35 [*Introduzione und Variationen*. Stimmen als Abschr.]).
Druck: *DIVERTISSEMENT / facile / pour le / PIANOFORTE / avec Accompagnement / de / deux Violons, Viola et Violoncelle / composé / par / J. W. KALLIWODA. / Maitre de Chapelle de S.A.S. le Prince de Fürstenberg.* C. F. Peters, Leipzig 2560.
Bibliothek: D-KA (Don Mus. Dr. 3031[II] [Kl-Solostimme]) ▪ D-KA (Nr. 109) ▪ D-KA* (M 1200 R) ▪ FFB (Musikalien, Best. Kalliwoda, Nr. 55[2 Sätze Str-Stimmen]) ▪ D-B (Mus. 3149).

Op. 67 Sechs Lieder für Sopran oder Tenor
Nr. 1: Lodoiska's Sehnsucht, *Einsam wandle ich so gerne.*
   D-Dur / Moderato
Nr. 2: Waldröschen, *Warum stehst du so verborgen.*
   g-Moll / Allegretto
Nr. 3: Wiegenlied, *Englein schlaf!*
   As-Dur / Andante
Nr. 4: Ständchen, *Liedchen! Hebe dich auf Schwingen.*
   A-Dur / Larghetto
Nr. 5: Wohin? Woher? *Es rauscht im Wald* (August Schnezler).
   E-Dur / Moderato
Nr. 6: Morgenlied, *Gott, unter Deiner Vaterhut* (Johann Gottfried Seume).
   F-Dur / Adagio

C. J. L. Portmann gewidmet.

EWV: *VI Lieder mit Pfbgl.*
Besetzung: Hohe Gesangstimme, Klavier.
Datierung: 1836 (Druck). ▪ **Erworben** am 29.04.1845.
Autograph: D-KA (Don Mus. Ms. 852 [Lied Nr. 1], Ms. 853 [Lied Nr. 6]).
Drucke: *SECHS LIEDER / für / eine / Sopran- oder Tenor-Stimme / mit / Begleitung des Pianoforte / componirt und gewidmet / SEINEM FREUNDE C. J. L. PORTMANN / von / J. W. KALLIWODA*. C. F. Peters, Leipzig 2598 ▪ J. B. Cramer, London ▪ O. Ditson, Boston (Fl+Kl) ▪ John Church, Cincinnati (Trb+Orch).
Einzelne Lieder auf Englisch in versch. Sammelbänden: *Deutsche Lieder. Songs of Germany with German and English words. (Translated by L. Rolfe & W. Guernsey.)* E. Ashdown, London. (*1850*) No. 42 (Lied Nr. 1: *On my dark path*), No. 35 (Lied Nr. 5: *The bird and the stream*) ▪ *Vocal gems of Germany. A selection of songs by the most celebrated German composers ... with the original words and an English translation edited and arranged with an accompaniment for the piano forte by William Hutchins Callcott*. Leader & Cock, London. Vol. 1. (Lied Nr. 1: „Thro' the twilight shades I wander", *1844*) ▪ *Lieder-Repertorium. Songs of Germany, with the original words and English, French or Italian versions, adapted by Eminent masters*. London. Nr. 96. (Lied Nr. 1: „When shall I be near thee", *1847*) ▪ Select German Songs with English words. B. Williams, London. No. 19. (Lied Nr. 4: *Float my Song*, *1869*) ▪ Augener, London (Nr. 1: *Lone I wander*, *1889*) ▪ Lied Nr. 5 in der Übersetzung von T. Oliphant (*The rill that strays*). London. (*1846*).
Bibliothek: D-KA (Don Mus. Dr. 2944a) ▪ D-KA (Nr. 324) ▪ D-B (Mus. 3140, Mus. 13996) ▪ D-HEms (Magazin) ▪ D-LÜh (P, 394) ▪ D-Mbs (2 Mus.pr. 2221, Beibd.1 + 4 Mus.pr. 23180, Beibd.7).
Einzelne Lieder in D-B (Mus. 3141) ▪ GB-Lbl (H.2128., H.2130., H.2274. [jew. Nr. 1], H.2268. [Nr. 1+5]; H.2134. [Nr. 4]; H.2136.{7.} [Nr. 5]).
Anzeigen und Rezensionen: AmZ 1840, Sp. 678.
Literatur: Neumann, Die Componisten der neueren Zeit. Cassel 1856, S. 108f.
Anmerkung: Lied Nr. 1 (*Lodoiska's Sehnsucht*) wurde am 25. Februar 1863 im Rahmen eines Museumskonzertes in Donaueschingen aufgeführt. Lied Nr. 6 (*Morgenlied*) liegt auch in einer Fassung für drei Stimmen a cappella vor (vgl. WoO IX/25).

Op. 68 Drei Klavierstücke
Nr. 1: Tempo di Minuetto. Allegretto grazioso, a-Moll
Nr. 2: Tempo di Marcia. Moderato, Es-Dur
Nr. 3: Tempo di Valse. Moderato, H-Dur

EWV: *Trois Solos für Pf.*
Besetzung: Klavier.
Datierung: 1836 (Druck).
Abschriften: D-KA (Nr. 194).
Druck: *Trois / SOLOS / pour le / Piano-Forte / composés / par / J. W. KALLIWODA, / Maitre de Chapelle de S.A.S. le Prince de Fürstenberg.* C. F. Peters, Leipzig 2595-2597.
Bibliothek: D-KA (Don Mus. Dr. 3031^V) ▪ D-KA (Nr. 194) ▪ D-KA* (M 1806 R) ▪ D-HEms (M 406 a-c).
Anzeigen und Rezensionen: NZfM 1836, Bd.I, S. 158.

Op. 69 Vier Walzer für Klavier
Nr. 1: Vivace, Es-Dur   Nr. 2: As-Dur   Nr. 3: f-Moll   Nr. 4: Es-Dur

EWV: *Quatre grand Valses für Pf.*
Besetzung: Klavier.
Datierung: 1837c. ▪ **Erworben** am 19.09.1843.
Druck: *Quatre / GRANDES WALSES / pour le / PIANOFORTE / par / J. W. Kalliwoda, / Maitre de Chapelle de S.A.S. le Prince de Fürstenberg.* C. F. Peters, Leipzig 2605.
Bibliothek: D-KA (Don Mus. Dr. 3031^III) ▪ D-KA (Nr. 246) ▪ D-HEms (M 406 p) ▪ CZ-Pnm (59 A 5877).

Op. 70   Zwei Violinduos
Nr. 1: **Duo in Es-Dur**. 1. Moderato   2. Romanze. Allegretto   3. Rondo. Presto
Nr. 2: **Duo in g-Moll**. 1. Con espressione   2. Tema con Variazioni
3. Allegro maestoso non troppo

EWV: *Deux Duos für 2 Violinen.*
Besetzung: 2 Violinen.
Datierung: 1837c.
Abschriften: D-DT (Mus-n 8394).
Drucke: *Deux / DUOS / brillants et faciles / pour / Deux Violons / composés / par / J. W. KALLIWODA, / Maitre de Chapelle de S.A.S. le Prince de Fürstenberg.* C. F. Peters, Leipzig 2609, 2610 ▪ ebd. 7396 (Neuauflage *1851*) ▪ *Duos progressifs et concertantes.* (Hrsg. von Fr. Hermann) Edition Peters, Frankfurt/M (*1960*, Best.-Nr. 2518a) ▪ Violinduos (hrsg. von C. Nowotny) Universal Edition, Wien (*1902*) ▪ G. Fexis, Athen ▪ *Romanze und tema con Variazioni (Chant national russe) aus op. 70, komp. von A. Lvov für 2 Violinen.* In: Emil Hofmeister, Sammlung beliebter Violinduette (*1912*).
Bibliothek: D-KA (Don Mus. Dr. 1552^1) ▪ D-KA (Nr. 42) ▪ D-KA* (M 3812) ▪ D-B (256145, 10479 [Wien], 134838 [Hofmeister]) ▪ D-LÜh (H 336) ▪ D-SPlb (Mus. 10 154) ▪ A-Wn (MS 0400) ▪ CZ-Pnm (59 C 7596) ▪ GB-Lbl (h.214.a.{3.}) ▪ H-Bn (Z 41.938).
Anzeigen und Rezensionen: NZfM 1851, Bd.II, S. 124 (Neuauflage sämtlicher Violinduos).

Op. 71 Variationen und Rondo für Klavier und Orch., B-Dur
Introduzione. Larghetto - Tema. Allegretto

Karl Mühlenfeldt gewidmet.

EWV: *Variations für Pf. mit Orch.*
Besetzung: Kl princ, Fl, 2 Cl, 2 Fag, 2 Cor, Str.
Datierung: 1837c.
Druck: JNTRODUCTION, VARIATIONS / et / RONDEAU / pour le / Piano-Forte / avec accompagnement d' Orchestre / composés et dediés / à son Ami C. Mühlenfeldt / par / J. W. KALLIWODA, / Maitre de Chapelle de S.A.S. le Prince de Fürstenberg. C. F. Peters, Leipzig 2611 (auch für Kl-Solo herausgegeben).
Bibliothek: D-KA (Don Mus. Dr. 1579 [Stimmen], Mus. Dr. 3031[II] [Solo]) ▪ D-KA (Nr. 80) ▪ D-B (Mb 1878) ▪ CZ-Pnm (59 C 1110 [Solo]).

Op. 72 Violinconcertino Nr. 3, D-Dur
Adagio - Moderato

Johannes Bernardus van Brée gewidmet.

EWV: *Concertino N^{ro} 3 für Violine mit Orch. und Pfbgl.*
Besetzung: Vl princ, 2 Fl, 2 Ob, 2 Cl, 2 Fag, 2 Cor, 2 Tr, Trb-b, Timp, Str.
Datierung: 26. November 1835 (Uraufführung in Leipzig).
Abschriften: FFB (Musikalien, Best. Kalliwoda, Nr. 13 [nur Vl1+2 u. Bassstimme]).
Bearbeitung: Vl und Klavier.
Drucke: Troisième / CONCERTINO / pour le / Violon / avec accompagnement de' Orchestre / ou de / Piano-Forte / composé et dedié / À SON AMI J. B. VAN BREE / par / J. W. KALLIWODA, / Maitre de Chapelle de S.A.S. le Prince de Fürstenberg. C. F. Peters, Leipzig 2618, 2619 (Vl+Kl).
Bibliothek: D-KA (Don Mus. Dr. 1541 [Solostimme fehlt]) ▪ D-KA (Nr. 54 [Kl-Ausz.]) ▪ D-Cl (TB So 73) ▪ D-LÜh (L 193) ▪ GB-Lbl (h.1729.b.{1.}).

Op. 73 Konzertvariationen über ein Originalthema, C-Dur
Introduzione. Grave - Tema. Allegretto grazioso

Jules Kistner gewidmet.

EWV: *Variations für Violine mit Orch. und Pf.bgl.*
Besetzung: Vl princ, 2 Fl, 2 Ob, 2 Cl, 2 Fag, 2 Cor, 2 Tr, Timp, Str.
Datierung: 1837 (Druck).
Bearbeitung: Vl und Klavier.
Drucke: *VARIATIONS / brillantes / pour le / Violon / avec accompagnement d' Orchestre / ou de / PIANOFORTE / composées et dediées / à son ami Jules Kistner / par / J. W. KALLIWODA, / Maitre de Chapelle de S.A.S. le Prince de Fürstenberg.* C. F. Peters, Leipzig 2622, 2623 (Vl+Kl).
Bibliothek: D-KA (Don Mus. Dr. 1628) ▪ D-KA (Nr. 65 [Stimmen]) ▪ D-B (Mb 1893, Mus. 3147 [Vl+Kl]) ▪ D-Cl (TB So 98b) ▪ D-LÜh (L 203) ▪ CZ-Pnm (59 A 6021 [Stimmen]) ▪ GB-Lbl (h.1613.b.{3.}).

Op. 74 Konzertfantasie Nr. 2 nach Motiven aus der Oper *Le nozze di Figaro* von Mozart, A-Dur
(Introduzione.) Andante - Tema. Andante con moto

Johann Heinrich Lübeck gewidmet.

EWV: *Second Fantasie für Violine und Orch u Pfbgl.*
Besetzung: Vl princ, Fl, 2 Cl, 2 Fag, 2 Cor, Str.
Datierung: 1837 (Druck).
Bearbeitung: Vl und Klavier.
Drucke: *Seconde / GRANDE FANTAISIE / sur des Motifs / de l' Opéra: FIGARO de Mozart / pour le / VIOLON / avec accompagnement d' Orchestre / ou de / Piano-Forte / composée et dediée / À*

SON AMI J. H. LÜBECK / par / J. W. KALLIWODA, / Maitre de Chapelle de S.A.S. le Prince de Fürstenberg. C. F. Peters, Leipzig 2616, 2617 (Vl+Kl).
Bibliothek: D-KA (Don Mus. Dr. 1562) ▪ D-KA (Nr. 58 [Stimmen]) ▪ D-B (197743, Mb 1874 [Vl+Kl]) ▪ D-LÜh (L 197) ▪ CZ-Pnm (59 A 6020).

Op. 75   Divertissement Nr. 2 für Violine und Orchester, A-Dur
[Larghetto] - Introduzione. Allegretto - Tema graziosa

M. J. Edersheim gewidmet.

EWV: *Second Divertissement für Violine mit Orch. u Pfbgl.*
Besetzung: Vl princ, 2 Fl, 2 Cl, 2 Fag, 2 Cor, Str.
Datierung: 1838 (Druck).
Abschriften: D-KA (Nr. 110 [Vl+Vl]).
Bearbeitung: Vl und Klavier.
Drucke: *Second / DIVERTISSEMENT / de / CONCERT / pour le / Violon / acev accompagnement d' Orchestre / ou de / Pianoforte / composé et dédié / à / MONSIEUR M. J. EDERSHEIM / par / J. W. KALLIWODA, / Maitre de Chapelle de S.A.S. le Prince de Fürstenberg.* C. F. Peters, Leipzig 2654, 2655 (Vl+Kl).
Bibliothek: D-KA (Don Mus. Dr. 1558 [vgl. *Anmerkung*]) ▪ D-B (Mb 1868, Mb 1869 [Vl+Kl]) ▪ D-LÜh (L 195) ▪ GB-Lbl (g.505.{5.}).
Anmerkung: Im Donaueschinger Nachlass sind dem Orchestersatz die autographen Stimmen einer nachkomponierten langsamen Einleitung von 35 Takten hinzugefügt.

Op. 76   Ouvertüre Nr. 5, d-Moll
Adagio assai – Allegro assai

Den Orchestermitgliedern in Dessau gewidmet.

EWV: *5te Ouverture für Orch. (D-Dur) / auch für Pf. 4händ.*
Besetzung: 2 Fl, 2 Ob, 2 Cl, 2 Fag, 2 Cor, 2 Tr, Trb-b, Timp, Str.
Datierung: 1838 (Druck). ▪ **Erworben** am 19.09.1843 (4 Hd.).
Abschriften: D-KA (Don S.B. VIII, Nr. 11 [Stimmen-Sammelbände]) ▪ A-Wn (S.m. 21420 [Part]; S.m. 23988 + S.m. 21421 [Stimmen]).
Bearbeitung: Klavier zu 4 Hd.
Drucke: *Cinquième / OUVERTURE / à / grand Orchestre / composée et dédiée / aux / membres d'Orchestre / à / Dessau / par / J. W. Kalliwoda, / Maitre de Chapelle de S.A.S. le Prince de Fürstenberg.* C. F. Peters, Leipzig 2650 ▪ *Cinquième / OUVERTURE / pour le / Pianoforte à quatre mains / composée / par / J. W. KALLIWODA, / Maitre de Chapelle de S.A.S. le Prince de Fürstenberg.* C. F. Peters, Leipzig 2663 ▪ Marco Berra, Prag.
Bibliothek: D-KA (Don Mus. Dr. 1596, Mus. Dr. 1620 [beide 4 Hd.]) ▪ D-KA (Nr. 144 [4 Hd.]) ▪ D-B (Mus. O.13235 [4 Hd.]) ▪ D-HEms (Magazin, Fa 259 [Mikrofilm, beide 4 Hd.]) ▪ CZ-CHRm (S-40-81-1437).
Anzeigen und Rezensionen: NZfM 1838, Bd.I, S. 15; AmZ 1837, Sp. 784 (Aufführung in Magdeburg).

Op. 77 Chorvariationen über ein Tiroler Lied, F-Dur
Allegretto (Textbeginn: *Der Frühling kehrt wieder*)

EWV: *Variationen für Sopran mit Begl. des Pf. und 3 Männerstimmen.*
Besetzung: Sopr, 2 Ten, Bass, Klavier.
Datierung: 1838 (Druck). ▪ **Erworben** am 19.09.1843 und 17.05.1858.
Drucke: *VARIATIONEN / über / ein Tiroler Lied / für / eine Sopran-Stimme / mit Begleitung / von 2 Tenor 1 Bass-Stimme / und Pianoforte / componirt / von / J. W. KALLIWODA.* C. F. Peters, Leipzig 2648 ▪ The Choral Handbook. London. No. 96. (*Return of Spring*; *1885*) ▪ O. Ditson, Boston ▪ J. Church; Cincinnati ▪ J. Curwen & Sons, London.
Bibliothek: D-KA (Don Mus. Dr. 3272, Mus. Dr. 2944a) ▪ D-KA (Nr. 332) ▪ D-B (Mus. 14021) ▪ A-Wn (MS 43.192) ▪ GB-Lbl (E.862.).

Op. 78 Fünf Galopps für Klavier
Nr. 1: Es-Dur   Nr. 2: As-Dur   Nr. 3: f-Moll   Nr. 4: B-Dur   Nr. 5: Es-Dur

EWV: *Cinq Galopps für Pf.*
Besetzung: Klavier.
Datierung: 1838 (Druck).
Abschriften: D-Mbs (Mus. Mss. 6772 [nur Nr. 2+4]).
Druck: CINQ / GALOPS / pour le / Piano-Forte / par / J. W. KALLIWODA, / Maitre de Chapelle de S.A.S. le Prince de Fürstenberg. C. F. Peters, Leipzig 2646.
Bibliothek: D-KA (Don Mus. Dr. 3031^{III}) ▪ D-KA (Nr. 219) ▪ GB-Lbl (R.M.25.k.7.{7.}).

Op. 79 Sechs Gesänge für Alt oder Bass
Nr. 1: Am Strande bei Scheveningen, *Es schäumt das Meer.*
    e-Moll / Moderato. Mit Leidenschaft
Nr. 2: Der Glöckner, *Saß ein Glöckner hoch im Turm* (Rudolph Born).
    d-Moll / Andante
Nr. 3: Klage, *Einsam! ja das bin ich wohl!*
    es-Moll / Adagio
Nr. 4: Zigeunerlied, *Wir wandern hin, wir wandern her* (Joseph von Auffenberg).
    f-Moll / Moderato
Nr. 5: Der Friede Gottes, *Seele, laß dein banges Sehnen.*
    D-Dur / Adagio
Nr. 6: Der Todtengräber, *Sag' an, o Alter!*
    f-Moll / Andante con moto
Frühfassung von Nr. 2: [ohne Tempoangabe], d-Moll

EWV: *VI Gesänge mit Pf.Bgl.*
Besetzung: Tiefe Gesangstimme, Klavier.
Datierung: 1838c. ▪ **Erworben** am 29.04.1845 (Lieder 1-4).
Abschriften: D-KA (Don Mus. Ms. 901 [Nr. 1], Mus. Ms. 852 [Nr. 4]) ▪ D-KA (Anh. Nr. B3 [Nr. 6]) ▪ D-ARN (K 3 B 28 [nur Nr. 2, Kl ohne Text]) ▪ D-DT (Mus-n 1425, Mus-h 7 S 1 [beide nur Nr. 4]) ▪ D-SPlb (Mus Hs 868 [Nr. 4]).
Bearbeitung: Frühfassung von Lied Nr. 2 (*Der Glöckner*) in D-KA (Don Mus. Ms. 908 [Autogr.]).
Drucke: *SECHS GESÄNGE / für / eine Alt- oder Bass-Stimme / mit / Begleitung des Pianoforte / componirt / von / J. W. KALLIWODA*. C. F. Peters, Leipzig 2649 ▪ *KALLIWODA / LIEDER-ALBUM / Gesang und Klavier*. Universal Edition, Wien 2471 (nur Nr. 3+6, S. 3-6; *1910*). ▪ Auswahl Deutscher Gesänge, Wessel & Co, London. No. 91+101 (Nr. 4: *We wander far, we wander wide*, + Nr. 6: *The Gravedigger*; *1844/45c*).
Lied Nr. 6 auf englisch (The Gravedigger): *Gems of German Song, by the most admired composers, with Piano Forte accompaniments, the English words adapted ... by F. W. R[osier] etc.* J. J. Ever & Co, London. Book 1., No. 6. (*1843*) ▪ *Germania, a collection of German songs with English words*. Augener & Co, London. No. 40. (*1861*) ▪ Übersetzung von R. Rothwell, eingerichtet von J. J. Haite („Sad, sad is your song"). London. (*1854*).
Bibliothek: D-KA (Don Mus. Dr. 3240, Mus. Dr. 2944a) ▪ D-KA (Nr. 327) ▪ D-B (Mus. 3142) ▪ D-Cl (TB Lie 393/3) ▪ D-LÜh (P 1431[31]) ▪ D-Mbs (2 Mus.pr. 2221, Beibd.2) ▪ A-Wn (MS 12.123) ▪ CZ-Pnm (59 A 2723).
Kalliwoda-Album, Wien (nur Nr. 3+6): D-KA (Anh. Nr. C1) ▪ D-KA* (M 6902) ▪ A-Wn (MS 3998) ▪ CZ-Pnm (59 E 6536).
Einzelne Lieder: D-KA (Mus.O.147 R [Nr. 1]) ▪ D-B (Mus. 3143 [Nr. 1]) ▪ GB-Lbl (H.2076. [Nr. 4]) ▪ GB-Lbl (H.2123., H.2076., H.1757.{24.}, H.2128. [jew. Nr. 6]).
Anmerkung: Der Katalog von D-Cl verzeichnet eine Aufführung des Liedes Nr. 1 in Gotha am 6.3.1849.

Op. 80 Rondo für Flöte und Orchester, A-Dur
Introduzione. Larghetto - Rondeau. Allegretto grazioso

Karl Schönherr gewidmet.

EWV: *Grand Rondeau p. l. Flute mit Quartettbgl.*
Besetzung: Fl princ, Str; (ad lib.: Fl, 2 Cl, Fag, 2 Cor).
Datierung: 26. Oktober 1837 (Uraufführung in Leipzig).
Bearbeitung: Fl und Klavier.
Drucke: *GRAND RONDEAU / pour la / Flûte / avec / accompagnement de / 2 Violons, Viola et Violoncelle / (1 Flûte, 2 Clarinettes, 2 Cors, 1 Basson ad libit.) / ou de Pianoforte / composé et dedié à son ami / CHARLES SCHÖNHERR / par / J. W. KALLIWODA, / Maitre de Chapelle de S.A.S. le Prince de Fürstenberg.* C. F. Peters, Leipzig 2645 ▪ *Concert-Rondo a-Moll.* (Neue rev. Ausgabe von W. Barger.) In: Solobuch für Flöte. J. H. Zimmermann, Leipzig 3576 (Fl+Kl), 3577 (Orch.Stimmen) ▪ London (*Rondeau brillant* für Fl + Kl, *1845*).
Bibliothek: D-KA (Don Mus. Dr. 3153 [nur Solostimme]) ▪ D-KA (Nr. 74) ▪ D-B (78965, 79027, 79503 [Fl+Kl]) ▪ CZ-Pnm (59 A 4118) ▪ GB-Lbl (h.250.{2.}).

Op. 81 Vier Walzer mit Coda für Klavier
Nr. 1: Vivace, Es-Dur   Nr. 2: As-Dur   Nr. 3: Des-Dur   Nr. 4: As-Dur   Coda

EWV: *Quatre grandes Valses für Pf.*
Besetzung: Klavier.

Datierung: 1838 (Druck).
Druck: *Quatre / GRANDES WALSES / suivies d'une Coda / pour le / Piano-Forte / par / J. W. KALLIWODA, / Maitre de Chapelle de S.A.S. le Prince de Fürstenberg*. C. F. Peters, Leipzig 2647.
Bibliothek: D-KA (Don Mus. Dr. 1632, Mus. Dr. 3031[III]) ▪ D-KA (Nr. 245) ▪ CZ-Pnm (59 A 6019) ▪ GB-Lbl (h.1480.x.{16.}).

Op. 82   Rondo für Klavier und Streicher, F-Dur
Introduzione. Adagio - Rondo. Allegretto grazioso

EWV: *Rondeau für Pf. mit Quart.bgl.*
Besetzung: Kl princ, Str; (Fl, 2 Cl, Fag, 2 Cor).
Datierung: 1838 (Druck). ▪ **Erworben** am 19.09.1843 und 17.05.1858.
Bearbeitung: Begleitung mit Bläser (handschriftliche Stimmen in der Karlsruher Mappe Dr. 1580).
Druck: *INTRODUCTION / et / RONDEAU / facile / pour le / Piano-Forte / avec accompagnement / de / deux Violons, Viola et Violoncelle / composés / par / J. W. KALLIWODA, / Maitre de Chapelle de S.A.S. le Prince de Fürstenberg*. C. F. Peters, Leipzig 2673.
Bibliothek: D-KA (Don Mus. Dr. 1580 [ohne Solo], Mus. Dr. 3031[II] [Solost.]) ▪ D-KA (Nr. 108) ▪ D-B (Mb 1877).

Op. 83   Konzertvariationen für zwei Violinen, E-Dur
Introduzione. Allegro maestoso - Tema. Tempo di Marcia

Johannes B. van Brée und Karl Fischer gewidmet.

EWV: *Variations für 2 Violinen mit Orch und Pfbgl.*
Besetzung: 2 Vl princ, 2 Fl, 2 Ob, 2 Cl, 2 Fag, 2 Cor, 2 Tr, Trb-b, Timp, Str.
Datierung: 22. Oktober 1838 (Uraufführung in Leipzig).

Abschriften: D-KA (Don Mus. Ms. 980 [Stimmen]) ▪ D-KA (Nr. 46 [nur Solostimmen]).
Bearbeitung: 2 Vl und Klavier.
Druck: *VARIATIONS / concertantes / pour / Deux Violons / avec accompagnement de grand Orchestre / ou de / Piano-Forte / composées et dediées à ses amis / J. B. van BRÉE et CHARLES FISCHER / par / J. W. KALLIWODA, / Maitre de Chapelle de S.A.S. le Prince de Fürstenberg.* C. F. Peters, Leipzig 2667.
Bibliothek: D-KA (Don Mus. Dr. 3269 [nur Solostimmen]) ▪ D-Cl (TB So 81) ▪ GB-Lbl (g.505.{9.} [2 Vl+Kl]).
Anmerkung: Der Katalog von D-Cl verzeichnet eine Aufführung mit Klavier in Coburg am 8. März 1832.

Op. 84   Konzertrondo Nr. 2, D-Dur
Introduzione. Grave - Rondo. Allegretto

Franz Pechatschek gewidmet.

EWV: *Second grand Rondo für Violine mit Orch. u Pfbgl.*
Besetzung: Vl princ, 2 Fl, 2 Cl, 2 Fag, 2 Cor, 2 Tr, (Trb-b), Timp, Str.
Datierung: 1838 (Druck).
Abschriften: D-KA (Don Mus. Ms. 882 [Stimmen; zusätzl. Trb-Stimme von Kalliwoda]).
Bearbeitung: Vl und Klavier.
Drucke: *Second / GRAND RONDEAU / pour le / VIOLON / avec accompagnement d' Orchestre / ou de / PIANO-FORTE / composé et dédié / à son ami F. Pechatschek, / Directeur de Concert de S.A.R. le grand Duc de Bade. / par / J. W. KALLIWODA, / Maitre de Chapelle de S.A.S. le Prince de Fürstenberg.* C. F. Peters, Leipzig 2672, 2684 (Vl+Kl).
Bibliothek: D-KA (Don Mus. Dr. 1615) ▪ D-KA (Nr. 111 [Vl+Kl]) ▪ D-B (196683, Mb 1887 [Vl+Kl]) ▪ D-LÜh (L 201) ▪ CZ-Pnm (59 A 6022) ▪ GB-Lbl (g.505.{3.} [Vl+Kl]).
Anmerkung: Am 18. März 1835 wurde in Donaueschingen eine „Introduction und Rondo für die Violine" aufgeführt; dabei könnte es sich u. U. schon um dieses Werk handeln (vgl. *Anmerkung* zu op. 37).

Op. 85 Ouvertüre Nr. 6, Es-Dur
Lento - Molto vivace

Louis Spohr gewidmet.

EWV: *6te Ouverture für Orch. / auch für Pf. 4händig.*
Besetzung: 2 Fl, 2 Ob, 2 Cl, 2 Fag, 2 Cor, 2 Tr, Trb-b, Timp, Str.
Datierung: Dezember 1838 (Uraufführung in Leipzig). ▪ **Erworben** am 19.09.1843 (4 Hd.).
Abschriften: D-KA (Don Mus. Ms. 970 [2 Stimmensätze, eine ohne Trb]) ▪ D-KA (Don S.B. VIII, Nr. 12 [Stimmen-Sammelbände]).
Bearbeitung: Klavier zu 4 Hd.
Drucke: *Sixième / OUVERTURE / à / grand Orchestre / composée et dédiée / À / MONSIEUR L. SPOHR, / Docteur de Musique et Maitre de Chapelle / Electorale de Hesse-Cassel; / par / J. W. Kalliwoda / Maitre de Chapelle de S.A.S. le Prince de Fürstenberg.* C. F. Peters, Leipzig 2676 ▪ *Sixième / OUVERTURE / pour le / Pianoforte à quatre mains / composée / par / J. W. KALLIWODA, / Maitre de Chapelle de S.A.S. le Prince de Fürstenberg.* C. F. Peters, Leipzig 2691.
Bibliothek: D-KA (Don Mus. Dr. 1597, Mus. Dr. 1620 [beide 4 Hd.]) ▪ D-KA (Nr. 145 [4 Hd.]) ▪ D-B (Mb 1885, Mus. O.13236 [4 Hd.]) ▪ D-DT (Mus-n 557) ▪ D-HEms (Magazin, Fa 259 [Mikrofilm, beide 4 Hd.]) ▪ CZ-CHRm (S-40-81-1443).
Anzeigen und Rezensionen: AmZ 1838, Sp. 754; Aufführungen in Berlin: AmZ 1839, Sp. 217; Erfurt: AmZ 1839, Sp. 207; Kassel: AmZ 1839, Sp. 1003; Leipzig: AmZ 1840, Sp. 372; Prag: AmZ 1840, Sp. 422.
Anmerkung: Es ist bemerkenswert, dass in den Abschriften aus dem Donaueschinger Nachlass (Ms. 970) auf einem Stimmensatz die Einleitung– wie in der Druckfassung – ohne Vorzeichen notiert ist, auf dem anderen jedoch die drei b-s von Anfang an vorgezeichnet und die Noten dafür entsprechend mit Alterationszeichen versehen sind.

Op. 86 Fünf Kontretänze für Klavier
Nr. 1: Pantalon. G-Dur   Nr. 2: Été. C-Dur   Nr. 3: Poule. G-Dur
Nr. 4: Trénis. (G-Dur)   Nr. 5: Finale. G-Dur   Galopp. Vivace, D-Dur

Prinzessin Elisabeth zu Fürstenberg gewidmet.

(Inzipit siehe umseitig.)

EWV: *Contre Danse für Pf.*
Besetzung: Klavier.
Datierung: 1838 (Druck).
Druck: CONTREDANSES / brillantes et variées / suivies d'une / Galopade / pour le / PIANO-FORTE / composées et dédiées / À / Son Altesse Madame la Princesse / ELISABETH DE FÜRSTENBERG etc. / par / J. W. KALLIWODA, / Maitre de Chapelle de S.A.S. le Prince de Fürstenberg. C. F. Peters, Leipzig 2677.
Bibliothek: D-KA (Don Mus. Dr. 3031[III]) ▪ D-KA (Nr. 211) ▪ D-HEms (M 406 v) ▪ CZ-Pnm (59 A 6061 + 59 A 5976)

Op. 87 Sechs Etüden für Violine
Nr. 1: Tempo di Marcia, D-Dur Nr. 2: Vivace, D-Dur
Nr. 3: Andante con variazioni, G-Dur Nr. 4: Allegro, e-Moll
Nr. 5: Adagio, Es-Dur Nr. 6: Allegro molto, C-Dur

Robert Schumann gewidmet.

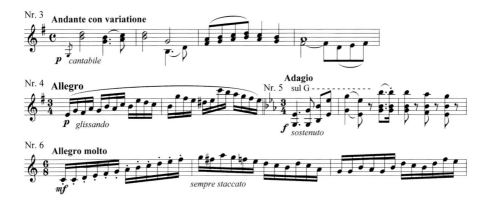

EWV: *VI Etudes für Violine solo.*
Besetzung: Violine.
Datierung: 1838 (Druck).
Drucke: *Six nouveaux / ETUDES OU CAPRICES / pour le / VIOLON / composés et dédiés / Á / Monsieur R. Schumann / par / J. W. KALLIWODA, / Maitre de Chapelle de S.A.S. le Prince de Fürstenberg.* C. F. Peters, Leipzig 2680 ▪ *SEI NUOVI STUDI / o / CAPRICCI / per / VIOLINO / di / G. W. Kalliwoda. / Nuova edizione riveduta da Romeo Franzoni.* G. Ricordi, Mailand g 104 569 g.
Bibliothek: D-Mbs (4 Mus.pr. 12119) ▪ D-B (138234) ▪ GB-Lbl (h.1608.k.{5.}).

Op. 88   Fünf Kontretänze mit Walzer für Klavier

Nr. 1: Pantalon. As-Dur   Nr. 2: Été. Es-Dur   Nr. 3: Poule. G-Dur
Nr. 4: Trénis. g-Moll   Nr. 5: Finale. Chassez-Croisez. Été. As-Dur
Walse. Vivace, Es-Dur

Prinzessin Amalie zu Fürstenberg gewidmet.

EWV: *Contre Danse für Pf.*
Besetzung: Klavier.
Datierung: 1838 (Druck).
Druck: *CONTREDANSES / brillantes et variées / suivies d' une / grande Walse / pour le / PIANO-FORTE / composées et dédiées / À / Son Altesse Madame la Princesse / Amalie de Fürstenberg etc. / par / J. W. KALLIWODA, / Maitre de Chapelle de S.A.S. le Prince de Fürstenberg.* C. F. Peters, Leipzig 2678.
Bibliothek: D-KA (Don Mus. Ded. 8, Mus. Dr. 3031[III]) ▪ D-KA (Nr. 212) ▪ D-HEms (M 406 u).

Op. 89 Konzertvariationen über ein Originalthema, A-Dur
Introduzione. Andante - Allegretto

C. von Panhuys gewidmet.

EWV: *Variationen für Violine mit Quart. und Pf.bgl.*
Besetzung: Vl princ, 2 Vl, Vla, Vlc.
Datierung: 1838 (Druck).
Abschriften: D-KA (Don Mus. Ms. 953 [*Variations brillantes pour le Violon.* Stimmen der Orchesterfassung]).
Bearbeitung: Orchesterbegleitung (Fl, 2 Cl, Fag, 2 Cor, Tr, Str); Vl und Klavier.
Drucke: *VARIATIONS / brillantes / sur un thème original / pour le / VIOLON / avec accompagnement / de 2 Violons, Viola et Violoncelle / ou de / Piano-Forte / composées et dédiées / À / Monsieur C. de Panhuys / par / J. W. Kalliwoda, / Maitre de Chapelle de S.A.S. le Prince de Fürstenberg.* C. F. Peters, Leipzig 2681 (Vl), 2701 (Quartet); Kl-Stimme enthält beide Pl.-Nr.
Bibliothek: D-KA (Nr. 101 [Vl+Kl]) ▪ D-B (Mus. 12395) ▪ D-LÜh (J 244) ▪ GB-Lbl (g.505.{1.} [Vl+Kl]).

Op. 90 Streichquartett Nr. 3, G-Dur
1. Moderato   2. Scherzo. Vivace   3. Adagio   4. Allegretto grazioso

Peter Lindpaintner gewidmet.

EWV: *III. Quatuor für Saiteninstr.*
Besetzung: 2 Vl, Vla, Vlc.
Datierung: 1838 (Druck).
Abschriften: A-Wn (S.m. 1775 [Stimmen], S.m. 21134 [unvollst. Stimmen]).
Druck: *Troisième / QUATUOR / pour / deux Violons, Alto et Violoncelle / composé et dedié / à son Ami / P. LINDPAINTNER / Maitre de Chapelle de S. M. le Roi de Würtemberg / par / J. W. KALLIWODA, / Maitre de Chapelle de S.A.S. le Prince de Fürstenberg.* C. F. Peters, Leipzig 2679.
Bibliothek: D-KA (Nr. 45) ▪ GB-Lbl (h.2830.b.{7.}).
Literatur: Albrecht Dürr, BLB Ausstellungskatalog. S. 47-53.

Op. 91 Drei Gesänge für Sopran oder Tenor
Nr. 1: Die Abendglocken, *Die Abendglocken sie singen* (Eduard Silesius).
   E-Dur / Adagio
Nr. 2: Der schöne Stern, *Ruhig, Herz, und nicht verzaget* (Edwin).
   a-Moll / Poco Allegro
Nr. 3: Der Wanderer, *Hinaus in die Ferne* (C. W. Kornstädt).
   G-Dur / Vivace

Fürstin Amalie zu Fürstenberg gewidmet.

EWV: *III Gesänge für Pf u Violoncellbgl.*
Besetzung: Hohe Gesangstimme, Violoncello, Klavier.
Datierung: 1838 (Druck). ▪ **Erworben** am 29.04.1845.
Druck: *DREI GESÄNGE / für / eine Sopran- oder Tenor-Stimme / mit / Begleitung des Pianoforte und Violoncelle / componirt / und / Ihrer Hoheit der Durchlauchtigsten Fürstin und Frau, / AMALIE CHRISTINE CAROLINE ZU FÜRSTENBERG ETC. / GEBORNEN PRINCESSIN ZU BADEN / in tiefster Ehrfurcht geweiht / von / J. W. KALLIWODA.* C. F. Peters, Leipzig 2695, ders. 6866 (Neuauflage *1885*) ▪ Costallat, Paris (Nr. 1: *La cloche du soir* + Nr. 2: *Paix mon coeur*) ▪ E. Ashdown, London (Nr. 1: *Evening bell is ringing* + Nr. 2: *Peace, my heart* für Ges, Kl, Fl [Vl, Vc oblig.]).
Bibliothek: D-KA (Don Mus. Ded. 7, Mus. Dr. 2944a) ▪ D-KA (Nr. 283) ▪ D-B (Mus. 3129). Lied Nr. 1: D-Cl (TB Lie 54a) ▪ H-Bn (Z 49.266).
Anzeigen und Rezensionen: NZfM 1838, Bd.II, S. 112.

Op. 92 Galopp für Klavier zu vier Händen über ein Thema von Donizetti, E-Dur
Vivace

EWV: *Grand Galop für Pf. 4händig.*
Besetzung: Klavier zu 4 Hd.
Datierung: 1839 (Druck).
Druck: *GRAND / GALOP / sur un thème de Donizetti / pour le / Pianoforte à quatre mains / composé / par / J. W. KALLIWODA, / Maitre de Chapelle de S.A.S. le Prince de Fürstenberg.* C. F. Peters, Leipzig 2698.
Bibliothek: D-KA (Don Mus. Dr. 868, Mus. Dr. 3031^III) ▪ D-KA (Nr. 256) ▪ D-HEms (M 406 l) ▪ A-Wn (MS 26.604).

Op. 93 Walzer für Klavier zu vier Händen, D-Dur
Allegro vivace

EWV: *Grande Valse für Pf. 4händig.*
Besetzung: Klavier zu 4 Hd.
Datierung: 1839 (Druck).
Druck: *GRANDE VALSE / pour le / Piano-Forte / à quatre mains / par / J. W. KALLIWODA, / Maitre de Chapelle de S.A.S. le Prince de Fürstenberg.* C. F. Peters, Leipzig 2702.
Bibliothek: D-KA (Don Mus. Dr. 3031^{III}) ▪ D-KA (Nr. 259) ▪ D-HEms (M 406 k).

Op. 94 Variationen für Klavier über ein Thema aus der Oper *La Médicine sans Médicin* von Hérold, As-Dur
Introduzione. Larghetto - Thema. Allegretto grazioso

Baronin Gabriele von Stotzingen gewidmet.

EWV: *Variations brillantes für Pf.*
Besetzung: Klavier.
Datierung: 1839 (Druck). ▪ **Erworben** am 19.09.1843.
Druck: *VARIATIONS / Brillantes / sur un thème / **de l'Opéra**: La Médicine sans Médicin **de Herold** / pour le / PIANOFORTE / composées et dediées / à Mademoiselle la Baronne / Gabriele de Stotzingen / par / J. W. KALLIWODA, / Maître de Chapelle de S.A.S. le Prince de Fürstenberg.* C. F. Peters, Leipzig 2699.
Bibliothek: D-KA (Don Mus. Dr. 1636, Mus. Dr. 3031^{V}) ▪ D-KA (Nr. 188).

Op. 95 Fünf Kontretänze für Klavier zu vier Händen
  Nr. 1: Pantalon. G-Dur   Nr. 2: Été. C-Dur   Nr. 3: Poule. As-Dur
  Nr. 4: Pastourelle. C-Dur   Nr. 5: Finale. Chassez-Croisez et l'Été. G-Dur

Henriette und Amélie von Verschuer gewidmet.

EWV: *Contre Danse für Pf. 4händig.*
Besetzung: Klavier zu 4 Hd.
Datierung: 1839 (Druck). ▪ **Erworben** am 19.09.1843.
Druck: CONTREDANSES / brillantes et variées / composées / pour le / Pianoforte à quatre mains / et dediées / À / Mademoiselles les Baronnes / Heinriette et Amélie de Verschuer / par / J. W. KALLIWODA, / Maitre de Chapelle de S.A.S. le Prince de Fürstenberg. C. F. Peters, Leipzig 2703.
Bibliothek: D-KA (Don Mus. Dr. 3031[III]) ▪ D-KA (Nr. 255) ▪ D-HEms (M 406 m).

Op. 96 Sechs Gesänge für Männerchor
  Nr. 1: Jägerlied, *Manche Freude blühet uns im Leben.*
      Es-Dur / Tempo di Marcia
  Nr. 2: Des Ritters Geist, *Es herrscht im öden Schlosse.*
      d-Moll / Poco Lento
  Nr. 3: Trauergesang, *Ruhe sanft bestattet* (Johann Heinrich Voß).
      As-Dur / Adagio
  Nr. 4: Die Beichte, *Hochwürd'ger Herr Pater.*
      H-Dur / Adagio

Nr. 5: Wer ist groß? *Wer ist groß? Wer im bunten Weltgewühle.*
    C-Dur / Allegro eroico
Nr. 6: Libera, *Libera me Domine* (liturg. Text).
    D-Dur / Largo

F. Poppr gewidmet.

EWV: *VI Gesänge für 4 Männerstimmen.*
Besetzung: 4-stimm. Männerchor a cappella.
Datierung: 1839 (Druck).
Autograph: D-KA (Nr. 345 [Nr. 3 unter dem Titel: *Begräbniß Lied.*]).
Abschriften: A-Wn (S.m. 14580 [Lieder 2,3,4,6]).
Bearbeitung: Orgelbegleitung für Chor Nr. 6 in: D-KA (Don Mus. Ms. 993 [Orgel- u. Chorstimmen]). Zu Chor Nr. 1 siehe *Anmerkung*.
Drucke: SECHS GESÄNGE / *für* / vier Männerstimmen / componirt / und Herrn / F. POPPR / *freundschaftlichst gewidmet* / von / *J. W. KALLIWODA*. C. F. Peters, Leipzig 2704 ▪ Marco Berra, Prag ▪ Eulenburg, Leipzig 2427 (=Deutsche Eiche 405; nur Chor 4) ▪ R. Kaun, Berlin (Chor 4) ▪ J. Günther, Dresden (Chor 4) ▪ G. A. Zumsteeg, Stuttgart (=Gesänge für das allgemeine Liederfest 1840; Chor 5) ▪ *Novello's Part-Song Book. Second Series.* Novello, Ewer & Co, London No. 1106 (*1869ff*). ▪ The Orpheus. A collection of glees and part-songs for male voices. (New Series.) Novello, Ewer & Co, London 1879ff. Vol. IV. No. 89 (*1879ff*. Chor Nr. 6; dt.+engl. von J. Troutbeck: „Lord, I pray Thee, set me free").
Bibliothek: D-KA (Nr. 352) ▪ D-B (Mus. O.2226, Mus. O.10505 [Chor 5]) ▪ D-LÜh (R, 47) ▪ A-Wn (S.m. 14580 [Chöre 2-4, 6]).
Chor 4: A-Wn (MS 6771 [Eulenburg]) ▪ D-B (O.11317 [Kaun], O.30978 [Eulenburg]).
Chor 6 (Orpheus): D-B (O.23592) ▪ GB-Lbl (E.1748., F.280.b.).
Anzeigen und Rezensionen: NZfM 1839, Bd.II, S. 182; AmZ 1840, Sp. 613.

Literatur: Neumann, Die Componisten der neueren Zeit. Cassel 1856, S. 107.
Anmerkung: Der Text von Lied Nr. 1 liegt in einer weiteren Fassung für Männerchor mit vier Hörnern vor (vgl. *Jägermarsch*, WoO VIII/19); dagegen handelt es sich bei der *Introduction* aus Kalliwodas fragmentarisch gebliebenen dritten Oper (ohne Titel, WoO V/3) um einen anderen Text, lediglich der erste Vers ist identisch.

Op. 97 Sechs Tänze für Klavier

3 Walzer: 1. Molto vivace, Es-Dur 2. c-Moll 3. As-Dur
3 Galopps: 1. Vivace, A-Dur 2. C-Dur 3. E-Dur

EWV: *Danses brillantes für Pf.*
Besetzung: Klavier.
Datierung: 1840 (Druck). ▪ **Erworben** am 19.09.1843.
Drucke: DANSES / BRILLANTES et MODERNES / Nº 1. Trois grandes Walses. / Nº 2. Trois grands Galops. / pour le / Pianoforte / par / J. W. KALLIWODA, / Maître de Chapelle de S.A.S. le Prince de Fürstenberg. C. F. Peters, Leipzig 2738 (Walzer), 2739 (Galopps) ▪ Augener, London (*Les Joyeux*).
Bibliothek: D-KA (Don Mus. Dr. 1557, Mus. Dr. 3031^II) ▪ D-KA (Nr. 247 [Walzer], Nr. 220 [Galopps]).

Op. 98 Drei Gesänge für Sopran

Nr. 1: In die Ferne, *Siehst du am Abend die Wolken ziehn* (Hermann Kletke).
  E-Dur / Allegro appassionato
Nr. 2: Das Bächlein, *Du Bächlein silberhell und klar* (Goethe / Caroline Rudolphi?).
  A-Dur / Larghetto
Nr. 3: Frühlingsahnen, *Frühlingsahnen, Frühlingswehen*.
  A-Dur / Allegretto

Therese Kalliwoda gewidmet.

EWV: *III Gesänge mit Pf u Violinbgl.*
Besetzung: Sopran, Violine, Klavier.
Datierung: 1839c. ▪ **Erworben** am 29.04.1845.
Drucke: *DREI GESÄNGE / für eine Sopran-Stimme / mit Begleitung / des Pianoforte und der Violine / componirt / und / seiner Frau, / Therese geb. Brunetti / gewidmet / von / J. W. KALLIWODA.* C. F. Peters, Leipzig 2713 ▪ Costallat, Paris (Nr. 1: *Soir d' hiver* + Nr. 3: *L' aurore*).
Lied Nr. 1 in: *Lieder-Album / für eine / Singstimme / mit Pianoforte und Violin Begleitung.* Nr. 6. C. F. Peters, Leipzig 5912 ▪ Edition Peters, Frankfurt/M 1348 ▪ Bearbeitungen von H. Bungart für Bariton bzw. Tenor in: *Baritonalbum* (=Tongers Taschenalbum 17) bzw. *Tenoralbum* (=Tongers Taschenalbum 21). Tonger, Köln.
Englische Einzelausgaben: E. Ashdown, London (Nr. 1: „See' st thou at even?" + Nr. 3: „Spring' s sweet murmurs" für Ges, Kl, Fl, Vl, Vc) ▪ *Les Concerts de Société (...) German Songs for Voice, Piano and Violin Obligato.* Wessel & Co, London. No. 13 + 14 (Nr. 1+3 [„Spring's first breezes"]; *1845*). ▪ *Les Concerts de Société. Wessel & Co.'s selection of German songs for voice, piano and concertina obligato. Transcribed by G. Regondi.* London. No. 13 + 14 (Nr. 1+3; *1854*). ▪ Augener, London (Nr. 3: *Golden Springtime*; *1887*).
Bibliothek: D-KA (Don Mus. Dr. 2944a) ▪ D-KA (Nr. 281 [Lieder 2+3 als Abschr.]) ▪ D-B (Mus. 3130) ▪ D-Mbs (4 Mus.pr. 55937) ▪ GB-Lbl (H.2134.a.{12.}, H.2085.a. [Nr. 1+3], H.2085.d. [Nr. 1+3], G.806.m.{48.} [Nr.3]).
Lied Nr.1: D-KA* (M 1468) ▪ D-B (O.16092 [für Ten bzw. Bar]) ▪ D-Mbs (4 Mus.pr. 5930) ▪ D-SPlb (Mus. 3111) ▪ A-Wn (MS 28.653).
Anmerkung: Bei einem Konzert im Dezember 1846 in Leipzig wurde auch ein „Lied mit obligater Violine" aufgeführt (vgl. NZfM 1846, Bd.II, S. 198). Da das einzige weitere Werk mit dieser Besetzung erst später entstand (op. 236), muss es sich hierbei um eine Komposition aus diesem Zyklus handeln.

Op. 99 Sechs Gesänge für vier Stimmen
 Nr. 1: In's Freie, *Kommt! Laßt uns ausspazieren* (Martin Opitz v. Boberfeld).
   G-Dur / Vivace
 Nr. 2: Freude in Ehren, *Ein Lied in Ehren* (Johann Peter Hebel).
   C-Dur / Moderato
 Nr. 3: Schiffahrt, *Über den hellen, funkelnden Wellen* (Hoffmann von Fallersleben).
   E-Dur / Allegretto
 Nr. 4: Abends, *Die Abendglocke schallet* (Nikolaus Müller).
   As-Dur / Larghetto
 Nr. 5: Tanzlied, *Zum Reigen herbei im fröhlichen Mai!* (Hoffmann von Fallersleben).
   C-Dur / Allegro ma non tanto
 Nr. 6: Die untergehende Sonne, *Wie geht so klar und munter* (Friedr. Krummacher).
   Es-Dur / Adagio

Dem Donaueschinger Gesangverein gewidmet.

EWV: *VI Gesänge 4stimmig für gemischten Chor.*
Besetzung: Sopr, Alt, Ten, Bass, Klavier ad. lib.
Datierung: 1840 (Druck).
Autograph: D-KA (Don Mus. Ms. 2845 [ein Tenorstimmenblatt der Lieder Nr. 1+2]).

Drucke: *SECHS GESÄNGE / für / Sopran, Alt, Tenor und Bass / mit / willkürlicher Begleitung des Pianoforte / componirt / und dem / Donaueschinger Gesangverein / gewidmet / von / J. W. KALLI-WODA*. C. F. Peters, Leipzig 2731 ▪ *Volksgesang für gemischten Chor 1*. Heinz 246 (nur Nr. 2).
Bibliothek: D-KA (Don Mus. Dr. 1571) ▪ D-KA (Nr. 331) ▪ D-B (Mus. 3127, O.30080 [Nr. 2]) ▪ D-Dl (Mus. 5404-H-502 bzw. -502a [Partitur + Stimmen], Mus. 5404-H-500 [nur Sopr. u. Alt-Stimme als Hs.]).
Anzeigen und Rezensionen: AmZ 1840, Sp. 883.
Literatur: Neumann, Die Componisten der neueren Zeit. Cassel 1856, S. 111.

Op. 100   Violinconcertino Nr. 4, C-Dur
Allegro risoluto - Larghetto - Allegro appassionato - Rondo. Allegro non troppo

Joseph Strauß gewidmet.

EWV: *Concertino N^{ro} 4 für Violine mit Orch. / auch mit Pf.bgl.*
Besetzung: Vl princ, 2 Fl, 2 Ob, 2 Cl, 2 Fag, 2 Cor, 2 Tr, Trb-b, Timp, Str.
Datierung: 1840 (Druck).
Autograph und **Abschriften**: D-KA (Don Mus. Ms. 2856 [Stimmen der ersten Fassung, ohne Solo], vgl. *Anmerkung*).
Bearbeitung: Vl und Klavier.
Druck: *Quatrième / CONCERTINO / pour le / Violon / avec accompagnement de' Orchestre / ou de / Piano-Forte / composé et dedié / À SON AMI JOSEPHE STRAUSS / Maitre de la Chapelle de S.A.R. le Grand Duc de Bade. / par / J. W. KALLIWODA, / Maître de Chapelle de S.A.S. le Prince de Fürstenberg*. C. F. Peters, Leipzig 2737, 2776 (Vl+Kl).
Bibliothek: D-KA (Don Mus. Dr. 3270 [nur Solostimme]) ▪ D-KA (Nr. 55 [Stimmen]) ▪ D-B (Mb 1867) ▪ D-Mbs (4 Mus.pr. 21321) ▪ CZ-Pnm (59 A 6060 [Vl+Kl]).
Anmerkung: Den Beginn des Werkes, wie er in der Abschrift vorliegt, hat Kalliwoda für die Druckfassung umgearbeitet: Die ursprünglichen ersten vier Takte des Autographs wurden leicht umgeformt und ihnen zehn neue Einleitungstakte vorangestellt. Im weiteren Verlauf sind die beiden Fassungen identisch, bis auf einen Mittelteil, der im Autograph *Allegro agitato*, im Druck jedoch *Allegro appassionato* überschrieben ist.

Op. 101 Ouvertüre Nr. 7, c-Moll
Vivace, ma con precisione

Dem Musikverein Euterpe in Leipzig gewidmet.

EWV: *7ᵗᵉ Ouverture für Orch. / auch für Pf. 4händig.*
Besetzung: 2 Fl, 2 Ob, 2 Cl, 2 Fag, 2 Cor, 2 Tr, Trb-b, Timp, Str.
Datierung: 5. Februar 1839 (Uraufführung in Leipzig).
Abschriften: D-KA (Don S.B. IX, Nr. 12 [Stimmen-Sammelbände]).
Bearbeitung: Klavier zu 4 Hd.
Drucke: *Septième / OUVERTURE / à / grand Orchestre / dediée / à la Société du Concert / D' EUTERPE / à / Leipzig / par / J. W. KALLIWODA / Maître de Chapelle de S.A.S. le Prince de Fürstenberg.* C. F. Peters, Leipzig 2749 ▪ *Septième / OUVERTURE / pour le / Pianoforte à quatre mains / composée / par / J. W. KALLIWODA, / Maître de Chapelle de S.A.S. le Prince de Fürstenberg.* C. F. Peters, Leipzig 2774.
Bibliothek: D-KA (Don Mus. Dr. 1598, Mus. Dr. 3029 [beide 4 Hd.]) ▪ D-KA (Nr. 146 [4 Hd.]) ▪ D-B (O.11147 [4 Hd.]) ▪ D-Cl (TB Ouv 83) ▪ D-HEms (Magazin).
Anzeigen und Rezensionen: AmZ 1839, Sp. 130; Aufführungen in Leipzig: NZfM 1839, Bd.I, S. 62; NZfM 1841, Bd.I, S. 77 (am 15.02.1841); Prag: AmZ 1840, Sp. 422.

Op. 102 Walzer für Klavier, As-Dur
Allegro molto

EWV: *Grande Valse für Pf.*
Besetzung: Klavier.
Datierung: 1840 (Druck). ▪ **Erworben** am 18.06.1842.
Druck: *GRANDE VALSE / pour le / Piano-Forte / composée / par / J. W. KALLIWODA, / Maître de Chapelle de S.A.S. le Prince de Fürstenberg.* C. F. Peters, Leipzig 2743 ▪ Augener, London (*La Bajadére*).
Bibliothek: D-KA (Don Mus. Dr. 3031^{II}) ▪ D-KA (Nr. 248) ▪ D-HEms (M 406 n).

Op. 103 Vier Walzer für Violine und Klavier

Introduction. Larghetto, D-Dur   Nr. 1: Allegretto grazioso, G-Dur
Nr. 2: D-Dur   Nr. 3: G-Dur   Nr. 4: e-Moll   Coda

EWV: *Ländler für Violine u Pf.*
Besetzung: Violine, Klavier.
Datierung: 1840c. ▪ **Erworben** am 28.03.1845.
Bearbeitung: 2 Violinen, Klavier.
Drucke: *Quatre / VALSES BRILLANTES / avec / Introduction et coda / pour le / Violon / avec accompagnement de / Pianoforte / composées / par / J. W. KALLIWODA, / Maître de Chapelle de S.A.S. le Prince de Fürstenberg.* C. F. Peters, Leipzig 2758, ebd. 6587 ▪ Edition Peters, Frankfurt/M 1090 ▪ *Walzer (D-Dur) für Violine und Klavier.* Neu rev. und herausgg. von Louis Kron, op. 507 (nur Nr. 2) ▪ Brainard's Sons, Chicago ▪ P. Fischer, Falkenberg ▪ John Francis Borschitzky: *Concordia, a selection of ouvertures and dances arranged as trios for Violin, Flute (or 2nd Violin) and Piano.* London 1876ff. No. 10.
Bibliothek: D-KA (Nr. 87) ▪ D-KA* (M 886 R) ▪ D-B (Mb 1890, 60382 [Nr. 2]) ▪ D-Dl (Mus. Q 4622 [Zugangsnr.]) [nur Vl-Stimme vorhanden] ▪ D-LÜh (J 196) ▪ D-Mbs (4 Mus.pr. 53257) ▪ A-Wn (MS 35.549) ▪ GB-Lbl (h.210.b.{5.}, h.2772. [2 Vl+Kl]).

Op. 104 Drei Bagatellen für Klavier
Nr. 1: Pastorale. Allegretto con Grazia, G-Dur Nr. 2: Scherzo. Allegro, h-Moll
Nr. 3: Valse mélancholique. Moderato, As-Dur

EWV: *Trois Bagatelles für Pf.*
Besetzung: Klavier.
Datierung: 1840c. ▪ **Erworben** am 19.09.1843.
Drucke: *Trois / BAGATELLES / pour le / Piano-Forte / composées / par / J. W. KALLIWODA, / Maître de Chapelle de S.A.S. le Prince de Fürstenberg.* C. F. Peters, Leipzig 2759 ▪ Augener, London (Nr. 1+2: *Hilarité*).
Bibliothek: D-KA (Don Mus. Dr. 1536, Mus. Dr. 3031^{II}) ▪ D-KA (Nr. 167 [Nr. 1+2 als Abschr., Nr. 3 als Druck]) ▪ D-HEms (M 406 e) ▪ A-Wn (MS 30.389).
Anzeigen und Rezensionen: NZfM 1860, Bd.II, S. 76.

Op. 105 *Der Postillion.* Lied mit obligatem Cello, A-Dur
Der Postillion, *Lieblich war die Maiennacht* (Nikolaus Lenau). Allegro moderato

Wenzel Heinrich Veit gewidmet.

EWV: *Lied mit Pf u Cellobgl.*
Besetzung: Bariton, Violoncello, Klavier.
Datierung: 1840c. ▪ **Erworben** am 19.09.1843 und 29.04.1845.
Abschriften: D-KA (Nr. 286).

Druck: *Der Postillion / Gedicht von N. Lenau. / In Musik gesetzt / für eine Singstimme / mit Begleitung des / PIANOFORTE und VIOLONCELLE / und seinem Freunde / W. H. VEIT / gewidmet / von / J. W. KALLIWODA.* C. F. Peters, Leipzig 2760.
Bibliothek: D-KA (Don Mus. Dr. 1608, Mus. Dr. 2944a) ▪ D-B (Mus. 3131).
Anzeigen und Rezensionen: Bohemia, Prag 1840 (nähere Angaben unbekannt).
Anmerkung: Dieses Lied wurde in Donaueschingen am 23. März 1861 im Rahmen eines Museumskonzertes gesungen.

Op. 106   Sinfonie Nr. 5, h-Moll

1. Lento - Allegro con brio 2. Scherzo. Allegro vivace
3. Allegretto grazioso   4. Rondo. Allegro assai

Der königlichen Musikakademie in Stockholm gewidmet.

EWV: *5te Sinfonie für Orch. / auch für Pf. 4händig.*
Besetzung: 2 Fl, 2 Ob, 2 Cl, 2 Fag, 2 Cor, 2 Tr, Trb-b, Timp, Str.
Datierung: 5. März 1840 ([Ur-?]Aufführung in Leipzig).

Abschriften: D-KA (Don Mus. Ms. 2853 [Stimmen ohne Trb, aber mit zusätzl. Cor3 von Kalliwoda selbst]) ▪ D-Sl (HB XVII 260 [*Sinfonie / (:H moll:) / von / KALLIWODA / Partitur.*]).
Bearbeitung: Klavier zu 4 Hd. von Gustav Martin Schmidt.
Arrangement des II. Satzes für Orgel von D. J. Burns in: *English Organ Music. A series of compositions (...) by English composers, edited by J[ohn] Broadhouse etc.* E. Donajowski, London 1883-1913. No. 139. (*1892*).
Drucke: *Cinquième / SINFONIE / à / grand Orchestre / dédiée / à l'Académie Royale de Musique / à / STOCKHOLM / par / J. W. Kalliwoda, / Maitre de Chapelle de S.A.S. le Prince de Fürstenberg.* C. F. Peters, Leipzig 2757 ▪ *Cinquième / SINFONIE / pour le Pianoforte à quatre mains arrangée / par / GUSTAV MARTIN SCHMIDT / composée / par / J. W. KALLIWODA. / Maître de Chapelle de S.A.S. le Prince de Fürstenberg.* C. F. Peters, Leipzig 2770 (*1841*) ▪ *Das Erbe Deutscher Musik. Bd. 109. (Abteilung Orchestermusik, Bd. 7.) Herausgegeben von Albrecht Dürr.* Breitkopf & Härtel, Wiesbaden SON 380, S. 117-302. (*1998*).
Bibliothek: D-KA (Don Mus. Dr. 1622, Mus. Dr. 3029 [4 Hd.], Mus. Dr. 2943^b [4 Hd.]) ▪ D-KA (Nr. 139 [4 Hd.]) ▪ D-B (Mus. O.16304) ▪ D-B* (Mus LS Yd 210-109, DMS 227 240-109) ▪ D-HEms (K 12 d, Magazin [4 Hd.]) ▪ D-Sl (LS: Nr 960-109) ▪ GB-Lbl (e.1151. [2. Satz für Orgel]).
Anzeigen und Rezensionen: NZfM 1839, Bd.II, S. 160; AmZ 1840, Sp. 1030; NZfM 1840, Bd.I, S. 143; NZfM 1840, Bd.II, S. 193; AmZ 1841, Sp. 808. Aufführungen in Dessau: AmZ 1841, Sp. 280; Leipzig: AmZ 1840, Sp. 228; NZfM 1843, Bd.I, S. 178 und Bd.II, S. 207; AmZ 1844, Sp. 257.
Literatur: Kreisig, Martin (Hrsg.): *Gesammelte Schriften über Musik und Musiker von Robert Schumann.* Leipzig ^{5}1914, S. 503f. (Abdruck der Rezension Schumanns aus der NZfM 1840, S. 143.) ▪ Neumann, *Die Componisten der neueren Zeit*. Cassel 1856, S. 87-90. ▪ Kretzschmar, *Führer durch den Concertsaal. I. Abt.* Leipzig 1887, S. 131. ▪ Strauß-Németh, *Kalliwoda. Bd. 1.* Kap. 3.2.2.
Anmerkung: Die Satzfolge ist in der Klavierbearbeitung (C. F. Peters 2770) eine andere, als in der Partitur und in späteren Veröffentlichungen: Der zweite Satz (*Scherzo*) ist mit dem dritten (*Allegretto grazioso*) vertauscht. Diese Sinfonie dirigierte Kalliwoda am 4. März 1864 im Rahmen der Museumskonzerte in Donaueschingen.

Op. 107 Romanze und Rondo für Violine und Orch., F-Dur
Introduzione. Allegro vivace - Romanza. Adagio

EWV: *Introduction, Romanze und Rondo für Violine mit Orch. u Pf.*
Besetzung: Vl princ, 2 Fl, 2 Ob, 2 Cl, 2 Fag, 2 Cor, Str.
Datierung: 1841c.
Bearbeitung: Violine und Klavier
Drucke *INTRODUCTION / ROMANCE et RONDEAU / pour le / VIOLON / avec / accompagnement d' Orchestre / ou de / Piano-Forte / composés / par / J. W. KALLIWODA, / Maître de Chapelle de S.A.S. le Prince de Fürstenberg.* C. F. Peters, Leipzig 2778, 2779 (Vl+Kl).

Bibliothek: D-KA (Don Mus. Dr. 1638) ▪ D-KA (Nr. 114 [Vl+Kl]) ▪ D-B (Mb 1880, Mb 1879 [Vl+Kl]).
Anzeigen und Rezensionen: AmZ 1843, Sp. 356.
Literatur: Neumann, Die Componisten der neueren Zeit. Cassel 1856, S. 115.

Op. 108 Ouvertüre Nr. 8 (*Ouverture Pastorale*), A-Dur
Allegretto

Der Musikgesellschaft in Zürich gewidmet.

EWV: *8te Ouverture für Orch. / auch 4händig für Pf.*
Besetzung: Pic, 2 Fl, 2 Ob, 2 Cl, 2 Fag, 2 Cor, 2 Tr, Trb-b, Str.
Datierung: 1842c. ▪ **Erworben** am 18.07.1842 (4 Hd.).
Abschriften: D-KA (Don S.B. IX, Nr. 13 [Stimmen-Sammelbände]) ▪ Don Mus. Ms. 966 [2 Stimmensätze]).
Bearbeitung: Klavier zu 4 Hd.
Drucke: *OUVERTURE / pastorale / à / grand Orchestre / dédié / à la Société musicale / à / ZÜRICH / par / J. W. KALLIWODA, / Maître de Chapelle de S.A.S. le Prince de Fürstenberg.* C. F. Peters, Leipzig 2798 ▪ *OUVERTURE / pastorale / pour le / Pianoforte à quatre mains / composée / par / J. W. KALLIWODA, / Maître de Chapelle de S.A.S. le Prince de Fürstenberg.* C. F. Peters, Leipzig 2819.
Bibliothek: D-KA (Don Mus. Dr. 1591, Mus. Dr. 3029 [beide 4 Hd.]) ▪ D-KA (Nr. 147 [4 Hd.]) ▪ D-B (Mus. O.13237) ▪ D-HEms (Magazin [4 Hd.]).
Anzeigen und Rezensionen: AmZ 1843, Sp. 8.
Literatur: Neumann, Die Componisten der neueren Zeit. Cassel 1856, S. 112-114.
Anmerkung: Diese Ouvertüre dirigierte Kalliwoda noch am 23. April 1864 im Rahmen der Museumskonzerte in Donaueschingen.

Op. 109 Rondo für zwei Violinen und Orchester, E-Dur
Adagio - Rondo. Allegro con brio

EWV: *Concertante für 2 Violinen mit Orch. und Pf.bgl.*
Besetzung: 2 Vl princ, 2 Fl, 2 Ob, 2 Cl, 2 Fag, 2 Cor, 2 Tr, Trb-b, Timp, Str.
Datierung: 1842c. ▪ **Erworben** am 18.07.1842.
Bearbeitung: 2 Vl und Klavier.
Abschriften: FFB (Musikalien, Best. Kalliwoda, Nr. 11 [Stimmen ohne Soli, fälschlich als op. 119 gekennzeichnet]).
Drucke: INTRODUCTION / et / RONDEAU / pour / Deux Violons / avec / accompagnement de grand Orchestre / ou de / PIANOFORTE / composés / par / J. W. KALLIWODA, / Maître de Chapelle de S.A.S. le Prince de Fürstenberg. C. F. Peters, Leipzig 2816, 2820.
Bibliothek: D-KA (Don Mus. Dr. 1577) ▪ D-KA (Nr. 72 [Kl-Ausz.]) ▪ D-B (24142) ▪ D-Dl (Mus. 5404-O-503 [2 Vl+Kl]).
Anmerkung: Dieses Stück spielte Kalliwoda in Donaueschingen am 14.3.1852 (mit dem Hofmusiker Nikolaus Gall als zweiten Solisten) sowie am 14.2.1864.

Op. 110 Concertino für Oboe und Orchester, F-Dur
Allegro con fuoco - Romanze. Adagio - Vivace

Heinrich Reuther gewidmet.

EWV: *Concertino für die Oboe mit Orch.*
Besetzung: Ob princ, 2 Fl, 2 Cl, 2 Fag, 2 Cor, 2 Tr, Timp, Str.
Datierung: 1841 (Druck; zu den Aufführungsdaten vgl. die Anmerkung).
Abschriften: FFB (Musikalien, Best. Kalliwoda, Nr. 17 [Stimmen, teilw. als Autogr.]) ▪ A-Wn (S.m. 31255 [Partitur] + 31256 [Stimmen]).
Bearbeitung: Ob und Klavier.

Drucke: CONCERTINO / pour le / HAUTBOIS / avec accompagnement / de grand Orchestre ou Piano / composé et dedié / A SON AMI / H. REUTHER / par J. W. KALLIWODA. Schott, Mainz 6223 ▪ JOHANN WENZEL KALLIWODA / CONCERTINO / for / Oboe and Orchestra. (hrsg. von Han de Vries) Musica Rara, London MR 1656 (1974, Ob+Kl).
Bibliothek: D-KA (Nr. 76) ▪ D-B (62692) ▪ D-B* (N. Mus. 20475) ▪ D-DT (Mus-n 551) ▪ D-Mbs (4 Mus.pr. 51249) ▪ GB-Lbl (g.1078.v.{2.}).
Anzeigen und Rezensionen: AmZ 1844, Sp. 73; NZfM 1844, Bd.I, S.55 (Bericht über die Auff.).
Literatur: Hans Engel, Das Instrumentalkonzert. Leipzig 1932, S. 551.
Anmerkung: Abgesehen von kleineren Werken (*Rondo* bzw. *Variationen*) liegen keine konzertante Werke für Oboe von Kalliwoda vor. Demgegenüber sind mehrere Aufführungen eines „Concerts" bzw. „Concertins" an verschiedenen Orten überliefert: Am 25.1.1844 in Leipzig, am 13.4.1847 in Stuttgart sowie am 12.11.1828 und 24.2.1864 in Donaueschingen. Während das in Leipzig und Stuttgart gespielte Werk die vorliegende Komposition sein könnte, ist es fraglich, ob in Donaueschingen im Jahr 1828 – also 13 Jahre vor seiner Veröffentlichung – bereits dieses op. 110 zur Aufführung kam. Es kann folglich nicht ausgeschlossen werden, dass es von Kalliwoda noch ein weiteres unveröffentlichtes „Concert für die Oboe" gibt, das aber dann verschollen ist.

Op. 111 Kleines Duo für Violine und Klavier, A-Dur
Moderato

EWV: *Sonate für Pf. und Violine.*
Besetzung: Violine, Klavier.
Datierung: 1841c. ▪ **Erworben** am 19.04.1842 und 19.09.1843.
Drucke: DUETTINO / pour le / Pianoforte et Violon / composé / par / J. W. KALLIWODA, / Maître de Chapelle de S.A.S. le Prince de Fürstenberg. C. F. Peters, Leipzig 2784 ▪ Costallat, Paris (*Duo concertante*) ▪ London (*1841*).
Bibliothek: D-KA (Don Mus. Dr. 1551) ▪ D-KA (Nr. 115) ▪ D-B (Mb 1871) ▪ GB-Lbl (h.210.{15.}).
Anzeigen und Rezensionen: AmZ 1842, Sp. 525.

Op. 112 Sechs Lieder für eine Singstimme

Nr. 1: Der Gondolier, *Die Wogen schlagen schäumend.*
As-Dur / Allegretto
Nr. 2: An die Sterne, *Ihr kleinen Sterne, Ach!*
H-Dur / Allegretto
Nr. 3: Vergiß mein nicht, *Es blüht ein schönes Blümchen* (H. von Fallersleben).
A-Dur / Andante
Nr. 4: Ihr Stern, *Stille herrscht im weiten Kreis.*
Des-Dur / Adagio
Nr. 5: Nachtblick, *So blau die Luft, so warm die Nacht.*
As-Dur / Moderato assai
Nr. 6: Die einsame Rose, *Das Röslein steht am Felsenrand* (H. von Fallersleben).
E-Dur / Allegretto

EWV: *VI Lieder mit Pf.bgl.*
Besetzung: Gesangstimme, Klavier.
Datierung: 1842/43 (Druck). ▪ Erworben am 08.01.1842 und 29.04.1845.
Drucke: *Sechs / LIEDER / für / eine Singstimme / mit / Begleitung des Pianoforte / componirt / von / J. W. KALLIWODA*. C. F. Peters, Leipzig 2793. ▪ *KALLIWODA / LIEDER-ALBUM / Gesang und Klavier*. Universal Edition, Wien 2471 (nur Nr. 3, S. 9-10; *1910*). ▪ Augener, London (Nr.5: *The Night is mild* + Nr.6: *A Rose above the Rock has blown*; *1903*).
Bibliothek: D-KA (Don Mus. Dr. 2944a) ▪ D-KA (Nr. 304) ▪ D-B (Mus. 3138) ▪ D-Mbs (2 Mus.pr. 2221, Beibd.3; 4 Mus.pr. 29566, Beibd.3) ▪ CZ-Pnm (59 A 2725) ▪ GB-Lbl (H.2128. [Nr.5+6])
Kalliwoda-Album, Wien (nur Nr.3): D-KA (Anh. Nr. C1) ▪ D-KA* (M 6902) ▪ A-Wn (MS 3998) ▪ CZ-Pnm (59 E 6536).
Anzeigen und Rezensionen: NZfM 1842, Bd.I, S. 67.
Literatur: Strauß-Németh, Kalliwoda. Bd. 1. Kap. 6.2.3. (nur Lied Nr. 6).

Op. 113   Vier Gesänge für Bass

Nr. 1: Der Landwehrmann, *Das Feuer zankt auf seinem Herd* (Ludwig Scharrer).
D-Dur / Allegretto
Nr. 2: Die Leiche des Kriegers, *Was wallt für ein langsamer Zug einher* (v. Thale).
f-Moll / Marcia funebre. Lento
Nr. 3: Des Lootsen Rückkehr, *Zersplittert lag des Schiffes Mast* (Ludwig Scharrer).
d-Moll / Grave
Nr. 4: Das Wanderbuch, *Will mein Conterfei Dir schenken* (Ludwig Scharrer).
G-Dur / Andantino

EWV: *IV Lieder mit Pf.bgl.*
Besetzung: Bass, Klavier.
Datierung: 1843 (Druck). ▪ **Erworben** am 18.07.1842 und 27.11.1844.
Bearbeitung: Lieder Nr. 1+2 für Männerchor (*Der Landwehrmann*: WoO VIII/1, Nr. 6a; *Die Leiche des Kriegers* unter dem Titel *Trauermarsch*: WoO VIII/31).
Drucke: Vier / GESÄNGE / für / eine Bass-Stimme / mit / Begleitung des Pianoforte / componirt / von / J. W. KALLIWODA. C. F. Peters, Leipzig 2811. ▪ *Baßalbum* (=Tongers Taschenalbum 19). Tonger, Köln. (nur Nr. 2) ▪ KALLIWODA / LIEDER-ALBUM / Gesang und Klavier. Universal Edition, Wien 2471 (nur Nr. 3, S. 11-16; *1910*).
Bibliothek: D-KA (Don Mus. Dr. 2944a) ▪ D-KA (Nr. 303) ▪ D-B (58969, O.16092 [Nr.2]) ▪ CZ-Pnm (59 A 2724)
Kalliwoda-Album, Wien (nur Nr. 3): D-KA (Anh. Nr. C1) ▪ D-KA* (M 6902) ▪ A-Wn (MS 3998) ▪ CZ-Pnm (59 E 6536).
Anzeigen und Rezensionen: AmZ 1843, Sp. 649.
Literatur: Neumann, Die Componisten der neueren Zeit. Cassel 1856, S. 116.
Anmerkung: Der Text des Liedes Nr. 2 ist auch dem *Trauer-Chor* aus dem Zyklus für Militärmusik, op. 202, zugrunde gelegt. Lied Nr. 4 erklang am 24.2.1842 in einem Museumskonzert in Donaueschingen.

Op. 114 Sechs Gesänge für Männerchor

Nr. 1: Die Mähr von den drei Schneidern, *Es kamen drei Schneider.*
  D-Dur / Allegro
Nr. 2: Frösche und Unken, *Die Frösch' und Unken.*
  G-Dur / Vivace
Nr. 3: Fastnachtslied (weitere Angaben unbekannt).
Nr. 4: Jägerlied (weitere Angaben unbekannt).
Nr. 5: Serenade (weitere Angaben unbekannt).
Nr. 6: Abendlied (weitere Angaben unbekannt).

EWV: *VI 4stimmige Männergesänge.*
Besetzung: Männerchor, Klavier.
Datierung: 1842 (Druck).
Autograph: D-KA (Don Mus. Ms. 899 [nur Nr. 1+2]).
Abschriften: D-KA (Nr. 362 [Nr. 2]).
Drucke: Kreuzbauer und Nöldeke, Karlsruhe [nur Stimmen] ▪ Fr. Hofmeister, Leipzig (*Drei Lieder*).
Bibliothek: Die Druckausgabe aller sechs Lieder konnte bisher nirgendwo nachgewiesen werden!
Anzeigen und Rezensionen: AmZ 1842, Sp. 824; AmZ 1843, Sp. 694.
Anmerkung: Die Titel wurden anhand der Anzeige in der AmZ aufgezählt. Die Zeitschrift kritisiert wiederholt, dass die Chorsammlung nur in Stimmen vorläge, kann aber feststellen, „dass die Gesänge da sind, dass sie sämtlich der heitern und gemüthlichen Gattung angehören, und dass sie, nach einem flüchtigen Überblick, ihres wackern Urhebers nicht unwürdig scheinen".
Die Lieder Nr. 1 und 2 wurden am 18. Februar 1841 im Rahmen eines Museumskonzertes in Donaueschingen vorgetragen. Diesem Umstand ist es wahrscheinlich zu verdanken, dass diese beiden Stücke geschlossen erhalten blieben. Die Karlsruher Abschrift von Lied Nr. 2 weicht vom Autograph leicht ab. In welcher Form es veröffentlicht wurde, bleibt ebenso unbeantwortet wie die Frage, ob es sich beim *Jägerlied* um eine der beiden handschriftlich überlieferten Kompositionen gleichen Titels für Männerchöre (WoO VIII/17 bzw. 18) handelt.

Op. 115 Walzer für Klavier (*Valse mélancholique*), f-Moll
Allegro con espressione

EWV: *Valse melancolique für Pf.*
Besetzung: Klavier.
Datierung: 1842 (Druck). ▪ **Erworben** am 18.07. und 24.09.1842.
Drucke: *VALSE / MÉLANCOLIQUE / pour le Piano / par / J. W. Kalliwoda*. Schott, Mainz 6493.3.
▪ *KALLIWODA / ALBUM / Piano Solo*. Universal Edition, Wien 2472 (S. 3-11, *1910*). ▪ London (*Valse pathétique*; *1859*).
Bibliothek: D-KA (Don Mus. Dr. 1612, Mus. Dr. 1627, Mus. Dr. 3031^{II}) ▪ D-KA (Nr. 191, Anh. Nr. C2) ▪ D-KA* (M 6903) ▪ D-B (112692, 125990) ▪ D-Mbs (4 Mus.pr. 21320) ▪ A-Wn (MS 33.582, MS 4009) ▪ GB-Lbl (h.519.{1.}).

Op. 115a Adagio für Violine und Orchester, F-Dur
Adagio con sentimento

EWV: *Adagio für Violine mit Orch.*
Besetzung: Vl princ, Fl, Cl, Fag, Cor, Str.
Datierung: 1842c.
Bearbeitung: Vl und Klavier.
Drucke: *ADAGIO / sentimental / pour le / VIOLON / avec / accompagnement d' Orchestre / ou de / Piano-Forte / composé / par / J. W. KALLIWODA, / Maître de Chapelle de S.A.S. le Prince de Fürstenberg*. C. F. Peters, Leipzig 2812, 2813 (Vl+Kl).
Bibliothek: D-KA (Nr. 68 [Stimmen]) ▪ D-B (24143) ▪ D-Dl (Mus. 5404-O-502 [Vl+Kl]) ▪ CZ-Pnm (59 A 1630, 59 A 6059 [Vl+Kl]).
Anmerkung: Diese Opuszahl wurde offenbar doppelt vergeben; auch in Kalliwodas eigenem Verzeichnis ist beiden Werken die gleiche Zahl zugeordnet.

Op. 116 Drei Violinduos

Nr. 1: **Duo in G-Dur**. Allegro moderato - Tempo di Menuetto
Nr. 2: **Duo in D-Dur**. Allegro moderato - Rondo. Allegro assai
Nr. 3: **Duo in C-Dur**. Moderato - Tema con Variazioni. Allegretto

EWV: *III Duos für 2 Violinen.*
Besetzung: 2 Violinen.
Datierung: 1842 (Druck). ▪ **Erworben** am 18.02.1842.
Abschriften: A-Wn (S.m. 14485).
Druck: *TROIS DUOS / brillants et faciles / pour / DEUX VIOLONS / composés / par / J. W. KALLIWODA, / Maître de Chapelle de S.A.S. le Prince de Fürstenberg.* C. F. Peters, Leipzig 2807-2809 ▪ *Trois duos progressifs et concertants / pour deux violons.* C. F. Peters 7397 (*1868c*) ▪ Neuausg. von M. Dello. Litolff, Braunschweig 2199 (*1895*) ▪ Universal Edition, Wien (*1902*) ▪ *Drei Violinduos.* (Hrsg. von Fr. Hermann) Edition Peters, Frankfurt/M 2518b (*1960*) ▪ G. Fexis, Athen ▪ Wiener Monatshefte für Musik, Ausgabe V, 1928-31 (nur teilw.).
Bibliothek: D-KA (Nr. 42) ▪ D-KA* (M 3813) ▪ D-B (19720 [Litolff], 10480 [Universal Ed.], 256146 [Ed. Peters]) ▪ D-LÜh (H 146) ▪ D-Mbs (4 Mus.pr. 39914) ▪ D-SPlb (Mus. 10 155, Mus D 215) ▪ A-Wn (MS 0399, MS 35.119, MS 17.668) ▪ CZ-Pnm (59 C 7597) ▪ GB-Lbl (h.214.a.{2.}) ▪ H-Bn (Z 41.937).
Anzeigen und Rezensionen: AmZ 1843, Sp. 21; NZfM 1851, Bd.II, S. 124 (Neuauflage sämtlicher Violinduos).
Literatur: Neumann, Die Componisten der neueren Zeit. Cassel 1856, S. 114f.

Op. 117 *Heimatlied*. Lied mit obligater Klarinette, As-Dur
Heimathlied, *Treues, stilles Friedensthal*. Allegretto

Eugenie Kapferer gewidmet.

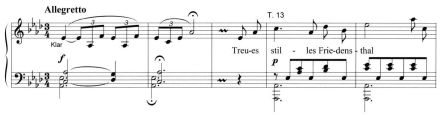

EWV: *Lied mit Pf. Clarinett o Cellobgl.*
Besetzung: Sopran, Klarinette oder Violoncello, Klavier.
Datierung: 1842 (Druck). ▪ **Erworben** am 18.07.1842 und 29.04.1845.
Abschriften: A-Wn (S.m. 21052 [für Sopr, Fl, Kl]).
Drucke: *Heimathlied. / In Musik gesetzt / für eine Sopran- oder Tenor-Stimme / mit Begleitung des / Pianoforte und der Clarinette / oder des / Violoncelle / und der Frau Hofräthin / EUGENIE KAPFERER* GEB. BAUSCH */ gewidmet / von / J. W. KALLIWODA.* C. F. Peters, Leipzig 2810 ▪ Beauties of German Song, London, No. 30 (*1849*, engl.: *Home beloved*) ▪ Musica Rara, London M1621.3.K (*1982*, dt./engl.: *Homesong*).
Versch. Fassungen bei Wessel & Co, London („Happy, quiet, peaceful vale"): Les Concerts de Société (...) German Songs for voice, piano and violoncello obligato. Wessel & Co, London 1840-57. No. 53. ▪ Les Concerts de Société (...) German Songs for Voice, Piano and Violin Obligato. Wessel & Co, London 1845-57. No. 53. ▪ Les Concerts de Société. German Songs for voice, pianoforte and flute obligato, adapted by J. Clinton. Wessel & Co, London 1852-58. No. 53. ▪ Les Concerts de Société. Wessel & Co.'s selection of German songs for voice, piano and concertina obligato. Transcribed by G. Regondi. London 1854-58. No. 53. ▪ Les Concerts de Société. Wessel & Co.'s selection of approved German songs for voice, piano & clarinet in B obligato. Translated & adapted by F. W. Rosier. London 1857/58. No. 53.
Bibliothek: D-KA (Don Mus. Dr. 3151, Mus. Dr. 2944a) ▪ D-KA (Nr. 284) ▪ D-B (Mus. 3132) ▪ GB-Lbl (H.2071.{30.}, H.2085.a. [mit Vl], H.2085.b., H.2085.d., H.2085.e. [mit Fl], H.2085.g. [mit Vlc], G.1443.w.{1.}).
Anzeigen und Rezensionen: AmZ 1842, Sp. 415.

Op. 118 Konzertvariationen über ein Originalthema, G-Dur
Introduction et Romance. Larghetto - Allegretto grazioso

EWV: *Variationen für Violine mit Orch. u Pf.*
Besetzung: Vl princ, 2 Fl, 2 Ob, 2 Fag, 2 Cor, Str.
Datierung: 1843c. ▪ **Erworben** am 04.04.1843.
Bearbeitung: Vl und Klavier.
Drucke: *Jntroduction / et / VARIATIONS / brillantes / sur un thème original / pour le / VIOLON / avec / accompagnement d' Orchestre / ou de / Piano-Forte / composées / par / J. W. KALLIWODA, / Maître de Chapelle de S.A.S. le Prince de Fürstenberg*. C. F. Peters, Leipzig 2829, 2830 (Vl+Kl).
Bibliothek: D-KA (Nr. 104 [Vl+Kl]) ▪ D-B (197099, Mb 1881 [Vl+Kl]).

Op. 119 Vier Tänze für Klavier (*Les invitations*)
  Nr. 1: Walzer. Moderato, Des-Dur   Nr. 2: Galopp. Vivace, As-Dur
  Nr. 3: Polka. Allegro non tanto, As-Dur   Nr. 4: Polka. Allegro non troppo, Des-Dur

EWV: *Valse, Galopp, Polka für Pf.*
Besetzung: Klavier.
Datierung: 1843c. ▪ **Erworben** am 04.04.1843.
Abschriften: D-KA (Nr. 249).
Druck: *LES INVITATIONS, / Walse, Galop et Polka, pour le / Piano-Forte / composées / par / J. W. KALLIWODA, / Maître de Chapelle de S.A.S. le Prince de Fürstenberg*. C. F. Peters, Leipzig 2833.
Bibliothek: D-KA (Don Mus. Dr. 3031^II) ▪ D-B (Mus. 16058) ▪ D-Cl (TB Tä 92h) ▪ D-HEms (M 406 s).

Op. 120   Zwei Tänze für Klavier
Nr. 1: Steirischer Ländler. Molto moderato, Des-Dur
Nr. 2: Polka Mazurka. Allegretto, A-Dur

EWV: *Polka Mazurka, Valse.*
Besetzung: Klavier.
Datierung: 1843c.
Abschriften: D-KA (Nr. 224 [Ländler]).
Drucke: *Steyrischer Ländler. / Polka-Mazurka. / für das / Pianoforte / componirt / von J. W. KALLIWODA.* C. F. W. Siegel, Leipzig 607 + 608.
Bibliothek: D-KA (Don Mus. Dr. 3030) ▪ D-KA (Nr. 226 [Polka]) ▪ GB-Lbl (h.519.{2.}).

Op. 121   Klaviertrio Nr. 1 f-Moll
1. Allegro agitato   2. Tempo di Minuetto ma un poco vivo
3. Adagio sostenuto   4. Allegro vivace

EWV: *1tes Trio für Pf. Violine u Cello.*
Besetzung: Vl, Vlc, Kl.
Datierung: 1842 (Uraufführung in Dresden). ▪ **Erworben** am 12.12.1842.
Drucke: *GRAND / TRIO / pour / Piano, Violon et Violoncelle / composé / par / J. W. KALLIWODA.* Wilhelm Paul, Dresden 328 ▪ Costallat, Paris ▪ *Grand Trio Concertante.* Wessel & Co (auch für Fl, Vlc, Kl).
Bibliothek: D-KA (Don Mus. Dr. 3271) ▪ D-KA (Nr. 82) ▪ D-B (Mb 1889) ▪ GB-Lbl (h.195.{1.}, h.195.{2.} [mit Fl]).
Anzeigen und Rezensionen: AmZ 1842, Sp. 898; NZfM 1844, Bd.I, S. 73.
Literatur: Neumann, Die Componisten der neueren Zeit. Cassel 1856, S. 111f.

Op. 122 *Zur Heimat.* Lied mit obligatem Cello, A-Dur
Zur Heimat, *Die grünen Halme wogen* (Ludwig Scharrer). Poco Allegro

EWV: *Lied mit Pf. u Cellobgl.*
Besetzung: Hohe Gesangsstimme, Violoncello ad. lib., Klavier.
Datierung: 1842c. ▪ **Erworben** am 06.01.1843.
Drucke: *ZUR HEIMATH! / Gedicht von L. Scharrer / für / Sopran oder Tenor / mit / Begleitung des Piano und Violoncell / (oder Piano allein) / in Musik gesetzt / von / J. W. KALLIWODA.* Wilhelm Paul, Dresden 329 (Kl+Vlc) bzw. 330 (nur Kl) ▪ E. Ashdown, London (*Snow-clad Alps*; *1858*).
<u>Versch. Fassungen bei Wessel & Co, London</u> (*The Mountaineer's home*; *1845-51*): Les Concerts de Société (...) German Songs for voice, piano and violoncello obligato. Wessel & Co, London 1840-57. No. 51. ▪ Les Concerts de Société (...) German Songs for Voice, Piano and Violin Obligato. Wessel & Co, London 1845-57. No. 51. ▪ Les Concerts de Société. German Songs for voice, pianoforte and flute obligato, adapted by J. Clinton. Wessel & Co, London 1852-58. No. 51.
Bibliothek: D-KA (Don Mus. Dr. 1574, Mus. Dr. 2944a) ▪ D-KA (Nr. 285) ▪ D-B (190793) ▪ GB-Lbl (H.2071.{57.}, H.2079., H.2085a. [mit Vl], H.2085.g., H.2085e. [mit Fl]).

Op. 123 *Récreation musicale*
für Klavier zu vier Händen, Des-Dur
Allegro agitato

EWV: *La Recreation für Pf. 4händig.*
Besetzung: Klavier zu 4 Hd.
Datierung: 1843c. ▪ **Erworben** am 04.04.1843.
Bearbeitung: Laut Kalliwodas eigener Mitteilung sind die Variationen für Klarinette und Orchester op. 128 ein Arrangement der vorliegenden Komposition (vgl. *Anmerkung* dort).
Druck: *RÉCRÉATION / musicale / pour le Pianoforte à quatre mains / composée / par / J. W. KALLIWODA, / Maître de Chapelle de S.A.S. le Prince de Fürstenberg.* C. F. Peters, Leipzig 2834.
Bibliothek: D-KA (Don Mus. Dr. 3029, Mus. Dr. 3031) ▪ D-KA (Nr. 209).

Op. 123a Rondo für Klavier zu vier Händen, F-Dur
Introduction. Andante - Rondo. Allegretto grazioso

Prinzessin Pauline zu Fürstenberg gewidmet.

EWV: *Introduction u Rondo für Pf. 4händig.*
Besetzung: Klavier zu 4 Hd.
Datierung: 1843 (Druck). ▪ **Erworben** am 17.08.1843.
Druck: *JNTRODUCTION / & / RONDEAU / pour / le Piano à quatre mains / dediée / A SON ALTESSE / PRINCESSE PAULINE / DE FÜRSTENBERG, / par / J. W. KALLIWODA / maître de Chapelle de S.A.S. le prince régnant Charles Egon de Fürstenberg.* W. Creuzbauer, Karlsruhe 123.
Bibliothek: D-KA (Don Mus. Ded. 109, Mus. Dr. 3031[II]) ▪ D-KA (Nr. 207) ▪ D-B (200479).
Anzeigen und Rezensionen: AMZ 1843, Sp. 596.
Anmerkung: Diese Opuszahl wurde offenbar doppelt vergeben; auch in Kalliwodas eigenem Verzeichnis ist beiden Werken die gleiche Zahl zugeordnet.

Op. 124 Vier Chorgesänge

Nr. 1: Lenzverjüngung, *Was raschelt in den Bäumen* (Heinrich Stieglitz).
E-Dur / Allegro non troppo
Nr. 2: Der Abend, *Es singt und klagt die Nachtigall* (Friedrich Christoph Förster).
f-Moll / Andante
Nr. 3: Frühlingsfeier, *Alle Glöcklein im Garten* (Friedrich Christoph Förster).
A-Dur / Vivace
Nr. 4: Abendlied, *Herz, und verlangst du nicht Ruhe?* (H. von Fallersleben).
Es-Dur / Adagio

Dem Müller'schen Gesangverein in Zürich gewidmet.

EWV: *VI 4stimmige Gesänge*.
Besetzung: Sopr, Alt, Ten, Bass.
Datierung: 1843 (Druck). ▪ **Erworben** am 28.10.1843 und 10.05.1844.
Druck: *4 / GESÄNGE / für / Sopran, Alt, Tenor und Baß / dem / Müller'schen Gesangverein / in Zürich / gewidmet von / J. W. KALLIWODA*. Schott, Mainz 7539.
Bibliothek: D-KA (Don Mus. Dr. 1570) ▪ D-KA (unter Nr. 334 verzeichnet, fehlt aber) ▪ D-B (Mus. O.2225).
Anzeigen und Rezensionen: AmZ 1844, Sp. 438 + 582; NZfM 1844, Bd.II, S. 45.
Anmerkung: Kalliwodas Zahlenangabe „VI" ist wohl ein Schreibfehler.

Op. 125 Konzertfantasie, E-Dur
Adagio - Allegro vivace

EWV: *Fantasie für Violine mit Orch.*
Besetzung: Vl princ, 2 Fl, 2 Ob, 2 Cl, 2 Fag, 2 Cor, 2 Tr, Timp, Str.
Datierung: 1843c. ▪ **Erworben** am 10.05.1844.
Bearbeitung: Violine und Klavier.
Druck: *FANTAISIE / pour le / VIOLON / avec accompagnement d' Orchestre / ou de Piano / composée par / J. W. KALLIWODA.* Schott, Mainz 7428.
Bibliothek: D-KA (Don Mus. Dr. 1561) ▪ D-KA (Nr. 59 [Stimmen]) ▪ D-KA* (M 31 R) ▪ D-B (142163) ▪ D-DT (Mus-n 553 [Solostimme fehlt]).

Op. 126 Ouvertüre Nr. 9 (*Ouverture Solennelle*), C-Dur
Maestoso - Allegro non troppo

Carl F. Queisser gewidmet.

EWV: *9te Ouverture für Orch. / auch für Pf. 4händig.*
Besetzung: Pic, 2 Fl, 2 Ob, 2 Cl, 2 Fag, 2 Cor, 2 Tr, 3 Trb, Timp, Str mit 2 Vla.
Datierung: 1843c. ▪ **Erworben** am 28.10.1843 (4 Hd.).
Autograph: D-KA (Don Mus. Ms. 977 [2 Stimmensets, überschrieben mit: *Fest-Ouvertüre*. Zusätzlich eine nach F transponierte Cor-Stimme]).
Abschriften: D-KA (Don S.B. IX, Nr. 14 [Stimmen-Sammelbände]).
Bearbeitung: Klavier zu 4 Hd.
Drucke: *OUVERTURE / SOLENNELLE / à / grand Orchestre / composée / par / J. W. KALLIWODA, / Maître de Chapelle de S.A.S. le Prince de Fürstenberg / et dediée / à Monsieur C. F. Queisser, / Directeur de Musique / par / L' EDITEUR.* C. F. Peters, Leipzig 2856 ▪ *OUVERTURE /*

solennelle / arrangée pour le Pianoforte / à quatre mains / composée / par / J. W. KALLIWODA, / Maître de Chapelle de S.A.S. le Prince de Fürstenberg. C. F. Peters, Leipzig 2854.
Bibliothek: D-KA (Don Mus. Dr. 1592, Mus. Dr. 3029 [beide 4 Hd.]) ▪ D-KA (Nr. 148 [4 Hd.]) ▪ D-B (197744, O.11148 [4 Hd.]) ▪ D-Cl (TB Ouv 34) ▪ D-DT (Mus-n 558) ▪ D-HEms (Magazin [4 Hd.]).
Anmerkung: Der Katalog von D-Cl verzeichnet eine Aufführung in Coburg vor dem 14.9.1897.

Op. 127 Tänze für Klavier
Nr. 1: Grande Polka. Moderato, E-Dur
Nr. 2: Ländler mit Introduction. Moderato, Es-Dur

EWV: *Polka u Ländler für Pf.*
Besetzung: Klavier.
Datierung: 1843c.
Abschriften: D-KA (Nr. 225 [Nr. 2]).
Drucke: *GRANDE POLKA / pour le / Pianoforte / par / J. W. KALLIWODA, / Maître de Chapelle de S.A.S. le Prince de Fürstenberg.* C. F. Peters, Leipzig 2857 (Nr. 1) ▪ *LAENDLER / für das / PIANOFORTE / von / J. W. Kalliwoda / Capellmeister Sr. Durchl. des Fürsten von Fürstenberg.* C. F. Peters, Leipzig 2858 (Nr. 2).
Bibliothek: D-KA (Don Mus. Dr. 1605 [Nr. 1], Mus. Dr. 1581 [Nr. 2], Mus. Dr. 3031^{II}) ▪ D-KA (Nr. 229 [Nr. 1]) ▪ D-B (211084 [Nr. 1]) ▪ D-Cl (TB Tä 92g [Nr. 1]) ▪ D-HEms (M 406 t [Nr. 1], M 406 zf [Nr. 2]).

Op. 128 Variationen für Klarinette und Orchester, B-Dur
Allegro agitato - Tema. Allegretto grazioso

EWV: *Variationen für Clarinette mit Orch. u Pf.bgl. / gleich mit op. 123.*
Besetzung: Cl princ, 2 Fl, 2 Ob, 2 Fag, 2 Cor, Str.
Datierung: 8. Februar 1844 (Uraufführung in Leipzig). ▪ **Erworben** am 10.05.1844.

Bearbeitung: Klarinette und Klavier.
Drucke: JNTRODUCTION / ET VARIATIONS / pour / Clarinette / avec / Accompagnement d' Orchestre / ou de / Piano / par / J. W. KALLIWODA, / Maître de Chapelle de S.A.S. le Prince de Fürstenberg. C. F. Peters, Leipzig 2872, 2875 (Cl+Kl) ▪ Hawkes, London (Cl+Kl, *1887*) ▪ Costallat, Paris (Cl+Kl) ▪ Kunzelmann, Lottstetten (hrsg. von Dieter Klöcker; Cl+Kl, *1985*).
Bibliothek: D-KA (Don Mus. Dr. 1578) ▪ D-KA (Nr. 130 [Cl+Kl]) ▪ D-KA* (M 6452) ▪ D-Sl (Sch.K.M.qt) ▪ GB-Lbl (g.790.{37.} [Cl+Kl]).
Anzeigen und Rezensionen: AmZ 1844, Sp. 129; NZfM 1844, Bd.I, S. 67.
Anmerkung: Kalliwodas Hinweis auf die Übereinstimmung des Werkes mit op. 123 (*Récreation*) ist nur bedingt richtig; u. a. unterscheiden sich die Bassfiguren der Begleitung und die Notenwerte des Hauptgedankens wurden verdoppelt.
Laut Rezensionen war der Solist bei der Uraufführung in Leipzig ein Mitglied des Orchesters, Hr. Heinze jun. Die WLB-Datenbank verzeichnet eine Aufführung in Stuttgart am 8.4.1845.

Op. 129 Variationen für Klavierquartett, G-Dur
Moderato - Tema. Allegretto

EWV: *Variationen für Pf. Violine, Viola, und Violoncell.*
Besetzung: Vl, Vla, Vlc, Kl.
Datierung: 1843c. ▪ **Erworben** am 28.10.1843.
Druck: VARIATIONS DE CONCERT / pour / Piano, Violon, Alto et Violoncelle / par / J. W. KALLIWODA, / Maître de Chapelle de S.A.S. le Prince de Fürstenberg. C. F. Peters, Leipzig 2859.
Bibliothek: D-KA (Don Mus. Dr. 1634) ▪ D-KA (Nr. 81) ▪ GB-Lbl (h.2785.j.{3.}).

Op. 130 Klaviertrio Nr. 2, D-Dur
1. Allegro con fuoco 2. Andante con grazia
3. Scherzo. Presto   4. Rondo. Allegro non tanto

EWV: *II^{tes} Trio für Pf. Violine u Cello.*
Besetzung: Vl, Vlc, Kl.
Datierung: 1844 (Druck u. Uraufführung in Leipzig). ▪ **Erworben** am 10.05.1844.
Drucke: *Second / GRAND TRIO / pour / Piano, Violon et Violoncelle / par / J. W. KALLIWODA, / Maître de Chapelle de S.A.S. le Prince de Fürstenberg.* C. F. Peters, Leipzig 2868 ▪ Costallat, Paris.
Bibliothek: D-KA (Don Mus. Dr. 1624) ▪ D-KA (Nr. 83) ▪ D-B (190747).
Anzeigen und Rezensionen: NZfM 1844, Bd.I, S. 186.

Op. 131   Sechs heitere Chorgesänge
          Nr. 1: Weihnachtslied, *Die heil'gen drei Könige aus Morgenland* (H. Heine?).
                 G-Dur / Allegro
          Nr. 2: Freie Nacht, *Brüder heut' ist freie Nacht!*
                 D-Dur / Vivace
          Nr. 3: Trinklied, *Laßt uns trinken, laßt uns singen.*
                 A-Dur / Molto vivace
          Nr. 4: Altdeutsches Lied, *Vil gesagt und nit verstanden.*
                 C-Dur / Moderato
          Nr. 5: Autoren-Litanei, *Mathematische Figuren* (Hoffmann von Fallersleben).
                 D-Dur / Allegro moderato
          Nr. 6: In's Weinhaus, *In's Weinhaus treibt mich dies und das* (von Fallersleben).
                 F-Dur / Allegro

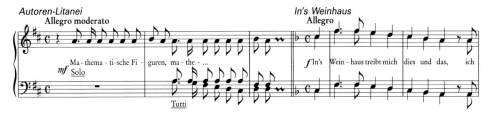

EWV: VI 4stimmige Männergesänge.
Besetzung: 4stimmiger Männerchor.
Datierung: 1844c. ▪ **Erworben** am 30.06.1844 (Lieder 5 + 6).
Druck: *DIE RHEINLÄNDER / Heitere Chor-Gesänge / UND QUARTETTE / für Männerstimmen*. Hefte V. + VI. Schott, Mainz 7540 + 7541.
Bibliothek: D-KA (Nr. 357 + Nr. 358) ▪ D-B (O.9302).
Anmerkung: Chor Nr. 3 (*Trinklied*) liegt in einer weiteren, nicht veröffentlichten Fassung ebenfalls für Männerchor vor (vgl. WoO VIII/32).

Op. 132 Sinfonie Nr. 6, F-Dur

1. Andante - Allegro non tanto   2. Andante con moto
3. Scherzo. Presto   4. Finale. Molto vivace

Der Gesellschaft der Musikfreunde in Wien gewidmet.

EWV: *6te Sinfonie für Orch. / auch für Pf. 4händig.*
Besetzung: 2 Fl, 2 Ob, 2 Cl, 2 Fag, 2 Cor, 2 Tr, Trb-b, Timp, Str.
Datierung: 7. Dezember 1843 (Uraufführung in Leipzig). ▪ **Erworben** am 18.12.1844 und 03.06.1846 (jew. für 4 Hd.).
Autograph: D-KA (Don Mus. Ms. 975a [Stimmen] + 975 b [weitere Str-Stimmen als Abschrift]).
Abschriften: D-KA (Nr. 28 [Part. als Hs., Stimmen gedr.]).
Bearbeitung: Klavier zu 4 Hd. von Ferdinand Roitzsch.
Drucke: *Sixième / SINFONIE / à / grand Orchestre / dédiée / à la Société des Amis de la Musique / de l' Empire Autrichien à Vienne / par / J. W. KALLIWODA, / Maître de Chapelle de S.A.S. le Prince de Fürstenberg.* C. F. Peters, Leipzig 2891 ▪ *Sixième / SINFONIE / composée / par / J. W. KALLIWODA / Oeuvre 132. / arrangée / Pour le Pianoforte à quatre mains / par / FERD. ROITZSCH.* C. F. Peters, Leipzig 2892.
Bibliothek: D-KA (Don Mus. Dr. 2943^b, Mus. Dr. 3029 [beide 4 Hd.], Mus. Dr. 3296) ▪ D-KA (Nr. 139 [4 Hd.]).
Anzeigen und Rezensionen: AmZ 1843, Sp. 931; NZfM 1843, Bd.II, S. 206 (Uraufführung in Leipzig).
Literatur: Neumann, Die Componisten der neueren Zeit. Cassel 1856, S. 91.
Anmerkung: Die vorliegende Sinfonie entstand zwar nach der siebten (WoO I/01), da letztere aber nicht gedruckt wurde, erhielt diese die Einordnungsnummer 6 und die frühere nachträglich die Nr. 7. Weil dies anfangs nicht erkannt wurde, wird vereinzelt als *6. Symphonie* fälschlicherweise die Siebte geführt (g-Moll); siehe u.a. MGG, W. Neumann.
Kalliwoda führte diese Sinfonie am 6. Dezember 1863 in Donaueschingen im Rahmen der Museumskonzerte auf.

Op. 133   Violinconcertino Nr. 5, a-Moll
Allegro moderato - Adagio - Rondo. Allegro

Ferdinand David gewidmet.

EWV: *Concertino N^{ro} 5. für Violine mit Orch. u Pf.bgl.*
Besetzung: Vl princ, 2 Fl, 2 Ob, 2 Cl, 2 Fag, 2 Cor, 2 Tr, Trb-b, Timp, Str.
Datierung: 1844c.
Abschriften: FFB (Musikalien, Best. Kalliwoda, Nr. 4 [*Concerto pur [!] le Violon avec acc d. Orchestre*. Nur Solostimme]).
Bearbeitung: Violine und Klavier.
Drucke: *Cinquième / CONCERTINO / pour le / Violon / avec accompagnement de' Orchestre / ou de / Piano-Forte / composé et dedié / À MONSIEUR F. DAVID / par / J. W. KALLIWODA, / Maître de Chapelle de S.A.S. le Prince de Fürstenberg.* C. F. Peters, Leipzig 2887, 2903 (Vl+Kl).

Bibliothek: D-KA (Don Mus. Dr. 1554 [Kl-Ausz.+Stimmen ohne Trb]) ▪ D-KA (Nr. 56 [Stimmen]) ▪ A-Wn (MS 37.251) ▪ GB-Lbl (h.1729.{6.}).

Op. 134 Divertissement Nr. 3 für Violine und Orch., G-Dur
Introduction. Adagio - Allegretto grazioso

Jean Gall gewidmet.

EWV: *Divertissement für Violine mit Orch. u Pf.bgl.*
Besetzung: Vl princ, 2 Fl, 2 Cl, 2 Fag, 2 Cor, Str.
Datierung: 26. Februar 1846 (Uraufführung in Leipzig). ▪ **Erworben** am 17.11.1846.
Autograph: D-KA (Don Mus. Ms. 936 [Stimmen]).
Bearbeitung: Violine und Klavier.
Drucke: *Troisième / DIVERTISSEMENT / de Concert / pour Violon / avec Accompagnement d' Orchestre / OU DE PIANO / composé et dédié à son ami / Monsieur Jean Gall / à Colmar / par / J. W. KALLIWODA, / Maître de Chapelle de S.A.S. le Prince de Fürstenberg.* C. F. Peters, Leipzig 2999, 3000 (Vl+Kl).
Bibliothek: D-KA (Don Mus. Dr. 1538) ▪ D-KA (Nr. 107 [Vl+Kl]) ▪ D-B (191173, Mb 1870 [Vl+Kl]).
Anzeigen und Rezensionen: AmZ 1846, Sp. 167; NZfM 1846, Bd.I, S. 118f (Berichte über die Uraufführung).

Op. 135 Sonate für Klavier zu vier Händen, g-Moll
1. Allegro non troppo 2. Scherzo. Allegro
3. Adagio maestoso. Tempo di marcia 4. Finale. Allegro assai

Robert Lucas Pearsall of Willsbridge gewidmet.

EWV: *Grand Sonate für Pf. 4händig*.
Besetzung: Klavier zu 4 Hd.
Datierung: 1845 (Druck). ▪ **Erworben** am 17.09.1845.
Drucke: *GRANDE SONATE / pour le / Piano / à quatre mains / composée et dédiée / à Monsieur R. L. Persall of Willsbridge / Chevalier, Menmbre de plusieurs sociétés savantes / par / J. W. KALLIWODA, / Maître de Chapelle de S.A.S. le Prince de Fürstenberg.* C. F. Peters, Leipzig 2941. ▪ *KALLIWODA / ALBUM / Piano à 4 MS.* Universal Edition, Wien 2473 (S. 2-47, *1910*).
Bibliothek: D-KA (Don Mus. Dr. 3031^(IV)) ▪ D-KA (Nr. 200, Anh. Nr. C3) ▪ D-KA* (M 6904, M 4213 RH) ▪ D-B (Mus. 3148) ▪ A-Wn (MS 4069).
Anzeigen und Rezensionen: AmZ 1846, Sp. 334; NZfM 1846, Bd.I, S. 19.
Literatur: Neumann, Die Componisten der neueren Zeit. Cassel 1856, S. 117f. ▪ Strauß-Németh, Kalliwoda. Bd. 1. Kap. 3.3.
Anmerkung: Die Sonate ist eine Bearbeitung der 1841 uraufgeführten, wegen ihres geringen Erfolges jedoch nicht veröffentlichten 7. Sinfonie (WoO I/1). Während die Mittelsätze identisch sind, ließ Kalliwoda die langsame Einleitung des Eröffnungssatzes in der Klavierfassung weg. Der letzte Satz ist eine Neukomposition.

Op. 136   Sechs Männerchöre

EWV: *VI 4stimmige Männergesänge*.
Besetzung: Männerchor.
Anmerkung: Unter dieser Opusnummer kann lediglich aus Kalliwodas Verzeichnis eine Komposition nachgewiesen werden. Um welche Chöre es sich dabei handelt, bleibt unklar.

Op. 137 Große Festmesse (*Hochzeitsmesse*), A-Dur
1. **Kyrie**: Adagio
2. **Gloria**: Allegro con spirito
3. **Credo**: Allegro moderato - Larghetto - Tempo I^{mo} - Allegro vivace
4. **Sanctus**: Adagio - Allegro con fuoco
5. **Benedictus**: Andante quasi Allegretto - Allegro con fuoco
6. **Agnus Dei**: Adagio sostenuto - Allegretto

Zur Silberhochzeit von Fürst Karl Egon II. und Fürstin Amalie.

EWV: *Vocal u Instrumental Meße mit Orch.*
Besetzung: 4 Soli, Chor, 2 Fl, 2 Cl, 2 Fag, 2 Cor, 2 Tr, Timp, Str.
Datierung: 19. April 1843 (Uraufführung in Donaueschingen). ▪ **Erworben** am 13.10.1846.
Autograph: FFB (Musikalien, Best. Kalliwoda, Nr. 21 [zusätzl. Trb-Stimme zur Messe und dem Tedeum WoO VI/26]).
Abschriften: FFB (Musikalien, Best. Kalliwoda, Nr. 38 [Cl-Stimmen]).
Bearbeitung: *Litaniae lauretanae BMV* (Kyrie - Sancta Maria - Regina angelorum) für Solosopr., Chor, 2 Fl, 2 Ob, 2 Cor, 2 Tr, Timp und Orgel. Eigenhändige Bearbeitung des Klosters Benediktbeuern: D-BB (204).

Englischsprachige Übersetzung unter dem Titel *Communion Service* von James Baden Powell (Textanfang: "Lord have mercy upon us").
Drucke: *MESSE / in A dur / für / 4 Solo Singstimmen und Chor / ... / von J. W. KALLIWODA.* Schott, Mainz 8238 (*1845*) ▪ *Communion Service / (in A) / composed for four Voices / Solos and Chorus with Orchestra and Organ / by / J. W. Kalliwoda.* Schott, Mainz/London 26144 ▪ *Music for the Sanctuary / Octavo Edition.* E. Schuberth & Co., New York 1868. Nr. 30. (Nur *Benedictus* auf engl. [„He is blessed"], arrangiert von Edw. J. Biedermann. *1888.*] ▪ P. Schirmer, Leipzig ▪ O. Ditson, Boston.
Bibliothek: D-KA (Don Mus. Dr. 1639 [zusätzl. 2 Ob-Stimmen]) ▪ D-KA (Nr. 9 [Klavierausz.]) ▪ D-B (Mus. 3124, O.27402 [„He is blessed"]) ▪ D-BB (205) ▪ D-Mbs (4 Mus.pr. 53189 [Klavierausz.]) ▪ A-VOR (577) ▪ A-Wdp (698) ▪ B-Bc (23322) ▪ GB-Lbl (H.1029.c.{18.}) ▪ Basilika Tongerse, Niederlande (Nr. 19).
Rezensionen: Donaueschinger Tageblatt. Dienstag, 23. Juni 1914. Nr. 142; Badischer Beobachter. Donnerstag, 14. Juli 1921. Nr. 159.
Literatur: Festfeier der silbernen Hochzeit Seiner Durchlaucht des Fürsten Carl Egon von Fürstenberg und Ihrer Hoheit der Fürstin Amalie, gebornen Prinzessin von Baden am 19. April 1843. Carlsruhe 1843. S. 15. ▪ Bernd Boie: Zu Unrecht vergessen. Wer war Johann Wenzel Kalliwoda? In: Musik und Kirche 2/2001. S. 100-102. ▪ Strauß-Németh, Kalliwoda. Bd. 1. Kap. 4.4.3.
Anmerkung: Unter Kalliwodas Sakralwerken gewann diese Messe die größte Popularität und fand – teilweise in Bearbeitung – eine überaus weite Verbreitung (vgl. *Bibliothek*). In Donaueschingen ist die erste Wiederaufnahme aus Anlass der Silberhochzeit von Fürst Max Egon II. und Fürstin Irma im Juni 1914 überliefert, weshalb ihr der damalige Stadtpfarrer Heinrich Feurstein den Beinamen *Hochzeitsmesse* verlieh (Feurstein: Die Beziehungen des Hauses Fürstenberg zur Residenz- und Patronatspfarrei Donaueschingen von 1488 bis heute. Donaueschingen 1939. S. 96.). Zur Gründung der Donaueschinger Musiktage, zugleich im Rahmen der Landesversammlung der Badischen Heimat, erklang die Messe am 10. Juli 1921 in der Stadtkirche. Weitere Aufführungen im ausgehenden 20. und beginnenden 21. Jahrhundert zeugen von einem wieder wachsenden Interesse an dieser Komposition.

Op. 138 Vier heitere Gesänge für Männerchor

Nr. 1: Spießgesellenlied, *Heraus zum lust'gen Waffentanz* (Ludwig Scharrer).
C-Dur / Lustig

Nr. 2: Volkslied, *Schätzelein, es kränket mich* (Ludwig Scharrer).
F-Dur / Gemüthlich

Nr. 3: Trinkers Liebschaft, *Ich fand zu Etwashausen drinn* (Ludwig Scharrer).
G-Dur / Lebhaft

Nr. 4: Wirth und Gast, *Herr Wirth! mir ist so krank* (Robert Eduard Prutz).
F-Dur / Entschlossen

EWV: *4stimmige Männergesänge.*
Besetzung: Männerchor.
Datierung: 1845 (Druck).
Druck: *DIE RHEINLÄNDER / Heitere Chor-Gesänge / UND QUARTETTE / für Männerstimmen.* Heft XII. Schott, Mainz 8242.
Bibliothek: D-KA (Nr. 359) ▪ D-B (Mus. O.2227).
Anmerkung: Chor Nr. 1 wurde am 26. Mai 1851 im Rahmen eines Museumskonzertes in Donaueschingen aufgeführt.

Op. 139 Fünf Lieder für eine Singstimme

Nr. 1: Gondoliera, *O komm zu mir* (Emanuel Geibel).
    f-Moll / Andantino
Nr. 2: Die Fahnenwacht, *Der Sänger hält im Feld* (Theodor Löwe).
    F-Dur / Tempo di marcia
Nr. 3: Frage nicht, *O frage nicht* (Robert Eduard Prutz).
    E-Dur / Allegretto
Nr. 4: Heimweh, *Hin zu euch, ihr meine Lieben* (Otto Prechtler).
    a-Moll / Allegro agitato
Nr. 5: Sängers Morgenlied, *Grünende Pfade entlang walle ich gerne* (Thekla).
    A-Dur / Adagio

EWV: *V Lieder mit Pf.bgl.*
Besetzung: Gesangstimme, Klavier.
Datierung: 1845 (Druck). ▪ **Erworben** am 17.09.1845.
Druck: *FÜNF LIEDER / für / eine Singstimme / mit / Begleitung des Pianoforte / componirt / von / J. W. KALLIWODA, / Kapellmeister S. D. des Fürsten zu Fürstenberg.* C. F. Peters, Leipzig 2967 (2 Hefte).
Bibliothek: D-KA (Don Mus. Dr. 2944b) ▪ D-KA (Nr. 305).
Anzeigen und Rezensionen: AmZ 1845, Sp. 884.

Op. 140   Walzer für Klavier, E-Dur
Molto vivace

EWV: *Valses brillantes für Pf.*
Besetzung: Klavier.
Datierung: 1846 (Druck). ▪ **Erworben** am 23.07.1846.
Abschriften: D-KA (Nr. 250).
Druck: *VALSE BRILLANTE / pour / Piano / composée / par / J. W. KALLIWODA, / Maître de Chapelle de S.A.S. le Prince de Fürstenberg.* C. F. Peters, Leipzig 3022.
Bibliothek: D-KA (Don Mus. Dr. 3031[IV]).
Anmerkung: Die im BLKÖ unter dieser Opusnummer aufgeführte „10me Ouvertüre de Concert" ist wohl ein Versehen, da das besagte Werk auch unter der richtigen Nummer (op. 142) genannt ist.

Op. 141 Scherzo für Klavier, a-Moll
Molto vivace

EWV: *Scherzo für Pf.*
Besetzung: Klavier.
Datierung: 1845 (Druck). ▪ **Erworben** am 29.04.1845.
Druck: *SCHERZO / pour le / Piano / par / J. W. KALLIWODA, / Maître de Chapelle de S.A.S. le Prince de Fürstenberg*. C. F. Peters, Leipzig 2947.
Bibliothek: D-KA (Don Mus. Dr. 1618, Mus. Dr. 3031^{IV}) ▪ D-KA (Nr. 198) ▪ D-HEms (M 406 zc).
Anzeigen und Rezensionen: AmZ 1845, Sp. 676.

Op. 142 Ouvertüre Nr. 10, f-Moll
Allegro molto

Der Philharmonischen Gesellschaft in Colmar gewidmet.

EWV: *10te Ouverture für Orch. / auch 4händig für Pf.*
Besetzung: Pic, Fl, 2 Ob, 2 Cl, 2 Fag, 2 Cor, 2 Tr, Trb-b, Timp, Str.
Datierung: 13. Januar 1842 (Uraufführung in Leipzig); 1846 (Druck). ▪ **Erworben** am 17.09.1845.
Abschriften: : D-KA (Don Mus. Ms. 986 [Stimmen]) ▪ D-KA (Don S.B. IX, Nr. 15 [Stimmen-Sammelbände]).
Bearbeitung: Klavier zu 4 Hd.
Drucke: *Dixième / OUVERTURE / DE CONCERT / à grand orchestre composée et dediée / à la Société Philharmonique / de Colmar / par / J. W. KALLIWODA, / Maître de Chapelle de S.A.S. le Prince de Fürstenberg*. C. F. Peters, Leipzig 2962 ▪ *Dixième / OUVERTURE / de Concert / arrangée pour le Piano / à quatre mains / composée / par / J. W. KALLIWODA, / Maître de Chapelle de S.A.S. le Prince de Fürstenberg*. C. F. Peters, Leipzig 2971.

Bibliothek: D-KA (Don Mus. Dr. 1599, Mus. Dr. 3029 [beide 4 Hd.]) ▪ D-KA (Nr. 149 [4 Hd.]) ▪ D-B (O.11149 [4 Hd.]) ▪ D-DT (Mus-n 559).
Anzeigen und Rezensionen: AmZ 1842, Sp. 82 und NZfM 1842, Bd. I, S. 35 (Urauff. in Leipzig); NZfM 1846, Bd.I, S. 19.

Op. 143 Ouvertüre Nr. 11, B-Dur
Molto vivace

Felix Mendelssohn Bartholdy gewidmet.

EWV: *11te Ouverture (D-Dur) / auch 4händig für Pf.*
Besetzung: Pic, Fl, 2 Ob, 2 Cl, 2 Fag, 2 Cor, 2 Tr, Trb-b, Timp, Str.
Datierung: 26. Februar 1846 (Uraufführung in Leipzig). ▪ **Erworben** am 17.11.1846.
Autograph: D-KA (Don Mus. Ms. 914 [Stimmen von Kalliwoda]).
Abschriften: D-KA (Nr. 150 [Abschr. der Fassung für 4 Hd.]).
Bearbeitung: Klavier zu 4 Hd.
Drucke: *Onzième / OUVERTURE / de concert / à / grand Orchestre / composée et dédiée / à Monsieur le Docteur / Felix Mendelssohn-Bartholdy, / Directeur-Général de Musique et Maître de Chapelle de S. M. le Roi de Prusse, / Chevalier etc. / par / J. W. KALLIWODA, / Maître de Chapelle de S.A.S. le Prince de Fürstenberg.* C. F. Peters, Leipzig 3017 ▪ *Onzième / OUVERTURE / de Concert / arrangée pour le Piano / A QUATRE MAINS / et composée / par / J. W. KALLIWODA, / Maître...* C. F. Peters, Leipzig 3018.
Bibliothek: D-KA (Don Mus. Dr. 1600 [Orch-Stimmen + weitere Str-Stimmen als Abschr.], Mus. Dr. 3029 [4 Hd.]) ▪ D-B (Mus. O.13239 [4 Hd.]) ▪ D-DT (Mus-n 560) ▪ D-HEms (Magazin, Fa 259 [Mikrofilm; beide 4 Hd.]) ▪ GB-Lbl (e.95.{2.} [4 Hd.]).
Anzeigen und Rezensionen: AmZ 1846, Sp. 167; NZfM 1846, Bd.II, S. 118f (Bericht über die Uraufführung) + S. 197 (Wiederholung bei einem Euterpe-Konzert im Dezember).
Anmerkung: Bei der falschen Tonartangabe Kalliwodas handelt es sich wohl um eine Verwechslung mit der nächsten Ouvertüre op. 145.

Op. 144 *Fischerlied* für gemischten Chor, E-Dur

Fischerlied, *Wie gleitet schnell das leichte Boot* (Schottisches Volkslied). Allegro

EWV: *4stimmiges Lied für gemischten Chor mit Pf.bgl.*
Besetzung: Sopr, Alt, Ten, Bass, Klavier.
Datierung: 1845 (Druck). ▪ **Erworben** am 17.09.1845.
Bearbeitung: Orchesterbegleitung mit 2 Fl, 2 Ob, 2 Cl, 2 Fag, 2 Cor, Str (handschriftl. Stimmen im Donaueschinger Nachlass).
Druck: FISCHERLIED / ... / für / Sopran, Alt, Tenor und Baß / mit Begleitung des Pianoforte / von / J. W. KALLIWODA, / Kapellmeister S. D. des Fürsten zu Fürstenberg. C. F. Peters, Leipzig 2970.
Bibliothek: D-KA (Don Mus. Dr. 1564, Mus. Dr. 1565 [Orch.]) ▪ D-KA (Nr. 333) ▪ D-B (Mus. 3126).
Anzeigen und Rezensionen: AmZ 1845, Sp. 884.
Anmerkung: Bei dem Text der vorliegenden Komposition handelt es sich um die deutsche Übersetzung eines schottischen Volksliedes, das auch Beethoven in seiner Sammlung op. 108 (Nr. 19) vertont hatte.

Op. 145 Ouvertüre Nr. 12, D-Dur

Adagio maestoso - Allegro assai

Den Mitgliedern der Fürstlich Fürstenbergischen Hofkapelle gewidmet.

EWV: *12te Ouverture für Orch. (B-Dur) / auch für Pf. 4händ.*
Besetzung: 2 Fl, 2 Ob, 2 Cl, 2 Fag, 2 Cor, 2 Tr, Trb-b, Timp, Str.
Datierung: 19. April 1843 oder (Urauff. in Donaueschingen; vgl. *Anmerkung*); 1848 (Druck).
Autograph: D-KA (Don Mus. Ms. 862 [unvollst. Partitur von fremder Hand, Stimmen von Kalliwoda]).
Abschriften: D-KA (Don S.B. IX, Nr. 16 [Stimmen-Sammelb.] + Mus. Ms. 862a [Str-Stimmen]).
Bearbeitung: Klavier zu 4 Hd.

Drucke: *DOUZIÈME / OUVERTURE / de concert / à / grand Orchestre / dédiée / Aux Membres de la Chapelle / de S. A. S. le Prince de Fürstenberg / par / J. W. KALLIWODA.* C. F. Peters, Leipzig 3159 ▪ *Douzième / OUVERTURE / de Concert / arrangée pour le Piano / A QUATRE MAINS / et composée / par / J. W. KALLIWODA, / Maître de Chapelle de S.A.S. le Prince de Fürstenberg.* C. F. Peters, Leipzig 3180.
Bibliothek: D-KA (Don Mus. Dr. 3277 [Orch-Stimmen], Mus. Dr. 3029 [4 Hd.]) ▪ D-KA (Nr. 151 [4 Hd.]) ▪ D-DT (Mus-n 561) ▪ D-HEms (Magazin [4 Hd.]).
Anzeigen und Rezensionen: NZfM 1848, Bd.I, S. 113.
Anmerkung: In einem zeitgenössischen Bericht über die Feierlichkeiten zur Silberhochzeit des Fürstenpaares ist auch das Programm des Festkonzertes am Abend abgedruckt. (Festfeier der silbernen Hochzeit Seiner Durchlaucht des Fürsten Carl Egon von Fürstenberg und Ihrer Hoheit der Fürstin Amalie... Carlsruhe 1843. S. 38.) An erster Stelle wurde dabei „Kalliwodas neue, große Festouvertüre mit Hymne" gespielt. Obwohl Hinweise zur genaueren Identifizierung des Werkes fehlen, ist es sehr gut möglich, dass es sich dabei um diese Festouvertüre handelte, die somit an jenem 19. April 1843 zur Uraufführung kam. Am 20. April 1845 wurde die Komposition wiederholt.
In die Streicherstimmen der Mappe Ms. 862a sind hinten die Stimmen eines *Te Deum* von Kreuzer (D-Dur) eingeklebt.
Bei der falschen Tonartangabe Kalliwodas handelt es sich wohl um eine Verwechslung mit der vorhergehenden Ouvertüre op. 143.

Op. 145a   Fürstenberghymne, Es-Dur

Fürstenberghymne, *Laß ew'ger Vater, großer Hort* (Xaver Seemann). Langsam

Zur Silberhochzeit des Fürstenpaares.

Besetzung: 4stimmiger Chor mit variabler Begleitung.
Datierung: 18. April 1843.
Autograph: D-KA (Don Mus. Autogr. 17 [Klaviersatz], Mus. Ms. 862,1 [für Orchester], Mus. Ms. 914² [*Fürstenberger Lied*]).
Abschriften: FFB (Musikalien, Best. Kalliwoda, Nr. 44 [unvollst. Stimmen in D-Dur: 2 Vl, Vlc, Cor]).
Druck: *Fürstenberger / Hymne. / Componirt / von / J. W. KALLIWODA.* Otto Mory's Hofbuchhandlung, Donaueschingen (*1892*); auch als Postkarte.
Bibliothek: D-KA (Don Mus. Dr. 1567: Mappe enthält acht gedruckte Großexemplare, einige Postkarten sowie mehrere Exemplare der einzelnen Singstimmen. Aus neuerer Zeit finden sich handschriftliche Stimmen für eine Militärkapelle [Fl, 3 Cl, 2 Saxophon, 2 Flügelhrn, 2 Tr, 4 Cor, 3 Cor-t, Baryton, Trb, Tuba, Schlagzeug])▪ D-KA (Nr. 261) ▪ D-B (166168).
Literatur: László Strauß-Németh, BLB Ausstellungskatalog. S. 71f.
Anmerkung: Dieses Werk, das ursprünglich keine Opuszahl hat, wurde hier eingereiht, da es Kalliwoda als Abschluss in seine 12. Ouvertüre (op. 145) eingearbeitet hat.

Op. 146 *Sturm und Segen*. Gesang für Männerchor, F-Dur
Sturm und Segen, *Welch heilig stilles Schweigen* (August G. Eberhard). Allegretto

EWV: *4stimmiger Männerchor*.
Besetzung: Männerchor a cap.
Datierung: 1846c. ▪ **Erworben** am 06.05.1846.
Druck: STURM UND SEGEN / von / A.G. EBERHARD. / Vierstimmiger Männergesang / componirt von / J. W. KALLIWODA, / Kapellmeister S. D. des Fürsten von Fürstenberg. C. F. W. Siegel & Stoll, Leipzig 13.
Bibliothek: D-KA (Nr. 363) ▪ D-B (64622) ▪ D-Dl (Mus. 5404-H-501) ▪ D-DT (Mus-n 2276).
Anzeigen und Rezensionen: AmZ 1847, Sp. 693.
Literatur: Neumann, Die Componisten der neueren Zeit. Cassel 1856, S. 118.

Op. 147 Drei Balladen für Mezzosopran oder Bariton
Nr. 1: Des letzten Kaisers Rheinfahrt, *Der Sänger ruht auf schroffem Fels* (Adelheid von Stolterfoth). E-Dur / Allegretto
Nr. 2: Gisela, *Hat ein Schiffer grau und alt* (Adelheid von Stolterfoth). d-Moll / Allegro moderato
Nr. 3: Abend am Rhein, *Die Sonne sinkt und schwindet* (Adelheid von Stolterfoth). E-Dur / Adagio

EWV: *III Lieder mit Pfbgl.*
Besetzung: Mittlere Gesangstimme, Klavier.

Datierung: 1846c.
Drucke: *DREI / BALLADEN / von / A. v. Stolterfoth / für Mezzo-Sopran oder Bariton / mit / Begleitung des Pianoforte / componirt von / J. W. KALLIWODA / Fürstl. Fürstenberg'scher Hof-Kapellmeister*. F. W. Arnold, Elberfeld 379-381. ▪ *KALLIWODA / LIEDER-ALBUM / Gesang und Klavier*. Universal Edition, Wien 2471 (Lieder 1+2, S. 17-24; *1910*). ▪ Rheinsagen. Nr. 3. (Lied 2) ▪ A. Fürstner, Berlin.
Bibliothek: D-KA (Don Mus. Dr. 3030) ▪ D-KA (Nr. 300) ▪ D-B (Mus. 3144 [Lieder 1+2], Mus. O.13919 [Lied 2]) ▪ CZ-Pnm (59 A 2373)
<u>Kalliwoda-Album, Wien</u> (Lieder 1+2): D-KA (Anh. Nr. C1) ▪ D-KA* (M 6902) ▪ A-Wn (MS 3998) ▪ CZ-Pnm (59 E 6536).
Anzeigen und Rezensionen: NZfM 1854, Bd.I, S. 232 (Neuauflage der Lieder 1+2).

Op. 148 Sechs Salonstücke für Violine und Klavier
1. Adagio religioso con molta espressione, E-Dur
2. Andantino grazioso con dolcezza innocente, G-Dur
3. Allegro agitato con molta passione, a-Moll   4. Allegretto scherzoso, g-Moll
5. Allegretto, D-Dur   6. Allegro con brio, A-Dur

E. Thurneisen gewidmet.

EWV: *VI Solos für Violine u Pf.*
Besetzung: Violine, Klavier.
Datierung: 1846c. ▪ **Erworben** am 23.07.1846.

Druck: *Six / PIÈCES DE SALON / pour / Violon avec Piano / composées et dédiées / à / Monsieur E. Thurneisen à Bâle / par / J. W. KALLIWODA, / Maître de Chapelle de S.A.S. le Prince de Fürstenberg.* C. F. Peters, Leipzig 3011 (Nr. 1-3) + 3012 (Nr. 4-6).
Bibliothek: D-KA (Nr. 106) ▪ CZ-Pnm (59 A 185).

Op. 149   Drei Zyklen für Klavier

E. Buxton gewidmet.

EWV: *III Tyrolien, III Mazurkas, III Polkas für Pf.*
Besetzung: Klavier.
Datierung: 1846c. ▪ **Erworben** am 23.07.1846.
Druck: *Trois Airs tiroliens / N° 1. / Trois Mazurkas / N° 2. / Trois Polkas / N° 3. / pour le / PIANO / composés et dédiés / à Monsieur E. Buxton / à Londres / par / J. W. KALLIWODA, / Maître de Chapelle de S.A.S. le Prince de Fürstenberg.* C. F. Peters, Leipzig (Pl-Nummern siehe beim jeweiligen Werk).
Bibliothek: D-KA (Don Mus. Dr. 1547[1], Mus. Dr. 1587 [nur Nr. 1], Mus. Dr. 3031[IV]) ▪ D-KA (Nr. 175) ▪ D-KA* (M 3659 RH) ▪ D-B (211085) ▪ D-HEms (M 406 zb).

Op. 149, Nr. 1: Drei Tyroler Weisen
Nr. 1: Molto moderato, quasi Andante, Es-Dur   Nr. 2: [o. A.], As-Dur   Nr. 3: [o. A.], Es-Dur

Druck: C. F. Peters, Leipzig 3006.
Abschriften: D-KA (Nr. 175).

Op. 149, Nr. 2: Drei Mazurkas

Nr. 1: Vivace, e-Moll   Nr. 2: Moderato, G-Dur   Nr. 3: Moderato, D-Dur

Druck: C. F. Peters, Leipzig 3007.

Op. 149, Nr. 3: Drei Polkas

Nr. 1: Allegro non tanto, A-Dur   Nr. 2: [o. A.], Es-Dur   Nr. 3: Più vivace, B-Dur

Druck: C. F. Peters, Leipzig 3010.

Op. 150   Sechs Lieder für eine Singstimme

    Nr. 1: Der drei Burschen Lied, *Was tönt herauf so seltsamer Klang?* (G. Scheurlin).
        a-Moll / Andante
    Nr. 2: Ferne Liebe, *Aus des Herzens stiller Enge.*
        F-Dur / Allegretto grazioso
    Nr. 3: Wandrers Heimat, *Mag in seiner Heimat bleiben.*
        G-Dur / Poco vivo e con fuoco
    Nr. 4: Des Pilgers Sonntag, *Auch im fernen Lande* (Burchard Ernst).
        E-Dur / Larghetto
    Nr. 5: Tirolerlied, *Dort auf der Alp hoch wohnt* (Moritz Alexander Zille).
        As-Dur / Andantino
    Nr. 6: Das Schwerdt, *Zur Schmiede ging ein junger Held* (Ludwig Uhland).
        G-Dur / Allegretto

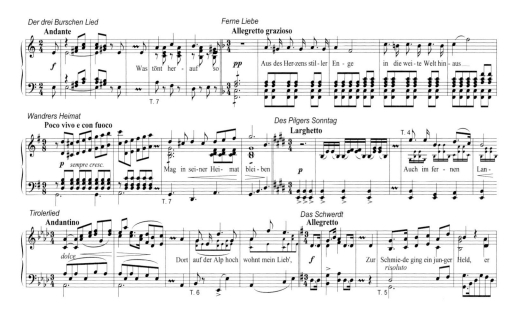

EWV: *VI Lieder mit Pf.bgl.*
Besetzung: Gesangstimme, Klavier.
Datierung: 1847c.
Bearbeitung: Chor Nr. 1 (*Der drei Burschen Lied*) für dreist. Männerchor (WoO VIII/10).
Drucke: SECHS LIEDER / für / eine Singstimme / mit / Begleitung des Pianoforte / componirt / von / J. W. KALLIWODA, / Kapellmeister S. D. der Fürsten zu Fürstenberg. C. F. Peters, Leipzig 3049 ▪ J. Schuberth, Leipzig (Nr. 5).
Bibliothek: D-KA (Don Mus. Dr. 2944b) ▪ D-KA (Nr. 307) ▪ D-B (58970) ▪ CZ-Pnm (59 A 2726) ▪ GB-Lbl (H.2836.g.{43.}).

Op. 151 Violinconcertino Nr. 6, D-Dur
Allegro con fuoco

EWV: *Concertino N^{ro} 6. für Violine mit Orchester u Pf.bgl.*
Besetzung: Vl princ, 2 Fl, 2 Ob, 2 Cl, 2 Fag, 2 Cor, 2 Tr, Trb-b, Timp, Str.
Datierung: 1848 (Druck).
Autograph: FFB (Musikalien, Best. Kalliwoda, Nr. 15 [Stimmen, einige als Abschr.]).
Bearbeitung: Violine und Klavier.
Drucke: *Sixième / CONCERTINO / pour le / VIOLON / avec accompagnement d' Orchestre / ou de / Piano / composé / par / J. W. KALLIWODA / Maître de Chapelle de S.A.S. le Prince de Fürstenberg.* C. F. Peters, Leipzig 3138, 3139 (Vl+Kl).
Bibliothek: D-KA (Don Mus. Dr. 1555) ▪ D-KA (Nr. 84 [Vl+Kl]).
Anzeigen und Rezensionen: NZfM 1848, Bd.I, S. 18.
Anmerkung: Kalliwoda spielte dieses Konzert am 25. Februar 1863 im Rahmen der Museumskonzerte in Donaueschingen.

Op. 152 Drei Violinduos

Nr. 1: **Duo in F-Dur**. 1. Allegro moderato 2. Allegretto
                      3. Rondo. Allegro non tanto
Nr. 2: **Duo in D-Dur**. 1. Moderato 2. Andante 3. Allegro vivace
Nr. 3: **Duo in e-Moll**. 1. Allegro vivace con passione 2. Scherzo. Presto
                      3. Adagio 4. Tempo di marcia. Moderato

EWV: *III Duos für 2 Violinen.*
Besetzung: 2 Violinen.
Datierung: 1848 (Druck).
Drucke: *Trois / DUOS / brillants et faciles / pour / Deux Violons / composés / par / J. W. KALLIWODA, / Maître de Chapelle de S.A.S. le Prince de Fürstenberg.*C. F. Peters, Leipzig 3145-3147 ▪ ebd. (Neuauflage *1851*) ▪ London (*1851*).
Bibliothek: D-KA (Don Mus. Dr. 1552[1]) ▪ D-KA (Nr. 42) ▪ D-B (59084) ▪ D-LÜh (H 147) ▪ GB-Lbl (h.214.a.{4.}, h.195.{3.}).
Anzeigen und Rezensionen: NZfM 1848, Bd.I, S. 19; NZfM 1851, Bd.II, S. 124 (Neuauflage sämtlicher Violinduos).

Op. 153   Zwei Zyklen für Klavier

EWV: *V Mazurken u III Märsche für Pf.*
Besetzung: Klavier.
Datierung: 1848 (Druck).
Anzeigen und Rezensionen: NZfM 1848, Bd.I, S. 271.

Op. 153, Nr. 1: Fünf Mazurkas mit Trio
Nr. 1: Allegro ma non troppo, C-Dur   Nr. 2: F-Dur   Nr. 3: C-Dur   Nr. 4: a-Moll   Nr. 5: C-Dur

Druck: *Cinq / MAZURKAS / pour / Piano / composées / par / J. W. KALLIWODA, / Maître de Chapelle de S.A.S. le Prince de Fürstenberg.* C. F. Peters, Leipzig 3189.

Bibliothek: D-KA (Don Mus. Dr. 3031^IV) ▪ D-KA (Nr. 228) ▪ D-HEms (M 406 za) ▪ GB-Lbl (h.706.{5.}).

Op. 153, Nr. 2: Drei Militärmärsche
Nr. 1: Molto vivace, F-Dur   Nr. 2: [o.A.], B-Dur   Nr. 3: Moderato, F-Dur

Bearbeitung: Marsch Nr. 2 für Orchester (Pic, Fl, 2 Ob, 2 Cl, 2 Fag, 2 Cor, 2 Tr, Trb, Tamb-gr, Becken), jedoch ohne die ersten vier Einleitungstakte. In: D-KA (Don Mus. Ms. 955 [*Geschwind. Marsch*, Stimmenautograph]).
Druck: *3 / MARCHES MILITAIRES / pour le / Piano / composées / par / J. W. KALLIWODA, / Maître de Chapelle de S.A.S. le Prince de Fürstenberg.* C. F. Peters, Leipzig 3190.
Bibliothek: D-KA (Don Mus. Dr. 3031^IV) ▪ D-KA (Nr. 159) ▪ D-KA* (M 6676 RH) ▪ D-HEms (M 406 z) ▪ GB-Lbl (h.706.{6.}).

Op. 154 Sechs Lieder für Mezzosopran oder Bariton
Nr. 1: Barcarolle, *Küßt euch leiser, liebe Wogen.*
  e-Moll / Poco vivo
Nr. 2: Weiß und blau, *Wenn ich zum heitern Himmel schau'* (Ludwig Scharrer).
  G-Dur / Andantino
Nr. 3: Immer dein! *Siehst du hinab in die dunkle See.*
  e-Moll / Allegretto
Nr. 4: Herab von den Bergen, *Herab von den Bergen zum Thale.*
  As-Dur / Poco vivo con anima
Nr. 5: Der Schreiner, *Ich baute dir den stillen Schrein.*
  Es-Dur / Adagio con dolore
Nr. 6: Handwerksburschenlied, *Das liebe Ränzel ist gespickt.*
  D-Dur / Poco Vivace

EWV: *VI Lieder mit Pf.bgl.*
Besetzung: Mittlere Gesangstimme, Klavier.
Datierung: 1847c.
Abschriften: D-Mbs (Mus. Mss. 12428 [*23 Lieder und 1 Arie*], S. 26-30 [Lied Nr. 4]).
Druck: *6 / LIEDER / für eine / Mezzo-Sopran oder Baritonstimme mit Begleitung des Piano-Forte / componirt von / J. W. KALLIWODA*. Schott, Mainz 9460 ▪ ebd. Neue Folge: 272-277 (dt. + engl.). ▪ *KALLIWODA / LIEDER-ALBUM / Gesang und Klavier*. Universal Edition, Wien 2471 (nur Nr. 3-6, S. 25-37; *1910*).
Bibliothek: D-KA (Don Mus. Dr. 2944b) ▪ D-KA (Nr. 308) ▪ D-B (87238).
<u>Kalliwoda-Album, Wien</u> (nur Nr. 3-6): D-KA (Anh. Nr. C1) ▪ D-KA* (M 6902) ▪ A-Wn (MS 3998) ▪ CZ-Pnm (59 E 6536).

Op. 155 *Die Jäger*. Lied für Bariton, b-Moll

Die Jäger, *Es zieht ein Jäger, das Herz so bang*. Tempo di Polacca, molto moderato

Karl Oberhoffer gewidmet.

EWV: *Lied mit Pf.bgl.*
Besetzung: Mittlere Gesangstimme, Klavier.
Datierung: 1848 (Druck).
Druck: *DIE JÄGER / Lied / für Bariton oder Mezzosopran / mit / Begleitung des Pianoforte / componirt und / Herrn Carl Oberhoffer / Grossherzogl. Badischen Kammer- u. Hof-Opernsänger / freundschaftlich zugeeignet / von / J. W. KALLIWODA.* C. F. Peters, Leipzig 3186.
Bibliothek: D-KA (Don Mus. Dr. 2944b) ▪ D-KA (Nr. 326) ▪ D-B (Mus. 3145) ▪ D-Mbs (4 Mus.pr. 39072).
Anzeigen und Rezensionen: NZfM 1848, Bd.I, S. 140.

Op. 156 Sechs Steirische Weisen für Klavier
Nr. 1: Molto moderato, Es-Dur   Nr. 2: As-Dur   Nr. 3: Es-Dur
Nr. 4: As-Dur   Nr. 5: Es-Dur   Nr. 6: As-Dur

EWV: *VI Airs Styrien für Pf.*
Besetzung: Klavier.
Datierung: 1849 (Druck).
Druck: *6 / AIRS STYRIENS / pour le / Piano / composés / par / J. W. KALLIWODA / Maître de Chapelle de S.A.S. le Prince de Fürstenberg.* C. F. Peters, Leipzig 3290 (Nr. 1-3), 3291 (Nr. 4-6).
Bibliothek: D-KA (Don Mus. Dr. 3031^{IV}) ▪ D-KA (Nr. 170 [Nr. 1-3 als Druck, Nr. 4-6 als Abschr.]) ▪ D-HEms (M 406 y) ▪ GB-Lbl (h.195.{12.}).
Anzeigen und Rezensionen: NZfM 1849, Bd.II, S. 180 + 211.

Op. 157 Fantasie für Violine und Klavier nach Motiven aus der Oper *La Bohémienne* von Balfe, A-Dur
Moderato - Larghetto cantabile

EWV: *Fantasie für Violine mit Pfbgl.*
Besetzung: Violine, Klavier.
Datierung: 1849 (Druck).
Bearbeitung: Unveröffentlichte Fassung für Violine und Orchester (vgl. WoO II/15, Nr. 1).
Drucke: FANTAISIE / brillante / sur / La Bohémienne / de Balfe / pour / Violon avec Piano / composée / par / J. W. KALLIWODA, / Maître de Chapelle de S.A.S. le Prince de Fürstenberg. C. F. Peters, Leipzig 3287 ▪ London (*1852*).
Bibliothek: D-KA (Nr. 88) ▪ D-B (Mb 1875) ▪ D-LÜh (J 194) ▪ GB-Lbl (h.195.{4.}).
Anzeigen und Rezensionen: NZfM 1849, Bd.II, S. 24 + 83.

Op. 158 Fantasie für Violine und Klavier nach Motiven aus der Oper *Ernani* von Verdi, E-Dur
Allegro agitato

EWV: *Fantasie für Violine mit Pfbgl.*
Besetzung: Violine, Klavier.
Datierung: 1849 (Druck).
Bearbeitung: Unveröffentlichte Fassung für Violine und Orchester (vgl. WoO II/15, Nr. 2) sowie spätere Fassung unter dem Titel *Romance* (vgl. op. 158a).
Drucke: FANTAISIE / brillante / sur / Ernani DE G. Verdi / pour / Violon avec Piano / composée / par / J. W. KALLIWODA, / Maître de Chapelle de S.A.S. le Prince de Fürstenberg. C. F. Peters, Leipzig 3288 ▪ London (*1851*).
Bibliothek: D-KA (Nr. 122) ▪ D-B (Mb 1876) ▪ GB-Lbl (h.195.{6.}).
Anzeigen und Rezensionen: NZfM 1849, Bd.II, S. 180 + 211.

Op. 158a   Romanze für Violine und Klavier nach Motiven aus der Oper *Ernani* von Verdi, fis-Moll
Larghetto - Allegretto

Besetzung: Violine, Klavier.
Datierung: Nach 1849.
Autograph: D-KA (Nr. 113 [*Romanze / für / Violine mit Clavierbegl. / von / Verdi*. (durchgestr., stattdessen:) *Arrang. v. J.W.K.*]).
Anmerkung: Kalliwoda verwendete als Violinstimme das gedruckte Stimmenblatt von op. 158 (Peters 3288) und überklebte dort die geänderten Abschnitte bzw. trug die entsprechenden Ergänzungen ein. Aufgrund dieser Tatsache ist es unzweifelhaft, dass die vorliegende Bearbeitung erst auf die Druckfassung 1849 folgte. Der Komponist unterlegte dem Allegretto-Mittelteil eine neue Klavierbegleitung und fügte eine neue fünftaktige Einleitung sowie einen zehntaktigen Schluss hinzu.

Op. 159   Walzer für Violine und Klavier, G-Dur
Introduzione. Moderato - Molto vivace

EWV: *Grande Valse für Violine mit Pf.*
Besetzung: Violine, Klavier.
Datierung: 1849 (Druck).
Drucke: *GRANDE / WALSE DE BRAVOURE / pour le / Violon / avec accompagnement de Piano / composée par / J. W. KALLIWODA, / Maître de Chapelle de S.A.S. le Prince de Fürstenberg*. C. F. Peters, Leipzig 3295 ▪ London (*1851*).
Bibliothek: D-KA (Nr. 89) ▪ D-B (Mb 1891) ▪ GB-Lbl (h.195.{5.}).
Anzeigen und Rezensionen: NZfM 1849, Bd.II, S. 256; NZfM 1850, Bd.I, S. 7.

Op. 160   Vier Klavierstücke
Nr. 1: Vivace, G-Dur   Nr. 2: Allegro vivace, E-Dur
Nr. 3: Allegretto grazioso, a-Moll   Nr. 4: Molto moderato, F-Dur

EWV: *IV Piecen für Pf.*
Besetzung: Klavier.
Datierung: 1850 (Druck).
Druck: *QUATRE PIÈCES / pour le / Piano / composées / par / J. W. KALLIWODA, / Maître de Chapelle de S.A.S. le Prince de Fürstenberg.* C. F. Peters, Leipzig 3392. ▪ *KALLIWODA / ALBUM / Piano Solo.* Universal Edition, Wien 2472 (nur Nr. 1+3, S. 12-19; *1910*). ▪ *Monatsheft für Musiktheater und Literatur.* Wien/Berlin, Heft 5, *1933* (Nr. 3).
Bibliothek: D-KA (Don Mus. Dr. 3031^{IV}) ▪ D-KA (Nr. 197) ▪ A-Wn (MS 21.358 [Nr. 3]).
Kalliwoda-Album, Wien (nur Nr. 1+3): D-KA (Don Mus. Dr. 1612) ▪ D-KA* (Anh. Nr. C2, M 6903) ▪ D-Mbs (4 Mus.pr. 21320) ▪ D-B (125990) ▪ A-Wn (MS 4009).
Anzeigen und Rezensionen: NZfM 1852, Bd.I, S. 24.

Op. 161   Zwei Adagios für Klavier
Nr. 1: Larghetto religioso, F-Dur
Nr. 2: Adagio mélancholique. Molto sostenuto con espressione, Ges-Dur

EWV: *Deux Adagios für Pf.*
Besetzung: Klavier.
Datierung: 1850 (Druck).

Druck: *DEUX ADAGIOS / pour le / Piano / composés / par / J. W. KALLIWODA / Maître de Chapelle de S.A.S. le Prince de Fürstenberg.* C. F. Peters, Leipzig 3325. ▪ *KALLIWODA / ALBUM / Piano Solo.* Universal Edition, Wien 2472 (nur Nr. 2, S. 20-24; *1910*).
Bibliothek: D-KA (Don Mus. Dr. 3031^{IV}) ▪ D-KA (Nr. 162 [Nr. 2 auch als Abschr.]) ▪ GB-Lbl (h.195.{10.}).
<u>Kalliwoda-Album, Wien</u> (nur Nr. 2): D-KA (Don Mus. Dr. 1612) ▪ D-KA (Anh. Nr. C2) ▪ D-KA* (M 6903) ▪ D-Mbs (4 Mus.pr. 21320) ▪ D-B (125990) ▪ A-Wn (MS 4009).
Anzeigen und Rezensionen: NZfM 1850, Bd.II, S. 108 + 159.

Op. 162 Allegro für Klavier zu vier Händen, D-Dur
Allegro risvegliato

EWV: *VI Lieder mit Pf.bgl.*
Besetzung: Klavier zu 4 Hd.
Datierung: 1850 (Druck).
Druck: *ALLEGRO / pour le / Piano / à quatre mains / composé / par / J. W. KALLIWODA, / Maître de Chapelle de S.A.S. le Prince de Fürstenberg.* C. F. Peters, Leipzig 3398.
Bibliothek: D-KA (Don Mus. Dr. 3031^{IV}) ▪ D-KA (Nr. 203 [Druck + Abschr.]) ▪ D-Mbs (4 Mus.pr. 50015).
Anzeigen und Rezensionen: NZfM 1851, Bd.II, S. 180; NZfM 1852, Bd.I, S. 151.
Anmerkung: Es ist unklar, ob sich Kalliwoda beim Eintrag in sein Verzeichnis lediglich geirrt hatte oder unter dieser Nummer ursprünglich Lieder herausgeben wollte.

Op. 163 Introduction und Polka für Klavier, Es-Dur
Introduction. Moderato - Polka. Allegro non troppo

EWV: *Introd. u Polka für Pf.*
Besetzung: Klavier.
Datierung: 1850 (Druck).

Druck: JNTRODUCTION / et / POLKA / pour le Piano / composées / par / J. W. KALLIWODA / Maître de Chapelle de S.A.S. le Prince de Fürstenberg. C. F. Peters, Leipzig 3334.
Bibliothek: D-KA (Don Mus. Dr. 3031^{IV}) ▪ D-KA (Nr. 230).
Anzeigen und Rezensionen: NZfM 1850, Bd.II, S. 184 + 227.

Op. 164   Drei Mazurkas für Klavier
Nr. 1: Allegro non tanto, fis-Moll   Nr. 2: Risoluto, D-Dur
Nr. 3: Poco Vivace, G-Dur

EWV: *III. Mazurkas für Pf.*
Besetzung: Klavier.
Datierung: 1850 (Druck).
Druck: *3 / MAZURKAS / pour le / PIANO / composées / par / J. W. KALLIWODA / Maître de Chapelle de S.A.S. le Prince de Fürstenberg.* C. F. Peters, Leipzig 3319. ▪ *KALLIWODA / ALBUM / Piano Solo.* Universal Edition, Wien 2472 (S. 25-35, *1910*). ▪ *Monatsheft für Musiktheater und Literatur.* Wien/Berlin, Heft 5, 1933 (Nr. 1) bzw. Heft 10/11 1932 (Nr. 3).
Bibliothek: D-KA (Don Mus. Dr. 1612, Mus. Dr. 3031^{IV}) ▪ D-KA (Nr. 227, Anh. Nr. C2) ▪ D-KA* (M 6903) ▪ D-HEms (M 406 x) ▪ D-Mbs (4 Mus.pr. 21320) ▪ D-B (125990) ▪ A-Wn (MS 21.358 [Nr. 1+3], MS 4009).
Anzeigen und Rezensionen: NZfM 1850, Bd.I, S. 64 + 86.

Op. 165   Polonaise für Klavier, As-Dur
Moderato

EWV: *Polonaise für Pf.*
Besetzung: Klavier.
Datierung: 1850 (Druck).
Druck: *POLONAISE / pour le / Piano / composée / par / J. W. KALLIWODA / Maître de Chapelle de S.A.S. le Prince de Fürstenberg.* C. F. Peters, Leipzig 3320.
Bibliothek: D-KA (Don Mus. Dr. 3031[IV]) ▪ D-KA (Nr. 236).
Anzeigen und Rezensionen: NZfM 1850, Bd.I, S. 271 + Bd.II, S. 71.

Op. 166   Drei Märsche für Klavier
Nr. 1: Marche triomphale. Molto moderato, Es-Dur   Nr. 2: Maestoso, C-Dur
Nr. 3: Molto vivace, B-Dur

EWV: *III Märsche für Pf.*
Besetzung: Klavier.
Datierung: 1850 (Druck).
Bearbeitung: Eine erhalten Vl1-Stimme des Marsches Nr. 2 belegt, dass zumindest dieses Stück auch in einer Orchesterfassung vorlag (FFB, Musikalien, Best. Kalliwoda, Nr. 39).
Druck: *3 / MARCHES / pour / Piano / composées par / J. W. KALLIWODA / Maître de Chapelle de S.A.S. le Prince de Fürstenberg.* C. F. Peters, Leipzig 3337.
Bibliothek: D-KA (Don Mus. Dr. 3031[IV]) ▪ D-KA (Nr. 160).
Anzeigen und Rezensionen: NZfM 1850, Bd.II, S. 184 + 227.

Op. 167   Impromptu für Klavier, E-Dur
Molto vivace

EWV: *Impromptu für Pf.*
Besetzung: Klavier.
Datierung: 1850 (Druck).
Druck: *JMPROMPTU / pour le / Piano / composé / par / J. W. KALLIWODA / Maître de Chapelle de S.A.S. le Prince de Fürstenberg.* C. F. Peters, Leipzig 3332.
Bibliothek: D-KA (Don Mus. Dr. 3031[IV]) ▪ D-KA (Nr. 169) ▪ CZ-Pnm (59 A 3177) ▪ GB-Lbl (h.195.{13.}).
Anzeigen und Rezensionen: NZfM 1851, Bd.I, S. 191 + Bd.II, S. 12.

Op. 168   Rondo für Klavier zu vier Händen, A-Dur
Introduction. Allegretto - Allegro non tanto

EWV: *Introd. u Rondo für Pf. 4händ.*
Besetzung: Klavier zu 4 Hd.
Datierung: 1850 (Druck).
Druck: *INTRODUCTION et RONDO / pour / le Piano à quatre mains / composés / par / J. W. KALLIWODA / Maître de Chapelle de S.A.S. le Prince de Fürstenberg.* C. F. Peters, Leipzig 3321.
Bibliothek: D-KA (Don Mus. Dr. 3031[IV]) ▪ D-KA (Nr. 208) ▪ GB-Lbl (h.195.{10.}).
Anzeigen und Rezensionen: NZfM 1850, Bd.II, S. 108 + 159.

Op. 169 Walzer für Klavier zu vier Händen, G-Dur
Vivace

EWV: *Grande Valse für Pf. 4händ.*
Besetzung: Klavier zu 4 Hd.
Datierung: 1850 (Druck).
Druck: *GRANDE VALSE / pour le / PIANO / à quatre mains / composée / par / J. W. KALLIWODA / Maître de Chapelle de S.A.S. le Prince de Fürstenberg*. C. F. Peters, Leipzig 3333 ▪ E. Ashdown, London (*1852*).
Sammelausgabe der Walzer op. 27 und op. 169: *VALSES CÉLÈBRES / pour / Piano à quatre mains / par / J. W. KALLIWODA. / Opus 27 & 169*. C. F. Peters, Leipzig 2182 ▪ Neuauflage: C. F. Peters, Leipzig 6792 ▪ Edition Peters, Frankfurt/M 1062 (*1959*).
Bibliothek: D-KA (Don Mus. Dr. 3031^{IV}) ▪ D-KA (Nr. 260) ▪ A-Wn (MS 9435) ▪ CZ-Pnm (59 C 6440) ▪ GB-Lbl (h.195.{14.}).
Anzeigen und Rezensionen: NZfM 1851, Bd.I, S. 191 + Bd.II, S. 12.

Op. 170 Drei Zyklen für Violine und Klavier

Karl Gotthelf Böhme gewidmet.

EWV: *III Piecen für Pf. u Violine*.
Besetzung: Violine, Klavier.
Datierung: 1850 (Druck).
Bibliothek: D-KA (Nr. 90) ▪ D-B (24144).
Anzeigen und Rezensionen: NZfM 1850, Bd.I, S. 271 + Bd.II, S. 71.
Anmerkung: Der Eintrag Kalliwodas bezieht sich wohl nur auf op. 170, Nr. 2.

Op. 170, Nr. 1: Variationen, B-Dur
Moderato - Allegretto grazioso

Druck: *VARIATIONS / concertantes et faciles / pour / Violon & Piano / dédiées / à son ami / Monsieur C. G. S. Boehme / par / J. W. KALLIWODA / Maître de Chapelle de S.A.S. le Prince de Fürstenberg.* C. F. Peters, Leipzig 3327.

Op. 170, Nr. 2: Drei heitere Stücke
Nr. 1: Adagio, D-Dur   Nr. 2: Andantino grazioso, G-Dur   Nr. 3: Larghetto, F-Dur

Druck: *Trois / PIÈCES AMUSANTES / concertantes et faciles / pour / Violon et Piano / dédiées à son ami / Monsieur C. G. S. Boehme / par / J. W. KALLIWODA / Maître de Chapelle de S.A.S. le Prince de Fürstenberg.* C. F. Peters, Leipzig 3328.

Op. 170, Nr. 3: Introduktion und Rondo, G-Dur
Adagio - Rondo. Allegretto grazioso

Druck: *INTRODUCTION et RONDO / concertans et faciles / pour / Violon et Piano / dédiés / à son ami / Monsieur C. G. S. Boehme / par / J. W. KALLIWODA / Maître de Chapelle de S.A.S. le Prince de Fürstenberg.* C. F. Peters, Leipzig 3329.

160

Op. 171 Sechs Lieder für Sopran oder Tenor

Nr. 1: Wonneabend im Sommer, *Wie schön ist dieser Abend* (Burchard Ernst).
As-Dur / Molto moderato
Nr. 2: Lebewohl, *Nun wohlan, es muß ja sein* (Wilhelm Melhop).
a-Moll / Allegretto
Nr. 3: Der Fremdling, *Fern komm ich her* (Volksweise).
G-Dur / Andante
Nr. 4: Nachtlied, *Stille deckt die weite Flur.*
Des-Dur / Largo
Nr. 5: Abendlied, *Es neigt sich mit thauigen Schwingen.*
Es-Dur / Adagio
Nr. 6: Verlaß mich nicht, *Verlaß mich nicht! O! Du* (Christoph Chr. Hohlfeldt).
fis-Moll / Larghetto
Frühfassung von Nr. 4: Adagio sostenuto, Des-Dur
Frühfassung von Nr. 5: Adagio, E-Dur

EWV: *VI Lieder mit Pf.bgl.*
Besetzung: Hohe Gesangstimme, Klavier.
Datierung: 1850 (Druck).
Autograph: D-KA (Anh. Nr. B2 [Nr. 1]).
Abschrift: D-KA (Mus. Hs. 1417 [nur Singstimme von Nr. 4]).
Bearbeitung: Frühfassung der Lieder Nr. 4 und 5 in D-KA (Nr. 290 [Autograph]).
Druck: *6 / LIEDER / für eine SOPRAN- oder TENOR-Stimme / mit Begleitung des / Piano-Forte / von / J. W. KALLIWODA.* Heinrichshofen, Magdeburg 718.
Bibliothek: D-KA (Don Mus. Dr. 2944b) ▪ D-KA (Nr. 319 [2 Expl.]) ▪ D-B (136452).
Anzeigen und Rezensionen: NZfM 1851, Bd.I, S. 11.

Op. 172 Fünf Lieder für eine Singstimme
    Nr. 1: Frühlings Wanderschaft, *O Heimchen, sprich.*
        E-Dur / Allegretto
    Nr. 2: Wiegenlied, *Schlaf' ein, mein liebes Kindlein!*
        F-Dur / Larghetto
    Nr. 3: Die Bitte, *Du Mond, i hätt a Bitt' an di* (Volksweise).
        Des-Dur / Allegretto
    Nr. 4: Jephtas Tochter, *Weil mein Land es begehrt.*
        g-Moll / Larghetto
    Nr. 5: Lenz und Liebe, *Aus schwellenden Blütenkelchen.*
        G-Dur / Andantino con allegrezza

      Beatrix Fischer gewidmet.

EWV: *V Lieder mit Pf.bgl.*
Besetzung: Hohe Gesangstimme, Klavier.

Datierung: 1851 (Druck).
Bearbeitung: Lied Nr. 1 für Männerchor (vgl. WoO VIII/14).
Drucke: *FÜNF LIEDER / für eine Singstimme mit Begleitung / des Pianoforte / componirt und / der Frau Beatrix Fischer, / Grossherzogl. Badische Hof-Opern-Sängerin / freundschaftlich gewidmet / von / J. W. KALLIWODA*, C. F. W. Siegel, Leipzig 242-246. ▪ *KALLIWODA / LIEDERALBUM / Gesang und Klavier*. Universal Edition, Wien 2471 (nur Nr. 5, S. 38-46; *1910*).
Bibliothek: D-KA (Don Mus. Dr. 3239, Mus. Dr. 2944b) ▪ D-KA (Nr. 320) ▪ D-B (64623).
<u>Kalliwoda-Album, Wien</u> (nur Nr. 5): D-KA (Anh. Nr. C1) ▪ D-KA* (M 6902) ▪ A-Wn (MS 3998) ▪ CZ-Pnm (59 E 6536).
Anzeigen und Rezensionen: NZfM 1851, Bd.II, S. 84.

Op. 173 Fantasie für Violine und Klavier nach Motiven aus der Oper *Le Prophète* von Meyerbeer, D-Dur
Andante maestoso - Andante

EWV: *Fantasie für Violine mit Pf.bgl.*
Besetzung: Violine, Klavier.
Datierung: 1851 (Druck).
Druck: *3 / FANTAISIES / pour / Violon et Piano / Le Prophète de G. Meyerbeer. (...) / composées par / J. W. KALLIWODA, / Maître de Chapelle de S.A.S. le Prince de Fürstenberg.* (Ein Titelblatt für die opp. 173-175!) C. F. Peters, Leipzig 3400.
Bibliothek: D-KA (Nr. 91) ▪ CZ-Pnm (59 A 6058).
Anzeigen und Rezensionen: NZfM 1851, Bd.II, S. 136.

Op. 174 Fantasie für Violine und Klavier nach Motiven aus der Oper *Le Siège de Corinth* von Rossini, G-Dur
Molto vivace - Moderato

163

EWV: *Fantasie für Violine mit Pf.bgl.*
Besetzung: Violine, Klavier.
Datierung: 1851 (Druck).
Druck: *3 / FANTAISIES / pour / Violon et Piano / (...) Le Siège de Corinth de Rossini. (...) / composées par / J. W. KALLIWODA, / Maître de Chapelle de S.A.S. le Prince de Fürstenberg.* (Ein Titelblatt für die opp. 173-175!) C. F. Peters, Leipzig 3401.
Bibliothek: D-KA (Nr. 92) ▪ CZ-Pnm (59 A 6058).
Anzeigen und Rezensionen: NZfM 1851, Bd.II, S. 136.

Op. 175 Fantasie über Steirische Lieder
für Violine und Klavier, A-Dur
Allegretto

EWV: *Fantasie für Violine mit Pf.bgl.*
Besetzung: Violine, Klavier.
Datierung: 1851 (Druck).
Druck: *3 / FANTAISIES / pour / Violon et Piano / (...) Chansons styriennes. / composées par / J. W. KALLIWODA, / Maître de Chapelle de S.A.S. le Prince de Fürstenberg.* (Ein Titelblatt für die opp. 173-175!) C. F. Peters, Leipzig 3402.
Bibliothek: D-KA (Nr. 93) ▪ CZ-Pnm (59 A 6058).
Anzeigen und Rezensionen: NZfM 1851, Bd.II, S. 136.

Op. 176 Sonate für Klavier, Es-Dur
1. Allegro moderato quasi Allegretto   2. Allegretto
3. Scherzo. Prestissimo   4. Rondo. Allegro vivace

Baronin Sophie de Lasollaye gewidmet.

EWV: *Sonate für Pf.*
Besetzung: Klavier.
Datierung: 1851 (Uraufführung in Magdeburg und Druck).
Druck: *SONATE / pour le / Pianoforte / dédié à Mademoiselle la Baronne / Sophie de Lasollage / par / J. W. KALLIWODA.* Heinrichshofen, Magdeburg 762. ▪ *KALLIWODA / ALBUM / Piano Solo.* Universal Edition, Wien 2472 (nur 2+3 Satz, S. 36-41; *1910*).
Bibliothek: D-KA (Don Mus. Dr. 3031[IV]) ▪ D-KA (Nr. 156) ▪ D-B (47409).
Kalliwoda-Album, Wien (nur Nr. 2.+3. Satz): D-KA (Don Mus. Dr. 1612) ▪ D-KA (Anh. Nr. C2) ▪ D-KA* (M 6903) ▪ D-Mbs (4 Mus.pr. 21320) ▪ D-B (125990) ▪ A-Wn (MS 4009).
Anzeigen und Rezensionen: NZfM 1851, Bd.II, S. 137.
Literatur: Strauß-Németh, Kalliwoda. Bd. 1. Kap. 5.3.

Op. 177 Drei Lieder für Sopran

Nr. 1: Geistergruß, *Im Haine schlagen lustig.*
F-Dur / Allegretto
Nr. 2: Den Fernen, *Weithin durch der Nächte Stille.*
E-Dur / Adagio
Nr. 3: Lied der Liebe, *Durch Fichten am Hügel* (Friedrich von Matthisson).
B-Dur / Vivace
Frühfassung von Nr. 3: Andante, G-Dur

EWV: *III Lieder mit Pf.bgl.*
Besetzung: Sopran, Klavier.

Datierung: 1851 (Druck).
Bearbeitung: Frühfassung des Liedes Nr. 3 in D-KA (Nr. 290 [Autograph]).
Drucke: *DREI LIEDER / für / eine Sopranstimme / mit Begleitung des Pianoforte / ... / componirt / von / J. W. KALLIWODA, / Hofkapellmeister S. D. des Fürsten von Fürstenberg*. C. F. Peters, Leipzig 3424. ▪ *KALLIWODA / LIEDER-ALBUM / Gesang und Klavier*. Universal Edition, Wien 2471 (S. 47-60, *1910*).
Bibliothek: D-KA (Don Mus. Dr. 2944b) ▪ D-KA (Nr. 321, Anh. Nr. C1) ▪ D-KA* (M 6902) ▪ A-Wn (MS 3998) ▪ CZ-Pnm (59 E 6536).
Anzeigen und Rezensionen: NZfM 1852, Bd.I, S. 104.

Op. 178 Drei leichte Violinduos

Nr. 1: **Duo in C-Dur**. 1. Allegro moderato   2. Adagio   3. Allegro
Nr. 2: **Duo in G-Dur**. 1. Allegro   2. Allegretto   3. Andantino
Nr. 3: **Duo in D-Dur**. 1. Allegro   2. Allegretto   3. Allegro

EWV: *III Duetten für 2 Violinen*.
Besetzung: 2 Violinen.
Datierung: 1851 (Druck).
Bearbeitung: 2 Violen von Arnold Matz.
Drucke: *Trois / DUOS / tout faciles / pour / Deux Violons / par / J. W. KALLIWODA, / Maître de Chapelle de S.A.S. le Prince de Fürstenberg*. C. F. Peters, Leipzig 3404 ▪ *Trois Duos très-faciles et concertants*. (hrsg. von M. Dello) Litolff, Braunschweig ▪ Emil Hoffmeister: *Sammlung beliebter Violinduette*. ▪ *Douze Duos très faciles et concertants*. (hrsg. von C. Nowotny) Universal Edition, Wien 24 (*1902*) ▪ *Trois Duos très faciles et concertants*. Edition Peters, Frankfurt/M 6570 (*1959*, Best.-Nr. 1084a) ▪ M. Urbánek, Prag 96.
Ausgabe für 2 Vla: Edition Peters, Frankfurt/M 12297 (*1965*, Best.-Nr. 9082).
Bibliothek: D-KA (Nr. 42) ▪ D-KA* (M 3815, M 3814 [2 Vla]) ▪ D-B (27334 [Litolff], 134836 [Hoffmeister], 10481 [Universal Ed.], 253545 [Ed. Peters], 260323 [2 Vla]) ▪ A-Wn (MS 0.254) ▪ CZ-Pnm (59 D 226 [Urbánek], 59 D 9113).
Anzeigen und Rezensionen: NZfM 1851, Bd.II, S. 124.

Op. 179 Drei leichte Violinduos
Nr. 1: **Duo in F-Dur**. 1. Allegro moderato 2. Andante 3. Vivace
Nr. 2: **Duo in B-Dur**. 1. Vivace 2. Allegretto 3. Allegro ma non troppo
Nr. 3: **Duo in Es-Dur**. 1. Allegro moderato 2. Adagio 3. Vivace

EWV: *III Duetten für 2 Violinen*.
Besetzung: 2 Violinen.
Datierung: 1851 (Druck).
Drucke: *Trois / DUOS / très-faciles et concertans / pour / Deux Violons / par / J. W. KALLIWODA, / Maître de Chapelle de S.A.S. le Prince de Fürstenberg*. C. F. Peters, Leipzig 3405 ▪ *Trois Duos très-faciles et concertants*. (hrsg. von M. Dello) Litolff, Braunschweig ▪ Emil Hoffmeister: *Sammlung beliebter Violinduette*. ▪ *Douze Duos très faciles et concertants*. (hrsg. von C. Nowotny) Universal Edition, Wien 24 (*1902*) ▪ *Trois Duos très faciles et concertants*. Edition Peters, Frankfurt/M 6571 (*1959*, Best.-Nr. 1084b) ▪ M. Urbánek, Prag 97.
Bibliothek: D-KA (Nr. 42) ▪ D-KA* (M 3816) ▪ D-B (27335 [Litolff], 134836 [Hoffmeister], 10482 [Universal Ed.], 255224 [Ed. Peters]) ▪ A-Wn (MS 0.254) ▪ CZ-Pnm (59 D 227 [Urbánek], 59 D 7238 [Nowotny], 59 D 9114).
Anzeigen und Rezensionen: NZfM 1851, Bd.II, S. 124.

Op. 180 Drei leichte Violinduos
Nr. 1: **Duo in A-Dur**. 1. Allegro 2. Larghetto 3. Allegro non tanto
Nr. 2: **Duo in d-Moll**. 1. Allegro con fuoco 2. Adagio 3. Vivace
Nr. 3: **Duo in Es-Dur**. 1. Allegro 2. Tema con Variazioni. Andante 3. Rondoletto. Vivace

EWV: *III Duetten für 2 Violinen.*
Besetzung: 2 Violinen.
Datierung: 1851 (Druck).
Abschriften: A-Wn (S.m. 14486).
Drucke: *Trois / DUOS / faciles et concertans / pour / Deux Violons / par / J. W. KALLIWODA, / Maître de Chapelle de S.A.S. le Prince de Fürstenberg.* C. F. Peters, Leipzig 3420 ▪ *Trois Duos très-faciles et concertants.* (hrsg. von M. Dello) Litolff, Braunschweig ▪ *Douze Duos très faciles et concertants.* (hrsg. von C. Nowotny) Universal Edition, Wien 24 (*1902*) ▪ Edition Orbis, Prag 534 (*1951*) ▪ *Trois Duos très faciles et concertants.* Edition Peters, Frankfurt/M 6572 (*1959*, Best.-Nr. 1084c) ▪ M. Urbánek, Prag 98 ▪ G. Fexis, Athen.
Bibliothek: D-KA (Nr. 42) ▪ D-KA* (M 3817) ▪ D-B (27336 [Litolff], 10483 [Universal Ed.], 255223 [Ed. Peters]) ▪ D-LÜh (H 246) ▪ A-Wn (MS 0.254) ▪ CZ-Pnm (59 D 228 [Urbánek], 59 D 9115, 59 D 4185 [Orbis]).
Anzeigen und Rezensionen: NZfM 1851, Bd.II, S. 124.

Op. 181   Drei leichte Violinduos

Nr. 1: **Duo in B-Dur**. 1. Allegro vivace   2. Adagio   3. Allegro
Nr. 2: **Duo in a-Moll**. 1. Allegro moderato 2. Larghetto
Nr. 3: **Duo in F-Dur**. 1. Allegro non tanto 2. Andante   3. Vivace molto

EWV: *III Duetten für 2 Violinen.*
Besetzung: 2 Violinen.
Datierung: 1851 (Druck).

Drucke: *Trois / DUOS / faciles, concertans et progressifs / pour / Deux Violons / par / J. W. KALLIWODA, / Maître de Chapelle de S.A.S. le Prince de Fürstenberg.* C. F. Peters, Leipzig 3421 ▪ *Trois Duos très-faciles et concertants.* (hrsg. von M. Dello) Litolff, Braunschweig ▪ *Douze Duos très faciles et concertants.* (hrsg. von C. Nowotny) Universal Edition, Wien 24 (*1902*) ▪ *Tří houslová dueta / Jan Václav Kalivoda.* (Rev. Josef Micka) Edition Orbis, Prag 580 (*1951*) ▪ *Duette für 2 Violinen.* (hrsg. von Fr. Hermann) Edition Peters, Frankfurt/M 1084d (*1959*) ▪ G. Fexis, Athen.
Bibliothek: D-KA (Nr. 42) ▪ D-KA* (M 3818) ▪ D-B (27185 [Litolff], 10484 [Universal Ed.], 255476 [Ed. Peters]) ▪ D-Mbs (4 Mus.pr. 37898 [Orbis]) ▪ D-SPlb (Mus. 10 084) ▪ A-Wn (MS 0.254) ▪ CZ-Pnm (59 D 4259 [Orbis], 59 B 5238) ▪ GB-Lbl (h.214.a.{1.}).
Anzeigen und Rezensionen: NZfM 1851, Bd.II, S. 124.

Op. 182 Drei Lieder für Alt oder Bariton

Nr. 1: Die Entführung, *Hier zur Stunde der Gespenster.*
F-Dur / Moderato - Allegretto
Nr. 2: Der Hammerschmied, *Die Räder steh'n, der Hammer ruht* (Friedrich Kind).
E-Dur / Moderato
Nr. 3: Der Brautkranz, *Wenn vor meinen trunknen Blicken.*
F-Dur / Andantino

Ludwig Scharrer gewidmet.

EWV: *III Lieder mit Pf u Horn begl.*
Besetzung: Mittlere Gesangstimme, Cor / Vlc (nur in Nr. 1), Klavier.
Datierung: 1852c.
Drucke: *DREI LIEDER / für eine Alt oder Baritonstimme / von / J. W. KALLIWODA.* Schott, Mainz 11581 ▪ ders., Neue Folge 491-493.
Bibliothek: D-KA (Don Mus. Dr. 2944b) ▪ D-KA (Nr. 288) ▪ D-B (87239).
Anmerkung: Lied Nr. 2 wurde bereits am 16. Februar 1842 im Rahmen eines Museumskonzertes in Donaueschingen aufgeführt. Den Text von Lied Nr. 2 vertonte Kalliwoda auch in seiner Oper *Blanda* (WoO V/2) als Lied des Steigers Andreas im zweiten Akt. Daraus ist zu schließen, dass die Dichtung vom Librettisten dieser Oper, Friedrich Kind, stammt.

Op. 183 Drei Salonstücke

Nr. 1: Adagio, Es-Dur   Nr. 2: Allegretto grazioso, G-Dur
Nr. 3: Poco Vivace e molto appassionato, d-Moll

EWV: *III Salonstücke für Violine u Pf.*
Besetzung: Violine, Klavier.
Datierung: 1852 (Druck).
Druck: *3 / MORCEAUX DE SALON / pour le / Violon / avec accompagnement de / PIANO / par / J. W. KALLIWODA, / Maître de Chapelle de S.A.S. le Prince de Fürstenberg.* C. F. Peters, Leipzig 3452-3454.
Bibliothek: D-KA (Nr. 94) ▪ CZ-Pnm (59 A 6057 [nur Nr. 3]).
Anzeigen und Rezensionen: NZfM 1852, Bd.II, S. 20

Op. 184 Zwei heitere Stücke für Cello und Klavier

Nr. 1: Fantaisie. Réminiscence de Herold. Allegro vivace - Andantino grazioso, G-Dur
Nr. 2: Larghetto et Rondoletto. Réminiscence d' Adam. Larghetto - Vivace, D-Dur

EWV: *II Fantasien für Violoncell u Pf.*
Besetzung: Violoncello, Klavier.
Datierung: 1852 (Druck).
Bearbeitung: Violine und Klavier (nur Nr. 1).
Druck: *DEUX PIÈCES / amusantes / concertantes et faciles / pour / Violoncelle et Piano / ... / par / J. W. KALLIWODA, / Maître de Chapelle de S.A.S. le Prince de Fürstenberg.* C. F. Peters, Leipzig 3455, 3456.
Bibliothek: D-KA (Nr. 129).
Anzeigen und Rezensionen: NZfM 1852, Bd.I, S. 224.
Anmerkung: Die alternative Vl-Stimme zu Nr. 1 ist handschriftlich beigefügt; sie weist besonders in der Einleitung starke Abweichungen zur Vcl-Stimme auf.

Op. 185 Drei Klavierstücke

Nr. 1: Styrien. Molto moderato, G-Dur Nr. 2: Polka. Poco Vivace, A-Dur
Nr. 3: Mazurka. Allegro non tanto, F-Dur

EWV: *III Piecen für Pf.*
Besetzung: Klavier.
Datierung: 1852c.
Druck: *TROIS PIÈCES / ... / pour Piano / composés / par / J. W. KALLIWODA, / Maître de Chapelle de S.A.S. le Prince de Fürstenberg.* C. F. W. Siegel, Leipzig 318-320.
Bibliothek: D-KA (Don Mus. Dr. 3031[IV]) ▪ D-KA (Nr. 193 [Nr. 3 auch als Abschr.]) ▪ D-B (64624).

Op. 186 Sechs Nocturnes

Nr. 1: Larghetto, As-Dur Nr. 2: Allegretto, ma un poco vivo, C-Dur
Nr. 3: Poco Adagio, F-Dur Nr. 4: Allegretto, ma un poco vivo, G-Dur
Nr. 5: Adagio con molta espressione, Es-Dur Nr. 6: Allegro moderato, d-Moll

Karl Heybey gewidmet.

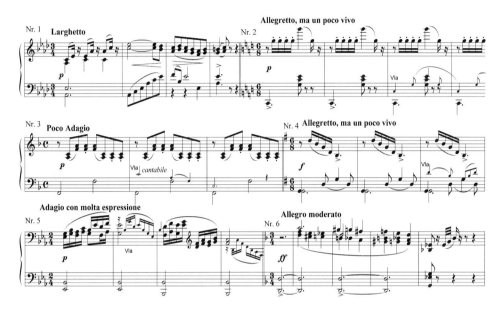

EWV: *VI Notturnos für Viola u Pf.*
Besetzung: Viola, Klavier.
Datierung: 1852 (Druck).
Drucke: *SIX NOCTURNES / pour / VIOLA & PIANO / dédiés / à Monsieur Charles Heybey / par / J. W. KALLIWODA, / Maître de Chapelle de S.A.S. le Prince de Fürstenberg*. C. F. Peters, Leipzig 3486 (Nr. 1-3), 3487 (Nr. 4-6) ▪ ebd. 6600 (*1882*) ▪ *Nocturnes / opus 186 / for viola and piano.* (hrsg. von J. Vieland) International Music Co., New York 1221 (*1955*) ▪ *Sechs NOCTURNES für Viola und Pianoforte. Von J. W. Kalliwoda.* Edition Peters, Frankfurt/M 2104 (*1959*).
Bibliothek: D-KA (Nr. 126) ▪ D-DT (Mus-n 13035) ▪ D-KA* (M 3819) ▪ D-B (216553, 60085, 254680 [Ed. Peters.]) ▪ D-Mbs (4 Mus.pr. 30564) ▪ D-SPlb (Mus. 11 789) ▪ A-Wn (MS 28.613) ▪ CZ-Pnm (59 C 7599) ▪ GB-Lbl (g.762.cc.{6.}).
Anzeigen und Rezensionen: NZfM 1852, Bd.II, S. 20.

Op. 187 Adagio für Klavier, Des-Dur
Adagio molto

Frida von Koller gewidmet.

EWV: *Adagio varié für Pf.*
Besetzung: Klavier.
Datierung: 1853 (Druck).
Druck: *ADAGIO VARIÉ / pour le / Piano / par / J. W. KALLIWODA, / Maître de Chapelle de S.A.S. le Prince de Fürstenberg.* C. F. Peters, Leipzig 3574.
Bibliothek: D-KA (Don Mus. Dr. 3030) ▪ D-KA (Nr. 164) ▪ GB-Lbl (h.519.{3.}).
Anzeigen und Rezensionen: NZfM 1853, Bd.I, S. 64.

Op. 188 Drei heitere Klavierstücke
Nr. 1: Airs tyroliens. Molto moderato, As-Dur   Nr. 2: Scherzo. Presto, G-Dur
Nr. 3: Marcia caractéristique. Poco Vivace, d-Moll

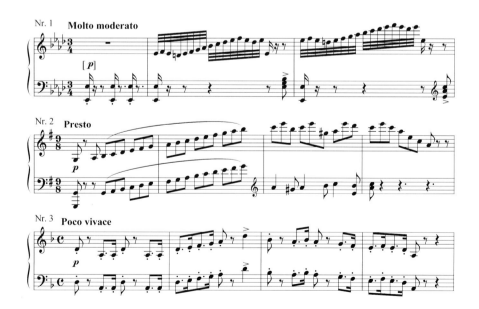

EWV: *III Piecen für Pf.*
Besetzung: Klavier.
Datierung: 1852 (Druck).
Bearbeitung: Nr. 3 (*Marcia*) liegt auch in zwei Orchesterfassungen vor (vgl. WoO I/12).
Drucke: *Trois / AMUSEMENS / ... / pour / le Piano / par / J. W. KALLIWODA, / Maître de Chapelle de S.A.S. le Prince de Fürstenberg.* C. F. W. Siegel, Leipzig 355-357. ▪ *KALLIWODA / ALBUM / Piano Solo.* Universal Edition, Wien 2472 (nur Nr. 2+3, S. 42-57; *1910*).
Bibliothek: D-KA (Don Mus. Dr. 3030) ▪ D-KA (Nr. 166) ▪ D-B (64625) ▪ D-LÜh (N, 298).
<u>Kalliwoda-Album, Wien</u> (nur Nr. 2+3): D-KA (Don Mus. Dr. 1612) ▪ D-KA (Anh. Nr. C2) ▪ D-KA* (M 6903) ▪ D-Mbs (4 Mus.pr. 21320) ▪ D-B (125990) ▪ A-Wn (MS 4009).
Anzeigen und Rezensionen: NZfM 1852, Bd.I, S. 164.

Op. 189 Vier Lieder für Mezzosopran

Nr. 1: Blau Äugelein, *Blau Äugelein, sprich, warum weinest du?*
    G-Dur / Moderato
Nr. 2: Mondnachtliedchen, *Alles öd' in tiefster Nacht.*
    E-Dur / Molto Adagio
Nr. 3: Einst und jetzt, *Möchte wieder in die Gegend* (Nikolaus Lenau).
    F-Dur / Andantino
Nr. 4: Am Bache, *Durch der Wiese junges Grün.*
    A-Dur / Poco Vivace

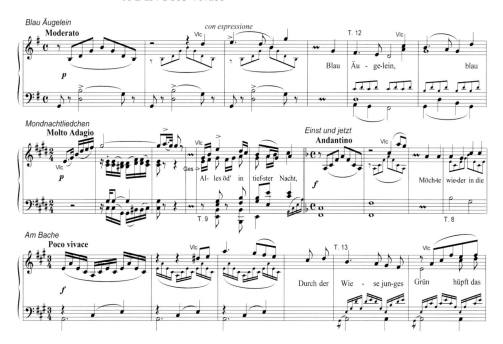

EWV: *IV Lieder mit Pf. <u>u</u> Cello bgl.*
Besetzung: Mezzosopran, Vlc, Klavier.

Datierung: 1852 (Druck).
Abschriften: D-KA (Nr. 287).
Druck: *VIER LIEDER / für eine / Mezzo-Sopranstimme / mit Begleitung von / Pianoforte und Violoncelle / componirt / von / J. W. KALLIWODA, / Fürstl. Fürstenbergscher Hofkapellmeister.* C. F. Peters, Leipzig 3530.
Bibliothek: D-KA (Don Mus. Dr. 2944b) ▪ D-B (3133) ▪ D-Mbs (4 Mus.pr. 51539) ▪ GB-Lbl (H.2401.f.{8.} [nur Nr. 1]).
Anzeigen und Rezensionen: NZfM 1852, Bd.II, S. 20.

Op. 190 *Liebe und Wein* für Männerchor, C-Dur
Liebe und Wein, *Seht dort tanzt das süße Kätchen.* Molto vivace e con fuoco

Den deutschen Liedertafeln gewidmet.

EWV: *4stimmiger Männerchor.*
Besetzung: 4-8stimmiger Männerchor a cap.
Datierung: 14. März 1852 (Uraufführung in Donaueschingen).
Druck: *LIEBE und WEIN. / Vierstimmiger Männerchor / componirt / und / den deutschen Liedertafeln gewidmet / von / J. W. KALLIWODA. / Fürstl. Fürstenbergscher Hofkapellmeister.* C. F. W. Siegel, Leipzig 390.
Bibliothek: D-KA (Nr. 351) ▪ D-B (O.21764).
Anmerkung: Das Stück hat zwei Trio-Mittelteile jeweils mit Doppelchor besetzt.

Op. 191 Drei Walzer für zwei Violinen und Klavier, D-Dur
Introduzione. Allegro moderato - Molto moderato   Nr. 1: in Tempo
Nr. 2: [o.A.], G-Dur   Nr. 3: [o.A.]

EWV: *Introduction, Ländler und Coda für 2 Violinen mit Pfbegl.*
Besetzung: 2 Violinen, Klavier.
Datierung: 1853 (Druck).
Druck: *Trois / VALSES BRILLANTES / AVEC INTRODUCTION ET CODA / pour / deux Violons / avec accompagnement / DE PIANO / composées par / J. W. KALLIWODA, / Maître de Chapelle de S.A.S. le Prince de Fürstenberg.* C. F. Peters, Leipzig 3629.
Bibliothek: GB-Lbl (h.1680.{2.})
Anzeigen und Rezensionen: NZfM 1853, Bd.II, S. 183.

Op. 192 Sechs Lieder für Sopran oder Tenor

Nr. 1: Das Schneeglöckchen, *Ich kenne ein Blümchen so einfach.*
    As-Dur / Allegretto
Nr. 2: Wanderlied, *Freiheit meiner Seele* (Volksweise).
    B-Dur / Allegretto
Nr. 3: Trost im Leiden, *Sag', was sollen diese Tränen.*
    F-Dur / Moderato
Nr. 4: Auf dem Wasser zu singen, *Mitten im Schimmer* (Friedrich L. zu Stolberg).
    E-Dur / Andantino
Nr. 5: Vergißmeinnicht, *Als unser Herr einst Blumen schuf.*
    E-Dur / Adagio non tanto
Nr. 6: Bei der Rückkehr ins Vaterland, *Mein Vaterland, mein Jugendland!*
    G-Dur / Moderato
Frühfassung von Nr. 2: Moderato, A-Dur

Antoinette Rochlitz gewidmet.

EWV: *VI Lieder für Sopran mit Pf.*
Besetzung: Hohe Gesangstimme, Klavier
Datierung: 1853c.
Bearbeitung: Lied Nr. 2 (*Wanderlied*) liegt auch in einer Frühfassung vor; Kalliwoda trug es im April 1852 in das Album der schweizer Musikerin Fanny Hünerwadel ein (Privatbesitz; vgl. *Literatur*).
Druck: *SECHS LIEDER / für / Sopran oder Tenor / mit Begleitung des Pianoforte / von / J. W. KALLIWODA, / Fürstl. Fürstenbergscher Hofkapellmeister.* C. F. W. Siegel, Leipzig 547 (Lieder 1-4), 548 (Lieder 5+6).
Bibliothek: D-KA (Don Mus. Dr. 2944b) ▪ D-KA (Nr. 322) ▪ D-B (64626) ▪ CZ-Pnm (59 A 1592).
Literatur: Werner Breig, Von Alexander Müller bis Richard Wagner und Franz Liszt: Das musikalische Album der Schweizer Sängerin, Pianistin und Komponistin Fanny Hünerwaldel. In: Musikalische Quellen - Quellen zur Musikgeschichte. Festschrift Martin Staehelin zum 65. Geburtstag. Göttingen 2002. S. 405-423 (zur Frühfassung von Lied Nr. 2) ▪ Strauß-Németh, Kalliwoda. Bd. 1. Kap. 6.2.3.
Anmerkung: Das *Wanderlied* (Nr. 2) liegt auch in einer Fassung für drei Männerstimmen vor (WoO VIII/36); wobei die Melodie nur ansatzweise Ähnlichkeiten mit dem oberen Klavierlied aufweist.

Op. 193   Fantasie über böhmische Lieder, D-Dur
Vivace

Wenzel Heinrich Veit gewidmet.

EWV: *Fantasie für Violine mit Pf.bgl. oder Quartett.*
Besetzung: Vl princ, Vl, Vla, Vlc.
Datierung: 1852 (Druck).
Bearbeitung: Vl und Klavier.
Druck: *FANTASIE / über böhmische Lieder / für / VIOLINE / mit Begleitung einer zweiten Violine, / Viola und Violoncelle / oder des Pianoforte / componirt von / J. W. KALLIWODA, / Fürstl. Fürstenbergischer Hof-Kapellmeister.* C. F. Peters, Leipzig 3553 (Fassung mit Str. und Kl-Ausz.).
Bibliothek: D-KA (Nr. 86) ▪ GB-Lbl (h.1680.{3.}).
Anzeigen und Rezensionen: NZfM 1853, Bd.I, S. 64.

Op. 194 Drei Morceaux für Klavier
Nr. 1: Polka all' ongarese. Allegretto, B-Dur
Nr. 2: Air styrien. Molto moderato, As-Dur
Nr. 3: Rondoletto alla Mazurka. Poco Vivace, D-Dur

EWV: *III Piecen für Pf.*
Besetzung: Klavier.
Datierung: 1852c.
Abschriften: D-KA (Nr. 196 [*3 Piecen*]).
Druck: *TROIS / MORCEAUX / ... / pour Piano / par / J. W. KALLIWODA, / Maître de Chapelle de S.A.S. le Prince de Fürstenberg.* Edm. Stoll, Leipzig 116-118.
Bibliothek: D-KA (Don Mus. Dr. 3030) ▪ D-KA (Nr. 196).

Op. 195 Zwei Klavierstücke

EWV: *II Piecen für Pf.*
Besetzung: Klavier.
Datierung: 1852 (Druck).
Anzeigen und Rezensionen: NZfM 1852, Bd.II, S. 235.

Op. 195, Nr. 1: Walzer *La Gracieuse*, Des-Dur
Moderato con molta espressione

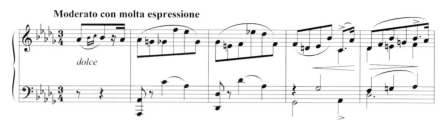

Abschriften: D-KA (Nr. 251).
Druck: *LA GRACIEUSE / Valse sentimentale / pour / le Piano / par / J. W. KALLIWODA, / Maître de Chapelle de S.A.S. le Prince de Fürstenberg.* C. F. Peters, Leipzig 3554.
Bibliothek: D-KA (Don Mus. Dr. 3030) ▪ D-KA (Nr. 251) ▪ GB-Lbl (h.962.{24.}).

Op. 195, Nr. 2: Frühlingspolka, F-Dur
Allegro non tanto

Bearbeitung: Pic, Fl, Ob, 2 Cl, Fag, 2 Cor, Trb-b, 2 Tr, Timp, Tamb-gr, Militärtrommel, Str.
Drucke: *FRÜHLINGS-POLKA / für / Pianoforte / Fräulein ALWINE LEEDE gewidmet / von / J. W. KALLIWODA, / Fürstl. Fürstenbergischer Hof-Kapellmeister.* C. F. Peters, Leipzig 3555 + 3559 (Orch-Stimmen).
Bibliothek: D-KA (Don Mus. Dr. 3030, Mus. Dr. 1566 [Orch.]) ▪ D-KA (Nr. 231) ▪ GB-Lbl (h.962.{23.}).

Op. 196 Polka für zwei Violinen und Orchester, A-Dur
(Introduction.) Allegro moderato - Allegretto grazioso

EWV: *Grande Polka, Concertante für 2 Violinen mit Orch. u Pfbgl.*
Besetzung: 2 Vl princ, 2 Fl, 2 Cl, 2 Fag, 2 Cor, Str.
Datierung: 1854c.
Bearbeitung: 2 Vl und Klavier; Klavier zu 2 bzw. 4 Hd. von Heinrich Enke.
Drucke: *Introduction / et / GRANDE POLKA / en forme de Rondeau / pour deux Violons / avec accompagnement / d' Orchestre ou de Piano / composée par / J. W. KALLIWODA, / Maître de Chapelle de S.A.S. le Prince de Fürstenberg.* C. F. Peters, Leipzig 3622, 3623 (2 Vl+Kl) ▪ *Introduction / et / GRANDE POLKA / en forme de Rondeau / (pour deux Violons) / transcrite / pour le Piano / par / H. ENKE / composée par / J. W. KALLIWODA...* C. F. Peters, Leipzig 3876, 3877 (4 Hd.).
Bibliothek: D-KA (Don Mus. Dr. 3030 [4 Hd.]) ▪ D-KA (Nr. 73 [Stimmen + Kl zu 2 Hd.]) ▪ D-LÜh (O 280 [2 Vl+Kl]) ▪ GB-Lbl (h.1680.{4.} [2 Vl+Kl], h.519.{4.} [2 Hd.]).
Anzeigen und Rezensionen: NZfM 1854, Bd.I, S. 56; NZfM 1856, Bd.II, S. 212; NZfM 1857, Bd.II, S. 23.

Op. 197 Drei Gesänge für zwei Sopranstimmen
Nr. 1: Mailied, *Was ist das nur für Lust und Schall* (Julius).
   A-Dur / Poco vivace e con fuoco
Nr. 2: Ave Maria, *Ave Maria! Jungfrau mild!* (D. Adam Storck nach W. Scott).
   E-Dur / Adagio religioso
Nr. 3: Wohin? *Lüfte des Himmels, wo ziehet ihr hin?* (Anastasius Grün).
   D-Dur / Molto vivace con leggierezza

Cornelie und Emilie Leede gewidmet.

EWV: *III Zweistimmige Gesänge mit Pfbgl.*
Besetzung: 2 Soprane, Klavier.
Datierung: 1854 (Druck).
Abschriften: D-KA (Anh. Nr. B4 [Lieder 1+3], Nr. 362^b [Sopr1-Stimme der Lieder 1+2]).
Bearbeitung: Lied Nr. 2 für 3 Sopr+Kl in D-KA (Don Mus. Ms. 879 [Partiturautograph + jew. mehrere Exemplare der drei Sopr-Stimmen als Abschrift]). Die Notenwerte sind in dieser Fassung augmentiert (4/4-Takt) und die Klavierfassung weicht leicht ab. In dieser Bearbeitung für dreistimmigen Frauenchor wurde das Lied zum Namenstag der Fürstin am 19. November 1856 im Rahmen eines Hofkonzertes aufgeführt.
Druck: *DREI GESÄNGE / für / zwei Sopran-Stimmen / mit / Begleitung des Pianoforte / componirt von / J. W. KALLIWODA, / Fürstl. Fürstenberg'scher Hof-Kapellmeister.* C. F. Peters, Leipzig 3632.
Bibliothek: D-KA (Don Mus. Dr. 3030) ▪ D-KA (Nr. 328) ▪ D-B (Mus. 3128) ▪ GB-Lbl (H.1757.{23.}).
Anzeigen und Rezensionen: NZfM 1854, Bd.I, S. 56.

Op. 198 Galopp für Violine und Klavier, G-Dur
Introduzione. Moderato - Vivace

EWV: *Introduction u Galop für Violine mit Pfbegl.*
Besetzung: Violine, Klavier.
Datierung: 1854 (Druck).
Druck: *Introduction / et / GRAND GALOP / EN FORME DE RONDEAU / pour Violon / avec Accompagnement de Piano / par / J. W. KALLIWODA, / Maître de Chapelle de S.A.S. le Prince de Fürstenberg.* C. F. Peters, Leipzig 3689.
Bibliothek: D-KA (Nr. 95) ▪ D-B (191174) ▪ GB-Lbl (h.1680.{5.}).
Anzeigen und Rezensionen: NZfM 1854, Bd.I, S. 164.

Op. 199 Drei Polkas für Klavier

Nr. 1: Moderato, F-Dur Nr. 2: [ohne Angabe], C-Dur Nr. 3: [o.A.], G-Dur

EWV: *III Polkas für Pianoforte.*
Besetzung: Klavier.
Datierung: 1854 (Druck).
Drucke: *TROIS POLKAS / pour / le Piano / par / J. W. KALLIWODA, / Maître de Chapelle de S.A.S. le Prince de Fürstenberg.* C. F. Peters, Leipzig 3644-46.
Bibliothek: D-KA (Don Mus. Dr. 3030) ▪ D-KA (Nr. 232) ▪ GB-Lbl (h.519.{5.}).
Anzeigen und Rezensionen: NZfM 1854, Bd.I, S. 164.

Op. 200 Klaviertrio Nr. 3, Es-Dur

1. Allegro con fuoco 2. Tempo di Menuetto e grazioso
3. Adagio con molta espressione 4. Presto con molta leggierezza

Alexander Dreyschock gewidmet.

EWV: *III^{tes} Trio für Pf. Violine und Violoncell.*
Besetzung: Vl, Vlc, Kl.
Datierung: 28. November 1853 (Uraufführung in Leipzig).
Drucke: *Troisième / TRIO / pour / Piano, Violon et Violoncelle / composé et dedié / à / Monsieur Alexandre Dreyschock / par / J. W. KALLIWODA, / Maître de Chapelle de S.A.S. le Prince de Fürstenberg.* C. F. Peters, Leipzig 3604 ▪ *3e. / TRIO / pour / Piano, Violon et Violoncelle / par J. W. KALLIWODA, / Maitre de Chapelle de S.A.S. le Prince de Fürstenberg.* Richault-Costallat, Paris 8883.R.
Bibliothek: D-KA (Nr. 43) ▪ D-KA* (M 3405 RH) ▪ D-B (191175) ▪ GB-Lbl (h.2851.{6.}).
Anzeigen und Rezensionen: NZfM 1853, Bd.II, S. 183.

Op. 201 Zwei Salonstücke für Klavier

Nr. 1: Valse brillante. Vivace, Es-Dur   Nr. 2: Polka Mazurka. Moderato, As-Dur

EWV: *Valse brillante e Polka Mazurka für Pf.*
Besetzung: Klavier.
Datierung: 1854c.
Drucke: *2 / MORCEAUX DE SALON / pour le / Piano-Forte / composés par / J. W. KALLIWODA / Maitre de Chapelle de S.A.S. le Prince de Fürstenberg.* F. W. Arnold, Elberfeld 402 (Walzer), 403 (Polka) ▪ A. Fürstner, Berlin.
Bibliothek: D-KA (Don Mus. Dr. 3030, Mus. Dr. 1588 [nur Nr. 1]) ▪ D-KA (Nr. 195) ▪ CZ-Pnm (59 A 2372).

Op. 202 Sechs Stücke für Militärmusik

Nr. 1: Ouvertüre. Tempo di Marcia, Des-Dur
Nr. 2: Mazurka. Allegretto, Es-Dur
Nr. 3: Trauer-Chor (*Was wallt für ein langsamer Zug einher*). Moderato, Es-Dur
Nr. 4: Festmarsch. Maestoso, Es-Dur
Nr. 5: Polka. Moderato, Es-Dur
Nr. 6: Soldatenlied (*Wenn lauter Trommenwirbel schallt*). Vivace, B-Dur

EWV: *VI Piecen für Militairmusik.*
Besetzung: Pic, 4 Cl, 2 Fag, 4 Cor, Tenorhorn, 2 Tr, 4 Trb, 2 Cornet à Piston, Bombardon (oder Ophikl.), Tamb-gr, Tamb-pic, Triangel, Becken; Männerchor ad lib.
Datierung: 1854 (Druck).
Drucke: 6 / *PIÈCES D' HARMONIE / pour / Musique militaire / composées / par / J. W. KALLIWODA, / Maître de Chapelle de S.A.S. le Prince de Fürstenberg.* C. F. Peters, Leipzig 3698 (Nr. 1-3), 3703 (Nr. 4-6).
Bibliothek: D-KA (Nr. 33 [Partitur]) ▪ GB-Lbl (h.1570.{1.}).
Anzeigen und Rezensionen: NZfM 1854, Bd.II, S. 155.
Anmerkung: Im *Trauer-Chor* griff Kalliwoda auf ein Gedicht von Adalbert v. Thale zurück, das er bereits mehrmals vertont hatte (vgl. Op. 113, Nr. 2 sowie WoO VIII/31).

Op. 203 Divertissement für Klavier zu vier Händen, G-Dur
Allegro appassionato

Pauline Rothe gewidmet.

EWV: *Divertissement (4händ.) für Pf.*
Besetzung: Klavier zu 4 Hd.
Datierung: 1855 (Druck).
Bearbeitung: Klavier zu 2 Hd.
Druck: *DIVERTISSEMENT / pour le Piano / à quatre mains / composé par / J. W. KALLIWODA, / Maître de Chapelle de S.A.S. le Prince de Fürstenberg.* C. F. Peters, Leipzig 3754. ▪ *KALLIWODA / ALBUM / Piano à 4 MS.* Universal Edition, Wien 2473 (S. 48-65, *1910*).
Bibliothek: D-KA (Don Mus. Dr. 3030) ▪ D-KA (Nr. 206, Anh. Nr. C3) ▪ D-KA* (M 6904) ▪ A-Wn (MS 4069) ▪ GB-Lbl (h.519.{6.}).
Anzeigen und Rezensionen: NZfM 1855, Bd.I, S. 144.

Op. 204 Fantasie für Viola und Klavier, F-Dur
(*Souvenir de Cherubini*)
Allegro con fuoco - Andantino - Larghetto - Marcia con moto

EWV: *Fantasie für Viola mit Pfbegl.*
Besetzung: Viola, Klavier.
Datierung: 1855 (Druck).
Druck: *Souvenir de Cherubini. / FANTAISIE / pour Viola / avec Accompagnement de Piano / par / J. W. KALLIWODA, / Maître de Chapelle de S.A.S. le Prince de Fürstenberg.* C. F. Peters, Leipzig 3773.
Bibliothek: D-KA (Don Mus. Dr. 1535[1]) ▪ D-KA (Nr. 127) ▪ GB-Lbl (h.1785.f.{2.}).
Anzeigen und Rezensionen: NZfM 1855, Bd.I, S. 144.

Op. 205, Nr. 1   Introduktion und Walzer für Klavier, Es-Dur
Moderato - Allegretto grazioso

EWV: *Introd. e Valse tyrolien für Pf.*
Besetzung: Klavier.
Datierung: 1855 (Druck).
Druck: *INTRODUCTION / et / VALSE TYROLIENNE / pour le Piano / composées / par / J. W. KALLIWODA, / Maître de Chapelle de S.A.S. le Prince de Fürstenberg.* C. F. Peters, Leipzig 3749.
Bibliothek: D-KA (Don Mus. Dr. 3030) ▪ D-KA (Nr. 173) ▪ D-B (59010) ▪ GB-Lbl (h.519.{7.}).
Anzeigen und Rezensionen: NZfM 1855, Bd.I, S. 20.

Op. 205, Nr. 2   Introduktion und Polka für Klavier, As-Dur
Moderato - Allegretto grazioso

EWV: *Polka u. Introduction für Pf.*
Besetzung: Klavier.
Datierung: 1855 (Druck)
Bearbeitung: Fl, Ob, 2 Cl, Fag, 2 Cor, 2 Tr, Trb-b, Timp, Tamb militaire, Tamb-gr, Str.
Drucke: *INTRODUCTION / et / POLKA / pour le Piano / composées / par / J. W. KALLIWODA, / Maître de Chapelle de S.A.S. le Prince de Fürstenberg.* C. F. Peters, Leipzig 3726 (Orch-Stimmen) + 3750 (Kl).
Bibliothek: D-KA (Don Mus. Dr. 1576 [Orch-Stimmen mit autogr. Pic], Mus. Dr. 3030) ▪ D-KA (Nr. 174) ▪ D-B (59010) ▪ GB-Lbl (h.519.{8.}).
Anzeigen und Rezensionen: NZfM 1855, Bd.I, S. 20.
Anmerkung: Obwohl die Pl.-Nummer der Orchesterstimmen chronologisch vor der Klavierfassung steht, deutet Kalliwodas eigener Eintrag sowie die Titelseite der Druckausgabe darauf, dass dieses Werk ursprünglich für das Klavier bestimmt war.
Die Opuszahl 205 wurde offenbar doppelt vergeben; auch in Kalliwodas eigenem Verzeichnis ist beiden Werken die gleiche Zahl zugeordnet.

Op. 206 Ouvertüre Nr. 14, c-Moll
Adagio - Molto allegro con passione

Fürst Leopold Friedrich, Herzog zu Anhalt gewidmet.

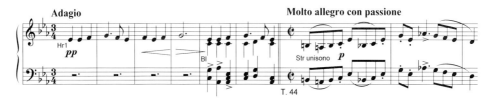

EWV: *14te Concert Ouverture.*
Besetzung: 2 Fl, 2 Ob, 2 Cl, 2 Fag, 4 Cor, 2 Tr, 3 Trb, Timp, Str.
Datierung: November 1854 (Uraufführung in Dessau; vgl. *Anmerkung*).
Bearbeitung: Klavier zu 4 Hd. von Heinrich Enke.
Drucke: *CONCERT-OUVERTURE / N° 14 / für grosses Orchester / componirt und / Sr. Hoheit, dem durchlauchtigsten Fürsten und Herrn / LEOPOLD FRIEDRICH, / ältest-regierendem Herzoge / zu Anhalt / ... / gewidmet von / J. W. KALLIWODA, / Fürstl. Fürstenbergischem Hof-Kapellmeister*. C. F. Peters, Leipzig 3741 bzw. 3745 (4 Hd.).
Bibliothek: D-KA (Don Mus. Dr. 1601 [+ dritte Tr-Stimme als Hs.]) ▪ D-KA (Nr. 30 [Stimmen]) ▪ GB-Lbl (h.1510.{1.}).
Anzeigen und Rezensionen: NZfM 1855, Bd.I, S. 20.
Anmerkung: Am 26. November berichtet Kalliwoda schon aus Karlsruhe, dass er für die Ouvertüre einen Orden vom Herzog erhalten habe. Demnach wird die Uraufführung ein bis zwei Wochen vorher, um den 15. November stattgefunden haben. Zur Chronologie der Entstehung dieser Komposition vgl. ausführlicher bei: Strauß-Németh, Kalliwoda. Bd. 1. Kap. 5.2.2. (*Ehrungen und Auszeichnungen*).

Op. 207 Vier Lieder für zwei Sopranstimmen
Nr. 1: Morgengruß, *Ihr Vögelein, so zart und fein* (Karl Egon Ebert).
G-Dur / Allegretto
Nr. 2: Loblied an Maria, *Singt heut' in frohen Chören*.
Des-Dur / Adagio
Nr. 3: Wiegenlied, *In der Wiege liege, liege*.
As-Dur / Andantino
Nr. 4: Sonntagsfeier, *Seht aus des Himmels goldnem Tor*.
Es-Dur / Adagio ma non troppo

EWV: *IV Lieder für 2 Sopranstimmen mit Pfbegl.*
Besetzung: 2 Soprane, Klavier.
Datierung: 1856 (Druck).
Bearbeitung: Lieder 2+4 für Klavier und Harmonium (Gesang ad lib.); Harmoniebegl. für dieselben als Hs.: 2 Ob (Cl), Fag, Cor in D-KA (Don Mus. Ms. 887).
Drucke: *VIER LIEDER / für / zwei Sopran-Stimmen / mit / Begleitung des Pianoforte / componirt / von / J. W. KALLIWODA, / Fürstl. Fürstenberg'scher Hof-Kapellmeister*. C. F. Peters, Leipzig 3878.
<u>Nr. 2+4 für Kl und Harm</u>: *Vier Duos für Harmonium und Klavier*. K. Simon, Berlin 2339 (Nr. 2), 2340 (Nr. 4) ▪ *Zwei Loblieder für Harmonium und Pianoforte*. J. André Offenbach/M 10389 (*1870*).
Bibliothek: D-KA (Don Mus. Dr. 3030) ▪ D-KA (Nr. 329 [2 Expl.]) ▪ D-Mbs (4 Mus.pr. 46286)
<u>Nr. 2+4 für Kl und Harm</u>: D-B (112425 [André], 142282 [Simon]) ▪ CZ-Pnm (59 B 6906 [André]) ▪ GB-Lbl (H.2139.b.{2.} [André]).
Anzeigen und Rezensionen: NZfM 1856, Bd.I, S. 220.
Anmerkung: Die (posth.) Ausgabe der Lieder 2+4 für Klavier und Harmonium erfolgt in beiden Verlagen unter der Opusnummer **250** (vgl. Pazdírek und CPM)!

Op. 208 Zwei Duos für Violine und Viola

Nr. 1: **Duo in C-Dur**. 1. Adagio sostenuto   2. Andante moderato
3. Scherzo. Prestissimo   4. Allegro risvegliato
Nr. 2: **Duo in G-Dur**. 1. Pastorale. Andantino - Allegro moderato
2. Allegretto grazioso
3. Scherzo. Molto vivace   4. Allegro non tanto

Friedrich Hermann und Otto Hunger gewidmet.

EWV: *II Duos für Violine u Viola.*
Besetzung: Violine, Viola.
Datierung: 1855 (Druck).
Drucke: *2 DUOS / für / Violine und Viola / componirt / und den Herren / Fr. Hermann und Otto Hunger / gewidmet / von / J. W. KALLIWODA, / Fürstl. Fürstenb. Hof-Kapellmeister.* C. F. Peters, Leipzig 3867 (Nr. 1), 3868 (Nr. 2) ▪ ders. 6601 (*1882c*) ▪ *2 Duos...* (hrsg. von Fr. Hermann) Edition Peters, Frankfurt/M 2105 (*1959*).
Bibliothek: D-KA (Nr. 42) ▪ D-B (60084, 255222 [Ed. Peters]) ▪ D-Mbs (4 Mus.pr. 30605) ▪ CZ-Pnm (59 C 7598) ▪ GB-Lbl (h.1680.{6.}).
Anzeigen und Rezensionen: NZfM 1855, Bd.II, S. 228.

Op. 209 Zwei Charakterstücke für Violine und Klavier

Nr. 1: Les Adieux. Moderato, A-Dur
Nr. 2: Le Revoir. Allegro con molto fuoco, E-Dur

Wilhelm von Booth gewidmet.

EWV: *II Piecen für Violine u Piano*.
Besetzung: Violine, Klavier.
Datierung: 1856 (Druck).
Bearbeitung: Frühfassung von beiden Stücken als Autograph, wobei die Violinstimme im ersten Werk identisch ist, im zweiten nur leichte Abweichungen zeigt. Dagegen ist die Begleitung in beiden Fällen ganz anders. Da die unveröffentlichten Fassungen der Stücke Bestandteil eines Zyklus von fünf Kompositionen sind, wurden sie unter der Nummer WoO III/05 (Nr. 1 u. 2) ein weiteres mal verzeichnet (Incipits siehe dort).
Druck: *Deux / Morceaux caractéristiques / ... / pour le Violon / avec accompagnement de Piano / par / J. W. KALLIWODA, / Maître de Chapelle de S.A.S. le Prince de Fürstenberg.* C. F. Peters, Leipzig 3913.
Bibliothek: D-KA (Nr. 85) ▪ D-B (59087) ▪ D-LÜh (J 195) ▪ GB-Lbl (h.1680.{7.}).
Anzeigen und Rezensionen: NZfM 1856, Bd.I, S. 208.

Op. 210 Walzer für Klavier *La Mèlancolie*, Des-Dur
Molto moderato con sentimento

EWV: *La Melancolie für Pf.*
Besetzung: Klavier.
Datierung: 1856 (Druck).
Abschriften: D-KA (Nr. 190).
Druck: *LA MÉLANCOLIE / Valse sentimentale / pour le / Piano / par / J. W. KALLIWODA, / Maître de Chapelle de S.A.S. le Prince de Fürstenberg.* C. F. Peters, Leipzig 3924.
Bibliothek: D-KA (Don Mus. Dr. 3030) ▪ CZ-Pnm (59 A 3178) ▪ GB-Lbl (h.519.{9.}).
Anzeigen und Rezensionen: NZfM 1856, Bd.I, S. 175.

Op. 211 Steirische Weise für Violine und Klavier, A-Dur
Introduction. Adagio - (Vivace) - Allegretto grazioso

EWV: *Fantasie für Violine mit Pfbegl.*
Besetzung: Violine, Klavier.
Datierung: 1856c.
Drucke: *Jntroduction et Air Styrien / pour le Violon / avec accompagnement de Piano / composée par / I. W. KALLIWODA.* Ernest ter Meer, Aachen 81.
Bibliothek: D-KA (Don Mus. Dr. 1548) ▪ D-KA (Nr. 96) ▪ D-B (191177).
Anmerkung: Offensichtlich hat Kalliwoda beim Eintrag in sein Verzeichnis op. 211 und 212 verwechselt.

Op. 212   Fantasie für Violine und Klavier, D-Dur
Molto vivace

Karl Will gewidmet.

EWV: *Introduction et Air Styrien für Violine mit Pf.begl.*
Besetzung: Violine, Klavier.
Datierung: 1856c.
Bearbeitung: Unveröffentlichte Fassung für Violine und Orchester (vgl. WoO II/3).
Druck: *FANTAISIE DE CONCERT / pour Violon / avec accompagnement de Piano / par / I. W. KALLIWODA.* Ernest ter Meer, Aachen 82.
Bibliothek: D-KA (Nr. 97) ▪ D-B (64627) ▪ CZ-Pnm (59 A 1593).
Anmerkung: Siehe unter op. 211.

Op. 213   Zwei leichte Violinduos
Nr. 1: Duo in A-Dur. 1. Larghetto   2. Andante grazioso
Nr. 2: Duo in D-Dur. 1. Allegro risoluto   2. Adagio   3. Prestissimo

EWV: *Deux Duos pour deux Violons.*
Besetzung: 2 Violinen.
Datierung: 1857 (Druck).
Druck: *2 / DUOS / faciles et brillants / pour / deux Violons / composés / par / J. W. Kalliwoda, / Maître de Chapelle de S.A.S. le Prince de Fürstenberg.* C. F. Peters, Leipzig 3969.
Bibliothek: D-KA (Don Mus. Dr. 1552[1]) ▪ D-KA (Nr. 42) ▪ D-KA* (M 3406 RH) ▪ D-B (59085) ▪ GB-Lbl (h.1680.{8.}).
Anzeigen und Rezensionen: NZfM 1857, Bd.I, S. 156.

Op. 214   Fünf Lieder für Sopran oder Tenor

Nr. 1: Der Hirtenknabe, *O Hirtenknab', du singst so frisch und frei* (Johann Koch).
    C-Dur / Moderato
Nr. 2: Heimweh, *In der Fremde muß ich weilen* (H. Mahn).
    G-Dur / Moderato
Nr. 3: Du willst, ich soll dich nun vergessen, *Du willst, ich soll dich...*
    a-Moll / Moderato
Nr. 4: Der Jäger, *Es blies ein Jäger wohl in sein Horn* (Wilhelm Gerhard).
    D-Dur / Allegro
Nr. 5: Das letzte Harren, *Töne Glöcklein in die Weite* (Edmund Adolf J. Lobedanz).
    As-Dur / Molto moderato

Stephanie von Geusau gewidmet.

Das letzte Harren

EWV: *V Lieder für Sopran o Tenor mit Pfbegl.*
Besetzung: Hohe Gesangstimme, Klavier.
Datierung: 1857c.
Drucke: *FÜNF LIEDER / ... / für eine / Sopran- oder Tenorstimme mit Begleitung des Pianoforte / componirt und / dem Freifräulein / STEPHANIE VON GEUSAU / hochachtungsvoll zugeeignet / von / J. W. KALLIWODA*. Ernest ter Meer, Aachen 131-135. ▪ *KALLIWODA / LIEDER-ALBUM / Gesang und Klavier*. Universal Edition, Wien 2471 (nur Nr. 1+4, S. 61-68; *1910*).
Bibliothek: D-KA (Don Mus. Dr. 3030) ▪ D-KA (Nr. 306) ▪ D-B (64628).
Kalliwoda-Album, Wien (Nr. 1+4): D-KA (Anh. Nr. C1) ▪ D-KA* (M 6902) ▪ A-Wn (MS 3998) ▪ CZ-Pnm (59 E 6536).

Op. 215-221 Werke mit diesen Opusnummern sind nirgendwo nachweisbar.

Im **EWV** heißt es in einer späteren Ergänzung vom Sohn Emil: „opus 215, 216, 217, 218, 219, 220, 221 sind als Manuskripte an Herrn von Booth verkauft. opus 223 und 224 desgleichen." Auf einem losen Blatt, das im Anschluss der Liste in das Büchlein eingeklebt ist, hat Kalliwoda selbst die besagten Werke aufgereiht; sie werden im Folgenden wiedergegeben:

Vorderseite:
op. 215: *Concert für 3 Violinen in G dur ohne Begl.*
op. 216: *Variationen für 3 Violinen in E dur.*
op. 217: *Introduction u Rondo für 3 Violinen in E moll.*
op. 218: *Concert für 3 Violinen in G dur mit Begleitung des Pianoforte und nachgelieferter Orchesterbegl.*
op. 219: *Serenade für 2 Violinen u Guitarre a dur.*
op. 220: *Trio pathétique für 3 Violinen a moll.*
Sämmtliche Werke an Herrn Wilh. v. Booth verkauft und das Honorar dafür erhalten.

Rückseite:
op. 223: *Fantasie für 2. Violinen mit Orches. und Pf. über Motive aus der Oper: "Der Troubadour" von Verdi.*
op. 224: *Fantasie für 1. Violine mit Orch. u Pf. über Motive aus der Oper: "La Traviata" von Verdi.*
op. 232: *Trio concertant für 2 Violinen u Violoncell ohne Begleitung (über schottische Lieder).*
Sämmtliches H. v. Booth verkauft und ... (unleserlich).

Es ist möglich, dass sich Kalliwoda bei der letzten Nummer (op. 232) geirrt hatte, denn ein op. 232 existierte bereits, hingegen fehlt die Opusnummer 235, was an dieser Stelle gemeint sein könnte.
Der Verbleib aller dieser Werke ist unklar.

Op. 222 Zwei Steirische Weisen
Nr. 1: Moderato, As-Dur   Nr. 2: [o.A.], Es-Dur

EWV: *Deux Chansons Styrien p. Pf.*
Besetzung: Klavier.
Datierung: 1857c.
Druck: *Deux / Chansons Styriens / pour le / Piano / par / J. W. KALLIWODA.* Heinrichshofen, Magdeburg 1256.
Bibliothek: D-KA (Don Mus. Dr. 3030) ▪ D-KA (Nr. 171) ▪ D-B (136453).

Op. 223+224 Werke mit diesen Opusnummern sind nirgendwo nachweisbar. (Siehe Anmerkung unter **Op. 215-221**.)

Op. 225 Zwei Adagios für Klavier und Harmonium
Nr. 1: Adagio, Des-Dur   Nr. 2: Lenzesnähe. Larghetto, As-Dur

Fürst Karl Egon III. zu Fürstenberg gewidmet.

EWV: *II Adagio für Physharmonika u Pf.*
Besetzung: Harmonium, Klavier.
Datierung: 1857 (Druck).
Drucke: *2 / ADAGIO / pour / Physharmonica et Piano / composés et dédiés / À son Altesse Sérénissime Monseigneur / LE PRINCE RÉGNANT / CHARLES EGON / DE FÜRSTENBERG / ... / par / Son maître de Chapelle / J. W. KALLIWODA.* C. F. Peters, Leipzig 4059 (Nr. 1), 4060 (Nr. 2) ▪ *Vier Duos für Harmonium und Klavier.* K. Simon, Berlin 2337 (Nr. 1), 2338 (Nr. 2) ▪ Novello, London ▪ C. Gehrmann, Stockholm (Org+Harm/Kl) ▪ Brainard's Sons, Chicago (für Org.).
Bibliothek: D-KA (Don Mus. Ded. 56 [nur Nr. 1]) ▪ D-KA (Nr. 134a) ▪ D-B (59072, 142282 [Simon]) ▪ GB-Lbl (h.519.{10.}).
Anzeigen und Rezensionen: NZfM 1857, Bd.II, S. 196.

Op. 226   Ouvertüre Nr. 15, E-Dur
Adagio maestoso - Molto vivace e con fuoco

Dem Prager Konservatorium zu seinem 50jährigen Jubiläum gewidmet.

EWV: *15te Ouverture für Orchester.*
Besetzung: 2 Fl, Pic, 2 Ob, 2 Cl, 2 Fag, 4 Cor, 3 Tr, 3 Trb, Ophikl, Timp, Tamb-pic, Tamb-gr, Triangel, Str.
Datierung: 7. Juli 1858 (Uraufführung in Prag).
Abschriften: D-KA (Don Mus. Ms. 860 [unvollst. Stimmen, teilw. von Kalliwodas Hand]).
Bearbeitung: Klavier zu 4 Hd. von Heinrich Enke.
Drucke: *OUVERTURE / N° 15 / für grosses Orchester / componirt / und dem / Prager Conservatorium der Musik / zu seiner / 50 jährigen Jubelfeier / gewidmet / von / J. W. KALLIWODA, / Fürstl. Fürstenbergischem Hof-Kapellmeister.* C. F. Peters, Leipzig 4136 ▪ *OUVERTURE / N° 15 / für das Pianoforte zu vier Händen / eingerichtet / von / HEINRICH ENKE / componirt von / J. W. KALLIWODA, / Fürstl. Fürstenbergischem Hof-Kapellmeister.* C. F. Peters, Leipzig 4192.
Bibliothek: D-KA (Don Mus. Dr. 1602 [mit Abschr. der Fag-Stimmen von Kalliwoda selbst]) ▪ D-KA (Nr. 152 [4 Hd.]) ▪ D-B (O.11150) ▪ GB-Lbl (h.1510.{2.}, e.217.b.{17.} [4 Hd.]).

Anzeigen und Rezensionen: NZfM 1859, Bd.I, S. 216; NZfM 1860, Bd.II, S. 76. Über die Uraufführung in Prag: NZfM 1858, Bd.II, S. 31; Bohemia, Prag, 8.7.1858. Gedächtniskonzert in Leipzig: AmZ 1867, S. 8; NZfM 1867, S. 12.
Anmerkung: Zur Chronologie der Entstehung dieser Komposition vgl. ausführlicher bei: Strauß-Németh, Kalliwoda. Bd. 1. Kap. 5.4. (*Die letzten Auftragskompositionen*).
Am 6. Dezember 1863 stellte der Komponist seine Ouvertüre im Rahmen der Museumskonzerte auch in Donaueschingen vor. Nach Kalliwodas Tod wurde am 20. Dezember 1866 dieses Werk in einem Gedächtniskonzert in Leipzig ebenfalls aufgeführt.

Op. 227 Zwei Festmärsche für Klavier zu vier Händen
Nr. 1: Allegro con fuoco, E-Dur   Nr. 2: Allegro con fuoco, F-Dur

Fürst Maximilian Egon I. zu Fürstenberg gewidmet.

EWV: *2 Fest Märsche (4händig)*.
Besetzung: Klavier zu 4 Hd.
Datierung: 1859 (Druck).
Bearbeitung: Für Orchester (siehe op. 227a).
Druck: *2 / FEST-MÄRSCHE / für das / Pianoforte zu 4 Händen / componiert und / SEINER DURCHLAUCHT / dem Fürsten / MAXIMILIAN EGON, / FÜRST ZU FÜRSTENBERG, / ... / gewidmet von / J. W. KALLIWODA, / Fürstl. Fürstenbergischem Hof-Kapellmeister*. C. F. Peters, Leipzig 4141 (Nr. 1), 4142 (Nr. 2). ▪ *KALLIWODA / ALBUM / Piano à 4 MS*. Universal-Edition, Wien 2473 (nur Nr. 1, S. 66-73; *1910*).
Bibliothek: D-KA (Don Mus. Ded. 84) ▪ D-KA (Nr. 202, Anh. Nr. C3 [Nr. 1]) ▪ D-KA* (M 6904 [Nr. 1]) ▪ A-Wn (MS 4069 [Nr. 1]) ▪ GB-Lbl (h.519.{11.}).
Anzeigen und Rezensionen: NZfM 1859, Bd.I, S. 264.

Op. 227a Zwei Festmärsche
Nr. 1: Allegro con fuoco, E-Dur   Nr. 2: Allegro con fuoco, F-Dur

Fürst Karl Egon III. zu Fürstenberg gewidmet.

Besetzung: Nr. 1: Fl, Ob, Cl, Fag, 3 Cor, 2 Tr, Trb, Timp, Str.
Nr. 2: Fl, Ob, 2 Cl, Fag, 2 Cor, Tr, Trb, Timp, Str; als Anhang: Fl2, Fag2, Cor3.
Datierung: 4. März 1858 (Autograph).
Autograph: D-KA (Don Mus. Ms. 896 [Nr. 1], Mus. Ms. 937 [Partitur von Nr. 2; Stimmen als Abschrift]).
Abschriften: D-KA (Nr. 34 [Nr. 1]).

Op. 228 Salonstück für Oboe und Klavier, G-Dur
Allegro non tanto - Allegretto

EWV: Kein Eintrag von Kalliwoda. Spätere Ergänzung von Sohn Emil: *Morceau de Salon pour le Hautbois avec accomp. de Piano. (Nicht veröffentlichtes Manuscript).*
Besetzung: Oboe, Klavier.
Datierung: 1859c.
Autograph: D-KA (Nr. 132 [*Morceau de Salon / pour la Hautbois / avec accompagnement de Piano / par / J. W. Kalliwoda. / opus 228.* Nur Kl-Ausz., keine separate Solost.]).
Druck: *MORCEAU de SALON / Opus 228 / for / oboe & piano*. Nova Music, London 108 (*1979*) ▪ *Morceau de Salon / für Oboe und Klavier / op. 228.* (hrsg. von Kurt Meier) Amadeus-Verlag, Winterthur BP 875 (*2001*).
Bibliothek: D-KA* (M 4354 RH, M 4355, M 11862) ▪ D-Sl (Kal 160/2200).

Op. 229 Salonstück für Klarinette und Klavier, F-Dur
Allegro vivace

EWV: *Morceau de Salon pour la Clarinette avec accompagnement de Piano.*
Besetzung: Klarinette, Klavier.
Datierung: 1862c (Druck).
Drucke: *Morceau de Salon / pour la / CLARINETTE / avec accompagnement de Piano / par / J. W. KALLIWODA.* Schott, Mainz 16491 ▪ *Morceau de Salon / for clarinet and piano op. 229 / I. W. Kalliwoda / Rev. by Simeon Bellison.* Fischer, New York (*1940*) ▪ Chester Music, Brighton (hrsg. von Colin Bradbury, *1982*).
Bibliothek: D-KA (Nr. 131) ▪ D-KA* (M 4643) ▪ D-B (33836) ▪ GB-Lbl (h.2189.{3.}, g.1069.a.{3.}).
Anmerkung: Kalliwoda hat den Eintrag zu dieser Komposition erst am Ende seiner Liste vorgenommen. Das deutet auf eine viel spätere Publikation; aber immerhin wurde dieses Morceau – im Gegensatz zum op. 228 bzw. 230 – überhaupt ediert.

Op. 230 Salonstück für Fagott und Klavier, B-Dur
Larghetto - Allegro appassionato

EWV: Kein Eintrag von Kalliwoda. Spätere Ergänzung von Sohn Emil: *Morceau de Salon pour le Baßon avec accomp. de Piano. (Nicht veröffentlichtes Manuscript).*
Besetzung: Fagott, Klavier.
Datierung: 1859c.
Autograph: D-KA (Nr. 133 [*Morceau de Salon / pour le Baßon / avec accompagnement de Piano / par / J. W. Kalliwoda. / opus 230.* Nur Kl-Ausz., keine separate Solost.]).
Druck: *J. W. Kalliwoda / MORCEAU DE SALON / op. 230 / für Fagott und Klavier.* (hrsg. von Eberhard Buschmann) Accolade-Musikverlag, Holzkirchen ACC. 1033 (*2002*).
Bibliothek: D-KA* (M 12394).

Op. 231 Zwei Salonstücke für Violine und Klavier
Nr. 1: Adagio religioso, e-Moll   Nr. 2: Romance. Larghetto, F-Dur

EWV: *Adagio religioso u Romance für Violine mit Pfbegl.*
Besetzung: Violine, Klavier.
Datierung: 1860c.
Bearbeitung: Nr. 1 für Violine und Orchester (unveröffentlichtes Manuskript; vgl. WoO II/10).
Druck: *2 / Morceaux de Salon / pour / LE VIOLON / avec Accompagnement / de Piano / par / J. W. KALLIWODA, / Maître de Chapelle de S.A.S. le Prince de Fürstenberg.* C. F. Peters, Leipzig 4223 (Nr. 1), 4224 (Nr. 2).
Bibliothek: D-KA (Nr. 98) ▪ D-B (24145) ▪ GB-Lbl (h.1609.b.{14.}).

Op. 232 Zwei Gesänge ernsten Inhalts für Männerchor
Nr. 1: Gebet, *Ja Du bist's*.
   C-Dur / Adagio
Nr. 2: Begräbniss-Lied, *Ruh'n in Frieden lass die Seelen*.
   F-Dur / Moderato

EWV: fehlt (vgl. die Anmerkung unter *Op. 215-221*).
Besetzung: 4stimmiger Männerchor a cap.
Datierung: 1862c (Druck).
Drucke: *2 / GESÄNGE / ernsten Inhalts / für / VIER MÄNNERSTIMMEN / von / J. W. Kalliwoda.* Schott, Mainz 16490 ▪ Neu herausgegeben von H. Werlé in der Reihe: *Frauenlob. / Eine Sammlung deutscher Männerchöre. / No. 25.* Schott 07025 ▪ *Für Freud und Leid. / Männerchöre / für besondere Gelegenheiten.* (hrsg. von Franz Kumm und Wilhelm Rudnick) Heft. V (*Grab und Trauer-Gesänge*). Georg Bratfisch, Frankfurt/O G.B. 657 (Chor 2) ▪ Eulenburg & Hug, London.
Bibliothek: D-B (O.9248, O.20699 [Chor 2]).
Anmerkung: Den Text von Lied Nr. 1 hat Kalliwoda auch als *Kirchenarie* bzw *-lied* für Sopran und Orchester bzw. Klavier vertont (WoO VI/32 bzw. 32a), ebenso existiert eine Frühfassung von

Chor Nr. 2 für dieselbe Besetzung, die jedoch nur leichte Abweichungen in den Unterstimmen aufweist (WoO VIII/11, Nr. 2).
Auf beiden Drucken von Schott wird die Opuszahl **233** aufgeführt, wobei es sich wahrscheinlich um einen Druckfehler handelt, der bei der Neuauflage übernommen wurde. Alle geprüften Listen (BLKÖ, Pazdírek) nennen unter diesem Titel die Nummer 232; op. 233 ist jedoch – auch bei Schott – mit den *4 Deutschen Chören* belegt.

Op. 233   Vier deutsche Männerchöre

Nr. 1: Der deutsche Baum, *Es ragt in Deutschlands Gauen.*
E-Dur / Vivace e con fuoco
Nr. 2: Reiterlied, *Die bange Nacht ist nun herum* (Georg Herwegh).
cis-Moll / Con fuoco e poco vivo
Nr. 3: Männer-Lust, *Gebt dem Mann ein Schwert.*
Es-Dur / Allegro con fuoco
Nr. 4: Wie vergelten? *Wenn Röse in den Keller springt.*
G-Dur / Lustig und lebhaft

Der Sängerrunde Bodan in Konstanz gewidmet.

EWV: *IV Deutsche Männerchöre.*
Besetzung: 4stimmiger Männerchor a cap.
Datierung: 1862c (Druck).
Druck: *4 / Deutsche Chöre / für vier Männerstimmen / von / J. W. KALLIWODA.* Schott, Mainz 16489 ▪ *Deutsche Eiche* 410. Eulenburg & Hug, Leipzig/London 2415 (Nr. 1) ▪ Friedrich Gutsch, Karlsruhe (*1865*, nur Nr. 1).
Bibliothek: D-KA (Nr. 353) ▪ D-B (O.9247, O.30978 [Eulenburg]) ▪ A-Wn (MS 6771 + MS 24.065 [jew. nur Nr. 1]).
Anmerkung: Chor Nr. 1 wurde am 16. Januar 1862 im Rahmen eines Museumskonzertes in Donaueschingen aufgeführt.

Op. 234 Duo für zwei Violinen, E-Dur
   1. Allegro brillante   2. Adagio non tanto   3. Scherzo. Allegro assai   4. Vivace

EWV: *Grand Duo Brillant pour deux Violons.*
Besetzung: 2 Violinen.
Datierung: 1861 (Druck).
Drucke: *GRAND DUO / BRILLANT / pour deux Violons / composé / par / J. W. KALLIWODA*. J. Rieter-Biedermann, Leipzig/Wintertur 196 ▪ Augener, London (*1886*).
Bibliothek: D-KA (Don Mus. Dr. 1552) ▪ D-KA (Nr. 42) ▪ D-B (23340) ▪ GB-Lbl (g.218.a.{7.}).
Anzeigen und Rezensionen: NZfM 1861, Bd.II, S 188.

Op. 235 Ein Werk mit dieser Opusnummer ist nirgendwo – als einziges auch nicht im EWV – nachweisbar.

Op. 236 *Der Sennin Heimweh.*
Lied mit obligater Violine, G-Dur
   Der Sennin Heimweh, *Tret' ich aus meiner Hütte*. Moderato

EWV: *Der Sennin Heimweh, Lied mit Clavier und Violin Begleitung.*
Besetzung: Sopran, Cl (oder Vl), Klavier
Abschriften: A-Wn (S.m. 15261).
Datierung: 9. Dezember 1862 (Aufführung in Donaueschingen; vgl. *Anmerkung*).
Drucke: *Der Sennin Heimweh / in Musik gesetzt / für eine Singstimme mit Begleitung des / PIANO / und Clarinette od. Violine / von / J. W. KALLIWODA.* Jos. Schalek, Prag 62 ▪ *Der / SENNIN HEIMWEH / für eine / Singstimme / mit Begleitung des Pianoforte / und Violine oder Clarinette / componirt von / J. W. KALLIWODA.* Rob. Forberg, Leipzig 337 (*1866*) ▪ J. Rieter-Biedermann, Leipzig.

Bibliothek: D-KA (Nr. 282 [mit einer alternativen Cl-Stimme von Kalliwoda]) ▪ CZ-Pnm (59 A 4091 [Forberg] + 59 A 4475 [Schalek]) ▪ GB-Lbl (G.1443.c.{18.}).
Anzeigen und Rezensionen: NZfM 1866, S. 154.
Anmerkung: Kalliwodas EWV-Eintrag widerspricht bezüglich des obligaten Instrumentes dem Titelblatt der Druckausgabe. Entgegen seiner offenbar ursprünglichen Absicht wird der Komponist später doch die Klarinette und nicht die Violine für die Interpretation bevorzugt haben. Dafür spricht auch die Tatsache, dass er dieses Lied in Donaueschingen in der Fassung mit Klarinette aufgeführt hatte.

Op. 237 Drei Ländler für Violine und Klavier, D-Dur

Introduction. Allegretto Nr. 1: Molto moderato, D-Dur
Nr. 2: [o. A.], G-Dur Nr. 3: [o. A.], D-Dur

EWV: *Ländler für Violine mit Begl. des Pianoforte.*
Besetzung: Violine, Klavier.
Datierung: 1863 (Druck).
Bearbeitung: Flöte, Klavier.
Druck: *DREI / LÄNDLER / mit / Jntroduction, Trio und Coda / für / Violine concertant / mit Begleitung des Pianoforte / von / J. W. KALLIWODA.* C. F. W. Siegel, Leipzig 2474 ▪ Ausgabe Musikwoche, Prag 422-424 ▪ *Morceaux Favoris pour Violon & Piano (...) arrangés par F[riedrich] Hermann.* Augener & Co, London. No. 57. (*1887*) ▪ *Morceaux Favoris pour Flûte & Piano, arrangés par G[iuseppe] Gariboldi.* Augener & Co, London. No. 54. (*1886ff*).
Bibliothek: D-KA (Don Mus. Dr. 1582) ▪ D-KA (Nr. 99) ▪ D-B (5063) ▪ CZ-Pnm (59 A 6056) ▪ GB-Lbl (h.1621.b., h.2096.e. [Fl+Kl]).

Op. 238 Ouvertüre Nr. 16, a-Moll
Adagio non tanto - Allegro non tanto

EWV: *Ouverture für Orchester samt Partitur und Stimmen. N^ro 16.*
Besetzung: 2 Fl, 2 Ob, 2 Cl, 2 Fag, 4 Cor, 2 Tr, 3 Trb, Timp, Str.
Datierung: 1863 (Druck).
Autograph: D-KA (Don Mus. Ms. 967 [Stimmen von Kalliwoda sowie ein weiterer Stimmensatz als Abschr.]).
Bearbeitung: Klavier zu 4 Hd. von Th. Herbert.
Drucke: *Ouverture / (N° XVI.) / für / Orchester / componirt / von / J. W. KALLIWODA.* C. F. W. Siegel, Leipzig 2475 (Partitur), 2477 (Stimmen), 2478 (4 Hd.).
Bibliothek: D-KA (Don Mus. Dr. 1603 [Part. + Stimmen]) ▪ D-KA (Nr. 153 [4 Hd.]) ▪ D-B (O.2272 [Part.], 196732 [4 Hd.]) ▪ CZ-Pnm (59 E 651 [Part.], 59 A 2374 [4 Hd.]) ▪ GB-Lbl (f.244.yy.{1.}).
Anmerkung: Beim Stimmenautograph handelt es sich um eine erste (Entwurf-)Fassung; es enthält mehrere Striche und Korrekturen. Kalliwoda ließ darin u. a. die Anfangstakte von Flöten statt von Violinen spielen.

Op. 239 Vier heitere Männerchöre

Nr. 1: Trinklied, *Alles in der Welt ist eitel* ([Gustav?] Raßmus).
E-Dur / Mit lebhaftem Vortrag und nicht schleppend
Nr. 2: Soldatenlied, *Wenn man beim Wein sitzt* (August Kopisch).
D-Dur / Rasch und entschlossen
Nr. 3: Sonntag und Montag, *Heute ist Sonntag.*
G-Dur / Frisch und lebhaft
Nr. 4: In die Höh'! *Viel Essen macht viel breiter* (Joseph von Eichendorff).
A-Dur / Lebhaft und leicht

Dem Sängerverein Harmonie in Zürich gewidmet.

EWV: *4 heitere Männerchöre*.
Besetzung: 4stimmiger Männerchor a cap.
Datierung: 1863 (Druck).
Autograph: D-KA (Don Mus. Ms. 959 [Frühfassung]).
Druck: *Vier heitere / vierstimmige / Männerchöre / componirt und / DEM SÄNGERVEREIN / „HARMONIE" IN ZÜRICH / freundlichst zugeeignet / von / J. W. KALLIWODA*. C. F. W. Siegel, Leipzig 2476 (Nr. 1+2), 2486 (Nr. 3+4) ▪ *Veselé čtyřhlasé muž. soory*. A. Novák, Prag 368 (*1933*).
Bibliothek: D-KA (Don Mus. Dr. 1584) ▪ D-KA (Nr. 354 [1+2], Nr. 355 [3+4]) ▪ D-B (O.21765) ▪ CZ-Pnm (59 E 744 [1+2], 59 D 2157 [Novák]).
Anmerkung: Alle Chöre liegen in einer weiteren Fassung für Männerchor in einem nicht veröffentlichten Zyklus vor (vgl. aus WoO VIII/1 die Nummern I-III u. V).

Op. 240 Air varié für Streichquartett, e-Moll
Molto moderato - Tema. L' istesso Tempo

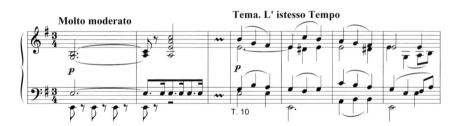

EWV: *Air varié für Violine für Quartett oder Pianofortebegl.*
Besetzung: Vl princ, Vl, Vla, Vlc.
Datierung: 1864 (Druck).
Bearbeitung: Vl, Klavier.
Drucke: *AIR VARIÉ / pour le Violon / avec Accompagnement / de / second Violon, Alto et Violoncelle / ou de Piano / composé / par / J. W. KALLIWODA*. J. Rieter-Biedermann, Leipzig 301a (Str) bzw. 301b (Vl+Kl).
Bibliothek: D-KA (Don Mus. Dr. 1549) ▪ D-KA (Nr. 118 [Vl+Kl]) ▪ D-B (23341, 23342 [Vl+Kl]).
Anzeigen und Rezensionen: NZfM 1864, S. 60.

Op. 241 Fünf Gesänge für Männerchor

Nr. 1: Deutscher Männer Festgesang, *Laß schallen deutscher Männerchor* (Karl August Mayer). D-Dur / Lebhaft und entschlossen

Nr. 2: Mondnacht, *Es war als hätt' der Himmel* (Joseph von Eichendorff). G-Dur / Poco Adagio

Nr. 3: Griechisches Trinklied, *O, du des Bechers süße Gewalt* (aus E. Bulwers Roman *Die letzten Tage von Pompeji*). h-Moll / Mit Feuer und Kraft

Nr. 4: Vergiß nicht mein! *Wenn ein Vöglein ich wär'* (Volkslied). C-Dur / Poco moderato

Nr. 5: Liebeskummer, *Schätzchen! was hab' ich dir Leid's getan* (Volkslied). A-Dur / Con moto

Alternativfassung von Nr. 2: Moderato, G-Dur

Dem Karlsruher Liederkranz gewidmet.

EWV: *V Männergesänge*.
Besetzung: 4stimmiger Männerchor a cap.
Datierung: 1864 (Druck).
Autograph: D-KA (Don Mus. Ms. 905 [Alternativfassung von Nr. 2]).
Druck: *FÜNF GESÄNGE / für vierstimmigen Männerchor / componirt / von / J. W. KALLIWODA*. J. Rieter-Biedermann, Leipzig 302.
Bibliothek: D-KA (Don Mus. Dr. 1569) ▪ D-KA (Nr. 356) ▪ D-B (O.8157).
Anzeigen und Rezensionen: NZfM 1864, S. 60.
Anmerkung: Bei der Alternativfassung von Chor 2 beginnt das Stück mit einem Viertelauftakt; die ersten beiden Silben sind ausgehaltene Viertelnoten, statt Achtel mit Pausen. Ten. II u. Bass II etwas variierend.

Op. 242 Ouvertüre Nr. 17, f-Moll
Adagio - Molto vivace e con fuoco

EWV: *Ouverture für Orchester N^{ro} 17. samt Partitur und Stimmen.*
Besetzung: Pic, 2 Fl, 2 Ob, 2 Cl, 2 Fag, 4 Cor, 2 Tr, 3 Trb, Timp, Str.
Datierung: 1864 (Druck; vgl. *Anmerkung*).
Abschriften: FFB (Musikalien, Best. Kalliwoda, Nr. 14 [Stimmen von Vl1+2, Pic, Cor]).
Bearbeitung: Klavier zu 4 Hd. von Th. Herbert.
Drucke: Concert-Ouverture / N° XVII / für / Orchester / componirt von / I. W. KALLIWODA. C. F. W. Siegel, Leipzig 2607 (Partitur), 2608 (Stimmen), 2609 (4 Hd.).
Bibliothek: D-KA (Don Mus. Dr. 1604) ▪ D-KA (Nr. 154 [4 Hd.]) ▪ D-B (O.2273 [Part.], 196733 [4 Hd.]) ▪ D-Mbs (4 Mus.pr. 39840) ▪ CZ-Pnm (59 E 652 [Part.], 59 A 2375 [4 Hd.]) ▪ GB-Lbl (f.244.yy.{2.}).
Anmerkung: Am 9. Dezember 1862 wurde das *Museums-Concert* in Donaueschingen mit einer „Concert Ouverture Nr. 19 in F moll" von Kalliwoda eröffnet. Aller Wahrscheinlichkeit nach handelte es sich dabei um diese Komposition, die demnach bereits 1862 existierte, aber erst 1864 veröffentlicht wurde, allerdings als Nr. 17. Die eigentliche 19. Ouvertüre steht in e-Moll und ist direkt im Autograph auf „Juli 1865" datiert (vgl. WoO I/4).

Op. 243 Drei leichte Violinduos
Nr. 1: **Duo in G-Dur**.
    1. Allegro con fuoco   2. Andante grazioso   3. Rondo. Vivace
Nr. 2: **Duo in D-Dur**.
    1. Adagio   2. Allegretto grazioso   3. Presto   4. Allegro moderato
Nr. 3: **Duo in C-Dur**.
    1. Allegro moderato   2. Volkslied. Andantino   3. Molto vivace

EWV: *III Duetten für 2 Violinen.*
Besetzung: 2 Violinen.
Datierung: 1865 (Druck).
Drucke: *Trois / DUOS / faciles et brillants / pour / deux Violons / composés par / J. W. KALLI-WODA*. C. F. W. Siegel, Leipzig 2751-53 ▪ Augener, London (*1886*).
Bibliothek: D-KA (Nr. 42) ▪ D-B (64629) ▪ GB-Lbl (g.218.a.{6.}).
Anzeigen und Rezensionen: NZfM 1865, S. 60.

2. Teil
Werke ohne Opuszahl
(WoO)

Einleitung zum zweiten Teil

Parallel zu den veröffentlichten Kompositionen entstanden für den Fürstenhof zahlreiche Werke zum Eigengebrauch, die autographisch oder als Abschrift im Besitz der Hofbibliothek bzw. der Nachfahren Kalliwodas blieben. Auch unter diesem Bestand finden sich jedoch etwa 30 edierte Werke (knapp zehn weitere wurden posthum, teilweise erst ab den 90er Jahren des 20. Jahrhunderts, erstveröffentlicht), von denen die meisten Klavierlieder sind. Außerdem lassen sich einige Frühfassungen oder Bearbeitungen von gedruckten Stücken identifizieren, die nur im letzteren Fall mit einer eigenen WoO-Nummer registriert wurden, also wenn es sich um die Bearbeitung für eine abweichende Besetzung handelt: Tänze für Orchester statt Klavier, Chorsätze statt Klavierlied usw. Von der Druckausgabe abweichende Frühfassungen meist von Liedern und Gesängen hingegen sind nicht gesondert aufgenommen, sondern ihre Existenz lediglich beim Originaleintrag unter der Rubrik *Bearbeitung* bzw. *Anmerkung* erwähnt.

Für die Sortierung der rund 260 Werke ohne Opuszahl erwies sich die Methode Anthony van Hobokens, die dieser für die Erfassung des Œuvres von Joseph Haydn angewendet hatte, als überzeugend. Dabei wurden die Kompositionen zunächst nach Gattungen gruppiert, innerhalb derer die Verteilung jedoch unterschiedlich ist. So beginnt die Gruppe der Orchesterwerke mit der einzigen unveröffentlichten Sinfonie, worauf die drei nummerierten, aber ebenfalls nicht edierten Ouvertüren folgen. Erst anschließend wurden weitere Ouvertüren mit nachträglicher Nummerierung aufgenommen, obwohl sie teilweise zu allererst (vor 1820) entstanden. Die übrigen, meist kleineren Werke, sind ebenso wie die Kammer- und Klaviermusik, die weltlichen Kantaten sowie die Chöre und Lieder alphabetisch geordnet. Die Gruppe der Solokonzerte beginnt mit den Violinkonzerten (einschließlich Einzelsätzen) als die wichtigste Gattung in Kalliwodas Schaffen; die anschließende Reihung der kleineren Stücke erfolgte alphabetisch nach den Titeln. Bei gleichen Titeln galt folgende Rangfolge unter den Soloinstrumenten: Violine - Flöte - Oboe - Klarinette - Fagott - Horn. Die vollständigen Opern sind chronologisch nach ihrer Entstehung aufgenommen, die Fragmente sowie die Einlagenummern in der Reihenfolge, wie sie Kalliwoda in seinen *Catalog* eingetragen hatte. Die Kirchenmusik schließlich ist nach Untergattungen sortiert: Messen, Requiems (jeweils lateinisch vor deutsch), Tedeums, kleinere allgemeine Sakralwerke sowie Lieder und Gesänge zu gezielten kirchlichen Festanlässen. Grundsätzlich bleibt jede Gattung – und das ist der größte Vorteil der verwendeten Sortiermethode – gruppenweise erweiterbar.

Entsprechend der Bedeutung der einzelnen Gattungen in Kalliwodas Gesamtœuvre wurden die Hauptgruppen wie folgt bestimmt:

I.	Orchesterwerke
II.	Werke für ein oder mehrere Soloinstrumente mit Orchester
III.	Kammermusik
IV.	Solowerke (Klavier, Harmonium)
V.	Opern und Schauspielmusiken, Einlagenummern
VI.	Messen und Kirchenmusik
VII.	Weltliche Kantaten
VIII.	Männerchöre (meist a cappella)
IX.	Lieder mit Klavierbegleitung
X.	Sonstiges (Fastnachtsstücke u.a.)

Es wird folgende Leseart empfohlen:
   WoO VI/05 = Werk ohne Opuszahl, Gruppe sechs, Nummer fünf.

Hinweise zur Benutzung des zweiten Katalogteils

Im Wesentlichen werden in diesem Abschnitt die Rubriken des ersten Teiles übernommen; die dortigen Informationen gelten auch hier. Allerdings ist die Sparte *Autograph* immer aufgenommen, da ein solches in fast allen Fällen (oft als einzige Quelle) vorlag. Dafür wurde die Zeile *Datierung* weggelassen, wenn sich diesbezüglich keine Anhaltspunkte mitteilen ließen. Da die wenigsten Kompositionen gedruckt und damit in der Fachpresse angezeigt bzw. rezensiert wurden und Kalliwoda seine Manuskripte nur bei Widmungen datiert hat, konnte die Entstehungszeit der meisten Werke nur in Ausnahmefällen aufgrund anderer Quellen bestimmt werden. Des Weiteren gibt es in folgenden Rubriken erwähnenswerte Abweichungen:

Catalog: An dieser Stelle werden – wenn vorhanden – die Einträge Kalliwodas aus seinem eigenen Verzeichnis vom April 1860 zitiert.[1]

Besetzung: Diese Rubrik fehlt in der Gruppe IX (Klavierlieder); vermerkt werden nur Abweichungen von der Standardbesetzung *Gesangstimme + Klavier*.

---

[1] *Catalog sämtlicher von mir komponierten Werke, d. h. (Manuscripte) welche in dem Inventarium der fürstl. Hofkapelle verzeichnet sind*. Näheres hierzu vgl. in der Gesamteinleitung.

GRUPPE I
Orchesterwerke

WoO I/01 Sinfonie Nr. 7, g-Moll

1. Adagio - Allegro non tanto
2. Scherzo. Allegro ma non troppo
3. Marcia. Adagio
4. Allegro vivace

Besetzung: 2 Fl, 2 Ob, 2 Cl, 2 Fag, 2 Cor, 2 Tr, Trb-b, Timp, Str.
Datierung: 18. Februar 1841 (Uraufführung in Leipzig).
Autograph: D-KA (Nr. 29 [*VII.^te Sinfonie / von / J: W: Kalliwoda. / g moll*. Partitur + Stimmenabschr.]) ▪ FFB (Musikalien, Best. Kalliwoda, Nr. 10 [*Sinfonie N° 6 von J. W. Kalliwoda / unbrauchbare Stimmen*. größtenteils Autograph]).
Anzeigen und Rezensionen: AmZ 1841, Sp. 242; NZfM 1841, Bd.I, S. 102 (Berichte über die Uraufführung).
Anmerkung: Die vorliegende Sinfonie entstand zwar vor der sechsten (op. 132), da sie aber nicht gedruckt wurde, erhielt die spätere die Einordnungsnummer 6 und die diese nachträglich die Nr. 7. Diese Tatsache wurde anfangs nicht erkannt, deshalb wurden die beiden Werke in der Zählung vereinzelt vertauscht; siehe u. a. MGG, W. Neumann, aber auch die Beschriftung der Stimmen im Nachlass FFB.

Wegen des geringen Erfolges veröffentlichte Kalliwoda diese Sinfonie nicht mehr, sondern bearbeitete sie für Klavier zu vier Händen; als große Sonate op. 135 erschien sie schließlich 1845. Während die Mittelsätze der beiden Werke identisch sind, fehlt in der Klavierfassung die langsame Einleitung des Eröffnungssatzes; das Finale schließlich wurde ganz neu komponiert.

WoO I/02 Ouvertüre Nr. 13, Es-Dur
Adagio - Allegro assai ▪ Alternativfassung: Adagio - Allegro molto

Besetzung: 1 Fl, 2 Ob, 2 Cl, 2 Fag, 2 Cor, 2 Tr, Trb-b, Timp, Str.
Datierung: 7. Oktober 1849 (Uraufführung in Leipzig).
Autograph: D-KA (Don Mus. Ms. 913 [als Ouvertüre „N° 2" gezählt]).
Abschriften: D-KA (Don S.B. III, Nr. 7 [Stimmen-Sammelbände]).
Bearbeitung: Die Stimmen im Sammelband weichen von der autographen Fassung ab.
Anzeigen und Rezensionen: NZfM 1849, Bd.II, S. 191 (Bericht über die Uraufführung).

WoO I/03 Ouvertüre Nr. 18, F-Dur
Maestoso - Allegro vivace

Besetzung: 2 Fl, 2 Ob, 2 Cl, 2 Fag, 3 Cor, 2 Tr, Trb-b, Timp, Str.
Datierung: 1865c (Die Datierung auf dem Autograph ist unrekonstruierbar durchgestrichen.).
Autograph: D-KA (Nr. 31 [*Ouverture N^{ro} 18.*, Partitur]) ▪ D-KA (Don Mus. Ms. 968 [Partitur + 2 Stimmensätze als Abschrift]).
Anmerkung: Eine der beiden in der Mappe 968 aufbewahrten Stimmensätze enthält eine Fassung für nur 1 Fl, 1 Ob sowie 2 Cor.

WoO I/04 Ouvertüre Nr. 19, e-Moll
Adagio - Allegro molto quasi presto

Besetzung: Fl, Ob, 2 Cl, Fag, 3 Cor, 2 Tr, Trb-b, Timp, Str.
Datierung: Donaueschingen Juli 1865 (Datierung auf dem Autograph).
Autograph: D-KA (Nr. 32 [*Concert-Ouverture. / N^{ro} 19.*, Partitur]).

WoO I/05 Ouvertüre [Nr. 20], D-Dur
Allegro

Besetzung: 2 Fl, 2 Ob, 2 Cl, 2 Fag, 2 Cor, 2 Tr, Timp, Str.
Datierung: Vor 1820.
Autograph: unbekannt.
Abschriften: D-KA (Don S.B. III, Nr. 6 [Stimmen-Sammelbände]) ▪ FFB (Musikalien, Best. Kalliwoda, Nr. 18 [Streicherstimmen]) ▪ A-Wn (S.m. 23989).
Anzeigen und Rezensionen: AmZ 1820, Sp. 289.
Anmerkung: Der Artikel in der AmZ berichtet von drei Ouvertüren, die Kalliwoda seit 1818 bei den Konzerten des Prager Konservatoriums vorgestellt hatte. „Die erste war wohl instrumentirt, doch weder ganz geregelt durchgeführt noch frey von Anklängen aus den Werken der Meister; originell und von vortrefflicher Durchführung und Rundung war die zweyte, die wir im vorigen Jahr hörten; aber, so brav die heurige im Ganzen ist, so bemerkten wir doch mit Bedauern, dass er, wie mancher andere brave deutsche Künstler, dem leidigen Rossinismus hingegeben, sich ganz in diese weichliche kokettirende Modekunst hinein arbeitet." Aller Wahrscheinlichkeit nach handelt es sich bei den erwähnten drei Ouvertüren um die WoO I/05-07; es lässt sich jedoch nicht näher bestimmen, in welcher Reihenfolge sie entstanden.
Die Abschrift der vorliegenden Ouvertüre ist in A-Wn überschrieben mit „No 1"; dies bestätigt ihre Existenz noch vor 1838, der Veröffentlichung der ersten publizierten Ouvertüre op. 38.

WoO I/06   Ouvertüre [Nr. 21], d-Moll
Adagio - Allegro assai

Besetzung: 2 Fl, 2 Ob, 2 Cl, 2 Fag, 2 Cor, 2 Tr, Trb-b, Timp, Str.
Datierung: Vor 1820.
Autograph: unbekannt.
Abschriften: D-KA (Don S.B. III, Nr. 8 [Stimmen-Sammelbände]).
Anzeigen und Rezensionen: AmZ 1820, Sp. 289.
Anmerkung: Bei dieser Ouvertüre handelt es sich um die Frühfassung von Kalliwodas erstem Werk dieser Gattung (op. 38), wobei die Übereinstimmung besonders zu Beginn des schnellen Abschnittes deutlich wird. In dieser Fassung ist die Komposition nur unter dem genannten Stimmenmaterial nachweisbar; zu ihrer Datierung vgl. *Anmerkung* unter WoO I/5.

WoO I/07   Ouvertüre [Nr. 22], D-Dur
Adagio molto, pomposo - Allegro assai con spirito

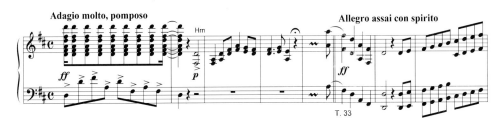

Besetzung: 2 Fl, 2 Ob, 2 Cl, 2 Fag, 2 Cor, 2 Tr, 3 Trb, Timp, Str.
Datierung: Vor 1820.
Autograph: unbekannt.
Abschriften: D-KA (Don S.B. III, Nr. 12 [Stimmen-Sammelbände]).
Anzeigen und Rezensionen: AmZ 1820, Sp. 289.
Anmerkung: Diese Ouvertüre ist nur unter dem genannten Stimmenmaterial nachweisbar; zu ihrer Datierung vgl. *Anmerkung* unter WoO I/5.

WoO I/08 Ouvertüre [Nr. 23], C-Dur
Lento - Allegro non troppo, con spirito

Besetzung: 2 Fl, 2 Ob, 2 Cl, 2 Fag, 2 Cor, 2 Tr, Trb-b, Timp, Str.
Datierung: ?
Autograph: unbekannt.
Abschriften: FFB (Musikalien, Best. Kalliwoda, Nr. 12 [Stimmen]).
Anmerkung: Diese Ouvertüre ist nur durch das genannten Stimmenmaterial überliefert.

WoO I/09 Ouvertüre [Nr. 24], a-Moll
Allegro con fuoco

Besetzung: (2 Fl, 2 Ob, 2 Cl, 2 Fag, 2 Cor, 2 Tr, Trb-b, Timp, Str).
Datierung: ?
Autograph: unbekannt.
Abschriften: FFB (Musikalien, Best. Kalliwoda, Nr. 16 [Stimmen von Vl1+2 u. Cor1+2+3]).
Anmerkung: Diese Ouvertüre ist nur durch die genannten fünf Stimmen überliefert; die oben aufgezählte Besetzung wird lediglich in Analogie zu den meisten Orchesterwerken vermutet.

WoO I/10 Marsch für Orchester, F-Dur
Vivace

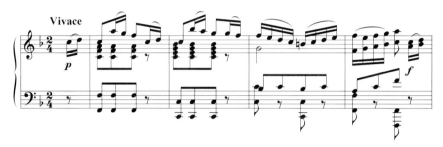

Besetzung: Pic, 2 Ob, 2 Cl, 2 Fag, 3 Cor, Tr, Tamb-gr, Tamb-pic, Str.
Datierung: ?
Autograph: unbekannt.
Abschriften: D-KA (Don S.B. III, Nr. 15 [Stimmen-Sammelbände]).

WoO I/11 Festmarsch, F-Fur
Zwei Orchesterbearbeitungen des Marsches op. 6, Nr. 3
(Maestoso)

Besetzung: 2 Fl, 2 Ob, 2 Cl, 2 Fag, 3 Cor, 3 Tr, Trb-a, Trb-b, Timp (Harmoniefassung);
2 Fl, 2 Ob, 2 Cl, 2 Fag, 3 Cor, 2 Tr mit weiterer Tr oblig, 3 Trb, Timp, Str (2. Fassung).
Datierung: ?
Autograph: unbekannt.
Abschriften: D-KA (Don Mus. Ms. 940 [Stimmen der Harmoniefassung]; S.B. III, Nr. 14 [Stimmen-Sammelbände der 2. Fassung]).
Bearbeitung: Diese Märsche sind eine Bearbeitung von dem Klavierstück op. 6, Nr. 3. Ein weiteres, von fremder Hand ausgeführtes Arrangement desselben Marsches für das Orchestrion befindet sich in Privatbesitz.

WoO I/12 Marcia charactéristique, d-Moll
Poco vivace

Besetzung: 2 Fl, 2 Cl, 2 Fag, 2 Cor, Str (1. Fassung);
2 Fl, 2 Cl, Fag, 2 Cor, 2 Tr, Trb-b, Tamb-gr, Timp (2. Fassung).
Datierung: ?
Autograph: D-KA (Nr. 35 [1. Fassung]).
Abschriften: D-KA (Don Mus. Ms. 938 [2. Fassung]).
Bearbeitung: Dieser Marsch ist eine orchestrale Bearbeitung von dem Klavierstück op. 188, Nr. 3.

WoO I/13 Festmarsch, C-Dur
Allegro con spirito

Besetzung: 2Fl, 2 Ob, 2 Cl, 2 Fag, 4 Cor, 2 Tr, 3 Trb, Timp, Str.
Datierung: ?
Autograph: unbekannt.
Abschriften: D-KA (Don Mus. Ms. 1261 [Sammelband mit Partiturabschriften; Titel von Kalliwodas Hand: *Partitur. EntreAct von Lindpaintner u. a.* Darin Nr. 14]).

WoO I/14 Marcia, C-Dur
Allegro con spirito

Besetzung: Fl, 2 Cl, 2 Fag, 2 Cor, 2 Tr, Timp, Str, (Pic, Tamb im Anhang).
Datierung: ?
Autograph: FFB (Musikalien, Best. Kalliwoda, Nr. 33).
Anmerkung: Dieser Marsch befindet sich auf der Rückseite eines Skizzenblattes.

WoO I/15 Introduktion und Steirische Weise, E-Dur
Adagio - Allegretto grazioso

Besetzung: 2 Fl, 2 Cl, 2 Fag, Str; später: 2 Cor.
Datierung: ?
Autograph: D-KA (Nr. 41).

WoO I/16 Orchesterfantasie, E-Dur
Allegro maestoso

Besetzung: 2 Fag, 2 Cor, 2 Vla, Vlc, Bass; später: 2 Cl, Trb-b, Timp.

Datierung: ?
Autograph: D-KA (Nr. 40).
Bearbeitung: Fantasie für Klavier und Orchester (WoO II/16).

WoO I/17 Zwei Walzer und zwei Galopps mit Trio, D-Dur
Walzer I + II mit Trio ▪ Galopp I + II mit Trio (alle vier Stücke o. A.)

Besetzung: Fl, 2 Cl, 2 Cor, 2 Vl, Bass.
Datierung: ?
Autograph u. **Abschriften**: D-KA (Don Mus. Ms. 1528 [Mappe enthält: **1**. Partiturautograph von Walzer II und Galopp I; **2**. Partiturabschrift von Walzer I und Galopp II; **3**. Klavierfassung aller Tänze als Abschrift; **4**. zwei kurze Klavierstücke mit dem Titel *Die sieben Sprüng* bzw. *Der Englische Bauerntanz*]).
Bearbeitung: Der erste Walzer sowie die beiden Galopps sind Bearbeitungen zweier Nummern aus den Tänzen (6 Walzer & 6 Galopps) für Klavier op. 29. Galopp II liegt auch für Bläserseptett vor (WoO III/18).
Anmerkung: Es ist zweifelhaft, ob die zwei zusätzlichen Klavierstücke auch von Kalliwoda stammen.

WoO I/18   Benedictus-Einlage, A-Dur
Andante

<kein Inzipit mitteilbar>

Besetzung: Streicher.
Datierung: ?
Autograph: unbekannt.
Abschriften: FFB (Musikalien, Best. Kalliwoda, Nr. 37 [Stimmen]).

WoO I/19   Einlagestück(e) für den Gottesdienst, F-Dur
Adagio

Besetzung. Fl (Rücks.: Trb-b), 2 Cl, Englhr, Bassetthr (Rücks.: Fag), Cor, Vla, Vlc (Stück I); 2 Vl, Vla, Vlc, Orgel (Rücks.: Trb), Fag (wahrsch. ein weiteres Stück); weitere einzelne Stimmen.
Datierung: ?
Autograph: FFB (Musikalien, Best. Kalliwoda, Nr. 32 [Stimmen, einige auch als Abschr.]).
Anmerkung: Die Mappe enthält mehrere Stimmenblätter in verschiedenen Formaten. Möglicherweise handelt es sich um zwei kurze sakrale Interludien mit alternativer Besetzungsmöglichkeit. Auf einigen Stimmen ist die Überschrift zu lesen: „Zwischen Benedictus und Agnus Dei". Alles hat die Tempoangabe *Adagio* und steht in F-Dur im 4/4-Takt, dennoch sind die (beiden?) Stücke nicht eindeutig fixierbar.

WoO I/20 Trauermusik, d-Moll

1. Adagio, d-Moll 2. Allegro, (F-Dur) 3. Larghetto, B-Dur
4. Maestoso, D-Dur 5. Andante, (B-Dur) 6. Lento, d-Moll
7. Allegretto, D-Dur

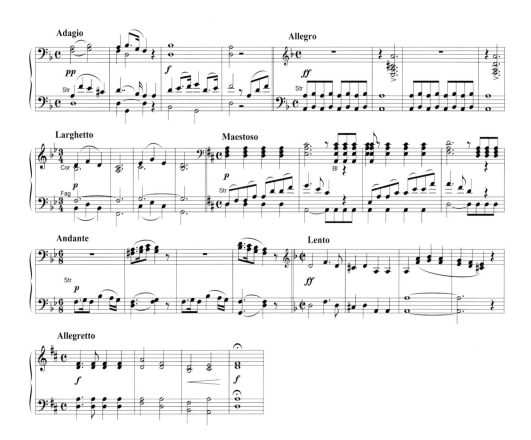

Catalog: *Requiem ohne Singstimmen nur Instrumentalmusik.*
Besetzung: 2 Vla, Vlc, Bass, 2 Fag, 2 Cor; später: Trb-b, Timp.
Datierung: ?
Autograph: D-KA (Nr. 39 [Partitur]).
Abschriften: D-KA (Don Mus. Ms. 894).

GRUPPE II
Konzerte für ein bzw. mehrere Soloinstrumente

WoO II/01 Violinkonzert, e-Moll
1. Allegro maestoso   2. Larghetto   3. Polonaise

Besetzung: Vl princ, 2 Fl, 2 Ob, 2 Cl, 2 Cor, 2 Tr, Trb-b, Timp, Str.
Datierung: 1829c (vgl. *Anmerkung*).
Autograph: D-KA (Don Mus. Ms. 859 [Solostimme fehlt]).
Anmerkung: Dieses Konzert ist ein Potpourri verschiedener teilweise veröffentlicher Einzelsätze von Kalliwoda. Während der zweite Satz identisch ist mit demselben aus dem einzigen edierten Konzert op. 9, handelt es sich beim dritten Satz um die 1829 herausgegebene *Grande Polonaise* für Violine und Orchester op. 8. Es gibt jedoch keinerlei Hinweise darauf, ob zuerst diese Aneinanderreihung vorlag, von der Kalliwoda die besagten Sätze anderweitig verwendete, oder ob er erst später aus den bereits veröffentlichten Kompositionen dieses Stück nebst eines neuen Eröffnungssatzes zusammenstellte.

WoO II/02 Violinkonzert, D-Dur
Sätze

Besetzung: Vl princ, Orchester.
Datierung: ?
Autograph: D-KA (Don Mus. Ms. 992).
Abschriften: ?
Anmerkung: Das Werk ist nur als Katalogeintrag nachgewiesen, fehlt aber mindestens seit 1994.

WoO II/03 Konzertstück für Violine, D-Dur
Molto vivace

Besetzung: Vl princ, 2 Cl, 2 Fag, 2 Cor, Str; 2 Fl als Anhang.
Datierung: ?
Autograph: D-KA (Nr. 69 [*Concertstück für die Violine.*, Partitur]).
Bearbeitung: Auf der Partitur steht der Hinweis: „Ist in anderer Bearbeitung in Druck erschienen!" Dabei handelt es sich um die Fassung für Violine und Klavier (Fantasie) op. 212.

WoO II/04 Violinconcertino [Nr. 7], E-Dur
Introduction. Adagio - Allegro vivace

Besetzung: Vl princ, 2 Fl, 2 Ob, 2 Cl, 2 Fag, 2 Cor, 2 Tr, Trb-b, Timp, Str.
Datierung: 1843c (siehe *Anmerkung*).
Autograph bzw. **Abschriften**: D-KA (Don Mus. Ms. 969 [Stimmen]).
Anmerkung: Alle Stimmen sind überschrieben mit *Troisième grand Rondeau*. Diesen Titel hat Kalliwoda später durchgestrichen, die 73taktige Introduction nachkomponiert und sie instrumentenweise auf die jeweils entsprechende Stimme geklebt (die Einleitung liegt also als Autograph

vor); schließlich überschrieb er das erweiterte Werk mit *Concertino No V*. Offenbar sagte dem Komponisten das Stück auch in dieser Form nicht zu, denn es wurde weder als drittes Konzertrondo noch als fünftes Concertino veröffentlicht. Aufgrund der Titulierung kann man das Werk jedoch unmittelbar vor dem endgültigen 5. Concertino (op. 133, 1844) zeitlich einordnen.

WoO II/05   Violinconcertino [Nr. 8], F-Dur
Allegro vivace - Romanze. Adagio -
Thema con Variazioni. Moderato con espressione - Rondoletto. Allegro

Besetzung: Vl princ, 2 Fl, 2 Ob, 2 Cl, 2 Fag, 2 Cor, 2 Tr, Trb-b, Timp, Str.
Datierung: 1843c.
Abschriften: D-KA (Don Mus. Ms. 978 [Stimmen]).
Anmerkung: Wie das vorhergehende Werk, so ist auch dieses überschrieben mit 5me *Concertino*; es entstand wohl um dieselbe Zeit.
Trotz ihrer Einsätzigkeit ist die Komposition vierteilig angelegt, wobei die einzelnen Abschnitte nahtlos ineinander übergehen: Introduction – Romanze – Variationen – Rondo.

WoO II/06   *unbesetzt*

WoO II/07   Doppelconcertino für Flöte und Oboe, F-Dur
Larghetto - Allegretto

Besetzung: Fl princ, Ob princ, 2 Cl, 2 Fag, 2 Cor, Str.

Datierung: 21. März 1827 (Aufführung in Donaueschingen).
Autograph: unbekannt.
Abschriften: D-KA (Don Mus. Ms. 948 [Stimmen]).
Bearbeitung: Fl, Ob und Klavier.
Druck: *J. W. KALLIWODA / CONCERTINO / for / Flute, Oboe & Orchestra.* (hrsg. von H. Voxman) Musica Rara, London MR 1901 (*1977*).
Bibliothek: D-KA* (M 3544 [Kl-Ausz]) ▪ GB-Lbl (g.1632.b.{3.} [Kl-Ausz]).
Anmerkung: Dieses Concertino ist eine Bearbeitung des *Divertissements* für Klavier zu vier Händen, op. 28, und war in dieser Form offenbar sehr beliebt. Neben der (Ur-?)Aufführung 1827 in Donaueschingen ist dort mindestens eine Wiederholung am 13. Januar 1864 überliefert; außerdem stand es am 1. Januar 1837 auch in Stuttgart auf dem Programm.

WoO II/08   Adagio für Violine und Orchester, A-Dur
Adagio

Besetzung: Vl princ, Ob, 2 Cl, Cor, Fag, Str.
Datierung: ?
Autograph: D-KA (Nr. 67 [*Adagio für die Violine mit Orchesterbegleitung*, Stimmen]).

WoO II/09   Adagio für Violine und Orchester, e-Moll
Adagio

Besetzung: Vl princ, 2 Cl, Fag, Cor, 1 Vl, 2 Vla, Bass.
Datierung: ?
Autograph: D-KA (Nr. 67 [*Adagio für die Violine. / mit Orchesterbegleitung.*, Stimmen]).
Bearbeitung: Violine und Klavier (vgl. WoO III/5, Nr. 5) sowie für Harmonium solo (vgl. WoO IV/35).

WoO II/10 Adagio religioso für Violine und Orch., e-Moll
Adagio religioso

Besetzung: Vl princ, Fl, 2 Cl, Fag, 2 Cor, Str.
Datierung: ?
Autograph: D-KA (Nr. 67 [*Adagio religioso. für Violino solo. mit Quartettbegl. oder mit / Orchester.*, Stimmen]).
Bearbeitung: Dieses Stück ist die Orchesterfassung der ersten Nummer aus op. 231. Darauf weist auch Kalliwoda auf der Titelseite des Autographs hin: „Ist in gegenwärtiger Bearbeitung Manuscript, wurde aber als op. 231. N° 1 Adagio mit Clavierbegl. im Stich herausgegeben! J. W. K."

WoO II/11 Variationen für Violine und Orchester, A-Dur
Adagio - Thema. Allegretto

Besetzung: Vl princ, großes Orchester.
Datierung: ?
Autograph: FFB (Musikalien, Best. Kalliwoda, Nr. 5 [*Variations / pour / Le Violon Principal / avec / accompagnement. / De grand Orchestre. / composées / par / J: W: Kalliwoda.* Nur Solost. vorhanden]).
Anmerkung: Die Orchesterstimmen zu dieser Komposition konnten bisher nicht zugeordnet werden und sind wohl verschollen. Man kann jedoch ebenso ausschließen, dass es sich bei der erhaltenen Stimme um den Solopart zu einem anderen, bereits erfassten Variationswerk handelt.

WoO II/12 Adagio für Horn und Orchester, F-Dur
Adagio con sentimento

Besetzung: Cor obligato, Fl, Cl, Fag, Str.
Datierung: ?
Autograph: D-KA (Don Mus. Ms. 2847 [Stimmen]).

WoO II/13 Allegro für Violine und Orchester, E-Dur
Allegro risvegliato

Besetzung: Vl princ, 2 Fl, 2 Cl, 2 Fag, 2 Cor, 2 Tr, Timp, Str.
Datierung: ?
Autograph: D-KA (Don Mus. Ms. 957 [Stimmen]).
Bearbeitung: Oboe und Orchester (vgl. WoO II/14).

WoO II/14 Allegro brillante für Oboe und Orchester, F-Dur
Allegro brillante con molta vivacita

Besetzung: Ob princ, Fl, 2 Cl, 2 Fag, 2 Cor, Str.
Datierung: ?
Autograph bzw. **Abschriften**: D-KA (Don Mus. Ms. 949 [Solostimme von Kalliwoda, die übrigen in Abschr.]).
Bearbeitung: Violine und Orchester (vgl. WoO II/13).

WoO II/15   Drei Fantasien für Violine und Orchester

Datierung: ?
Autograph: D-KA (Don Mus. Ms. 844 [Solostimme fehlt bei allen drei Stücken]).

WoO II/15, Nr. 1: Fantasie, A-Dur
Moderato

Besetzung: Vl princ, Fl, 2 Cl, Fag, 2 Cor, Trb, Str.
Bearbeitung: Veröffentlichte Fassung für Violine und Klavier (vgl. op. 157).

WoO II/15, Nr. 2: Fantasie, E-Dur
Molto Allegro

Besetzung: Vl princ, Fl, 2 Cl, Fag, 2 Cor, Str.
Bearbeitung: Veröffentlichte Fassung für Violine und Klavier (vgl. op. 158).

WoO II/15, Nr. 3: Fantasie, F-Dur
Allegro vivo

Besetzung: Vl princ, 2 Fl, 2 Ob, 2 Cl, 2 Fag, 2 Cor, 2 Tr, Timp, Str.

WoO II/16 Fantasie für Klavier und Orchester, E-Dur
Allegro maestoso

Besetzung: Kl princ, 2 Fl, 2 Ob, 2 Cl, 2 Fag, 2 Cor, 2 Tr, Timp, Str; Trb-b als Anhang.
Datierung: 1863 (vgl. *Anmerkung*).
Autograph: D-KA (Don Mus. Ms. 844[1] [*Fantasie für das Piano Forte / Mit Begleitung des ganzen Orchesters*. 2 Stimmensets ohne Solost., Partitur der ersten 16 Takte]).
Bearbeitung: Orchesterfantasie (vgl. WoO I/16).
Anmerkung: Auf einer der beiden Stimmenmappen steht nach dem Titel der Zusatz „op. 33". Das besagte Opus ist eine Fantasie für Soloklavier. Es ist nicht auszuschließen, dass das vorliegende Werk tatsächlich eine Bearbeitung von op. 33 ist (zumindest der letzte Abschnitt weist Übereinstimmungen auf).
Auf dem Programm des Hofkonzertes am 15. März 1863 in Donaueschingen stand eine „Fantasie für Pianoforte mit Orchester"; aller Wahrscheinlichkeit nach handelt es sich dabei um diese Komposition, die dann auch um diese Zeit entstanden sein dürfte.

WoO II/17 *La Mélancholie* für Violine und Orchester, G-Dur
Introduction. Larghetto - Allegretto grazioso

Besetzung: Vl princ, 2 Fl, 2 Ob, 2 Fag, 2 Cor, Str.
Datierung: ?
Autograph: D-KA (Don Mus. Ms. 965 [Partitur: *La Mélancolie. Fantaisie pour le Violon avec accompagnement d' Orchestre.* sowie ein Stimmensatz von Kalliwoda und ein weiterer Stimmensatz als Abschrift).
Bearbeitung: Vl und Klavier.

WoO II/18 Potpourri für zwei Waldhörner und Orch., B-Dur
Adagio - Allegro

Besetzung: 2 Waldhrn. princ, 2 Fl, 2 Ob, 2 Cl, 2 Fag, 2 Cor, 2 Tr, Timp, Str.
Datierung: 11. Januar 1826 (Aufführung in Donaueschingen).
Autograph: unbekannt.
Abschriften: D-KA (Don Mus. Ms. 947 [*Pot-pourri / für 2 Waldhörner / mit Begleitung / des Orchesters / von / J. W. Klliwoda.* Stimmen]).
Anmerkung: Im Hauptteil variiert Kalliwoda ein bekanntes Thema von Rossini, welches dieser u. a. in der Schlussarie seiner Oper *La Cenerentola* verwendet hatte. Dieses Thema dominiert auch im Hauptteil des ebenfalls für zwei Hörner komponierten Divertissement op. 59; trotz dieser Parallelen handelt es sich aber um zwei eigenständige Werke. Es ist jedoch möglich, dass es sich hier um eine Vorfassung des letztendlich edierten Opus handelt, die aber Kalliwoda noch vor dessen Erscheinen 1835 häufig auf das Konzertprogramm setzte: Neben der ersten überlieferten Aufführung im Jahr 1826 in Donaueschingen wurde das Werk dort am 15. Dezember 1830 (unter dem Titel *Concertante*) sowie am 5. Dezember 1832 wiederholt. Außerdem erklang es am 17. November 1829 in Stuttgart.

WoO II/19 Andante und Rondo für Violine und Orch., H-Dur
Andante - Allegro moderato

Besetzung: Vl princ, 2 Fl, 2 Ob, 2 Cl, 2 Fag, 2 Cor, 2 Tr, Trb-b, Timp, Triangel, Str.
Datierung: ?
Autograph: D-KA (Don Mus. Ms. 2854 [*Andante et Rondino pour le Violon*. Stimmen]).

WoO II/20 Rondo für Flöte und Orchester, A-Dur
Introduction. Poco Adagio - Allegretto

Besetzung: Fl princ, 2 Fl, 2 Cl, 2 Fag, 2 Cor, Str.
Datierung: 14. November 1832 (Aufführung in Donaueschingen).
Autograph: unbekannt.
Abschriften: D-KA (Don Mus. Ms. 932).
Bearbeitung: Fagott und Orchester (siehe WoO II/21).

WoO II/21 Rondo für Fagott und Orchester, B-Dur
Introduction. Poco Adagio - Allegretto

(Werkinzipit siehe unter WoO II/20)

Besetzung: Fag princ, 2 Fl, 2 Fag, (2 Cor, vgl. *Anmerkung*), Str.
Datierung: ?
Autograph: unbekannt (vgl. *Anmerkung*).
Abschriften: D-KA (Don Mus. Ms. 963 [Stimmen]).

Anmerkung: Bei diesem Werk handelt es sich um eine Bearbeitung des Rondos WoO II/20. Unter dem Notenmaterial ist nur die Fagott-Solostimme von Kalliwodas Hand; es ist möglich, dass es von dieser Komposition kein weiteres Autograph gibt, sondern Kalliwoda durch einen Kopisten die Orchesterstimmen der Flötenfassung transponieren ließ und er selber lediglich die Solostimme übertrug. Wahrscheinlich enthielt auch diese Fassung (wie WoO II/20) mindestens noch die zwei Hornstimmen; entsprechende Hornsolo-Takte im obigen Rondo bleiben auch hier in den überlieferten Instrumenten leer. Somit muss man die beiden Hornstimmen (vielleicht auch die Klarinetten) für diese Fassung als verschollen betrachten.

WoO II/22 Rondo für Horn und Orchester, f-Moll
Allegretto

Besetzung: Cor princ, 2 Fl, 2 Cl, 2 Fag, 2 Cor, Str.
Datierung: 26. Februar 1834 (Aufführung in Donaueschingen).
Autograph: unbekannt.
Abschriften: D-KA (Don Mus. Ms. 946 [*Rondoletto pour le Cor chromatique avec Accompagnement de l' Orchestre.* Stimmen]).
Anmerkung: Die Ankündigung auf dem Programm des Donaueschinger Hofkonzertes („Rondoletto für das chromatische Horn") könnte sich auch auf das Rondo op. 51 beziehen. Da jedoch die Komposition des Abends als „neu" ausgezeichnet war und bereits im November 1833 ein neues *Introduction und Rondo für chromatische Horn* aufgeführt wurde, liegt die Vermutung nahe, dass damals das größere und auch edierte Werk gespielt wurde, während am erwähnten 26. Februar 1834 die vorliegende kleinere Komposition.

WoO II/23 Variationen für Flöte und Orchester, G-Dur
Introduzione. Adagio (maestoso) - Tema. Allegretto (grazioso)

Besetzung: Fl princ, Fl, 2 Ob, 2 Fag, 2 Cor, Str.
Datierung: 16. Dezember 1829 u. 19. Januar 1831 (Aufführungen in Donaueschingen).
Autograph: D-KA (Don Mus. Ms. 961 [Stimmen]) ▪ FFB (Musikalien, Best. Kalliwoda, Nr. 8 [erste Seite der für Vl transkribierten Solostimme]).
Anmerkung: Die Bläserstimmen weichen durch die erweiterten Tempoangaben (*maestoso* bzw. *grazioso*) von den Streichern ab.

WoO II/24 Variationen für Oboe und Orchester, C-Dur
Introduzione. Moderato - Vivace - [Thema] Moderato

Besetzung: Ob princ, Fl, 2 Cl, 2 Fag, 2 Cor, Trp, Str.
Datierung: 17. Januar 1828 u. 3. März 1830 (Aufführungen in Donaueschingen).
Autograph: unbekannt.
Abschriften: D-KA (Don Mus. Ms. 935).
Anmerkung: Die ursprüngliche 18-taktige Einleitung mit einem solistischen Posthorn wurde durch die vorliegende Introduzione ersetzt.

WoO II/25 Variationen für Klarinette und Orchester, Es-Dur
Allegro - Thema. Allegretto

Besetzung: Cl princ, 2 Fag, 2 Cor, Str.
Datierung: 1863 (vgl. *Anmerkung*).
Autograph: unbekannt.
Abschriften: D-KA (Don Mus. Ms. 2858 [Stimmen ohne Solo]).
Anmerkung: Am 1. Januar 1863 wurde in Donaueschingen im Rahmen der Museumskonzerte eine „Fantasie für die Clarinette" von Kalliwoda aufgeführt. Es ist möglich, dass es sich dabei um dieses Werk gehandelt haben könnte, zumal das gespielte Stück sonst nicht zuzuordnen wäre. Der abweichende Titel ist nichts Außergewöhnliches: Die meisten als *Fantasie* bezeichneten Kompositionen von Kalliwoda haben einen Variationsabschnitt, oder sind – mit einer langsamen Einleitung – ausschließlich Variationen.

234

GRUPPE III
Kammermusik

WoO III/01   Andante grazioso
für Klavier und Harmonium, C-Dur
Andante grazioso

Besetzung: Klavier, Harmonium.
Datierung: Donaueschingen, 28. Juni 1866 (Autograph).
Autograph: D-KA (Don Mus. Ms. 842).

WoO III/02   Fantasie über Motive von Auber
für Violine und Klavier, E-Dur
Allegro risoluto

Besetzung: Violine, Klavier.
Datierung: ?
Autograph: D-KA (Nr. 120 [*Fantasie für / Violino solo mit Begl. des Pianoforte über / Motive von Auber. arrangirt von J. W. K.*]).
Anmerkung: Ursprünglich stand auf dem Manuskript „Solostück", was noch Kalliwoda selbst durchgestrichen hat.

WoO III/03 Fantasie über Motive von Verdi für Violine und Klavier, A-Dur
Allegro molto

Besetzung: Violine, Klavier.
Datierung: ?
Autograph: D-KA (Nr. 121 [*Fantasie für Violino solo mit Begl. des Pianoforte über / Motive von Verdi. arrangirt von J. W. K.*]).

WoO III/04 Introduction und Rondo für Violine und Klavier, G-Dur
Introduction. Andante - Allegretto grazioso
Fassung für Streichquartett: Andante - Allegretto poco vivace

Emil Kalliwoda gewidmet.

Besetzung: Violine, Klavier.
Datierung: 1853 (vgl. *Anmerkung*).
Autograph: D-KA (Nr. 100 [*Introduction & Rondino für die Violine mit Begl. / des Pianoforte.*]).
Bearbeitung: Streichquartett (*Einleitung und Rondo* [liegt dem Autograph bei]).
Anmerkung: Notiz von Emil Kalliwoda auf dem Autograph: „Anno 1853 in Donaueschingen für Emil geschrieben und auf dessen Wunsch auf das Quartett arrangiert anno 1864."

WoO III/05 Fünf Stücke für Violine und Klavier

Nr. 1: Moderato, A-Dur
Nr. 2: Allegro con molto fuoco, E-Dur
Nr. 3: Romance. Adagio, a-Moll
Nr. 4: Méditation. Larghetto, F-Dur
Nr. 5: Adagio religioso, e-Moll

Besetzung: Violine, Klavier
Datierung: vor 1856.
Autograph: D-KA (Nr. 85a [*V. Solos pour le Violon.*]).
Bearbeitung: Die Stücke Nr. 1 und 2 wurden leicht verändert als op. 209 veröffentlicht. Das Adagio Nr. 5 liegt in der Fassung für Violine und Orchester (vgl. WoO II/9) sowie für Harmonium (WoO IV/35, komponiert 1861) vor.

WoO III/06 Méditation für Violine und Orgel, D-Dur

Adagio non tanto

Besetzung: Violine, Orgel.
Datierung: ?
Autograph: D-KA (Nr. 116 [*Méditation. für Violine u. Orgel.*]).

WoO III/07   Adagio für Streichquartett, F-Dur
Adagio

Besetzung: Streichquartett.
Datierung: ?
Autograph: D-KA (Don Mus. Ms. 964 [Stimmen]).

WoO III/08   Ländler für Streichquartett, D-Dur
Larghetto

Besetzung: Streichquartett.
Datierung: ?
Autograph: D-KA (Nr. 49 [Stimmen]).

WoO III/09   Marsch für Streichquartett, B-Dur
Allegro non tanto, ma con energico

Besetzung: Streichquartett.
Datierung: ?
Autograph: unbekannt.
Abschriften: D-KA (Nr. 48 [*Marcia*. Stimmen]).

WoO III/10   Räuber-Marsch, As-Dur
Vivace

Besetzung: Vier nicht näher bezeichnete Stimmen (Streichquartett?).
Datierung: Donaueschingen im Oktober 1856 (Autograph).
Autograph: D-KA (Nr. 338).
Anmerkung: Das vorliegende Werk ist im Nachlass von Karlsruhe bei Chormusik einsortiert, die Stimmführung deutet jedoch eindeutig auf eine Instrumentalbesetzung hin.

WoO III/11   Drei Quartette zur Kommunion
Nr. 1: Adagio, As-Dur   Nr. 2: [Adagio], f-Moll   Nr. 3: [Adagio], Des-Dur

Besetzung: Streichquartett.
Datierung: ?
Autograph: D-KA (Don Mus. Ms. 2850 [Klaviernotation]).
Bearbeitung: Der erste Teil des Werkes liegt auch als Einzelstück für Harmonium vor (vgl. WoO IV/36) sowie – ebenfalls für den Gebrauch im Gottesdienst – in der Fassung für Streichquintett (WoO III/14). Laut einer Notiz auf dem Autograph sollten die drei kurzen Stücke nach folgendem Ablaufschema gespielt werden: Nr. 1 - Nr. 2 - Nr. 1 - Nr. 3 - Nr. 1.

WoO III/12 Ungarischer Tanz für Streichquartett, d-Moll
Moderato

Besetzung: Streichquartett.
Datierung: ?
Autograph: D-KA (Nr. 50 [Stimmen]).
Bearbeitung: Klavier (vgl. WoO IV/14).

WoO III/13 Harmoniestück zur Hl. Kommunion, As-Dur
Adagio

Besetzung: 2 Cl, Englischhorn, 2 Cor, 2 Fag.
Datierung: ?
Autograph: D-KA (Don Mus. Ms. 941 [Stimmen, vgl. *Anmerkung*]).
Anmerkung: Der Inhalt der Mappe ergibt ein widersprüchliches Bild: Von den angegebenen Instrumenten beziehen sich lediglich sieben (mit nur einem Fagott) auf das hier wiedergegebene 49taktige Werk. Auf der Rückseite der Fagott- sowie der beiden Hornstimmen stehen zwei weitere kurze Stücke in D-Dur von 27 bzw. 20 Takten; sie sind überschrieben mit *Adagio* bzw. *Segen*. Ausschließlich zu diesen Werken liegt die zweite Fagottstimme bei. Ganz eindeutig fehlen aber zu diesen vier tiefen Stimmen die Melodieinstrumente. Eher verwirrend als hilfreich ist ferner die Beschriftung des Umschlagbogens, in dem alle sieben Stimmen zusammengefasst sind, von Kalliwoda selbst: „5stimmige Harmoniemusik / zur heil. Kommunion. / Adagio con sordini für 2 Violinen u 2 Violen." Alle diese Indizien sprechen dafür, dass in der Mappe nur fragmentarische Kompositionen liegen.

WoO III/14   Zwei Quintettsätze
Nr. 1: **Zum Abendmahl**. Adagio, As-Dur   Nr. 2: **Segen**. Adagio, Es-Dur

Besetzung: 2 Vl, 2 Vla, Vlc.
Datierung: ?
Autograph: D-KA (Don Mus. Ms. 868).
Bearbeitung: Quintett Nr. 1 für Streichquartett (vgl. WoO III/11, Nr. 1).

WoO III/15   Duo für Violine, Violoncello und Quartett, g-Moll
Larghetto

Besetzung: Vl, Vlc, Streichquartett; (im Anhang: 2 Cl, 2 Fag, 2 Cor, Trb).
Datierung: 1832 (vgl. *Anmerkung*).
Autograph: D-KA (Nr. 47).

Anmerkung: Am 4. April 1832 stand auf dem Programm des Museumskonzertes in Donaueschingen ein *Concertante für Violine und Violoncello* von Kalliwoda auf dem Programm, ebenso zwei Jahre später, am 22. März 1834. Da eine konzertante Komposition für diese beiden Instrumente nicht überliefert ist, das vorliegende Werk dagegen nachträglich auch einen Bläsersatz erhielt, ist es möglich, dass an beiden Abenden dieses Konzertduo erklang.

WoO III/16 Serenade für Bläser und Gitarre, F-Dur
Allegro moderato

Besetzung: Fl, Ob, Fag, Cor, Gitarre.
Datierung: ?
Autograph: D-KA (Don Mus. Ms. 960 [Stimmen]).
Abschriften: D-KA (Nr. 36).
Druck: *Serenade for flute, oboe, horn, basson, and guitar.* (hrsg. von Janet F. Carpenter) Southern Music Co., San Antonio / Texas SU-218 (*1995*) ▪ *Serenade in F-Dur für Gitarre, Flöte, Oboe, Horn und Fagott / J. B. W. Kalliwoda.* Molinari, Regensburg (*2001*).
Bibliothek: D-Sl (52Ca/100218).
Anmerkung: In der Abschriftenmappe (Nr. 36) finden sich im Anschluss die ersten acht Takte von *Variationen für 2 Gitarren*, Es-Dur (Introduction. Poco Adagio).

WoO III/17 Polonaise und Kontretanz für Bläser, B-Dur
Polonaise. [o. A.] - Vivace

Besetzung: 1 Fl, 2 Cl, 1 Fag, 2 Cor.
Datierung: ?
Autograph: unbekannt.
Abschriften: D-KA (Don Mus. Ms. 931 [Stimmen]).

WoO III/18 Galopp für Bläserseptett, Es-Dur
Ohne Tempoangabe

Besetzung: 1 Fl, 2 Cl, 2 Fag, 2 Cor.
Datierung: ?
Autograph: D-KA (Don Mus. Ms. 897).
Bearbeitung: Klavier (vgl. Tänze op. 29, daraus Galopp Nr. 5) sowie kleines Orchester (WoO I/17, Galopp II).

WoO III/19 Stück für siebenstimmige Harmonie, Es-Dur
Vivace

Besetzung: Fl, 2 Cl, 2 Fag, 2 Cor.
Datierung: ?
Autograph: unbekannt.
Abschriften: D-KA (Don Mus. Ms. 939).

WoO III/20 Fantasie für zwei Violinen, zwei Klaviere und Harmonium, D-Dur

Moderato - Afrikanerin. Andantino - Faust. Adagio - Vivace

Besetzung: 2 Vl, 2 Klav, Harmonium.
Datierung: ?
Autograph: FFB (Musikalien, Best. Kalliwoda, Nr. 36).

GRUPPE IV
Solowerke für Klavier oder Harmonium

WoO IV/01   Abendglocken, As-Dur
Allegretto

Besetzung: Klavier.
Datierung: ?
Autograph: unbekannt.
Abschriften: D-KA (Nr. 198[a]).
Anmerkung: Dem Stück ist ein Notenblatt mit der Melodiestimme (für Vl?) beigefügt. Bemerkung am Schluss der Handschrift: „Nicht veröffentlichtes Manuscript von J. W. K. Das Originalmanuscript wurde als solches verschenkt!"

WoO IV/02   Adagio, F-Dur
Feierlich

Prinzessin Amalie zu Fürstenberg gewidmet.

Besetzung: Klavier.
Datierung: 30. Oktober 1860 (Abschrift).
Autograph: unbekannt.
Abschriften: D-KA (Don Mus. Ms. 839) ▪ FFB (Musikalien, Best. Kalliwoda, Nr. 23).
Druck: *ADAGIO / für Pianoforte / von J. W. Kalliwoda*. Hugo Dreß Lithographische Anstalt in Donaueschingen.
Bibliothek: D-KA (Nr. 163).
Anmerkung: Die Mappe 839 enthält drei Abschriften des Werkes von fremder Hand; auf der einen steht oben: „Amalie zu Fürstenberg d. 30ten Oktober 1860."

WoO IV/03 Adagio, F-Dur
Adagio

Besetzung: Klavier.
Datierung: Donaueschingen d. 10. Juni 1861 (Autograph).
Autograph: D-KA (Don Mus. Autogr. 12).
Abschriften: D-KA (Anh. Nr. A2).
Anmerkung: Die genaue Datierung lässt darauf hindeuten, dass das Werk jemandem gewidmet wurde; ein entsprechender Hinweis fehlt aber.
Auf der um 1920 erstellten Kopie (in der Abschriftenmappe) steht der Vermerk: „Manuscript in dem F.F. Archiv F.K. E3 N° 10."

WoO IV/04 Air Styrien, Des-Dur
Moderato

Besetzung: Klavier.
Datierung: ?
Autograph: D-KA (Nr. 172).

WoO IV/05 Air Styrien, F-Dur
Molto moderato

Prinzessin Amalie zu Fürstenberg gewidmet.

Besetzung: Klavier.
Datierung: 25. Mai 1865 (Autograph).
Autograph: D-KA (Don Mus. Ded. 18³).
Abschriften: D-KA (Nr. 172).

WoO IV/06 Andante, G-Dur
Andante grazioso

Besetzung: Klavier.
Datierung: ?
Autograph: D-KA (Nr. 199ᵃ).

WoO IV/07 Englisches Lied, E-Dur
Andante

Besetzung: Klavier.
Datierung: Donaueschingen den 6. Februar 1865 (Autograph).
Autograph: D-KA (Don Mus. Ms. 850).

WoO IV/08   Feuerwehrgalopp, Es-Dur
Molto vivace

Besetzung: Klavier.
Datierung: Mai 1865.
Autographen: D-KA (Nr. 223 [*Feuerwehr Galop / für / Pianoforte.*]) ▪ D-KA (Don Mus. Ms. 845 [*Feuerwehr Galop. Signal. „Marsch vorwärts."*]).
Anmerkung: Am oberen Rand des zweiten Autographs (Ms. 845) ist von fremder Hand ergänzt: „Amalie zu Fürstenberg Donaue. Mai 1865." Zusammen mit einem nicht näher bestimmbaren *Feuerwehr-Ländler* wurde dieser Galopp am 14. März 1866 im Rahmen eines Museumkonzertes gespielt.

WoO IV/09   Galopp *Souvenir d' Amsterdam*, F-Dur
Vivace

Besetzung: Klavier.
Datierung: 1836 (Druck).
Autograph: unbekannt.
Abschrift: D-KA (Nr. 221 [*Galop. / für / Piano-Forte / von / J. W. Kalliwoda / Amsterdam: Theune & Comp.*]).
Drucke: *GALOP / Pour le Piano Forte, / composé par / I. W. KALLIWODA, / Maitre de Chapelle de S.A.S. le Prince de Fürstenberg.* Theune & Co., Amsterdam 53 ▪ *SOUVENIR D'AMSTERDAM. / GALOP BRILLANT / pour le / Pianoforte / composé par / J. W. KALLIWODA.* F. W. Arnold, Elberfeld 343 ▪ A. Fürstner, Berlin ▪ J. J. Ewer & Co., London.
Bibliothek: D-KA (Don Mus. Dr. 1568, Mus. Dr. 3030 [Arnold], Mus. Dr. 3031^{III} [Theune]) ▪ D-KA (Nr. 221 [Arnold+Theune]) ▪ D-Mbs (4 Mus.pr. 14714) ▪ GB-Lbl (g.354.c.{8.}).
Anmerkung: Der Untertitel ist nur in der Ausgabe von Arnold zu finden; in dem Druck von Theune und Ewer heißt es hingegen: „Gage d' amitié aux amateurs d' Amsterdam".

WoO IV/10   Galopp, G-Dur
Vivace

Prinz Max Egon I. zu Fürstenberg gewidmet.

Besetzung: Klavier.
Datierung: Donaueschingen den 29. März 1841. (Autograph)
Autograph: D-KA (Don Mus. Autogr. 8).
Abschriften: D-KA (Nr. 240ª).
Anmerkung: Die Widmung steht nicht auf dem Autograph, allerdings handelt es sich bei dem Datum um den Geburtstag vom Prinzen Max Egon.

WoO IV/11   Galopp und Polka, As-Dur
1. Grand Galop. Molto vivace   2. Rondino alla Polka. Moderato

Besetzung: Klavier.
Datierung: ?
Autograph: D-KA (Nr. 222 [N^{ro} I. N^{ro} II. / Grand Galop & Polka. / pour le / Piano / par / J: W: Kalliwoda. + Rondino alla Polka pour le Piano par J: W: Kalliwoda. op:]).

WoO IV/12   Der Gemüthliche, G-Dur
Moderato

Besetzung: Klavier.
Datierung: ?
Autograph: D-KA (Nr. 185 [*Der Gemüthliche / für / Pianoforte. / von / J. W. Kalliwoda.*]).

WoO IV/13   Gondoliera, Es-Dur
Vivace

Besetzung: Klavier.
Datierung: 1865 (Druck).
Autograph: ?
Bearbeitung: Violine und Klavier von H. S. Roberti.
Druck: *Gondoliera / pour / PIANO / par / J. W. KALLIWODA*. Rob. Forberg, Leipzig 279 (beide Fassungen).
Bibliothek: D-KA (Nr. 117 [Vl+Kl]).
Anzeigen und Rezensionen: NZfM 1865, S. 60 + 248 (Kl) bzw. S. 220 (Vl+Kl).

WoO IV/14   Hongarese, a-Moll
Moderato

Besetzung: Klavier.
Datierung: ?
Autograph: D-KA (Nr. 184).
Bearbeitung: Streichquartett (vgl. WoO III/12).

WoO IV/15 Hongarese, a-Moll
Moderato

Besetzung: Klavier.
Datierung: Donaueschingen im Juni 1866 (Autograph).
Autograph: D-KA (Don Mus. Ms. 847).

WoO IV/16 Impromptu, f-Moll
Presto

Besetzung: Klavier.
Datierung: 1839 (Druck) ▪ **Erworben** im Oktober 1840.
Autograph: ?
Druck: *JMPROMPTU / pour le / Piano-Forte / composée par / J. W. KALLIWODA*. Schott, Mainz 5566.
Bibliothek: D-KA (Don Mus. Dr. 1575, Mus. Dr. 3031[II]) ▪ D-KA (Nr. 168) ▪ D-B (112693) ▪ D-HEms (M 406 d).

WoO IV/17 Impromptu, g-Moll
Tempo di Mazurka

Prinzessin Amalie zu Fürstenberg gewidmet.

Besetzung: Klavier.
Datierung: 25. Mai 1866 (Autograph).
Autograph: D-KA (Don Mus. Ded. 18[4]).

WoO IV/18   Steyrischer Ländler, C-Dur
Moderato

Besetzung: Klavier.
Datierung: Donaueschingen d. 24. Dez. 1864 (Autograph).
Autograph: D-KA (Don Mus. Autogr. 13).

WoO IV/19   Les Adieux, f-Moll
Moderato

Besetzung: Klavier.
Datierung: Donaueschingen im Monat August 1866. (Autograph).
Autograph: D-KA (Don Mus. Ms. 840).
Anmerkung: Komponiert zum Abschied aus Donaueschingen.

WoO IV/20   Lied ohne Worte, a-Moll
Andantino

Besetzung: Klavier.
Datierung: ?
Autograph: D-KA (Nr. 176 [*Lied ohne Worte / für Piano / von / J. W. Kalliwoda.*]).

WoO IV/21   Lied ohne Worte, Ges-Dur
Adagio con molta espressione

Fürst Karl Egon III. zu Fürstenberg gewidmet.

Besetzung: Klavier.
Datierung: Donaueschingen den 4ten März 1866 (Autograph).
Autograph: D-KA (Don Mus. Autogr. 14).

WoO IV/22   Zwei Militärmärsche
Nr. 1: Allegro vivace, e-Moll   Nr. 2: Vivace, E-Dur

Besetzung: Klavier.
Datierung: 1844c.
Druck: *Deux / MARCHES MILITAIRES / composées / pour le / Piano / par / J. W. KALLIWODA, / Maître de Chapelle de S.A.S. le Prince de Fürstenberg*. C. F. Peters, Leipzig 2883.
Bibliothek: D-KA (Don Mus. Dr. 1586, Mus. Dr. 3031[II]) ▪ D-KA (Nr. 158) ▪ D-B (76465).

WoO IV/23   Polka *Großpäpäslr*, F-Dur
Moderato (Einleitung - Polka)

Besetzung: Klavier.
Datierung: April 1865.
Autograph: D-KA (Don Mus. Ms. 848) ▪ D-KA (Nr. 233 [Es-Dur]).
Anmerkung: Auf dem ersten Autograph in der Mappe 848 ist am oberen Rand von fremder Hand ergänzt: „Amalie zu Fürstenberg April 1865 Donaueschingen."

WoO IV/24   Polka, A-Dur
Moderato

Besetzung: Klavier.
Datierung: ?
Autograph: D-KA (Nr. 234 [*Polka / für / Pianoforte / von / J: W: Kalliwoda.*]).

WoO IV/25 Sechs Polkas
Nr. 1: Moderato, G-Dur Nr. 2: C-Dur Nr. 3: G-Dur
Nr. 4: D-Dur Nr. 5: G-Dur Nr. 6: C-Dur

Besetzung: Klavier.
Datierung: ?
Autograph: D-KA (Don Mus. Ms. 854).

WoO IV/26 Reiselied, G-Dur
Allegretto

Besetzung: Klavier.
Datierung: 21. Juni 1863 (Autograph).
Autograph: unbekannt.
Abschriften: D-KA (Don Mus. Ms. 855).

WoO IV/27   Drei kleine Klavierstücke
Nr. 1: Andante, Es-Dur   Nr. 2: Allegretto, A-Dur
Nr. 3: Böhmischer Tanz. Allegro vivace, G-Dur

Besetzung: Klavier.
Datierung: 1830c (siehe *Anmerkung*).
Autograph: D-KA (Don Mus. Ms. 906).
Anmerkung: Die Melodie des ersten Stückes entspricht dem Variationsthema aus dem Doppelconcertino für zwei Violinen op. 14. Somit dürfte auch dieser Zyklus um dieselbe Zeit, Ende der 1820er Jahre, entstanden sein.

WoO IV/28   Walzer *Le Désir*, Des-Dur
Moderato con sentimento

Besetzung: Klavier.
Datierung: 1837 (Druck).
Drucke: LE DÉSIR / Grande Valse sentimentale / pour le / PIANO / composée par / J. W. Kalliwoda. F. W. Arnold, Elberfeld 315 ▪ *Sehnsuchts Walzer / für das Pianoforte / von J. W. KALLIWODA.* Theune & Co, Amsterdam 65 ▪ G. Alsbach, Amsterdam (auch unter dem Titel: *Sehnsuchtswalzer*) ▪ A. Fürstner, Berlin.
Bibliothek: D-KA (Don Mus. Dr. 1619; Mus. Dr. 3030, Mus. Dr. 3031[III] [Theune]) ▪ D-KA (Nr. 189 [Druck *Arnold* + Abschr.]).

WoO IV/29   Walzer, Es-Dur
Moderato

Besetzung: Klavier.
Datierung: Donaueschingen am 4. März 1840 (Autograph).
Autograph: D-KA (Don Mus. Ms. 857 [*Valse sentimentale*]).
Abschriften: D-KA (Nr. 240^b).
Anmerkung: Neben dem Autograph befindet sich in der Mappe 857 eine eigenhändige Abschrift auf verziertem Notenblatt.

WoO IV/30   Walzer, Es-Dur
Walzer [ohne Tempoangabe]

Besetzung: Klavier.
Datierung: ?
Autograph: Privatbesitz, Sammlung Dr. Klaus Zehnder-Tischendorf, Zofingen / Schweiz.
D-KA (Don Mus. Autogr. 18 [Skizze; zusammen mit der Abschrift zweier Galopps, vgl. op. 3]).

WoO IV/31   Walzer, f-Moll
Vivace

Besetzung: Klavier.
Datierung: Donaueschingen d: 11. Juni 1862 (Autograph).
Autograph: D-KA (Nr. 253).
Druck: *KALLIWODA / ALBUM / Piano Solo.* Universal Edition, Wien 2472 (S. 58-63, *1910*; als *Nachlaß* betitelt).
Bibliothek: D-KA (Don Mus. Dr. 1612) ▪ D-KA (Anh. Nr. C2) ▪ D-KA* (M 6903) ▪ D-Mbs (4 Mus.pr. 21320) ▪ D-B (125990) ▪ A-Wn (MS 4009).

WoO IV/32   Walzer, B-Dur
1. Fassung: Introduction. Andante - Valse. Molto vivace
2. Fassung: Vivace

Besetzung: Klavier.
Datierung: 1827c (siehe *Anmerkung*).
Autograph: D-KA (Nr. 252 [*Walzer / für das Pianoforte / von / J: W: Kalliwoda*]).
Bearbeitung: Statt 19-taktiger Introduction im Andante eine kurze viertaktige Einleitung im Haupttempo sowie im weiteren Verlauf kleinere Abweichungen in den Notenwerten: D-KA (Don Mus. Ms. 863a).
Anmerkung: Die Donaueschinger Fassung mit der kürzeren Einleitung befindet sich auf der Rückseite einer zusätzlichen Trompetenstimme zu der Oper *Prinzessin Christine*. Da diese Oper 1828 uraufgeführt wurde, kann man annehmen, dass der vorliegende Walzer zumindest in der besagten Fassung kurz vor 1828 komponiert worden war.

WoO IV/33   Fünf Tänze

    Nr. 1: Deutsche, C-Dur   Nr. 2: Walzer, As-Dur   Nr. 3: Ländler, F-Dur
    Nr. 4: Cotillion, G-Dur   Nr. 5: Eccossaise, D-Dur

Besetzung: Klavier.
Datierung: ?
Autograph: unbekannt.
Abschriften: D-KA (Don Mus. Ms. 892).

WoO IV/34   Wiegenlied, B-Dur
    Andante

                   Prinzessin Amalie zu Fürstenberg gewidmet.

Besetzung: Klavier.
Datierung: 25. Mai 1860 (Autograph).
Autograph: D-KA (Don Mus. Ded. 18[1]).
Anmerkung: Auf einem dem Dedikationsband beigelegten Blatt steht folgende Widmung: „Meiner theuern Schülerin / Amalie / Prinzeßin von Fürstenberg / als Andenken / an / das heilige Osterfest 1860."

WoO IV/35 Adagio für Harmonium, e-Moll
Adagio sempre legato e con espressione

Besetzung: Harmonium.
Datierung: Donaueschingen, 10. Mai 1861 (Autograph).
Autograph: D-KA (Don Mus. Autogr. 10).
Bearbeitung: Fassung für Violine und Orchester (WoO II/9) bzw. für Violine und Klavier (WoO III/5, Nr. 5).

WoO IV/36 Adagio für Harmonium, As-Dur
Adagio

Besetzung: Harmonium.
Datierung: ?
Autograph: D-KA (Don Mus. Autogr. 15).
Anmerkung: Dieses Adagio ist identisch mit dem jeweils ersten Teil des Quartetts WoO III/11 bzw. des Quintetts WoO III/14.

WoO IV/37 Festlied für Harmonium, As-Dur
[ohne Tempoangabe]

Besetzung: Harmonium.
Datierung: ?
Autograph: D-KA (Don Mus. Autogr. 16).

WoO IV/38 Lied ohne Worte für Harmonium, F-Dur
Pastorale. Andantino - Trio

Fürst Karl Egon III. zu Fürstenberg gewidmet.

Besetzung: Harmonium.
Datierung: Donaueschingen zum 4. März 1857 (Autograph).
Autograph: D-KA (Don Mus. Autogr. 9).
Anmerkung: Die Widmung steht nicht auf dem Autograph, allerdings handelt es sich beim Datum um den Geburtstag von Fürst Karl Egon III.

WoO IV/39 Pastorale für Harmonium, B-Dur
Andantino

Prinzessin Amalie zu Fürstenberg gewidmet.

Besetzung: Harmonium.
Datierung: Donaueschingen d. 25. Mai 1864 (Autograph).
Autograph: D-KA (Don Mus. Ded. 18^2).

GRUPPE V
Opern und Schauspielmusiken, Einlagenummern

WoO V/01 Prinzessin Christine. Singspiel in drei Akten.
Text von Carl Keller
Ouvertüre: Adagio - Andante sostenuto - Allegro con fuoco, C-Dur

Erste Abtheilung. Das Rosenfest.
Spielt in Deutschland im Junius des Jahres 1712.
Nr. 1: Introduction, G-Dur (Chor, Rudolph): *Wie herrlich glänzt die Sonne.*
Nr. 2: Duett, C-Dur (Herbert, Rudolph): *Ja, sie ist berufen zu glänzen über allen.*
Nr. 3: Arie, E-Dur (d' Aubant): *Wenn in des Waldes duftender Kühle.*
Nr. 4: Duett, F-Dur (Christine, Julie): *Leicht entschwanden unsre Tage.*
Nr. 5: Terzett, g-Moll (Christine, Julie, d' Aubant): *Herr, Mein Herr! / Ha, was seh ich?*
Nr. 6: Finale, D-Dur (Alle fünf Solisten, Chor): *Ein Rosenfest zu feiern nach schönem Brauch.*

Zweyte Abtheilung. Das Wiedersehen.
Spielt in einer nordischen Hauptstadt im Jahre 1714.
Eingang zum 2ten Act: Allegro con fuoco, C-Dur
Nr. 7: Terzett, F-Dur (Gräfin, Agathe, Herbert): *Ich / Er soll sie nun wiedersehen.*
Nr. 8: Recitativ und Arie, Es-Dur (Christine): *Meine Pflichten zu erfüllen.*
Nr. 9: Trinklied, a-Moll (Chor): *Laßt uns jubeln, laßt uns singen.*
Nr. 10: Melodram, d-Moll
Nr. 11: Romanze, a-Moll (d' Aubert): *Wo im dichten Dunkel Deutschlands Eiche grünt.*
Nr. 12: Finale, C-Dur/f-Moll (d' Aubert, Christine, Chor): *Gott! Was seh ich! Ja, sie ist's.*

Dritte Abtheilung. Die Neue Heimat.
Spielt in der Louisianna, unfern von Neu-Orleans im Jahre 1716.
Nr. 13: Duett, E-Dur (Christine, Agathe): *Ruhe, Frieden, füllet meine Seele ganz.*
Nr. 14: Ariette, G-Dur (Herbert): *Wie in goldener Abendröthe.*
Nr. 15: Sextett, Es-Dur (Chris., Agath., d' Aubant, Janinsky, Julie, Herb.): *Er / Sie ist's! Gott!*
Nr. 16: Duett, A-Dur (Christine, d' Aubant): *Ich kenne dieß Gefühl, das sie Ergreifen mußte.*
Nr. 16 ½: Einlage-Marsch. Tempo di Marcia, C-Dur
Nr. 17: Schluß-Chor, C-Dur (Chor): *Stimmet nun mit leichtem Herzen frohe Jubellieder an.*

Catalog: *Prinzeßin Christine, Oper in 3 Acten. vollständig.*
Besetzung: 7 Soli, Chor, mehrere Sprechrollen; Pic, 2 Fl, 2 Ob, 2 Cl, 2 Fag, 2 Cor, 2 Tr, Timp, Tamb-gr, Becken, Triangel, Str.
Datierung: 4. November 1828 (Uraufführung in Donaueschingen).
Autograph: D-KA (Nr. 1 [*Prinzeßin von Wolfenburg / Singspiel in 3 Abtheilungen / nach einer Erzählung H: Zschokke's / von / Carl Keller, / die Music ist von / Joh: Kalliwoda. / Fürstlich fürstenb: Kapellmeister.*]).
Abschriften: D-KA (Don Mus. Ms. 863a-f [Stimmenmaterial]) ▪ D-KA (Nr. 1 [Kl-Ausz.]) ▪ Sammlung von 15 ausgewählten Nummern, handschriftlich in Klavierauszug gesetzt und gebunden: D-KA (Don Mus. Ms. 846; Enthält alle Nummern außer Nr. 1, 2, 10 und 17. Finalen Nr. 6 + 12 nur teilw.).
Bearbeitung: Klavierauszug einzelner Nummern.
Drucke: *GESÄNGE / aus der Oper: / Prinzessin Christine / in Musik gesetzt / von / J. W. KALLIWODA. / Klavier-Auszug.* C. F. Peters, Leipzig (*1838*): 2668 (Duett Nr. 4), 2669 (Duettino Nr. 13), 2670 (Arie Nr. 3), 2671 (Arie Nr. 8) ▪ Augener, London. Auswahl Deutscher Gesänge ▪ Wessel & Co., London (*Quiet Pleasure fills my Soul* [engl. von F. W. Rosier] No. 144; *1845*) ▪ *The Siren. A collection of vocal duets (...) with German music and English Poetry, the latter written and adapted by W. Bartholomew.* London (*O, what pleasure* Nº 2; *1844*) ▪ *Vocal Duetts, with accompaniments for the pianoforte.* Augener & Co, London. Vol. II, No 52 (*1865c*).
Textheft: *Prinzessin Christine. / Singspiel / in drey Abtheilungen / von / Carl Keller. / Die Musik ist von / J. Kalliwoda, Fürstlich. Fürstenbergisch. Kapellmeister.* Donaueschingen, gedruckt bey Willibald Hofdrucker 1828.
Bibliothek: D-KA (Don Mus. Dr. 2944a [Gesänge]) ▪ D-KA (Nr. 1 [Arie Nr. 3 + Abschr. von Duettino Nr. 13]) ▪ D-B (Mus. 3125 [Gesänge]) ▪ D-Cl (TB Lie 19) ▪ A-Wn (MS 43.193 [Duett Nr. 13]) ▪ GB-Lbl (H.2281, H.2259, H.2076 [jew. Duett Nr. 13]).
Anzeigen und Rezensionen: AmZ 1840, Sp. 822.
Anmerkung: Das Stimmenmaterial in der Mappe Ms. 863a (D-KA) enthält eine spätere Trompetenstimme für die Introduction, die ursprünglich ohne dieses Instrument konzipiert war. Auf der Rückseite davon befindet sich das Autograph des Walzers für Klavier WoO IV/32.
Die Oper wurde zwölf Tage nach der Uraufführung, am 16. November 1828, in Donaueschingen wiederholt.

WoO V/02 Blanda, die silberne Birke. Romantische Oper in drei Akten. Text von Friedrich Kind

Ouvertüre: Grave - Allegro, E-Dur

Erster Act.

KA	DS	Texth.	
Nr. 1	Nr. 1	Nr. 1:	Introd., e-Moll (Andreas, Jonas, Chor): *Wie ist es so herrlich im blühenden Mai!*
Nr. 2	Nr. 2	Nr. 2:	Terzett, A-Dur (Andreas, Blanda, Katharina): *Solch ein Glück sich zu verschlagen!*
Nr. 3	Nr. 3	Nr. 3:	Duett, B-Dur (Blanda, Katharina): *Ob ich die Seine? Ob er die Meine?*
fehlt	Nr. 4	Nr. 4:	Recitativ und Arie (Francesco): *Die nächtlich dunkel Schleier fallen.*
Nr. 4	Nr. 5	Nr. 5:	Finale, Melodram und Arie, f-Moll (Ensemble, Francesco): *Ich steh allein – ein alter kahler Stamm.* (In DS nur *Melodram* ohne Ensemble.)

Zweyter Act.

KA	DS	Texth.	
Nr. 5	Nr. 6	Nr. 6:	Scene und Arie, e-Moll/Dur (Blanda): *Wo hat mein Fuß sich verirrt?*
Nr. 6	Nr. 7	Nr. 7:	Ariette, Des-Dur (Katharina): *Mir ist [wird] so wunderbar zu Muth.*
Nr. 7	Nr. 8	Nr. 8:	Duett, Es-Dur (Katharina, Jonas): *Mein Gott, was muß ich von Euch hören?*
Nr. 8	Nr. 9	Nr. 9:	Scene und Arie, c-Moll/Dur (Enrico): *Umsonst, ich kann sie nicht entdecken!*
Nr. 9	Nr. 10	Nr. 10:	Lied des Steigers, H-Dur (Andreas): *Die Räder stehn, der Hammer ruht.*
Nr. 10	Nr. 11	Nr. 11:	Duett, G-Dur (Andreas, Enrico): *Ein fremder Bergmann hier?*
Nr. 11	Nr. 12	Nr. 12:	Finale, E-Dur (Ensemble, Chor): *Es trinkt sich so lieblich am ersten Mai.*

Dritter Act.

KA	DS	Texth.	
Nr. 12	Nr. 13	Nr. 13:	Chor, G-Dur (Männerchor): *In tiefer Nacht, in finstrer Schlucht.* [in DS: „Lied der Arbeiter" und „Cavatine"] [im Textheft: „Allgemeines Lied der Männer"]
Nr. 13	Nr. 13½	fehlt:	Cavatina, As-Dur (Blanda): *Ach wo weilst Du mein Geliebter?*
Nr. 14	Nr. 14	Nr. 14:	Duett, F-Dur (Blanda, Francesco): *Er scheint zu schlummern!*
Nr. 15	Nr. 15	Nr. 15:	Quartett und Chor, d-Moll/Dur (Kathar., Bl., Enrico, Andreas, Chor): *O güt'ger Gott! Was ist geschehen?*
fehlt	Nr. 16	fehlt:	Chor: *Welch froher Tag! Dem Grafenhaus strahlt nun ein neuer Glanz!*
Nr. 16	Nr. 17	Nr. 16:	Finale: Duett und Schlußchor, C-Dur (Blanda, Enrico, Chor): *Welche Gluth auf meinen Wangen?* [in DS: *Ach nur einmal dich umfangen.*] [im Textheft: *Nur noch einmal dich umfangen.*]

Catalog: *Blanda, Oper in 3 Acten. vollständig.*
Besetzung: 6 Soli, Chor, 2 Fl, 2 Ob, 2 Cl, 2 Fag, 2 Tr, 4 Cor, 3 Trb, Timp, Tamb-gr, Triangel, Str.
Datierung: 29. November 1847 (Uraufführung in Prag).
Autograph: D-KA (Nr. 2 [Textbuch + Partitur I.: *Blanda / oder / die silberne Birke. / Romantische Oper in 3 Aufzügen. / Dichtung nach Friedrich Kind. / Musik von / J. W. Kalliwoda.*]) ▪ D-KA (Don Mus. Ms. 984a [Partitur II.]).
Abschriften: A-Wn (S.m. 14656 [Partitur der Ouvertüre]) ▪ D-KA (Don Mus. Ms. 984b [Chorstimmen], 984c [Gesangst. + 1 Satz Orchesterst., teilw. autographisch], 984d+e [weitere Orchesterst.]).
Bearbeitung: Ouvertüre als Klavierauszug.
Druck (nur von der Ouvertüre): *OUVERTURE / de l' Opera / BLANDA / composée / par / J. W. KALLIWODA, / Maître de Chapelle de S.A.S. le Prince de Fürstenberg.* C. F. Peters, Leipzig 3212 (Stimmen) + 3228 (Kl-Ausz. für 2 und 4 Hd.).
Textheft: *Blanda / oder / Die silberne Birke. Romantische Oper in drei Acten. / Nach einem Operntext / von / Fr. Kind. / Musik von J. W. Kalliwoda.* Prag 1847.
Bibliothek (nur Ouvertüre): D-KA (Don Mus. Dr. 1590a+b, Mus. Dr. 3031[IV] [2 Hd.]) ▪ D-KA (Nr. 155 [2 Hd.]) ▪ D-B (58893 [2 Hd.]) ▪ D-HEms (Magazin [4 Hd.]).
Anzeigen und Rezensionen: AmZ 1847, Sp. 694 + Sp. 892 (Uraufführung in Prag); NZfM 1849, Bd.I, S. 49 (Aufführung der Ouvertüre in Leipzig am 3.2.1849) + S. 151.
Anmerkung: Die Nummerierungen in den Partituren von Donaueschingen bzw. Karlsruhe sowie im gedruckten Textheft weichen voneinander ab (vgl. die synoptische Darstellung bei der Satzauflistung oben). Die zwei fehlenden Nummern im Autograph von Karlsruhe (Arie Nr. 4 bzw. Chor Nr. 16) deuten darauf, dass diese Partitur die frühere ist. Diese Stücke scheinen erst später hinzugefügt worden zu sein, die Arie jedoch noch vor der Uraufführung, da das Prager Textbuch von 1847 sie bereits enthält. Dagegen ließ Kalliwoda die ursprüngliche Cavatina Nr. 13 für Prag wieder weg.
Auf den Gesangstimmen sind die Namen der Sänger bei der Uraufführung vermerkt; danach wirkten mit: *Mslle Großer* (Blanda), *Hr Kurz* (Andreas), *Hr Brava* (Jonas), *Mad Postonky* (Katharina), *Hr Versing* (Francesco) und *Hr Emminger* (Enrico). Auf den Stimmen des Letztgenannten findet sich noch folgende Notiz: „erhalten am 8. November 847 / 1. Probe den 10. um 10 Uhr Vor." Aus diesem Vermerk wird ersichtlich, dass die erste gemeinsame Probe knapp drei Wochen vor der Uraufführung abgehalten wurde und die Sänger ihre Partien erst einen Tag zuvor ausgehändigt bekamen.
Die Szene und Arie für Sopran Nr. 6 („Wo hat mein Fuß sich verirrt?") hat Kalliwoda bei einem Museumskonzert zum Geburtstag von Fürst Karl Egon III. am 4. März 1864 wieder aufgeführt.

WoO V/03 „Dritte Oper" ohne Titel. (*Fragment*)

Erster Akt.

Nr. 1: Introduction, E-Dur (Chor): *Manche Freude blühet uns im Leben.*
Nr. 2: Cavatina, a-Moll/Dur (Selida): *Es füllt mein Herz nur Angst und Schmerz.*
Nr. 3: Duett, F-Dur (Selida, Mirrha): *Für deine Nachricht und für deine Güte.*
Nr. 4: Recit. u. Arie, D-Dur (Harald): *Dank sei Euch ihr guten Mächte. -*
Furchtbar war des Donners Wüten.
Nr. 5: Terzett, B-/Es-Dur (Rhaia, Mirrha, Harald): *Mein Bruder, ich habe dich wieder!* - attaca:
Duett, B-Dur (Rhaia, Harald): *Als Freunde treu und treu als Brüder.*
Nr. 6: Marcia und Finale, F-Dur → D-Dur (Ensemble, Chor): *Heil dir großer König, heil!*

Zweiter Akt.

Nr. 1: Chor der Soldaten, F-Dur (Männerchor): *Das Schlachthorn ruft, die Feinde zieh'n auf uns.*
Nr. 2: Arie, Es-Dur (Rhaia): *Harald! Du Verräther? Nein!*

Catalog: fehlt.
Besetzung: 6 Soli, Chor, 2 Fl, 2 Ob, 2 Cl, 2 Fag, 4 Cor, 2 Tr, Timp, Tamb-gr, Becken, Str.
Datierung: ?
Autograph: D-KA (Nr. 3 [*Unvollständige Oper von J. W. K.*, Partitur + Textabschrift der komponierten Nummern.]).
Abschriften: D-KA (Don Mus. Ms. 976a [Stimmen zum Soldatenchor, II. Akt, Nr. 1; Duett Nr. 3 sowie Orch.- u. Solostimmen zum Finale Nr. 6; Ms. 976b [Chorstimmen zum Finale Nr. 6; Stimmen zu der Arie Nr. 4]).
Anmerkung: Die Stimmen zum Soldatenchor sind auf der Abschrift in der Mappe Ms. 976a fälschlich überschrieben mit: *Chor aus der Oper die Wunderbare (Dritter Act N° 1 Choro)*. Auf den Text dieses Chores schrieb Kalliwoda ein weiteres *Soldatenlied* für einstimmigen Männerchor und Orchester (WoO VIII/29).

WoO V/04   Die Wunderbare.   (*Bruchstücke einer Oper*)

Duett (Arsene, Alcindor): *Fort sogleich aus meinen Blicken.* Allegro assai (agitato), a-Moll
Arie [N° 2] (Pythias): *Seid mir gegrüßt, ihr wackern Bürger.* Allegro maestoso, G-Dur

Catalog: *Die Wunderbare, eine Arie und ein Duett.*
Besetzung: Sopran, Tenor, 2 Fl, 2 Cl, 2 Fag, 2 Cor, Str (Duett) / 1 Fl, 2 Ob, 2 Cl, 2 Fag, 4 Cor, Str (Arie).
Datierung: 21. Dezember 1831 (Aufführung der Arie „Seid mir gegrüßt" in Donaueschingen). Zur Entstehungszeit der Opernnummern vgl. die *Anmerkung* unter WoO V/05.
Autograph: D-KA (Nr. 4 [Partitur, Duett auch als Klavierauszug]).
Abschriften: D-KA (Don Mus. Ms. 993[5] [*Duett per il Soprano e Tenore.* Stimmen mit Tempoangabe *Allegro agitato*]; Mus. Ms. 2843 [*Arie (des Pythias) von J. Kalliwoda.* Stimmen]; Mus. Ms. 851 [Band mit 20 Liedern, enthält das Duett als Klavierauszug]).

WoO V/05   Die Bürgschaft.   (*Fragment*)

Quartett [N. 5] (Aristomache, Dorida, Dion, Dyonis): *Weiter will ich nichts mehr hören.*
    1. Fassung: Allegro vivace, G-Dur   2. Fassung: Allegro giusto, e-Moll
Arie (Dyonis): *Nein, länger kann ich mich nicht halten.* Allegro maestoso, D-Dur

Catalog: *Die Bürgschaft; Finale mit Solo u Chor, 3 Arien, und ein Quartett.*
Besetzung: 4 Soli, 2 Fl, 2 Ob (nicht in der Arie), 2 Cl, 2 Fag, 2 Cor, 2 Tr, Timp, Str.
Datierung: Vgl. *Anmerkung.*
Autograph: D-KA (Nr. 6).
Abschriften: D-KA (Don Mus. Ms. 854,1 [*Quartetto*, 2. Fassung], Mus. Ms. 954 [*Arie*]).
Anmerkung: Der Verbleib der übrigen, von Kalliwoda im *Catalog* angegebenen Nummern ist unbekannt. Das Quartett liegt im Karlsruher Nachlass in zwei Fassungen vor.
Auf der Partitur der zweiten Fassung steht (Bezug nehmend auf alle drei Opernfragmente WoO V/4-6) folgende Anmerkung von Kalliwoda: „Größtentheils Jugendarbeiten. Die Bürgschaft / Die Wunderbare / Der Zauberschild. Einzelne Nr. aus diesen 3 Opern und verschiedene Gelegenheitskantaten." Demnach handelt es sich bei den angesprochenen Werken um Frühkompositionen aus der Prager Zeit vor 1822.

WoO V/06   Der Zauberschild von Ebert. (*Bruchstücke einer Oper*)

Nr. 2: Quartett mit Chor (Giselda, Waldemar, Ulf, König, Chor): *Wohlauf, mich drängts zu streiten.*
    Allegro risoluto, E- → C-Dur
Nr. 3: Terzett mit Chor (Giselda, Waldemar, Ulf, Chor): *Giselda / Waldemar, nocheinmal hier.*
    Allegro vivace, F- → H-Dur
Nr. 4: Arie (Giselda): *Er ist hinweg, vielleicht auf immer hin. / Bringt ihm Tod sein Wagen.*
    Rezitativ. Allegro molto, c-Moll; Arie. Allegro agitato, f-Moll → Es-Dur

(*Inzipit siehe Umseitig.*)

Catalog: fehlt.
Besetzung: 4 Soli, Chor, 2 Fl, 2 Ob, 2 Cl, 2 Fag, 4 Cor, 2 Tr, 2 Trb, Timp, Str.
Datierung: Vgl. *Anmerkung* unter WoO V/05.
Autograph: D-KA (Nr. 5).

WoO V/07 Billibambuffs Hochzeitsreise.
Ein Fastnachtsspiel in drei Akten.

Erster Akt.

Nr. 1: Ouvertüre. Moderato, D-Dur
Nr. 2: Arie (*Ich bin der schöne, der lustige Fränzel*)
Nr. 3: Lied (*Ein lustiges Leben führt doch ein Acteur*)
Nr. 4: Cavatine (*O Geliebter, Teurer Fränzle*)
Nr. 5: Solo und Chor der Vettern und Basen (*Vielgeliebte, Hochgeboren Vettern, Basen, liebe Frende*)
Nr. 6: Chor (*Ich küsse die Hand dem Onkel, der Tante*)
Nr. 7: Duetto (*Mariandel, Zuckermandel meines Herzens bleib gesund*)

Zweiter Akt.

Nr. 8: Entre Act. Maestoso, Es-Dur
Nr. 8 ½: Knöchel-Szene im Tartarus (*Wie rollt es so ernst wie die Knöchel fallen*)
Nr. 9: Lied (*Flattre lust'ger Fränzli!*)
Nr. 10: Männerchor (*Sing dem Höllenfürsten Lieder*)
Nr. 11: Männerchor (*O mächt'ger Pluto! Der höllische Chor fleht klagend*)

Dritter Akt.

Nr. 12: Einleitung zum III. Act. Andante con moto, B-Dur
Nr. 13: Narrenmarsch
Nr. 13 ½: Männerchor (*Wer ist groß? Der mit hoher Hand beschützet unseren Verein der Narren*)
Nr. 14: Lied (*Man hat in neuester Zeit erfahren*)
Nr. 15: Juden Gallopade
Nr. 16: Schlußgesang (*Geht nach Haus, der Spaß ist aus, die Herren wollen auch zum Schmaus*)

Catalog: *Billibambuff, komisches Singspiel. vollständig.*
Besetzung: Soli, Chor, 2 Fl, 2 Ob, 2 Cl, 2 Fag, 2 Cor, 2 Tr, Triangel, Becken, Tamb-gr, Str.
Datierung: 2. März 1840 (Uraufführung in Donaueschingen).
Autograph: D-KA (Don Mus. Ms. 865a [Partitur, Gesangst., Plakat] + b [Orch.St.]).
Literatur: Georg Tumbült, Das Fürstlich Fürstenbergische Hoftheater zu Donaueschingen 1775-1850. Donaueschingen 1914. S. 100.
Anmerkung: Kalliwodas vorliegendes Werk kann auch als Pasticcio betrachtet werden; nur wenige der Nummern sind Originalkompositionen. Die bekannteste Übernahme eines bereits populären und beliebten Stückes liegt beim Chor Nr. 10 vor, der aus Mozarts *Die Entführung aus dem Serail* entnommen ist (*Singt dem großen Bassa Lieder*). Bei Nr. 13 handelt es sich um den bis heute populären Donaueschinger Narrenmarsch, der aber einer altböhmischen Weise entlehnt ist. Da sich dieses Stück verselbstständigt hat und bis heute als eigenständige Komposition in zahlreichen Bearbeitungen erklingt, wurde es unter der Nummer WoO X/1 gesondert aufgenommen. Die Ouvertüre des Singspiels wurde am 18. Februar 1841 sowie 24 Jahre später, am 2. Februar 1864, im Rahmen der Museumskonzerte erneut aufgeführt.

Dem Anlass entsprechend war auch das Ankündigungsplakat bunt und närrisch gestaltet (siehe Abbildung auf der vorigen Seite). Der Text unter dem Haupttilel lautet: „Ein großes nicht-historisches, romantisch-mythisches Zauberspiel mit Gesang, Tableaux, Pantomimen und Feuerwerk / in vier Aufzügen; / von Herrenhuber, Domingo und Narrolinsky; / Musik von Schneckenfinger". Unter den Pseudonymen verbergen sich Baron von Pfaffenhofen, Progymnasiumsdirektor Carl Fickler, Ludwig Kirsner sowie Kalliwoda.

WoO V/08 Vier Einlagen zur Oper *La clemenza di Tito* von Mozart

[ohne Nr.] Introduction (Vitelia, Chor der Verschworenen): *Hört ihr des Volkes Jubel*.
        Allegro vivace, C-Dur
{[Nr. 5½] Arie (Titus): *Von neuem Glanz umgeben*. [o. A.], Es-Dur}
Entree zum II. Akt. (?)
[Nr. 13] Arie (Titus): *Dir nur dank ich meine Rettung*. Larghetto, F-Dur
[Nr. 14] Arie (Publius): *Urtheilt bedächtig vor der Verschwörung*.
        Andante maestoso, c-Moll → C-Dur

Catalog: *Titus von Mozart; Introduktion mit Solo und Chor, Arie für Titus / Arie für Publius, Entre Act zum 2ten Act.*
Besetzung: 2 Fl, 2 Ob, 2 Cl, 2 Fag, 2 Cor, 2 Tr, Timp, Str.
Datierung: 26. Januar 1825 (Aufführung der Oper in Donaueschingen).
Autograph: D-KA (Nr. 7 [Partitur]).
Abschriften: D-KA (Don Mus. Ms. 1385f [Stimmen]).
Literatur: Manfred Schuler, Johann Wenzel Kalliwoda und die zeitgenössische Mozart-Rezeption. In: Hermann Jung (Hrsg.), Mozart-Aspekte des 19. Jahrhunderts. Mannheim 1995. S. 104f. ▪ Strauß-Németh, Kalliwoda. Bd. 1. Kap. 4.3.3.
Anmerkung: Der von Kalliwoda selbst dukomentierte *Entre Act* liegt weder in der Partitur noch in den Stimmenabschriften vor; es ist nicht auszuschließen, dass der Komponist sich nach so vielen Jahren nicht mehr genau an die einzelnen Nummern erinnert hat. Demgegenüber ist es zweifelhaft, ob die erste Einlagearie des Titus („Von neuem Glanz umgeben"), die auch Manfred Schuler aufzählt (S. 105; vgl. *Literatur*), wirklich von Kalliwoda stammt. Sie steht weder in seinem *Catalog* noch in der Partitur, sondern befindet sich lediglich beim Aufführungsmaterial, wo jedoch die einzelnen Stimmen von den Kürzungen und Änderungen verschiedener – auch früherer – Aufführungen zeugen.

WoO V/09 Zwischenaktmusik zur Oper *Don Giovanni* von Mozart, G-Dur
Allegro vivace

Catalog: *Don Juan von Mozart, Entre Act zum 2ten Act.*
Besetzung: 2 Ob, 2 Cor, 2 Fag, Str.
Datierung: 5. Dezember 1824 bzw. 18. Februar 1827 (Aufführungen der Oper in Donaueschingen).
Autograph: unbekannt.
Abschriften: D-KA (Don Mus. Ms. 1387 [Stimmen]).
Druck: Strauß-Németh, Kalliwoda. Bd. 1. Notenanhang I.
Literatur: Manfred Schuler, Johann Wenzel Kalliwoda und die zeitgenössische Mozart-Rezeption. In: Hermann Jung (Hrsg.), Mozart-Aspekte des 19. Jahrhunderts. Mannheim 1995. S. 104. ▪ Strauß-Németh, Kalliwoda. Bd. 1. Kap. 4.3.3.
Anmerkung: Es ist unklar, ob dieses 38taktige Stück bereits für die Aufführung 1824 oder erst 1827 komponiert worden war.

WoO V/10   Einlagearie zur Oper *Sargines* von Paër, D-Dur

[Nr. 2½] Arie (Isidoro): *Mit Trommeln und Trompeten*. Allegro

Catalog: *Sargines von Paer. Eine Ariette.*
Besetzung: Fl, 2 Ob, 2 Fag, 2 Cor, 2 Tr, Str.
Datierung: 25. Januar 1828 (Aufführung der Oper in Donaueschingen).
Autograph: unbekannt.
Abschriften: D-KA (Don Mus. Ms. 1510^c [Stimmen]).
Anmerkung: Kalliwoda ersetzte mit dieser Komposition eine Arie Paërs mit gleichem Text.

WoO V/11   Zwei Einlagen zur Oper *La gazza Ladra* von Rossini

[Nr. 3] Cavatina (Isacco): *Kauft Federmesser*. Allegro moderato, G-Dur
Eingang zum zweiten Akt. Allegretto, A-Dur

Catalog: fehlt.
Besetzung: Fl, Ob (Cavatina), 2 Cl (Entracte), 2 Fag, 2 Cor, Str.
Datierung: 26. Januar 1826 (Aufführung der Oper in Donaueschingen).
Autograph und **Abschriften**: D-KA (Don Mus. Ms. 1684^k [Partiturautograph der Cavatina + Stimmenabschriften beider Nummern).

WoO V/12 Einlagearie zur Oper *L'inganno Felice* von Rossini, A-Dur

[Nr. 4 ½] Arie (Ormondo): *Fürchte mein Zürnen*. Allegro vivace

Catalog: *L'inganno Felice von Rossini, eine Arie.*
Besetzung: Fl, 2 Ob, 2 Cl, 2 Fag, 2 Cor, Str.
Datierung: 14. März 1830 (Aufführung in Donaueschingen).
Autograph: unbekannt.
Abschriften: D-KA (Don Mus. Ms. 1682[b] [Stimmen]).

WoO V/13 Einlagearie zur Oper *Das Heilmittel* von Hérold, G-Dur

[Nr. 5½] Arie (vgl. *Anmerkung*): *Diese Kunde muß uns alle hoch erfreuen*. Allegro

Catalog: *Das Heilmittel von Herold, eine Ariette.*
Besetzung: Fl, 2 Ob, 2 Fag, 2 Cor, Trb, Str.
Datierung: 27. Januar 1839 (Aufführung der Oper in Donaueschingen).
Autograph: unbekannt.
Abschriften: D-KA (Don Mus. Ms. 744 [Stimmen]).
Anmerkung: Die Mappe enthält zwei Einlagen. Die erste Komposition mit der Nr. 3 und ohne nähere Bezeichnung (für Fl, 2 Cl, 2 Fag, 2 Cor, Str) stammt wahrscheinlich nicht von Kalliwoda. Hier wie beim zweiten Stück fehlt die Gesangsstimme, so dass nicht mitgeteilt werden kann, für welche Rolle Kalliwodas Arie bestimmt ist.
Eine weitere Einlagenummer zu Hérolds Oper ist unter der Signatur Mus. Ms. 743 abgelegt. Obwohl sie die CD-ROM-Datenbank von RISM (Serie A/II) Kalliwoda zuschreibt, schließt sich das nicht nur von daher aus, dass der Hofkapellmeister nur von einer Komposition für diese Oper spricht, sondern auch deshalb, weil diese Nummer eindeutig früheren Datums ist. Auch sie ist ohne Singstimme (und damit Text) überliefert.

WoO V/14 Einlagearie zur Oper *Der neue Gutsherr* von Boieldieu

{[Nr. 1½] Lied (Hans bzw. Johann): vgl. *Anmerkung*. Allegro, D-Dur}
[Nr. 2½] Arie (Johann): *Halt! Gebt wohl acht!* Maestoso, A-Dur

Catalog: *Der neue Gutsherr von Boieldieu, eine Arie.*
Besetzung: Fl, 2 Cl, 2 Fag (im *Lied* jew. nur 1 Cl u. Fag), 2 Cor, Str.
Datierung: 26. Januar 1831 (Aufführung der Oper in Donaueschingen).
Autograph: D-KA (Nr. 269 [Partitur der Arie])▪ D-KA (Don Mus. Ms. 211a [Partitur der ganzen Oper mit dem Autograph der *Lied*-Einlage]).
Abschriften: D-KA (Don Mus. Ms. 211b [Mappe enthält sämtliche Gesangstimmen sowie das Orchestermaterial der Einlagen]).
Anmerkung: Der ehemalige Katalog von D-DO schreibt Kalliwoda zwei Einlagen zu dieser Oper zu. Das Lied erwähnt der Komponist in seinem eigenen Verzeichnis jedoch nicht, lediglich ein Eintrag in der Partitur schiebt nach der Introduction als Nr. 1½ dieses Stück ein, das wahrscheinlich die zuvor sprechende Person „Hans" zu singen hat. Eine Gesangstimme liegt allerdings nicht vor, so dass kein Text mitgeteilt werden kann.

WoO V/15 Drei Einlagen zur Oper *Fanchon, das Leiermädchen* von Himmel

Nr. 8 Duett (Vincent, Fanchon): *Gewöhnt zu lindern fremde Leiden.* Moderato, F-Dur
Nr. 30 Lied (Person und Text unbekannt): Allegro molto, Es-Dur
Nr. 34 [Quartett] (Personen und Text unbekannt): Moderato - più Allegro, g-Moll/Dur

Catalog: *Fanchon; ein Lied, ein Duett und ein kleines Quartett.*
Besetzung: 2 Cor (Duett); Fl, 2 Cl, Fag, 2 Cor (Lied); 2 Fl, 2 Fag (Quartett) jew. mit Str.
Datierung: 31. Januar 1830 (Aufführung der Oper in Donaueschingen).
Autograph u. **Abschriften**: FFB (Musikalien, Best. Kalliwoda, Nr. 2 [autographische Bläserpartitur und Stimmen vom „Lied No. 30"], Nr. 46 [Stimmen vom Quartett u. weitere Stimmen vom Lied], Nr. 47 [Stimmen vom „Duett N° 8"]).
Anmerkung: Diese drei Einlagenummern sind einzeln überliefert. Das Lied enthält den eindeutigen Hinweis: „Einlage zu Fanchon"; auf das Duett wurde lediglich nachträglich mit Bleistift ergänzt: „zur Fanchon". Die letzte Nummer, die keinen Titel nennt und hier nur aufgrund von Kalliwodas Catalog-Eintrag als das fehlende Quartett angenommen wird, kann nur deshalb dieser Oper zugeordnet werden, weil ihr auch weiteres Stimmenmaterial vom Lied angehängt ist. Kalliwoda arrangierte dieses Stück wohl um die gleiche Zeit für Violine und Orchester und gab es 1832 als „Potpourri Nr. 1" (op. 35) heraus. Beim *Lied* und *Quartett* fehlen die Gesangstimmen, somit auch die Rollen und der Text.

WoO V/16   Fünf Einlagen zur Oper *Régine* von Adam

Ouvertüre. Tempo di Marcia - Allegro vivace, G-Dur
[Nr. 4 ½] Cavatine (Finette): *Ja es spricht aus ihren Blicken hoher Sinn.* Allegretto, E-Dur
[Nr. 7] Lied (Gräfin): *Ja von der Garde des Tyrannen.* Tempo di Marcia, Es-Dur
[Nr. 7 ½] Arie (Sauvageon): *Ja ja ich bitte sehr! Lassen Sie sich doch erweichen.* Allegro, G-Dur
[Nr. 9] Duett (Roger, Régine): *Ich liebe ohne Hoffnung.* Andante sostenuto, As-Dur
Schlußscene (5 Personen, Chor): *Sie wollten jetzt von hinnen zieh'n.* Tempo di Marcia, G-Dur

Catalog: *Regine von Adam; Finale mit Solo und Chor, Lied, 2 Arien und eine Ouvertüre.*
Besetzung: Pic, Fl, 2 Ob, 2 Cl, 2 Fag, 2 Cor, 2 Tr (chromat.), Trb-b, Tamb-pic, Tamb-gr, Triangel, Becken, Str.
Datierung: 26. Januar 1842 bzw. 1845 (Aufführungen der Oper in Donaueschingen; vgl. *Anmerkung*).
Autograph: D-KA (Nr. 8 [enthält nur drei Nummern: *Ouverture zur Oper "Regine." von A: Moquer. + Lied zur Oper "Regine". + Schlußscene zur Oper Regine.*]).
Abschriften: D-KA (Don. Mus. Ms. 4a-c [Stimmen aller Einlagenummern auf die einzelnen Solisten bzw. Instrumente verteilt]).
Anmerkung: Die falsche Nennung des Komponisten auf dem Autograph (A. Moquer) beruht wahrscheinlich auf einem Versehen Kalliwodas, der später in seinem *Catalog* offenbar auch vergessen hat, das Duett zu erwähnen. Dieses Stück ist jedoch ebenfalls nachträglich in die Stimmen eingefügt und dürfte somit auch von ihm stammen.
In einem Brief vom 14. August 1844 schlug Kalliwoda für die anstehende Hochzeit des Erbprinzen Karl die Aufführung dieser Oper vor. Gleichzeitig bot er die Neukomposition eines „brillanten Finales" sowie einer virtuoseren Arie für die Rolle der Gräfin an. Zu dieser Aufführung bei der Hochzeit im November 1844 kam es letztendlich doch nicht; Kalliwodas Brief ist aber ein Zeugnis dafür, dass zumindest diese beiden Einlagenummern erst für die Wiederaufnahme von *Régine* im Jahr 1845 geschrieben wurden und nicht schon 1842 vorlagen.

WoO V/17 Zwei Einlagen zur Oper *Adrian von Ostade* von Weigl

Lied (Person): *Text*.
Terzett (Personen): *Text*.

Catalog: *Adrian von Ostade von Weigel, ein Lied und ein kleines Terzett.*
Besetzung: Orchester.
Datierung: (23. April 1832)
Autograph: unbekannt.
Anmerkung: Die fraglichen Einlagen sind nur in Kalliwodas eigenhändigem *Catalog* erwähnt. Da im Donaueschinger Bestand überhaupt keine Noten von dieser Oper Weigls überliefert sind, ist es möglich, dass die nachkomponierten Nummern von Kalliwoda mit dem ganzen Aufführungsmaterial verschollen, oder beim Theaterbrand 1850 verbrant sind.

WoO V/18 Der Gesang der Muezzin. Einlage zur Oper *Die Wüste* von David, G-Dur

(*Das Heil dir, euch das Heil!*)
1. Fassung mit Tenor Solo: Andante, G-Dur
2. Fassung mit Männerchor: Adagio, h-Moll → G-Dur

Catalog: fehlt.
Besetzung: 1. Fassung: Ten, 2 Tr, 2 Cor, 2 Fag, 1 Trb, Kb.
              2. Fassung: Männerchor, 2 Ob, 2 Cl, 2 Fag, 3 Cor, Str.
Datierung: ?
Autograph: D-KA (Don Mus. Ms. 864 [beide Fassungen]).

WoO V/19   Zwei Einlagenummern

WoO V/19, Nr. 1: Ariette, F-Dur
Allegro moderato

Besetzung: Fl, 2 Cl, Fag, 2 Cor, Str.
Datierung: ?
Autograph: unbekannt.
Abschriften: FFB (Musikalien, Best. Kalliwoda, Nr. 45).
Anmerkung: Die überlieferten Stimmen sind mit „Einlage Nr. 12 ½" überschrieben. Die Zuordnung zu einem Gesamtwerk wird auch dadurch erschwert, dass keine Gesangstimme vorliegt, die über die Rolle und den Text der Arie Auskunft geben könnte.

WoO V/19, Nr. 2: Duett, G-Dur
Wo soll ich Worte finden. Andante con moto

Besetzung: 2 Ob, 2 Fag, 2 Cor, Str.
Datierung: ?
Autograph u. **Abschriften**: D-KA (Don Mus. Ms. 993[6] [Partitur + Stimmenabschrift]).
Anmerkung: Die Gesangstimme ist überschrieben mit: „Duett von Rößler"; der frühere Katalogeintrag von D-DO ergänzt ferner, dass diese Einlage zu „Fanchon von Rössler" bestimmt war. Das genannte Singspiel scheidet jedoch nicht nur deshalb aus, weil sein Komponist Friedrich Heinrich Himmel ist (vgl. WoO V/15), sondern auch, weil es die beiden Rollen des vorliegenden Duetts (Almarich und Olfriede) in Fanchon nicht gibt. Wer mit „Rößler" gemeint ist bleibt ebenso unklar wie die genaue Bestimmung dieses Duetts, das als „Nr. 43" in das Gesamtwerk eingefügt war. Der Böhme Franz Anton Rösler-Rosetti schrieb im Gegensatz zum Slowaken Johann Josef Rösler keine Opern, aber von keinem der beiden wurden in Donaueschingen Vokalwerke aufgeführt.

WoO V/20 Konzertarie für Sopran, Es-Dur
Adagio - Allegro agitato (*Per pieta, non dir mi addio*)

Besetzung: Sopr, Fl, 2 Cl, 2 Fag, (2 Cor), Str.
Datierung: Regensburg, den 12. November [o. J.] (Autograph)
Autograph: D-KA (Nr. 273 [Partitur]).
Abschriften: D-KA (Don Mus. Ms. 2855 [Stimmen])▪ D-KA (in Nr. 290 [Singst. u. Bass]).
Anmerkung: Autograph und Abschrift in Karlsruhe stehen in Es-Dur, während die Abschrift aus dem Donaueschinger Nachlass in E-Dur notiert ist. Aus diesem Stimmenmaterial fehlen die Singstimme sowie die Klarinetten, dafür ist eine Fl 2 hinzugefügt.

WoO V/21 Duett für Sopran und Bass, c-Moll
Allegro agitato (*Ah crudel tu voi ch' io mora*)

Besetzung: Sopr, Bass, Orchester.
Datierung: ?
Autograph: unbekannt.
Abschriften: D-KA (in Nr. 290 [*Partition / für / Sopran und Baß*; Singst. u. Bass]).
Anmerkung: Dieses Duett ist nur in der genannten Abschrift nachweisbar; Partitur bzw. Stimmenmaterial sind offenbar verschollen.

WoO V/22 Scherzlied für Bass und Orchester, D-Dur
Allegro moderato (*Rauchen können noch gefallen*)

Besetzung: Bass, Pic, Fl, 2 Ob, 2 Cl, 2 Fag, 2 Cor, 2 Tr, Trb-b, Timp, Triangel, Str.
Datierung: ?
Autograph: D-KA (Nr. 266 [Partitur]).
Anmerkung: Der Text zu diesem humoristischen Plädoyer für das Rauchen könnte von Kalliwoda selbst stammen, einem passionierten Pfeifenraucher.

WoO V/23 Zwei Männerchöre mit Orchesterbegleitung
Nr. 1: Introduction und Chor der Verschworenen
(*Schweigend bricht der große Morgen*) Adagio, d-Moll
Nr. 2: Chor der Verschworenen und Häscher
(*Verrath! Wir sind verloren!*) Allegro furioso, (G-Dur)

Besetzung: MCh (2 T, B), 2 Fl, 2 Ob, 2 Cl, 2 Fag, 4 Cor, 2 Tr, 3 Trb, Timp, Str; für Nr. 2 zusätzlich 2 Pic, Tamb, Tamb-gr.
Datierung: ?
Autograph: D-KA (Nr. 270 [Part. von Chor Nr. 1]; Nr. 271 [Part. von Chor Nr. 2]).

Abschriften: D-KA (Don Mus. Ms. 993[4] [Stimmen von Chor Nr. 1 mit zusätzl. Tamb-gr u. Becken, aber nur 1 Trb-b]) ▪ FFB (Musikalien, Best. Kalliwoda, Nr. 20 [*Chor der Häscher*. Stimmen von Nr. 2 mit den Namen der Chorsänger auf den einzelnen Noten]).
Bearbeitung: Fassung von Chor Nr. 1 für zweist. Männerchor und Orchester (WoO VIII/21) sowie für vierst. Männerchor a cappella (WoO VIII/20).
Anmerkung: Die Partituren in D-KA tragen von gleicher Hand mit rotem Bleistift die Ergänzung „Nr. 1" bzw. „Nr. 3". Während dies ein Hinweis darauf ist, dass die beiden Chöre zusammengehören, bleibt unklar, ob sie als Einlagenummern zu einer Oper gedacht waren, oder lediglich zwei Programmpunkte eines größeren Konzertes bzw. musikalische Intermezzi in einem Schauspiel bildeten.

WoO V/24 Stimmen zu einem Melodrama, Es-Dur
Moderato

Besetzung: Bassstimme (ohne Text), Streicher.
Datierung: ?
Autograph: unbekannt.
Abschriften: D-KA (Don Mus. Ms. 904).
Anmerkung: Die Autenthizität des Stückes ist zweifelhaft.

WoO V/25 Melodram, Es-Dur
Moderato (*Von den Thürmen hoch und bleich tönt*)

Besetzung: Sprecher, Fl, Ob, Cl, Fag, 2 Cor, Trb.
Datierung: ?
Autograph: unbekannt.
Abschriften: D-KA (Nr. Anh. B9).

WoO V/26 Musik zu einem Melodram, F-Dur

Andante (*Wir fühlen tief, daß höhere Gewalten*)

Besetzung: 2 Singst., Fl, 2 Cl, 2 Fag, 2 Cor, Klav, Str.
Datierung: ?
Autograph: unbekannt.
Abschriften: D-KA (Don Mus. Ms. 943 [Stimmen]).
Anmerkung: Das Melodram besteht aus neun Versen. Der Text von Vers 7 (*Sieh Amalie! Die Theure hier im schönen Kreise stehn*) deutet auf einen Anlass zur Huldigung der Fürstin Amalie.

GRUPPE VI
Messen und Kirchenmusik

WoO VI/01   Orchestermesse, B-Dur

1. **Kyrie**: Moderato   2. **Gloria**: Allegro   3. **Credo**: Moderato
4. **Sanctus**: Adagio   5. **Benedictus**: Andante   6. **Agnus Dei**: Adagio

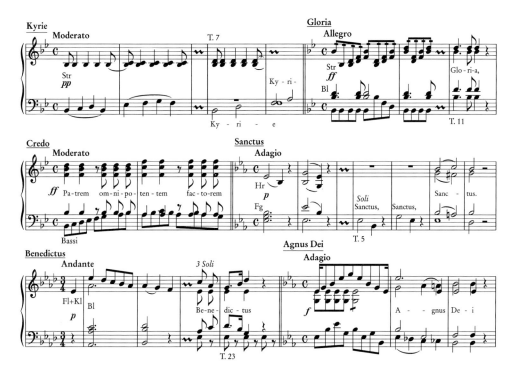

Catalog: *Messe in B dur mit Orchester.*
Besetzung: Soli, Chor, 2 Fl, 2 Cl, 2 Fag, 2 Cor, (2 Tr, Timp ad lib), Str.
Datierung: Vor 1827 (vgl. *Anmerkung*).
Autograph: unbekannt.
Abschriften: D-KA (Don Mus. Ms. 972 [Stimmen]).
Bearbeitung: Arrangiert für Harmoniemusik von Johann Rinsler (Fl, Ob, 2 Cl, Fag, 2 Cor, Tr, Trb); In: D-KA (Don Mus. Ms. 972[1] [Partitur u. Stimmen]).
Anmerkung: In einem *Musikalien-Verzeichnis* aus dem Jahr 1827 (FFA, Hofmusikakten, KuWi III/5) sind auch einige handschriftliche Kompositionen Kalliwodas verzeichnet. Während jedoch die meisten nicht konkret bestimmt werden können, lässt sich diese Messe aufgrund der Tonart- und Taktangabe eindeutig zuordnen. Man kann bei diesem Werk mit hoher Wahrscheinlichkeit von Kalliwodas erster Messkomposition ausgehen.

WoO VI/02   Orchestermesse, G-Dur

1. **Kyrie**: Allegretto
2. **Gloria**: Allegro
3. **Credo**: Allegro moderato
4. **Sanctus**: Adagio
5. **Benedictus**: Andante
6. **Agnus Dei**: Adagio - Allegro

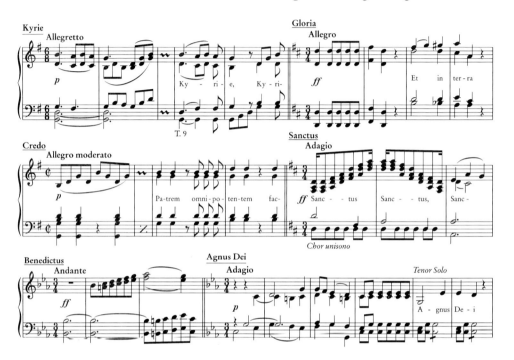

Catalog: *Messe in G dur mit Orchester.*
Besetzung: Soli, Chor, 2 Fl, 2 Ob, 2 Fag, 2 Cor, 2 Tr, Trb-b (als Anhang), Str.
Datierung: Vor 1860.
Autograph: unbekannt.
Abschriften: D-KA (Don Mus. Ms. 988 [Stimmen; Trb-Stimme als Autograph]).
Bearbeitung: Chor a cap. von G. Kuhn in: D-KA (Don Mus. Ms. 866; vgl. *Anmerkung*).
Anmerkung: Kalliwoda hat das *Benedictus* später gestrichen und „Einlage" darübergeschrieben. Aufgrund der tonartlichen Übereinstimmung mit dem ursprünglichen Satz käme nur die fragmentarisch überlieferte Komposition WoO VI/10a als potentieller Ersatz in Frage; einen eindeutigen Beweis für diese Annahme gibt es jedoch ebensowenig wie für Verwendung der anderen vergleichbaren Einlagewerke.
Die A-Cappella-Bearbeitung von Kuhn ist datiert mit 2.III.[18]77. Sie lässt das *Kyrie* weitgehend unverändert; im von D- nach C-Dur transponierten *Gloria* wird eine – theologisch kaum vertretbare – Kontraktion vollzogen („Gratias agimus sanctus altissimus Jesu Christe. Cum sancto...") und der Satz somit um etwa ein Drittel gekürzt. Das *Et incarnatus* sowie das *Dona nobis* erfuhren eine mehr oder weniger starke Kürzung; ebenso strich der Bearbeiter das selbständige *Osanna* nach dem *Sanctus* mit dem ganzen *Benedictus*.

WoO VI/03 Messe für Soli und Chor a cappella, F-Dur

1. **Kyrie**: Adagio non tanto 2. **Gloria**: Allegro con fuoco
3. **Credo**: Allegro moderato 4. **Sanctus**: Adagio - Andantino
5. **Benedictus**: Allegretto 6. **Agnus Dei**: Adagio - Andante con moto

Catalog: fehlt (vgl. *Anmerkung*).
Besetzung: Soli, Chor.
Datierung: Vor 1860.
Autograph: D-KA (Nr. 11 [*I. / Messe für gemischten Chor / in F dur. / von / J: W: Kalliwoda. / (Die Solo können auch vom ganzen Chor gesungen werden)*; Chorpartitur]).
Druck: *Johann Wenzel Kalliwoda / Missa in F / per Coro SATB / Erstausgabe / herausgegeben von / László Strauß-Németh*. Carus-Verlag, Stuttgart 27.040 (*2005*).
Anmerkung: Auf dem Deckblatt des Autographs notierte Kalliwoda folgenden Hinweis: „Zwei Vokalmessen ohne Instrumentalbegleitung." und betitelte das vorliegende Werk mit „I. Messe..."; es bleibt aber ungeklärt, welche Komposition er als Nr. II bestimmen wollte, da eine vergleichbare zweite Überschrift fehlt.
Kalliwoda bearbeitete diese Messe gleich zweimal, wobei die vorliegende A-cappella-Fassung für ihn offenbar fortan nicht mehr relevant war, da er sie in seinen *Catalog* von 1860 in dieser Form nicht aufnahm. In welcher Reihenfolge die drei Fassungen entstanden sind, darüber kann nur spekuliert werden, unbestritten ist jedoch die melodische Verwandtschaft aller Varianten.
Eine spätere Notiz auf dem Autograph belegt jedoch eine Wiederaufführung dieser A-Cappella-Messe im 20. Jahrhundert: "Diese Messe wurde 1914 in Donaueschingen mit großem Erfolg zur Aufführung gebracht durch Kapellmeister Burkard."

WoO VI/03a Chormesse mit Instrumentalbegleitung, F-Dur
Sätze wie oben (WoO VI/3).

Catalog: *Messe in F dur mit Harmoniebegl.*
Besetzung: Soli, Chor; unterschiedliche Begleitungen:
    I. 2 Cl, 2 Fag, 2 Cor, Bass ad lib. (*6stimmige Begleitung zur Vokal Messe F dur.*);
    II. 2 Cl, 2 Fag, 2 Cor, 2 Vl, Bass;
    III. weitere nicht eindeutig zuteilbare Einzelstimmen: 2 Vla, 2 Tr in F, 2 Tr in B, Vlc;
    IV. gänzlich andere Str.-Begleitung des *Benedictus* und *Agnus Dei*.
Datierung: Vor 1860.
Autograph und **Abschriften**: D-KA (Don Mus. Ms. 971 [Partitur von Var. I., Stimmenabschriften von Var. II., autograph. Stimmen von Var. III., Partiturautograph mit Bleistift u. Stimmenabschriften von Var. IV.]).
Bearbeitung: Ergänzung durch 2 Tr sowie Streicher; spätere Bearbeitung für dreist. Frauenchor (vgl. WoO VI/3b).
Anmerkung: Diese Überlieferung unterscheidet sich durch abweichende Stimmführung und teilweise geänderte Textverteilung von der obigen A-Cappella-Fassung. Da jedoch Kalliwodas Eintrag in seinem *Catalog* bereits die „Harmoniebegleitung" aufführt, kann man in diesem Fall davon ausgehen, dass das Werk immer mit Instrumenten gespielt wurde. Als Urfassung gilt die in Partitur vorliegende sechsstimmige Bläserbegleitung (Var. I.) mit fakultativer Bassstimme (Trb-b), die nachträglich – vom Komponisten selbst – durch 2 Tr und Streicher ergänzt wurde. Die vielen Fassungen deuten auf eine häufige Aufführung dieser Messe hin, die offenbar so beliebt war, dass Kalliwoda sie auch für reinen Frauenchor grundlegend umgearbeitet hat (vgl. WoO VI/3b).

WoO VI/03b Kleine Messe für drei Sopranstimmen, F-Dur

1 **Kyrie**: Lento   2. **Gloria**: Allegro con fuoco
3. **Credo**: Allegro moderato   4. **Sanctus**: Adagio
5. **Benedictus**: Allegretto   6. **Agnus Dei**: Molto Adagio - Allegretto
7. **Te Deum**: Allegro con fuoco, Es-Dur

Catalog: *Messe in F dur für 3stimmigen Frauenchor und Harmoniebegleitung.*
Besetzung: 3 Sopr, Fl, Cl, Englhr, Fag, Bassetthr, Cor, Str.
Datierung: ?
Autograph: D-KA (Don Mus. Ms. 879 [Skizze des *Sanctus* in Klaviernotation; in der oberen Zeile sind die drei Singstimmen ohne Text notiert, darunter eine Basslinie]).
Abschriften: D-KA (Don Mus. Ms. 981 [Stimmen; Vlc/Kb-Stimme als Autograph]).
Anmerkung: Nicht nur in der Besetzung, sondern auch in der Begleitung und manchmal in der Führung der Gesangstimmen weicht diese Fassung teilweise erheblich von der Messe WoO VI/3 ab. Die offensichtliche Verwandschaft zu ihr soll jedoch in der B-Zählung zum Ausdruck gebracht werden. Der letzte Satz *Te Deum* ist eine Neukomposition; eine zusätzliche Trompetenstimme dafür liegt im Donaueschinger Nachlass versehentlich in der Mappe Mus. Ms. 971.
Das fragmentarische Skizzenblatt des *Sanctus* enthält auf der Rückseite das Lied Nr. 2 aus op. 197 in der Bearbeitung für drei Soprane und Klavier.

WoO VI/04   Messe für gemischten Chor a cappella, a-Moll

1. **Kyrie**: Molto moderato
2. **Gloria**: Allegro con fuoco - Larghetto - Tempo primo
3. **Credo**: Allegro con spirito - Allegretto - Tempo primo - Più vivace
4. **Sanctus**: Adagio sostenuto
5. **Benedictus**: Allegretto
6. **Agnus Dei**: Larghetto - Andante

Catalog: fehlt.
Besetzung: Soli, Chor.
Datierung: Vor 1860.

Autograph: D-KA (Nr. 13 [*Messe für gemischten Chor / in A moll / von / J: W: Kalliwoda. / (Die Solis können auch als Chor gesungen werden*); Partitur]).
Abschriften: D-KA (Don Mus. Ms. 2844 [Partitur]).
Bearbeitung: Veränderter Chorsatz mit Bläserbegleitung (vgl. WoO VI/4a).
Druck: *Johann Wenzel Kalliwoda / Missa in a / per Coro SATB / Erstausgabe / herausgegeben von / Wolfram Hader*. Carus-Verlag, Stuttgart 27.026 (*1999*).
Bibliothek: D-KA* (M 11536) ▪ D-Sl (50Ca/100022, 50Ca/100231).
Anzeigen und Rezensionen: Musik und Kirche 6/2000, S. 401.

WoO VI/04a Choralmesse mit Bläserbegleitung, a-Moll

1. **Kyrie**: Adagio non tanto 2. **Gloria**: Allegro con fuoco
3. **Credo**: Allegro risoluto 4. **Sanctus**: Adagio sostenuto
5. **Benedictus**: Allegretto 6. **Agnus Dei**: Larghetto - Andante

Catalog: *Messe in a moll mit Harmoniebegl.*
Besetzung: Chor, Fl col Ob, Fag col Tuba, Cl, Cor, Kb.
Datierung: Vor 1860.
Autograph: unbekannt.
Abschriften: D-KA (Don Mus. Ms. 974 [Stimmen; nur Kb sowie jeweils zwei Chorstimmen als Autograph]).
Anmerkung: Die beiden Fassungen der a-Moll-Messe unterscheiden sich z. T. erheblich voneinander: Das *Kyrie* und *Credo* wurden leicht geändert; der Anfang vom *Gloria* blieb gleich, allerdings ist der Mittelteil sowie die Schlussfuge stark umgearbeitet; *Sanctus* und *Benedictus* erfuhren kaum eine Bearbeitung, lediglich letzteres beginnt nur mit dem Tenorsolo (ohne Sopran); ebenso eröffnet die Altistin allein das *Agnus Dei*, während die Takte 5+6 der Tenor allein singt; das *Dona nobis* wurde in halben Notenwerten übernommen.

WoO VI/05 Kleine dreistimmige Messe, G-Dur

1. **Kyrie**: Poco Adagio 2. **Gloria**: Allegro
3. **Credo**: Moderato - Larghetto - Tempo primo
4. **Sanctus**: Adagio - Vivace 5. **Benedictus**: Andante
6. **Agnus Dei**: Molto Adagio - Poco Adagio

Catalog: fehlt.
Besetzung: Chor a cap. mit 2 Sopran- und einer Männerstimme.
Datierung: ?

289

Autograph: D-KA (Nr. 10 [*Kleine dreistimmige Messe, / im Umfang von zwei Octaven, / vom kleinen d bis zum zweigestrichenen d.* Partitur + Stimmen]).
Abschriften: D-KA (Don Mus. Ms. 883 [Stimmen]) ▪ FFB (Musikalien, Best. Kalliwoda, Nr. 27 [Partitur]).
Druck: *Johann Wenzel Kalliwoda / Missa a 3 / per Coro SAB / Erstausgabe / herausgegeben von / László Strauß-Németh.* Carus-Verlag, Stuttgart 27.039 (2003).

WoO VI/06 Zweistimmige Messe mit Streicher, B-Dur

1. **Kyrie**: Moderato 2. **Gloria**: Allegro
3. **Credo**: Allegro non tanto 4. **Sanctus**: Adagio
5. **Benedictus**: Allegretto 6. **Agnus Dei**: Moderato - Andantino

Catalog: fehlt.
Besetzung: Sopr, Ten, Str; im Anhang: 2 Fag, 2 Cor.
Datierung: 1860c (vgl. *Anmerkung*).
Autograph: D-KA (Nr. 14 [*Zweistimmige Messe für Sopran und Tenor mit Quartettbegleitung. / (Zwei Horn u 2 Fagotten adlibitum). Partitur + Bl.Stimmen*]).
Bearbeitung: Nachträglich eine weitere Tenor- sowie zwei Bassstimmen im *Kyrie*, *Gloria*, *Credo* und *Dona nobis* hinzugefügt (vgl. *Anmerkung*). Das *Benedictus* liegt auch in einer Bearbeitung für Sopran und Klavier in Des-Dur vor (vgl. WoO VI/10).
Anmerkung: In einem Brief an seinen Sohn Wilhelm von Januar 1866 geht Kalliwoda auf die Entstehungsgeschichte dieser Messe, die er „vor einigen Jahren in Ermangelung eines Sängerchors" für zwei Gesangssolisten geschrieben hatte, ausführlicher ein. Die Komposition muss demnach Anfang der 1860er Jahre erfolgt sein, da sie jedoch im *Catalog* nicht erwähnt wird, auf jeden Fall nach April 1860. Nach der ersten Aufführung – so Kalliwoda weiter – „habe ich dann das Jahr darauf noch eine zweite Tenorstimme und 2 Bäße hinzugesetzt welche nur mit einfacher Besetzung mitwirkten. Da die 3 Stimmen nach geschrieben wurden, so stehen sie demnach nicht in der Partitur. Eben so verhält es sich mit den Fagotten und Hörnern welche sich im Anhang befinden. Obgleich dabei bemerkt ist »ad libitum«, so sollten sie doch nicht weggelassen werden, da sie einen hübschen Effekt machen und die mangelnden Singstimmen ersetzen." (BLB Karlsruhe, Dokumenten-Nachlass J. W. Kalliwoda, Kiste 6, Mappe 29, Nr. 636, Blatt 39.)

WoO VI/07 Messe für Männerchor, G-Dur

    1. **Kyrie**: Moderato   2. **Gloria**: Vivace
    3. **Credo**: Moderato   4. **Sanctus**: Adagio molto
    5. **Benedictus**: Larghetto   6. **Agnus Dei**: Adagio - Andante
    Zweite Fassung von: 5. **Benedictus**: Adagio
                                6. **Agnus Dei**: Lento - Andante

➔ Incipits von *Kyrie* bis *Sanctus* siehe unter WoO VI/7a.

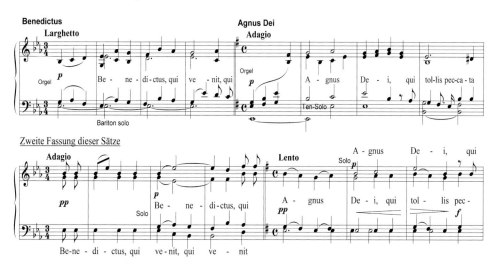

Catalog: fehlt.
Besetzung: Männerchor; Ten- u. Bariton-Solo, Orgel (nur in *Benedictus* + *Agnus Dei*).
Datierung: 1865 (vgl. WoO VI/7a, *Anmerkung*).
Autograph: D-KA (Don Mus. Ms. 884 [Chorpartitur + Stimmen, zwei kleine Blätter für die Soli]) ▪ FFB (Musikalien, Best. Kalliwoda, Nr. 22 [Partitur als Hs. u. gestochen + 3 Stimmen von der zweiten Fassung der letzten beiden Sätze]).
Bearbeitung: Kalliwoda komponierte die Sätze *Benedictus* und *Agnus Dei* neu, um offenbar auch diese der chorischen Besetzung ohne Orgel anzugleichen. Eine weitere Bearbeitung der ganzen Messe liegt für gemischten Chor mit teilweise stark abweichenden Unter- u. Orgelstimmen vor (vgl. WoO VI/7a).
Anmerkung: Die Mappe in FFB enthält neben der zweiten Fassung der letzten beiden Sätze auch die ursprüngliche Fassung des *Benedictus*, allerdings mit drei Orgeleinleitungstakten.

WoO VI/07a Choralmesse mit Männersoli, G-Dur
Sätze wie oben (WoO VI/7).

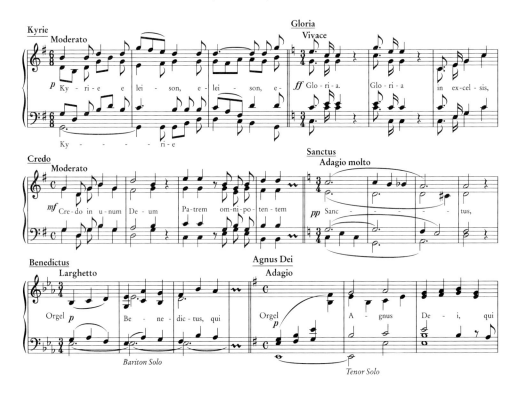

Catalog: fehlt.
Besetzung: Chor; Ten- u. Bariton-Solo, Orgel (nur in *Benedictus* + *Agnus Dei*).
Datierung: 1865 (vgl. *Anmerkung*).
Autograph: D-KA (Nr. 12 [*Kleine Meße für gemischten Chor ohne Orgelbegleitung von J: W: Kalliwoda. / "Benedictus" Bariton solo, "Agnus Dei" Tenor solo, mit Begl. der Orgel. Partitur*]).
Anmerkung: In einem Brief an seinen Sohn Wilhelm vom 18. Oktober 1865 geht Kalliwoda auf die Entstehungsgeschichte dieser Messe ausführlicher ein; er schreibt: „Als Du den Sommer bei mir warst, frugst Du mich ob ich keine leichte Messe für gemischten Chor hätte, worauf ich erwiderte, daß ich nur eine für Männerstimmen habe, welche Du aber nicht brauchen konntest. ... [Darauf] suchte ich die Männermesse hervor und habe sie zu meiner Unterhaltung für gemischten Chor eingerichtet. [...] Diese Messe ist leicht einzustudieren und eben so auch aufzuführen, was vielleicht bei Dir ziehen könnte. Im letzteren Fall könntest Du sie entweder zu Weihnachten oder an einem anderen Festtage singen lassen. Das Benedictus und Agnus Dei sind in der ursprünglichen Gestalt geblieben so auch das Et incarnatus d.h. jetzt für Sopran." Aus dieser Briefstelle geht hervor, dass die Fassung für Männerchor die ursprüngliche ist und die Bearbeitung im Spätsommer 1865 erfolgte. (BLB Karlsruhe, Dokumenten-Nachlass J. W. Kalliwoda, Kiste 6, Mappe 29, Nr. 636, Blatt 37.)

WoO VI/08   Deutsche Messe für Männerchor a capp. (B-Dur)

Nr. 1: **Zum Introitus** (*Dich anzubeten, Herr, umschließe*) Adagio, B-Dur
Nr. 2: **Zum Gloria** (*Zum Himmel dürfen wir erheben*)
    Allegro con spirito, Es-Dur
Nr. 3: **Zum Evangelium** (*Reich an Kraft sind Jesu Lehren*) Andantino, F-Dur
Nr. 4: **Zum Credo** (*Ja, gekommen aus den Höhen*)
    Allegro risoluto e molto Vivace, B-Dur
Nr. 5: **Zum Offertorium** (*Vater, nimm aus Priester Händen*)
    Allegretto, g-Moll
Nr. 6: **Zum Sanctus** (*Der Du kommst in Vaters Namen*) Adagio, Es-Dur
Nr. 7: **Nach der Wandlung** (*O Jesu höchstes Gut*) Andante, As-Dur
Nr. 8: **Zum Agnus Dei** (*Gotteslamm in Brodesfülle*) Moderato, c-Moll
Nr. 9: **Zur Communion** (*Guter Hirt, du Trost der Deinen*) Andantino, G-Dur
Nr. 10: **Zum Schluß** (*Laß uns in Frieden gehen*) [o. A.], B-Dur
Nr. 11: **Danklied** [als Te Deum] (*Was Dank erfüllte Zungen*)
    Allegro maestoso e con fuoco, Es-Dur

Catalog: fehlt.
Besetzung: Soli, Männerchor a cap.
Datierung: Juli 1848 (Autograph).
Autograph: D-KA (Nr. 15 [*(Deutsche) / XI Katholische-Messgesänge / für / vierstimmige Männerchöre / von / J: W: Kalliwoda. Chorstimmen*]).
Abschriften und **Bearbeitung**: Mehrere Abschriften der Gesangstimmen sind verbunden mit verschieden besetzer Bläserbegleitung (vgl. WoO VI/08a).
Anmerkung: Kalliwoda hat den letzten Satz (*Danklied*) leicht bearbeitet, allerdings in derselben Tonart und ebenfalls für Männerchor belassen; offenbar als Einzelstück fand es eine größere Verbreitung als die Gesamtmesse (vgl. WoO VIII/4).

WoO VI/08a Deutsche Messe mit Harmoniebegleitung

Satztitel, Textanfänge sowie Tonarten wie oben (WoO VI/8); teilw. abweichende Tempobezeichnungen:

1: Adagio **2**: Allegro con fuoco **3**: Andantino **4**: Molto Allegro
5: Allegretto **6**: Adagio **7**: Andantino **8**: Allegretto
9: Andantino **10**: Moderato **11**: Moderato

Besetzung: Soli, Männerchor, unterschiedliche Begleitungen in den einzelnen Mappen:
  Mus. 956: 2 Ob oder Cl, 2 Fag, 2 Cor, Tr, Trb-b;
  Mus. 871, Var. A: 2 Ob/Cl, 2 Fag, 2 Cor in B, 2 Tr (oder 1 Tr und eine weitere Ob),
    nachträgl. Trb-b als Autograph;
  Mus. 871, Var. B: 2 Ob/Cl, 2 Cor in F, Bassetthorn (ident. mit Fag1-Stimme), Fag.
Autograph: D-KA (Don Mus. Ms. 956 [Chorpartitur: *Deutsche Meße für IV Männerstimmen.* + Bläserpartitur: *Harmoniebegl. zur deutschen Messe für 4 Männerstimmen.*]).
Abschriften: D-KA (Don Mus. Ms. 871 [Gesangs- u. Bläserstimmen für versch. Besetzungsvarianten; vgl. *Besetzung*]).
Bearbeitung: *Messe von J. W. Kalliwoda, für Harmonie arrangiert von Joh. Rinsler.* (Mappe Mus. Ms. 972[1]; Besetzung: 2 Cl, 2 Cor, Tr, Euphonion.) Rinsler ließ in seiner Bearbeitung die Sätze 3 und 5 weg und überschrieb die anderen teilw. neu: 1. Kyrie, 2. Gloria, 3. Credo, 4. Sanctus, 5. o. N., 6. Agnus Dei, 7. Communion, 8. Zum Schluß, 9. Te Deum.

Anmerkung: Allen Nummern sind mehrere Takte Instrumentaleinleitung vorangestellt. Die vielen Fassungen sowie mehrere Striche und Einträge in den Noten deuten auf eine häufige Aufführung dieser Messe hin.

WoO VI/09   Deutsche Volksmesse für eine Gesangstimme, D-Dur

    I. **Zum Introitus** (*Gott und Vater wir erscheinen*) Moderato, D-Dur
    II. **Zum Gloria** (*Höchste Liebe, Preis und Ehre*) Poco Allegro, G-Dur
    III. **Zum Credo** (*Dank Dir Heiland für die Lehren*) Moderato, D-Dur
    IV. **Zum Sanctus** (*Wie im Himmel so auf Erden*) Adagio, G-Dur
    V. **Zum Benedictus** (*Betend lieg ich hier im Staube*) Allegretto, B-Dur
    VI. **Zum Agnus Dei** (*Jesu, der in größten Schmerzen*) Moderato, D-Dur
    VII. **Zum Dona nobis** (*Unser Opfer ist vollendet*) Andante, D-Dur
    [VIII. **Te Deum** (*Großer Gott wir loben dich*) As-Dur]

Catalog: fehlt.
Besetzung: Gesangstimme, Orgel.

Datierung: Donaueschingen im Monat Juni 1862 (Autograph).
Autograph: D-KA (Don Mus. Ms. 886 [*Deutsche Volksmesse mit Orgelbegleitung*]).
Bearbeitung: Bläserbegleitung: 2 Ob oder Cl, 2 Fag, Trb-b (*Deutsche Messe. Orgelbegleitung für 6 stimmige Blasmusik eingerichtet.*). Partitur und Stimmen dieser Fassung liegen in derselben Mappe. Bis auf den fünften Satz (*Benedictus*) sind hier alle Sätze um einen halben Ton höher transponiert. Das abschließende *Te Deum* ist nur als Bläserstimmensatz vorhanden; Kalliwoda konnte offenbar auf die Popularität dieses Chorals bauen und auf eine Abschrift der Singstimme verzichten.

WoO VI/10   Benedictus für Sopran und Klavier, Des-Dur
ohne Tempoangabe

Besetzung: Sopran, Klavier.
Datierung: ?
Autograph: D-KA (Don Mus. Ms. 843 [*Benedictus für Sopran mit Begleitung des Piano*]).
Anmerkung: Die vorliegende Komposition ist wohl eine Bearbeitung des entsprechenden Satzes aus der zweistimmigen Messe WoO VI/6.

WoO VI/10a   Benedictus für eine Singstimme, Es-Dur
ohne Tempoangabe

Besetzung: eine Singstimme, Begleitung unbekannt.
Datierung: ?
Autograph: unbekannt.
Abschriften: D-KA (Mus. Hs. 1417).
Anmerkung: Von dieser Komposition liegt außer einem Stimmenblatt nichts vor. Die Begleitung ist ebenso ungeklärt wie die Frage, ob es sich bei dem Stück um einen Alternativsatz zu einer der ganzen Messzyklen handelt. Aufgrund der melodischen Ähnlichkeit mit dem obigen *Benedictus für Sopran* wurde das Werk hier eingereiht.

WoO VI/11 Benedictus für Tenor und Orgel, f-Moll
Adagio

Besetzung: Tenor, Orgel.
Datierung: ?
Autograph: D-KA (Nr. 16 [*Benedictus für Singstimme (Tenor Solo) und Orgel.*]).

WoO VI/12 Benedictus für eine Singstimme und Orgel, B-Dur
Moderato

Besetzung: Singstimme, Orgel.
Datierung: ?
Autograph: D-KA (Nr. 16 [*Benedictus und Agnus Dei für Singstimme und Orgel.*]).
Druck: Strauß-Németh, Kalliwoda. Bd. 1. Notenanhang II.
Anmerkung: Das auf der Rückseite notierte *Agnus Dei* ist die Komposition WoO VI/13.

WoO VI/13 Agnus Dei für eine Singstimme und Orgel, f-Moll
Allegretto

Besetzung: Singstimme, Orgel.
Datierung: ?

Autograph: D-KA (Nr. 16 [*Benedictus und Agnus Dei für Singstimme und Orgel.*]).
Anmerkung: Diese Komposition befindet sich auf der Rückseite des *Benedictus* WoO VI/12.

WoO VI/14 Agnus Dei für Bariton und Orgel, Es-Dur
Adagio

Besetzung: Bariton, Orgel.
Datierung: ?
Autograph: D-KA (Nr. 16 [*Agnus Dei für Bariton Solo und Orgel*]) ▪ D-KA (Mus. Hs. 1417 [*Singstimme*]).
Anmerkung: Obwohl die Komposition auch die Worte „Dona nobis pacem" enthält, endet sie auf einem offenen Halbschluss auf der Dominante zu F-Dur und war somit als Einlagestück gedacht, an das sich ein umfangreiches *Dona nobis* anschloss. Es gibt jedoch keine Anhaltspunkte dafür, ob es sich hierbei um einen Alternativsatz zur einzigen Messe in F-Dur handelt (WoO VI/3) oder zu einem anderen nicht mehr bestimmbaren Werk.

WoO VI/15 Requiem mit Orgelbegleitung, c-Moll

I. **Requiem**: Adagio, Es-Dur II. **Dies irae**: Allegretto, c-Moll
III. **Domine Jesu**: Andante, Es-Dur IV. **Sanctus**: Lento, Es-Dur
V. **Benedictus**: Andantino, As-Dur VI. **Agnus Dei**: Grave, c-Moll
VII. **Libera me**: Adagio, c-Moll

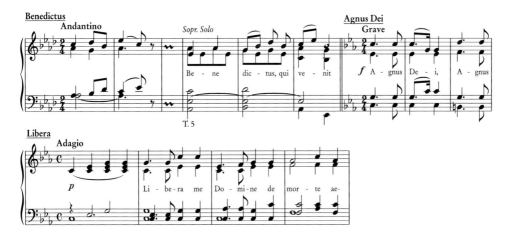

Catalog: fehlt.
Besetzung: Chor (Sopr, Ten, 2 Bass), Orgel.
Datierung: ?
Autograph und **Abschriften**: D-KA (Nr. 26 [*Requiem für Sopran, Tenor und 2 Baß Stimmen mit Orgelbegleitung. Partitur + Chorstimmen als Abschr.*]).
Bearbeitung: Für reinen Männerchor und abweichende Orgelbegleitung (vgl. WoO VI/15a).

WoO VI/15a   Requiem für Männerchor, c-Moll

I. **Requiem**: Adagio, C-Dur   II. **Dies irae**: Allegretto, c-Moll
III. **Domine Jesu**: Allegretto, Es-Dur   IV. **Sanctus**: Lento, C-Dur
V. **Benedictus**: Andante, As-Dur   VI. **Agnus Dei**: Larghetto, c-Moll
VII. **Libera me**: Grave, g-Moll

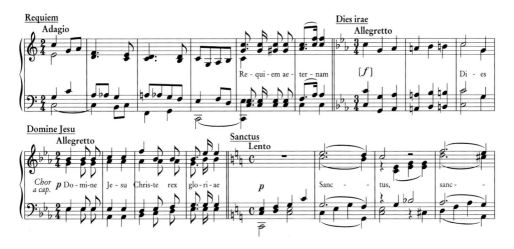

Catalog: fehlt
Besetzung: Männerchor, Orgel.
Datierung: ?
Autograph: D-KA (Nr. 27 [*Lateinisches Requiem / für / IV Männerstimmen mit Orgelbegleitung / von / J: W: K.* Partitur + Chorstimmen als Abschr.]).
Abschriften: D-KA (Don Mus. Ms. 892,1 [Orgelauszug u. Stimmen]).
Bearbeitung: Die Originalfassung in der Mappe Nr. 27 wurde nachträglich ein weiteres mal geändert: Die Orgelvorspiele zu Nr. I. und II. wurden gestrichen. Die Nummern III., V. und VII. wurden jeweils durch ein neukomponiertes Quartett a cappella ersetzt.
Anmerkung: Neben der anderen Chorbesetzung und den abweichenden Tonarten (vgl. die beiden Auflistungen) unterscheiden sich die Fassungen WoO VI/15 bzw. 15a durch eine ganz andere Orgelbegleitung. Aus den Änderungseinträgen in der Abschrift von Karlsruhe (siehe *Bearbeitung*) wird ersichtlich, dass dieses Requiem in drei verschiedenen Fassungen aufgeführt wurde.

WoO VI/16 Requiem für Chor und Orchester, d-Moll

I. **Requiem**: Adagio, d-Moll   II. **Dies irae**: Allegro agitato, d-Moll
III. **Offertorium**: Moderato, F-Dur   IV. **Hostias**: Allegretto, B-Dur
V. **Sanctus**: Adagio non tanto, D-Dur   VI. **Agnus Dei**: Adagio, d-Moll
VII. **Libera me**: Andante, a-Moll

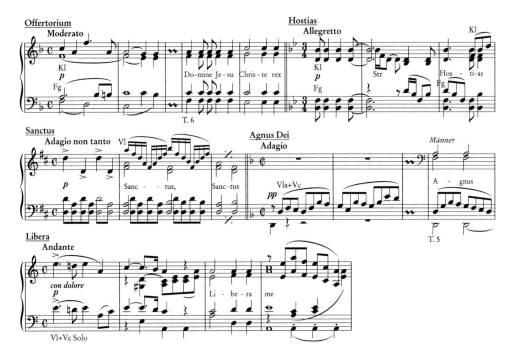

Catalog: *Requiem für gemischten Chor mit Orchester.*
Besetzung: Soli, Chor; unterschiedliche Begleitungen:
  I. Ob, 2 Cl, Fag, 2 Cor, Tr, Trb-b, Str;
  II. 2 Cl, 2 Fag, 2 Cor, 2 Tr, Trb-b, Timp ad lib., Str.
Datierung: Carlsruhe im Monat Juni 1865 (Autograph).
Autograph: D-KA (Don Mus. Ms. 893 [Partitur u. Stimmen von Fassung I.]) ▪ D-KA (Nr. 24 [*Requiem / in D moll / für / Sopran, Alt, Tenor, Baß, / ... / von / J: W: Kalliwoda*. Partitur von Fassung II.]).
Anmerkung: Beide Fassungen sind von Kalliwodas Hand geschrieben, so dass man auch bei diesem Werk von zwei Aufführungen ausgehen kann; die Datierung steht auf dem Donaueschinger Notenmaterial, das wahrscheinlich die frühere Fassung ist, weil hier zunächst das *Hostias* gefehlt hat und erst nachträglich als Nr. 3 ½ eingefügt wurde. Folgende weitere Abweichungen sind zu bemerken: In der Fassung von D-KA ist der Eröffnungssatz und das *Agnus Dei* in halben Notenwerten notiert (Alla-breve statt Viertel), die Chorunterstimmen im *Sanctus* sind unterschiedlich, schließlich gab es im *Libera me* ursprünglich eine obligate Solovioline.

WoO VI/17 Requiem für Männerchor, d-Moll

I. **Requiem**: Adagio, d-Moll II. **Dies irae**: Allegro agitato, d-Moll
III. **Domine Jesu**: Larghetto, F-Dur IV. **Sanctus**: Maestoso, D-Dur
V. **Benedictus**: Andante, g-Moll VI. **Agnus Dei**: Adagio, d-Moll
VII. **Libera me**: Grave, B-Dur→g-Moll

Catalog: *Requiem für Männerstimmen mit Orchester.*
Besetzung: Männerchor, Orgel.
Datierung: ?
Autograph: D-KA (Nr. 25 [*Requiem für IV Männerstimmen mit Orgelbegl. Partitur*]).
Anmerkung: Es ist fraglich, ob sich Kalliwodas Eintrag im *Catalog* auf dieses Werk bezieht; ein orchesterbegleitetes lateinisches Requiem nur für Männerchor ist nicht überliefert.

WoO VI/18 Deutsches Traueramt für eine Singstimme, d-Moll

I. **Requiem** (*Bei des Entschlafenen Trauerbahre*) Moderato, d-Moll
II. **Dies irae** (*Gerechter Richter aller Sünden*) Poco Vivace ma non tanto, d-Moll
III. **Offertorium** (*Dir Vater weihen wir hier Gaben*) Allegretto, B-Dur
IV. **Sanctus** (*Heilig, heilig, heilig*) Largo, D-Dur
V. **Agnus Dei** (*Vaterland verklärter Frommen*) Andante, g-Moll
VI. **Requiem** (*Himmlisches Licht*) Molto Adagio, d-Moll
VII. **Libera me** (*Wer weiß, wie bald auch dich*) Larghetto, B-Dur

Catalog: fehlt.
Besetzung: Singstimme, Orgel.
Datierung: Donaueschingen im Juli 1862 (Autograph).
Autograph: D-KA (Nr. 23 [*Deutsches Traueramt mit Orgelbegleitung*. Orgelstimme mit eingetragenem Text + mehrere Exemplare lithogr. Gesangstimmen]).
Abschriften: D-KA (Don Mus. Ms. 861).
Bearbeitung: Auf dem Autograph hat Kalliwoda allen Sätzen ein Orgelvor- bzw- nachspiel mit Bleistift hinzugefügt.
Literatur: László Strauß-Németh, BLB Ausstellungskatalog. S. 62-64 (mit teilw. Abdruck der Texte).
Anmerkung: Im Autograph liegt Nr. V (*Agnus Dei*) auch in einer weiteren Fassung in a-Moll (statt g-Moll) vor.

WoO VI/19 Deutsches Seelenamt für Männerchor, d-Moll

1. **Eingang** (*Verleihe ew'ge Ruhe*) Langsam, d-Moll
2. **Nach der Epistel** (*Schreckenstag und Trauerstunde!*) Ungestüm, d-Moll
3. **Zur Aufopferung** (*Erhör' uns Gott!*) Mit Andacht, B-Dur
4. **Zum Sanctus** (*Heilig! Heilig bist Du Herr!*) Feierlich, D-Dur
5. **Zum Agnus Dei** (*Laß uns Gnad und Frieden finden*) Langsam, g-Moll
6. **Nach der Kommunion** (*Verleihe ew'ge Ruhe*) Langsam, d-Moll
A-cappella-Satz: **Libera me** (*O leite Herr der ew'gen Ruh'*) [o. A.], B-Dur

Catalog: fehlt.
Besetzung: Männerchor; unterschiedliche Begleitungen:
    I. 2 Vl, Vcl, Kb, 2 Fag, 2 Cor;
    II. Fl, Ob, 2 Cl, 2 Vla, Bass;
    III. Tr u. Trb, die nicht eindeutig einer Fassung zugeordnet werden können.
Datierung: vor 1855.
Autograph und **Abschriften**: D-KA (Don Mus. Ms. 895); Mappe enthält Stimmenabschriften von Fassung I., autographe Stimmen von Fassung II., ebenfalls autographe Tr- und Trb-Stimmen mit italienischen Tempoangaben, die aber nicht identisch sind mit WoO VI/19a (vgl. dort die *Anmerkung*), ferner eine Chorpartitur mit jeweils einer Stimmenabschrift und schließlich mehrere Exemplare von lithographisch gedruckten Gesangstimmen.

Bearbeitung: Arrangement für Harmonie (Ob, 2 Cl, Fag, 2 Cor, Tr, Trb) von Johann Rinsler; Partitur und Stimmen in: D-KA (Don Mus. Ms. 855,1).

WoO VI/19a Deutsches Traueramt, d-Moll

Satztitel, Textanfänge sowie Tonarten wie oben (WoO VI/19); abweichende Tempobezeichnungen:
1. Adagio   2. Allegro   3. Allegretto   4. Adagio   5. Adagio   6. Largo

Abweichendes Vorspiel zu Nr. 1:

Catalog: fehlt.
Besetzung: (Männer-)Chor?, Ob, 2 Cl, Fag, 2 Cor, Tr, Trb, Euphonium, Timp, Str.
Datierung: Donaueschingen im October 1855 (Partitur).
Autograph und **Abschriften**: D-KA (Don Mus. Ms. 885); Mappe enthält ein Direktionsexemplar und die Orchesterpartitur (*Begleitung zu dem Trauerampt für 4 Männerstimmen von J. W. Kalliwoda.*) jeweils als Autograph sowie Abschriften von allen Stimmen. In der Partitur ist nur ein Horn besetzt, Trompete und Posaune stehen im Anhang, Euphonion und Pauken fehlen darin ganz und liegen nur in Einzelstimmen vor.
Anmerkung: Da Gesangstimmen fehlen, ist anzunehmen, dass das Werk auch in dieser Fassung nur mit Männerchor interpretiert wurde.

WoO VI/20 Trauergottesdienst für Neudingen. Drei Choräle

1. Was Gott tut, das ist wohlgetan (F-Dur)
2. Jesus meine Zuversicht (C-Dur)
3. Auferstehen, ja auferstehen wirst du (B-Dur)

Catalog: fehlt.
Besetzung: Zweistimmiger Männerchor, Orgel.
Datierung: Mai 1861.
Autograph: D-KA (Don Mus. Ms. 889 [*Choräle für 2st. Männerchor auf bekannte Melodie*]).
Anmerkung: Auf einem der Notenblätter ist vermerkt: *Trauergottesdienst für Neudingen*. Der Anlass für die Aufführung dieser Choräle, die teilweise von Zwischenspielen der Orgel unterbrochen werden, war die Beisetzung der Fürstin Elisabeth, Gattin von Fürst Karl Egon III., die am 7. Mai 1861 verstarb.

WoO VI/21 Te Deum, C-Dur
Allegro vivace

Catalog: *Te Deum in C dur. mit Orchester*.
Besetzung: Chor, 2 Fl, 2 Ob, 2 Cl, 2 Fag, 3 Cor, 2 Tr, Timp, Str.
Datierung: Vor 1827 (vgl. *Anmerkung*).
Autograph: D-KA (Don Mus. Ms. 872).
Anmerkung: In einem *Musikalien-Verzeichnis* aus dem Jahr 1827 (FFA, Hofmusikakten, KuWi III/5) sind auch einige handschriftliche Kompositionen Kalliwodas verzeichnet. Während jedoch viele nicht konkret bestimmt werden können, lässt sich dieses Werk aufgrund der Tonart- und Taktangabe eindeutig zuordnen.

WoO VI/22 Te Deum, D-Dur
Allegro

Catalog: *Te Deum in D dur. mit Orchester*.
Besetzung: Chor, Fl, 1 oder 2 Ob, 2 Cl, Fag, 2 Cor, 2 Tr, Trb, Timp, Str.
Datierung: ?
Autograph: D-KA (Don Mus. Ms. 873).
Anmerkung: Es liegen drei Oboenstimmen vor: Ob1, Ob2 sowie eine weitere für die Fassung mit nur einem Instrument.

WoO VI/23   Te Deum, D-Dur
Allegro

Catalog: *Te Deum in D dur. mit Orchester.*
Besetzung: Chor, 2 Fl, 2 Ob, 2 Cl, 2 Fag, 2 Cor, 2 Trp, Trb-b, Timp, Str.
Datierung: Donaueschingen den 19. Oktober 1838 (Autograph).
Autograph: D-KA (Nr. 21 [*Te Deum. N^{ro} III. Partitur*]).
Abschriften: D-KA (Don Mus. Ms. 874).

WoO VI/24   Te Deum, D-Dur
Allegro con fuoco (Chorstimmen: Allegro con brio)

Catalog: *Te Deum in D dur. mit Orchester.*
Besetzung: Chor, 2 Ob, 2 Cl, Fag, 2 Cor, 2 Tr, Trb-b, Timp, Str.
Datierung: Donaueschingen, October 1855 (Partitur).
Autograph: D-KA (Don Mus. Ms. 875).
Anmerkung: Auf der Mappe des Notenmaterials steht „a cappella"; es ist wahrscheinlich, dass das Werk auch so konzipiert worden sein könnte, da der Chorsatz keine Pausentakte und eine abweichende Tempoangabe hat. Kalliwoda setze wohl später das Stück in Partitur (liegt bei), allerdings noch ohne die Klarinetten, Posaune und Pauke. Für diese Instrumente sind nur die Einzelstimmen vorhanden.

WoO VI/25   Te Deum für Chor a cappella, D-Dur
Allegro con fuoco

Catalog: *Te Deum in D dur. nur mit Harmoniebegleitung.*
Besetzung: Chor a cappella.
Datierung: ?
Autograph: D-KA (Don Mus. Ms. 876 [*Te Deum. / für gemischten Chor ohne Begleitung*]).
Bearbeitung: Blechbläserbegleitung ad lib.: 2 Cor, 2 Tr, Tr-b (liegt als Partitur bei); später zusätzlich: 2 Cl, Fag, Kb, Timp (nur als Einzelstimmen vorhanden).

WoO VI/26   Deutsches Te Deum (Hymnus), D-Dur
Lob und Ehre und Weisheit und Dank - Choral. *Nun danket alle Gott.* Allegro

Catalog: fehlt.
Besetzung: Chor, 2 Fl, 2 Ob, 2 Cl, 2 Fag, 2 Cor, 2 Tr, Timp, Str.
Datierung: 19. April 1843 (Uraufführung in Donaueschingen).
Autograph: D-KA (Nr. 20 [*Hymnus. Te Deum.* Partitur]) ▪ FFB (Musikalien, Best. Kalliwoda, Nr. 21 [zusätzl. Trb-Stimme zu diesem Tedeum und der Messe op. 137]).
Abschriften: D-KA (Don Mus. Dr. 1639; vgl. *Anmerkung*).
Literatur: Festfeier der silbernen Hochzeit Seiner Durchlaucht des Fürsten Carl Egon von Fürstenberg und Ihrer Hoheit der Fürstin Amalie, geborenen Prinzessin von Baden am 19. April 1843. Carlsruhe 1843. S. 17. László Strauß-Németh, BLB Ausstellungskatalog. S. 71.
Anmerkung: Das Werk wurde wie die große A-Dur-Messe op. 137 beim Festgottesdienst aus Anlass der Silberhochzeit von Fürst Karl Egon II. und Fürstin Amalie aufgeführt. Für diesen Zweck wurden die Orchesterstimmen auf die Rückseite der Stimmen der Messe kopiert; somit befindet sich unter dem Aufführungsmaterial der Messe (D-KA, Don Mus. Dr. 1639), auch die Abschrift dieses Kirchenwerkes. Die Stimmen sind jeweils mit *Te Deum* überschrieben, während auf der Partitur vorrangig *Hymnus* steht. Der Text enthält im Rahmenteil eine ausgedehnte Doxologie nach Off. 7,12 und im Mittelteil die erste Strophe des Chorals *Nun danket alle Gott*.

WoO VI/27 Ave Maria für Sopran, Chor und Orch., E-Dur
Adagio

Besetzung: Sopran, Chor, 2 Fl, 2 Cl, 2 Fag, 2 Cor, 2 Vl, 2 Vla, 2 Vlc, Bass.
Datierung: ?
Autograph: D-KA (Nr. 17 [*Ave Maria / für / eine Sopranstimme mit Chor und Orchesterbegl: / von / J: W: Kalliwoda. Partitur*]).
Bearbeitung: Fassung für Tenor, Chor und kleineres Orchester (WoO VI/27a).

WoO VI/27a Ave Maria für Tenor, Chor und Orch., E-Dur
Adagio

Besetzung: Tenor, Chor, 2 Cl, Fag, 2 Cor, Trb, Str.
Datierung: ?
Autograph: D-KA (Don Mus. Ms. 878 [Partitur + Stimmen]).
Anmerkung: Es ist nicht eindeutig, ob wirklich die Sopranfassung die ältere ist; da jedoch für diesen liturgischen Text die Sopranstimme stärker der Tradition entspricht und Kalliwoda dabei ein größeres Orchester einsetzt, wurde sie hier an erste Stelle gesetzt. Neben der Solostimme unterscheiden sich die beiden Fassungen auch im Orchestersatz leicht.

WoO VI/28   Lied zur Einsegnung einer Orgel, D-Dur
Dir, großer Gott soll Herrlichkeit. Grave

Besetzung: Chor, 2 Cl, Fag, 2 Cor, 2 Tr, Trb, Str, Orgel.
Datierung: Donaueschingen im März 1861 (Autograph).
Autograph: D-KA (Don Mus. Ms. 880).
Abschriften: D-KA (Nr. 341a [nur Singstimmen]).

WoO VI/29   Kirchengesang für Frauenchor, As-Dur
Hallelujah, der Herr ist da. Moderato

Besetzung: 3st. Frauenchor (2 Sopr, Alt), Orgel.
Datierung: 1844 (Druck).
Autograph: unbekannt.
Abschriften: D-SPlb (Mus D Hs 182).
Druck: *VIERTE SAMMLUNG / mehrstimmiger Gesänge für Sopran und Altstimmen / mit und ohne / ORGEL-BEGLEITUNG, / zunächst für die Kinder der Mainzer Armenschule zum Vortrage während der / Wandlung. in der heiligen Messe geschrieben von dem Mitvorsteher dieser Anstalt, / JACOB NEUS / In Musik gesetzt von / (...) / (...) und J. W. Kalliwoda.* Schott, Mainz 7685 (Nr. 6).
Bibliothek: D-B (Mus. O.3645) ▪ D-SPlb (Mus D 341) ▪ D-As (4° Cod.mus. 9-24).

WoO VI/30   Drei geistliche Gesänge

1. **Lied vor der Predigt** (*O Heilger Geist, bereite fürs Gute unser Herz*) Moderato, Es-Dur
2. **Pange Lingua** (Wechselgesang mit alter Melodie)
3. **Lobgesang** (*Großer Gott, wir loben Dich*) G-Dur

Besetzung: 1. Männerchor a cappella.
               2. Priester, Chor unisono, 2 Cl, Fag, 2 Cor, 2 Tr.
               3. Als Begleitung 2 Ob, 2 Cl, 2 Fag, 2 Cor, 2 Cor, 2 Tr, Trb, Str.
Datierung: ?
Autograph: D-KA (Don Mus. Ms. 888) ▪ FFB (Musikalien, Best. Kalliwoda, Nr. 1 [Blatt mit der Gesangstimme zu Nr. 2 und 3]).

WoO VI/31   Pange Lingua für Männerchor, F-Dur
Geist der Wahrheit, Geist der Liebe. Andante

Besetzung: 3st. MCh (2 Ten, Bass), 2 Vl, Vlc, Orgel.
Datierung: ?
Autograph: D-KA (Don Mus. Ms. 867).
Anmerkung: Der deutsche Text steht unter der gesamten Komposition, der lateinische jedoch nur unter den ersten 20 Takten; nur in diesen spielt auch die Orgel mit. Die Streicher begleiten den Gesang colla parte.

WoO VI/32   Kirchenarie für Sopran und Orchester, B-Dur
Ja, du bist's, der uns den Weg zum Leben. Adagio

Besetzung: Sopran, 3 Vla, Vlc, Kb, (Fl, 2 Cl, Cor, Fag ad lib).
Datierung: 1864 (vgl. *Anmerkung*).
Autograph: D-KA (Nr. 18 [*Kirchen Arie für eine Sopranstimme / mit Begleitung von / III. Violen, Violoncell, Bass, 1. Flöte, 1. Horn und 2. Clarinetten, (Fagott) / (ad libitum). / von / J: W: Kalliwoda.* Partitur + Stimmen]).
Bearbeitung: Transponierte Fassung für Klavier (vgl. WoO VI/32a).
Anmerkung: Diese Arie wurde im Rahmen der Museumskonzerte am 17. April 1864 in Donaueschingen (ur-)aufgeführt. Denselben Text hat Kalliwoda auch als vierstimmigen Männerchor vertont und als op. 232, Nr. 1 herausgegeben.

WoO VI/32a   Kirchenlied für Sopran und Klavier, H-Dur
Ja, du bist's, der uns den Weg zum Leben. Adagio

Besetzung: Sopran, Klavier.
Datierung: ?
Autograph: D-KA (Nr. 19).
Bearbeitung: Diese Klavierfassung erfuhr wiederum eine Bearbeitung für Orchester. In der Mappe liegen Partitur und Stimmen für Streichquartett mit Kontrabass, sowie hierzu als Anhang eine Flöten- und zwei Klarinettenstimmen. Insgesamt weicht aber diese Instrumentalversion von der B-Dur-Fassung WoO VI/32 ab.

WoO VI/33   Kirchenlied, f-Moll
Jetzt flehn wir, weil die Nacht will nahn. Adagio

Besetzung: Singstimme, Klavier.
Datierung: Carlsruhe im Juli 1861 (Autograph).
Autograph: D-KA (in Nr. 290).
Anmerkung: Folgende Anmerkung findet sich auf dem Autograph: „Text aus dem 4ten Jahrhundert. /Te lucis ante terminum./"

WoO VI/34   Häusliches Gebet, Es-Dur
Ich muß zu Dir die Hände falten. Adagio

Besetzung: Chor, Orgel ad lib.
Datierung: ?
Autograph: FFB (Musikalien, Best. Kalliwoda, Nr. 26).

WoO VI/35   Zwei geistliche Lieder, Es-Dur
1. *Das ist mein Leib, so sagtest Du.* Adagio
2. [Segen] *Die Gnade unsres Herrn.* Adagio

Besetzung: Chor.
Datierung: ?
Autograph: FFB (Musikalien, Best. Kalliwoda, Nr. 28 [Lied 1] + Nr. 29 [Lied 2]).
Anmerkung: Es ist nicht eindeutig, ob es sich bei diesen Kompositionen wirklich um A-Cappella-Chöre handelt, oder ob die Begleitstimmen verschollen sind.

WoO VI/36   Lied zur heiligen Erstkommunion, Es-Dur
Solang' Du auf der Erde lebst. Allegretto

Besetzung: Chor, Str.
Datierung: ?
Autograph: D-KA (Don Mus. Ms. 930 [Stimmen]).
Abschriften: FFB (Musikalien, Best. Kalliwoda, Nr. 24 [Streicherstimmen]).
Druck: *Lied zur heiligen Erstkommunion. / Nachgelassenes Lied v J. W. Kalliwoda.* Wilhelm Veith, Überlingen (Lithogr.).
Bibliothek: D-KA (Don Mus. Dr. 1639[1] [nur Chorstimmen]).

WoO VI/37   Lied zur ersten heiligen Kommunion, Es-Dur
Engel Gottes leiht uns Schwingen. Moderato

Besetzung: Chor, 2 Cl, Fag, 2 Cor, Str.
Datierung: Donaueschingen im Januar 1861 (Autograph).
Autograph: D-KA (Don Mus. Ms. 869).
Bearbeitung: Neuvertonung desselben Textes für Männerchor (vgl. WoO VI/37a).
Abschriften: D-KA (Nr. 341c [nur Chorstimmen]).
Anmerkung: Aufgrund der Jahresdatierung kann vermutet werden, dass das Werk für die Kommunionsfeier von Prinzessin Amalie Caroline, die 1861 13 Jahre alt wurde, bestimmt war.

WoO VI/37a   Lied zur ersten heiligen Kommunion, F-Dur
Engel Gottes leiht uns Schwingen. Adagio non tanto

Zur Erstkommunion von Erbprinz Karl, dem späteren Fürsten Karl Egon IV.

Besetzung: Männerchor a cappella.
Datierung: 1. April 1866 (Autograph).
Autograph: D-KA (Don Mus. Ms. 870).

WoO VI/38   Lied während der Firmung, As-Dur
O sel'ger, heil'ger Augenblick. Adagio

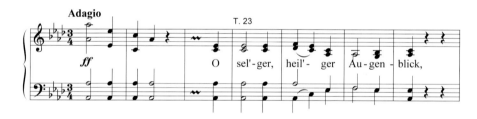

Catalog: *Firmungslied für Chor mit Harmoniebegleitung.*
Besetzung: MCh, 2 Fl, 2 Ob, 2 Cl, 2 Fag, 3 Cor, 2 Tr, Trb.
Datierung: ?
Autograph: D-KA (Don Mus. Ms. 881).
Anmerkung: Der Anlass für diese Komposition ist nicht überliefert.

WoO VI/39   Lied zur Einsegnung eines Brautpaares, As-Dur
Geheiligt ist der Ehebund. Larghetto

Besetzung: Chor a cappella.
Datierung: Donaueschingen im Mai 1861 (Autograph).
Autograph: D-KA (Don Mus. Autogr. 11).
Abschriften: D-KA (Nr. 341b).
Anmerkung: Der Anlass für dieser Komposition ist nicht überliefert; es ist jedoch unwahrscheinlich, dass im Mai 1861 im fürstenbergischen Fürstenhaus eine Hochzeit stattgefunden hat, da Anfang des Monats Fürstin Elisabeth, die Gattin Karl Egons III., starb.

WoO VI/40   Musik zur Trauung

    1. **Einleitung**. Andante, Es-Dur
    2. **Choral**: *Jehowa! Deinem Namen sei Ehre, Lob und Rum.*
    (3. Segen - Einweihungsgebete am Altar)
    4. **Choral**: *Eins ist Not! O Herr.*
    (5. Predigt und Gebet)
    6. **Choral**: *Lobet den Herren den Mächtigen.*
    (7. Schlußworte und Segen)
    8. **Segen**: *Die Gnade unsers Herrn, Jesus.*
    9. **Choral**: *Nun danket alle Gott.*

    (ohne Nr.) **Einleitung**: *Groß ist Gott, der Dich erschuf.*
    - - - . **Choral**: *Wie groß ist des Allmächt'gen Güte.*
    - - - . **Chor**: *Lobet den Herrn.*
    10. **Choral**: *Sieh, hier bin ich Ehrenkönig.*
    11. **Choral**: *Herr du wollst uns vorbereiten.* (Mel.: *Wachet auf.*)
    12. **Choral**: *Wir machen uns, o Gottes Sohn.* (Mel.: *Wie schön leuchtet.*)
    13. **Segen**: *Die Gnade unsers Herrn Jesus Christus.*

Catalog: *Hochzeits Cantate für Solo, Chor und Orchester.*
Besetzung: 5st. Chor (S-A-T1-T2-B), 2 Cl, 3 Fag, 2 Cor; bei einzelnen Nrn: Fl, 2 Tr, Timp.
Datierung: 15. April 1847 (vgl. *Anmerkung*).
Autograph: D-KA (Don Ms. 987 [Stimmen, teilw. als Abschrift]).
Anmerkung: Dem Notenmaterial liegt ein Zettel mit dem genauen Programmablauf bei, der überschrieben ist mit: „Trauung, Act zum 15. April 1847". An diesem Tag heiratete Prinzessin Pauline zu Fürstenberg den Prinzen Carl Hugo zu Hohenlohe-Öhringen.
Das Notenmaterial liegt ziemlich ungeordnet vor, teilweise deckt sich die Nummerierung der Chorstimmen nicht mit der der Instrumente, die zuweilen bis Nr. 15 durchgezählt sind. Die doppelt vorhandenen Ecksätze (*Einleitung* bzw. *Segen*) deuten darauf hin, dass sich in der vorliegenden Mappe die Begleitmusik *zweier* Trauungen befindet.

WoO VI/41   Zwei Trauungslieder
1. *Von Dir, du Gott der Ewigkeit!* Andante, As-Dur
2. *Es schlossen, Herr! mit Herz und Mund.* Larghetto, Es-Dur

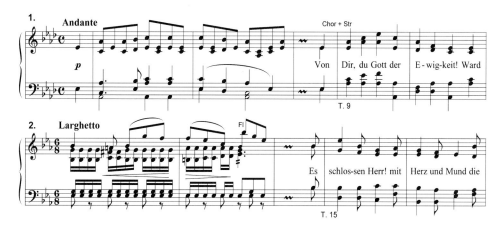

Catalog: *II. Trauungs Gesänge für Chor und Orchester.*
Besetzung: Chor, Fl, 2 Cl, 2 Fag, 2 Cor, Trb-b, Str.
Datierung: ?
Autograph: D-KA (Nr. 279 [*2 Trauungslieder.*, Partitur]).
Abschriften: D-KA (Don Mus. Ms. 993² [Mappe enthält: **1**. jew. einen Stimmensatz als Autograph bzw. als Abschrift; **2**. Partiturabschrift von Heinrich Burkard; **3**. mehrere Blätter der Singstimmen Sopr. I+II als Druck, signiert mit: *A. Dietrich / 16. Oct. 1912.*]).
Anmerkung: Der Abschriftenmappe ist ein Zettel beigelegt, auf dem der Inhalt der Mappe aufgelistet ist und folgende Notiz steht: „*Am 8. März 1913 von Herrn Kapellmeister Heinrich Burkard erhalten*: Fürstl. Fürstenberg. Hofbibliothek / Donaueschingen" (Stempel). Auf der Rückseite steht: „*Aufgeführt in der Stadtkirche am 26. November 1912 anläßlich der Hochzeit I. D. Prinzessin Lotti mit S. D. Fürst Hugo Vinzenz zu Windisch-Graetz.*"

WoO VI/42 Lied zur Glockenweihe, Es-Dur
Die Glocke, die wir heute weih'n. Moderato

Besetzung: Chor.
Datierung: 1862? (vgl. *Anmerkung*).
Autograph: D-KA (Mus. Hs. 1417 [*Bei der Weihe einer Glocke*. Chorpartitur]).
Anmerkung: Auf der Abschrift steht folgende spätere Notiz: „Von Kalliwoda zur Einweihung des neuen Gebäudes zu Donaueschingen für die Gymnasiasten eigens componiert." Zu Kalliwodas Dienstzeit in Donaueschingen wurde jedoch kein neues Gymnasiumsgebäude bezogen. Ebenso ist es fraglich, warum zu einer *Haus*weihe ausgerechnet ein Lied zur Glockenweihe gesungen worden wäre. Vielmehr ist wahrscheinlich, dass dieses Chorwerk zur Weihe einer neuen Glocke an einem Sakralgebäude entstand; nachweisbar ist lediglich ein Ereignis im Jahr 1862, als die Stadtkirche vier neue Glocken erhielt.

GRUPPE VII
Weltliche Kantaten

WoO VII/01 Abschiedskantate (Text von Franz Müller)

Nr. 1: **Chor** (*Zieht hin, von Gottes Huld begleitet*) Larghetto, Es-Dur
Nr. 2: **Arie für Sopran** (*Doch sinnend stehen wir*) Moderato, As-Dur
Nr. 3: **Chor mit Soli** (*Zu Lieb und Trauer sich verbinden*)
Allegro, [Es-Dur]
Nr. 4: **Rezitativ für Tenor** (*Wohl herrlich ist im Geist zu schauen*) Adagio
Nr. 5: **Chor mit Tenorsolo** (*Vom Zauber Deiner Huld getrieben*)
Allegretto grazioso, Es-Dur
Nr. 6: **Chor mit Basssolo** (*Und da so hochgesinnt und bieder*)
Lento, As-Dur
Nr. 7: **Chor** (*Du solcher Kreis der Sieben, kehre stets*) Larghetto, Es-Dur

Catalog: *Abschieds Cantate für Solo, Chor und Orchester.*
Besetzung: Soli, Chor, 2 Fl, 2 Ob, 2 Cl, 2 Fag, 2 Cor, 2 Trp, Str.
Datierung: 1. Juni 1834 (vgl. *Anmerkung*).
Autograph: D-KA (Nr. 272 [*Abschieds-Cantate für 4. Singstimmen mit Begleitung des Ganzen Orchesters*. Partitur]).
Abschriften: D-KA (Don Mus. Ms. 990 [Stimmen]).
Literatur: Georg Tumbült, Das Fürstlich fürstenbergische Hoftheater zu Donaueschingen 1775-1850. Donaueschingen 1914. S. 95.
Anmerkung: Textdichter und Aufführungsanlass gehen aus der Arbeit von Georg Tumbült hervor. Demnach plante die Fürstenfamilie für den Sommer 1834 eine längere Reise nach Böhmen; Fürstin Amalie berichtet über die Abschiedsvorstellung am 1. Juni ausführlich in ihrem Tagebuch. Bei dem Textdichter Franz Müller handelt es sich um den Vorstand des Großherzoglichen Blindeninstitutes in Freiburg i. Br.

WoO VII/02 Festkantate (Textdichter unbekannt)

Nr. 1: **Chor** (*Hohes Paar! Seid uns gegrüßt!*) Maestoso, D-Dur
Nr. 2: **Duett** (*Sey gegrüßet Fürstenbraut!*) Allegretto, G-Dur
Nr. 3: **Soli und Chor** (*Heil der schönen Stunde*) Allegro brillante, D-Dur

Catalog: *Fest Cantate für Solo, Chor und Orchester.*
Besetzung: 2 Soli (Sopr, Ten), Chor, 2 Fl, 2 Ob, 2 Cl, 2 Fag, 2 Cor, Str; (2 Trp, Trb-b, Timp).
Datierung: ?
Autograph: D-KA (Nr. 274 [*Fest-Cantate.*, Partitur mit 2 Trp, Trb-b und Timp im Anhang]).
Abschriften: D-KA (Don Mus. Ms. 989 [Stimmen]).
Literatur: László Strauß-Németh, BLB Ausstellungskatalog. S. 59.
Anmerkung: Auf einigen der Vokalstimmen sind die Namen der Sänger überliefert; demnach sangen Kalliwodas Gattin Therese sowie Hofrat Matthias Sulger die Solopartien.
In den als Abschrift vorliegenden Gesangstimmen ist unter den Text mit rotem Stift eine zweite Textvariante notiert („Schöner Tag! Du warst erwählt / ein beglückend Band zu schlingen."). Das deutet auf mindestens zwei Aufführungen des Werkes hin, jedoch keiner der beiden Anlässe ist überliefert.

WoO VII/03 Festkantate, D-Dur

[*kein Text mitteilbar*] Moderato

Catalog: fehlt.
Besetzung: Chor?, Fl, Ob, 2 Cl, Fag, 2 Cor, Trb, Gitarre.
Datierung: ?
Autograph: D-KA (Nr. Anh. B8 [Gesangstimmen fehlen]).
Anmerkung: Dieses 58-taktige Stück ist wahrscheinlich die Einleitung zu einer anderen Kantate, u. U. zu dem ebenfalls mit einer Gitarre besetzten Huldigungschor, WoO VII/14 (vgl. auch *Anmerkung* dort).

WoO VII/04 Festkantate (Text von Xaver Seemann), C-Dur

Stimmt an ihr Freunde frohen Sang. Moderato

Besetzung: Männerchor mit Soli, 2 Fl, Ob, 2 Cl, 2 Fag, 2 Cor, Tr, Timp, Str.
Datierung: 21. Juni 1829 (Aufführung in Donaueschingen).
Autograph: unbekannt.
Abschriften: D-KA (Don Mus. Ms. 928 [Stimmenabschr.]).
Literatur: Georg Tumbült, Das Fürstlich Fürstenbergische Hoftheater zu Donaueschingen 1775-1850. Donaueschingen 1914. S. 90f. (mit dem gesamten Text).
Anmerkung: Das Werk ist auf den Stimmen mit *Lied* überschrieben, Tumbült bezeichnet es aber passender als *Festkantate*. Der Anlass für diese Komposition war die Freude über die Wiedergenesung der Fürstin Amalie nach einer schweren Krankheit.

WoO VII/05 Festgesang für Männerchor, Es-Dur

Wie war die Zeit so voll von Schmerzen. Moderato

Catalog: fehlt.
Besetzung: Männerchor a cap, (2 Cl, 2 Fag, 2 Cor ad lib.).
Datierung: 9. August 1829 (vgl. *Anmerkung*).
Autograph: D-KA (Nr. 342 [Chorpartitur mit Bläserstimmen im Anhang]).
Bearbeitung: Gemischter Chor und Orchester (vgl. WoO VII/5a).
Anmerkung: Die Datierung konnte aufgrund eines im FFA überlieferten Theaterzettels rekonstruiert werden, allerdings ist es keineswegs eindeutig, welche der beiden Fassungen des Werkes am besagten Abend im Hoftheater erklang. Es ist möglich, dass ähnlich wie zwei Monate zuvor die Festkantate zur Genesung von Fürstin Amalie („Stimmt an ihr Freunde frohen Sang!" WoO VII/4) auch diesmal nur der Männerchor auftrat, die Fassung für gemischten Chor jedoch ebenfalls nicht viel später entstand.

WoO VII/05a Festgesang für Chor und Orchester, Es-Dur
Wie war die Zeit so voll von Schmerzen. Moderato

Catalog: Es ist nicht eindeutig zu klären, ob sich der bei WoO VII/5 zitierte Eintrag nicht auf dieses Werk bezieht.
Besetzung: Gemischter Chor, 2 Cl, 2 Fag, 2 Cor; Str? (vgl. *Anmerkung*).
Datierung: 1829c (vgl. *Anmerkung* unter WoO VII/5).
Autograph: unbekannt.
Abschriften: D-KA (Don Mus. Ms. 944 [Chor- u. Bläserstimmen]).
Anmerkung: Die beiden Fassungen weichen im Chorsatz z. T. stark ab. Es ist anzunehmen, dass in der Begleitung der zweiten Fassung weitere Instrumente besetzt sind (evtl. Streicher), da der Chor erst nach vier Takten einsetzt und die überlieferten Bläser sogar zunächst 16 Takte Pause haben. Diese vermuteten Stimmen sind jedoch nicht überliefert.

WoO VII/06 Festgesang für Chor und Orchester, As-Dur
Introduction. Molto moderato - **Chor**: *Heut klingt das Lied mit Lust.*

Catalog: *Festgesang für 4 Singstimmen mit Orchester.*
Besetzung: Chor, Fl, Ob, 2 Cl, Fag, 2 Cor, 2 Tr, Trb-b, Timp, Str.
Datierung: ?
Autograph: D-KA (Nr. 275 [*Fest-Gesang*. Partitur]).
Abschriften: D-KA (Don Mus. Ms. 945 [Stimmen]).

WoO VII/07 Festgruß, E-Dur
Laßt frohe Lieder schallen. Vivace

Catalog: fehlt.
Besetzung: Chor, Fl, Ob, 2 Cl, Fag, 2 Cor, (2) Tr, Str; im Anhang: Trb.
Datierung: ?
Autograph: D-KA (Nr. 276) [*Festgruß*. Partitur]).
Abschriften: D-KA (Don Mus. Ms. 991 [Stimmen; eine weitere Tr-Stimme als Autograph]).

WoO VII/08 Festgruß, A-Dur
Seid gegrüßt in diesen Hallen. Moderato

Catalog: *Festgruß für Solo, Chor und Orchester.*
Besetzung: Chor, Pic, Fl, 2 Ob, 2 Cl, 2 Fag, 3 Cor, 2 Tr, Trb-b, Timp, Str.
Datierung: 6. Januar 1847 (Autograph: *H: 3 König 1847.*).
Zweite Textfassung: 15. April 1847 (vgl. *Anmerkung*).
Autograph: D-KA (Nr. 277 [*Festgruss.*, Partitur]).
Abschriften: D-KA (Don Mus. Ms. 985 [Stimmen; teilw. als Autograph]).
Literatur: László Strauß-Németh, BLB Ausstellungskatalog. S. 59f.
Anmerkung: In den als Abschrift vorliegenden Gesangstimmen (Ms. 985) ist unter den Text mit rotem Stift eine zweite Textvariante notiert („Sei Willkommen! Sei gegrüßet! / Jubelt eine frohe Schar."). Auf einem Blatt in den Hoftheaterakten im Fürstlich Fürstenbergischen Archiv (FFA KuWi III/2.) findet sich folgende Notiz: „Festgruß zur Vermählung am 15.4.1847 (‚Sey willkommen! Sey gegrüsset!')". Aufgrund dieses Hinweises kann man auch die zweite Aufführung von der vorliegenden Komposition eindeutig bestimmen: Sie wurde zur Hochzeit von Prinzessin Pauline zu Fürstenberg und Prinz Karl Hugo zu Hohenlohe-Öhringen gesungen.

WoO VII/09 Huldigungschor, G-Dur
(Text von Joseph von Auffenberg)
König in dem Reich des Schönen schreit in unsre Mitte vor! Allegretto

Catalog: *Cantate für den Schauspieler Eßlair. für Solo, Chor und Orchester.*
Besetzung: Chor (hinter der Szene), 2 Vl, Vcl, 2 Fl, Fag, Cor, Gitarre.
Datierung: 8. April 1838 (vgl. *Anmerkung*).
Autograph: D-KA (Don Mus. Ms. 890).
Literatur: Georg Tumbült, Das Fürstlich Fürstenbergische Hoftheater zu Donaueschingen 1775-1850. Donaueschingen 1914. S. 98f.
Anmerkung: Der Anlass für dieses Werk war die Abschiedsvorstellung des Kgl. Bayerischen Hofschauspielers Ferdinand Eßlair im Fürstlichen Hoftheater, in dessem Anschluss die Huldigung dargebracht wurde. Die Instrumentalisten spielten – laut Hinweis im Autograph – „auf dem Theater", der Chor jedoch sang hinter der Szene.
Während der Chor und alle Instrumente gemeinsam anfangen, sind auf der Gitarrenstimme (nur dort!) sieben Pausentakte vorweg für eine „*Einleitung*" (D-Dur, 6/8-Takt) freigehalten. Ob es sich dabei um das nicht näher bestimmbare Stück WoO VI/3 handelt, bleibt fraglich. Während die Übereinstimmung in Tonart und Tempoangabe (*Moderato*) hierfür sprechen würde, divergieren Taktmaß und Werklänge (58 Takte im 4/4 dort).

WoO VII/10 Hymne *Dem Höchsten*, Es-Dur
I. Adagio, Es-Dur (*Dir, Schöpfer der Natur*)
II. Moderato, As-Dur (*Zu seiner Ehre, zu seinem Ruhme*)
III. Allegro con fuoco, Es-Dur (*In Höh' und in Tiefen*)

Catalog: fehlt.
Besetzung: Chor, Str; im 2. Satz zusätzl.: Fl, Ob, 2 Cl, Fag, Trb; im 3. Satz zusätzl.: 2 Cor, Tr.
Datierung: ?

Autograph: D-KA (Nr. 22 [Part. + Stimmen]).
Abschriften: D-KA (Don Mus. Ms. 934 [Chorstimmen]).

WoO VII/11   Hymne, Es-Dur   (Text von Franz Müller)
Reine, von der Unschuld Licht umflossen. Adagio

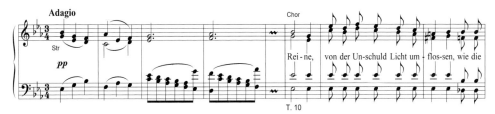

Catalog: fehlt.
Besetzung: Chor, 2 Fl, 2 Cl, 2 Fag, 2 Cor, Str.
Datierung: ?
Autograph: unbekannt.
Abschriften: D-KA (Don Mus. Ms. 950 [*Hymne von Franz Müller. In Musik gesetzt von J. Kalliwoda.* Stimmen]).

WoO VII/12   Morgenlied, A-Dur   (Text von Karl Egon Ebert)
Guten Morgen! Süß Erwachen dir. Allegretto

Catalog: *Morgenlied für 4 Singstimmen und schwacher Begleitung.*
Besetzung: Chor, Fl, Vl, Vla, Vlc, Gitarre.
Datierung: 19. April 1843 (vgl. *Anmerkung*).
Autograph: D-KA (Don Mus. Ms. 951 [Stimmen]).
Literatur: Festfeier der silbernen Hochzeit Seiner Durchlaucht des Fürsten Carl Egon von Fürstenberg und Ihrer Hoheit der Fürstin Amalie, gebornen Prinzessin von Baden am 19. April 1843. Carlsruhe 1843. S. 9f.
Anmerkung: Der Anlass für dieses Werk – nämlich die Silberhochzeit des Fürstenpaares – geht aus der genannten Literatur hervor, wo auch der gesamte Text der Kantate abgedruckt ist. Er stammt vom fürstlichen Rat und Archivar Karl Egon Ebert.

WoO VII/13   Neujahrsstück *Die Audienz*, C-Dur
(Text von Georg Harrys)

Einleitung. Andante - **Chor**: *Sey uns willkommen im Jugendgewande!*
Allegro moderato

Catalog: *Ouverture, Solo und Chor zu dem Festspiel die „Audienz"*.
Besetzung: Soli, Chor, Fl, 2 Ob, 2 Cl, 2 Fag, 2 Cor, 2 Tr, Trb-b, Timp, Str.
Datierung: 1. Januar 1827.
Autograph: D-KA (Nr. 38 [Allegorisches Original-Festspiel für den Neujahrstag von G. Harrys. Partitur]).
Abschriften: D-KA (Don S.B. III, Nr. 11 [Stimmen-Sammelbände] ▪ Mus. Ms. 922 [Chorstimmen]).
Literatur: Georg Tumbült, Das Fürstlich Fürstenbergische Hoftheater zu Donaueschingen 1775-1850. Donaueschingen 1914. S. 88.
Anmerkung: Über dem zweiten Abschnitt stehen die Widmungsworte: „Dem Fürsten und dem Lande Heil!"

WoO VII/14   Neujahrslied 1823, D-Dur
Introduction. Maestoso - **Verse 1-5**: *Wieder ist ein Jahr verschwunden.*

Catalog: *Neujahrscantate für Solo, Chor und Orchester.*
Besetzung: Sopr-Solo, 2st. Chor, 2 Fl, 2 Ob, 2 Cl, 2 Fag, 2 Cor, 2 Tr, Timp, Str.
Datierung: 1. Januar 1823.
Autograph: D-KA (Nr. 37 [Partitur; Text unter den Singstimmen fehlt]).
Abschriften: D-KA (Don Mus. Ms. 924).
Literatur: László Strauß-Németh, BLB Ausstellungskatalog. S. 59.

WoO VII/15 Schillerkantate, A-Dur (Textdichter unbekannt)
Wenn die Gottheit beschließt in ihrer unendlichen Liebe. Allegro risoluto

Catalog: *Hymnus zur Schillerfeier für 4 Singstimmen mit Orchester.*
Besetzung: Chor, Fl, Ob, 2 Cl, Fag, 3 Cor, 2 Tr, Trb-b, Str.
Datierung: 10. November 1859 (Aufführung in Donaueschingen).
Autograph: D-KA (Don Mus. Ms. 925 [enth. 2 Partituren: I. *Einleitungs Chor zur Schillerfeier d. 10. Nov. 1859.* Partitur der Chor- u. Bläserstimmen; II. *Quartettbegleitung zum Schiller Chor.* Partitur der Str.]).
Anmerkung: Die Komposition war der Einleitungschor bei den Feierlichkeiten zum 100. Geburtstag von Friedrich von Schiller. Auf der Rückseite der Partitur II. (Streicher) steht die Sopran-2 und Tenorstimme eines nicht näher identifizierbaren *Frühligslied*es („*Lobt den Herrn, der uns beglücket*"; F-Dur, Adagio).

GRUPPE VIII
Männerchöre (meist a cappella)

WoO VIII/01 Sechs (+1) Männerchöre

Nr. 1: Trinklied, *Alles in der Welt ist eitel* ([Gustav?] Raßmus).
   E-Dur / Vivace
Nr. 2: In die Höh'! *Viel Essen macht viel breiter* (Joseph von Eichendorff).
   B-Dur / Con moto
Nr. 3: Soldatenlied, *Wenn man beim Wein sitzt* (August Kopisch).
   D-Dur / Allegro con fuoco
Nr. 4: Die Berge, *Auf den Bergen nur wohnet die Freiheit*.
   C-Dur / Moderato
Nr. 5: Sonntag und Montag, *Heute ist Sonntag*.
   G-Dur / Allegro vivace
Nr. 6: Die Abendglocke, *Die Abendglocke tönet*.
   Des-Dur / Adagio
Nr. 6a: Der Landwehrmann, *Das Feuer zankt auf seinem Herd* (L. Scharrer).
   C-Dur / Tempo di Marcia ma Vivace

Besetzung: Männerchor.
Autograph und **Abschriften**: D-KA (Don Mus. Ms. 959 [vgl. *Anmerkung*]).
Bearbeitung: Außer Chor Nr. 4 liegen alle Werke auch in einer anderen Fassung vor (vgl. *Anmerkung*).
Anmerkung: Alle Chöre sind stimmenweise in querformatigen Notenheften von fremder Hand verzeichnet. Offenbar für eine Aufführung oder einen (nicht erfolgten) Druck strich Kalliwoda das ursprüngliche Lied Nr. 6 (*Abendglocke*) und ersetzte es durch *Der Landwehrmann*. Somit liegt nur dieses letzte Stück als Autograph vor.
Folgende Nummern sind auch in einer Bearbeitung überliefert: Nrr. 1, 2, 3 und 5 herausgegeben als *Vier heitere Männerchöre* unter op. 239; *Die Abendglocke* herausgegeben ohne Opuszahl (hier unter WoO VIII/2); *Der Landwehrmann* erschien als Klavierlied unter op. 113, 1.

WoO VIII/02 Die Abendglocke, Des-Dur

Die Abendglocke tönet. Adagio

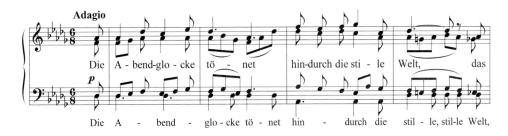

Besetzung: Männerchor.
Autograph: unbekannt.
Druck: *Die Abendglocke / für / vier Männerstimmen / componirt von / J. W. KALLIWODA.* Neue Ausgabe. Rob. Forberg, Leipzig 338 (*1866c*) ▪ Ludwig Fleischer, Prag 35.
Bibliothek: D-KA (Nr. 360) ▪ CZ-Pnm (59 E 3137).

WoO VIII/03 Abschiedslied, Es-Dur

Hier, wo sonst die Freude laut erklinget. Allegretto

Catalog: *Abschiedscantate für Solo, Chor und Orchester.*
Besetzung: Männerchor, Fl, Ob, 1 oder 2 Cl, 2 Fag, Tr, Trb.
Autograph: D-KA (Don Mus. Ms. 923 [Stimmen]).
Anmerkung: Der Anlass für das Stück ist nicht eindeutig bestimmbar, er wird jedoch einmal mehr die Verabschiedung der Fürstenfamilie vor einer Reise gewesen sein. Kalliwodas obiger Eintrag in den *Catalog* deckt sich zwar nicht genau mit der vorliegenden Besetzung, kann aber sonst keiner anderen Komposition zugeordnet werden.

WoO VIII/04 Danklied, Es-Dur

Was dankerfüllte Zungen zur Ehre dir gesungen. Allegro con spirito

Besetzung: Männerchor.
Autograph: unbekannt.
Abschriften: D-TI (E 74)
Druck: Lith. von G. P. Buchner / Verl. von Wilhelm Schmid, Nürnberg (*1861*).
Bibliothek: D-Mbs (4 Mus.pr. 686, Beibd.1 [Stimmensammlung von 4 Gesängen]).
Anmerkung: Kalliwoda verwendete denselben Text auch als Schlusssatz seiner *Deutschen Messgesänge* (WoO VI/08); die ebenfalls für Männerchor gesetzte Fassung weicht musikalisch von dieser ab.
Die in D-TI aufbewahrte Abschrift stammt aus dem Pfarrnachlass von Biberach/Riss; als Autor steht überschrieben **W**. Kalliwoda, was jedoch wohl ein Versehen ist.

WoO VIII/05 Das Deutsche Lied, C-Dur
Wenn sich der Geist auf Andachtsschwingen. (Heinrich Weismann)
Mit Feuer und Kraft

Besetzung: Männerchor a cap. oder mit verschiedener Begleitung:
   1.) 3 Cor, 2 Tr, Fag, Trb; 2.) 2 Cor, Fag, 2 Tr, Trb;
   3.) 2 Cor, 2 Fag (oder 4 Cor ohne Fag), 2 Tr, Trb.
Datierung: 1838 (vgl. *Anmerkung* unter WoO VIII/7).
Autographen D-KA (Don Mus. Ms. 921 [Bläsersatz für Begleitung 2; weitere Stimmen von fremder Hand für die Begleitung 3]; Mus. Ms. 921^1 [Chorpartitur]).
Abschriften: D-KA (Don Mus. Ms. 2747 [*5 Vierstimmige Gesänge*, N° 5]) ▪ A-Wn (S.m. 13614, 27735 [Singstimme], 5435 [Orchesterpartitur], 20752 [Partitur für Militärmusik], 15261 [Partitur]).
Bearbeitung: Gesang und Klavier oder Zither, gemischter Chor, 3 Violinen (s. Drucke), Orchesterbegleitung für verschieden starke Besetzung. Außerdem: *Robert-Ludwig Proksch, Das Deutsche Lied für das Piano Forte in brillantem Stil übertragen. op. 31*. In: A-Wn (MS 4346) ▪ *Das deutsche Lied. (...) Bearbeitung für Pianoforte von Wilhelm Speidel*. Karl Göpel, Stuttgart ▪ *Das deutsche Lied. (...) Für Pianoforte zu 2 Händen bearbeitet von F. Th. Cursch-Bühren*. Siegismund & Volkening, Leipzig. (= Musikalische Blüten und Perlen N° 96.) Vom selben Verlag Bearbeitungen für gem. Chor, eine Singstimme, 5 bzw. 9st. Blechmusik.
Drucke: *Sanges-Perlen / des deutschen Männerchors. / Auswahl hervorragender Gesänge / für vierstimmigen Männerchor*. Joh. André, Offenbach a. M. 14801 ▪ *Das deutsche Lied. / ... / für / vierstimmigen Männerchor / gesetzt von / J. W. KALLIWODA*. Karl Göpel, Stuttgart ▪ *Liederkranz für die Turngemeinden*. Karl Göpel, Stuttgart ▪ *Das / deutsche Lied. / ... / Gedicht / von / DR WEISMANN. / Für / vierstimmigen Männerchor / gesetzt von / J. W. Kalliwoda*. H. Pawelek, Regensburg (H.P. 777; *1900*) ▪ Coppenrath, Regensburg (*1904*) ▪ *Choere der Vereinigten Badischen Liederkränze zum ersten Gesangfeste / in Carlsruhe 1844*. Karlsruhe 1844. (Nr. 4) ▪ Friedrich Gutsch, Karlsruhe (*1865*) ▪ R. Kaun, Berlin (*1896*) ▪ *Odeon. Für Quartett- und Chor-Gesang ohne Begleitung. Mit Original-Compositionen berühmter deutscher Tonsetzer herausgegeben von Th[omas] Täglichsbeck*. Bd. 1, Nr. 8 (*1842*) ▪ C. F. W. Siegel, Leipzig 12505 (=Deutsche Liedertafel Nr. 89) ▪ Eulenburg, Leipzig 1415 (=Deutsche Eiche Nr. 66) ▪ Kaiserl. Volksliederbuch, C. F. Peters, Leipzig 313 ▪ Anton Linder: *Über Fels und Firn* (N° 56) ▪ Fr. W. Sering: *Lehrer-Sängerrunde* N° 83 ▪ *Für Freud und Leid. / Männerchöre / für besondere Gelegenheiten*. (hrsg. von Franz Kumm und Willhelm Rudnick) Heft. III. Georg Bratfisch, Frankfurt/O ▪ Gebr. Hug & Co, Leipzig ▪ Dietrich, Leipzig ▪ A. Michow, Berlin-Charlottenburg ▪ Rohlfing Sons Mus. Co. Milwaukee ▪ Bellmann & Thümer, Potschappel ▪ Domkowsky & Co., Hamburg ▪ A. Schierwater, Hamburg ▪ P. J. Tonger, Köln a. Rh. 5061 (=Wirkungsvolle gemischte Chöre 1164) ▪ F. Ulbrich, Godesberg a. Rh. 538 (=Auf Flügeln des Gesanges N° 584; *1910*) ▪ Carl Rühle & Wendling, Leipzig 1276 (=Chorperlen N° 81; *1914*) ▪ Liederheft zum 44. Volksgesangsfest, Leipzig ▪ Robitschek, Wien (für Ges + Kl bzw. Zither; *1914-18*) ▪ F. Wessely, Wien (für 3 Vl) ▪ Bearbeitung für 3 Vl von Michael Wesolofsky: *Sechs Volkslieder*. Heft 2, Nr. 4 ▪ M. Moszbeck, Wien (Ges+Kl) ▪ Joh. André, Offenbach a. M. 17117 (für gem. Chor von Ludwig André; *1926*) ▪ Bratfisch, Frankfurt/O 2804

(=Sängertafel Nr. 84; fälschlich als op. 243 bezeichnet! *1928*) ▪ Bratfisch, Frankfurt/O (für gem. Chor von Willy Herrmann; =Chorfreude Nr. 84. *1928*) ▪ Sangesblüten 143 (für gem. Chor von Ernst B. Mitlacher) ▪ Strauß-Németh, Kalliwoda. Bd. 1. Notenanhang III.
Textausgabe: Julius Lerche, Das Wort zum Lied. Band II: Neue Folge ernster, heiterer und Operetten-Lieder-Texte. Berlin 1928, S. 83.
Bibliothek: D-KA (Nr. 264 [André, Göpel, Siegismund & Volkening]) D-KA* (M 6928 [Karlsruhe 1844]) ▪ D-Mbs (4 Mus.pr. 3518, Beibd.2 [Pawelek; nachträgl. eingeheftet in eine Samml. von 5 dt. Chorgesängen])
D-B: O.168 (Kaun); O.5422 (Odeon); O.7983 (Göpel, Liederkranz); O.10018 (André); O.11318 (Kaun); O.14528 (Hug); O.20699 (Kumm&Rudnick); O.29227 (Sering); O.29236 (Sängerrunde Schauenburg, 2. Aufl.); O.29244 (Linder); O.29646 (Siegel); O.30978 (Eulenburg); O.36786 (Liederheft Lpzg.); O.37958 (Peters Volksliederbuch); O.41815 (Ulbrich); O.43632 (Mitlacher); O.56382(84) [Bratfisch]; O.56383(84) [Bratfisch, gem. Chor]; O.56893 (Rühle); O.58729 (André, gem. Chor); O.58729/1 (Tonger); 115486 (Wesolofsky, 3 Vl).
A-Wn: MS 34.318 (Göpel), MS 21.887 (Rühle), MS 28.111 (Coppenrath), MS 21.900 (Robitschek), MS 11.991 (Wessely), MS 24.050 (Moszbeck), MS 6771 (Eulenburg), MS 24.065 (Gutsch).
Weitere Bibliotheken: A-SEI (R 211) ▪ CZ-Pnm (59 F 5166 [Göpel]).
Literatur: Strauß-Németh, Kalliwoda. Bd. 1. Kap. 6.2.2.
Anmerkung: Das wohl populärste Chorwerk Kalliwodas war bis in die 30er Jahre des 20. Jahrhunderst die bekannteste Komposition des Hofkapellmeisters überhaupt; in nahezu allen einschlägigen Lexikonartikeln bis in die erste Hälfte des 20. Jahrhunderts hinein wird Kalliwoda zumindest als Komponist dieses Liedes genannt. Ähnlich wie die einzelnen Herausgeber die Besetzung variiert hatten, veränderten sie auch die Tempoangabe. Diese lautet meistens *Mit Feuer und Kraft*; im Autograph ist die A-Cappella-Fassung überschrieben mit *Mit Feuer*, die Fassung mit Bläserbegleitung, die zudem eine siebentaktige Einleitung hat, schließlich mit *Moderato*. In letzterer Form „mit Harmonie" wurde das Chorwerk am 22. Mai 1842 in Donaueschingen aufgeführt.

WoO VIII/06 Das Deutsche Lied II., C-Dur
Schlag an, du Lied, von Pol zu Pol. (Ludwig Scharrer) Einfach und kräftig

Besetzung: Männerchor.
Datierung: ?
Autograph: unbekannt.
Abschriften: D-KA (Nr. 263 [*Das deutsche Lied II. / von / J. W. Kalliwoda.*]).
Anmerkung: Auf der Abschrift ist als Dichter „L. Scharrer" vermerkt; dies wurde von fremder Hand durchgestrichen und durch *Dr. Weismann* ersetzt. Dabei verwechselte der Korrektor offenbar dieses Lied mit dem bekannten Deutschen Lied (WoO VIII/5), dessen Text wirklich von Weismann stammt; in diesem Fall ist jedoch Scharrer richtig.

WoO VIII/07 Deutsches Lied, C-Dur
Willst du ein Mann, ein Deutscher sein. (Ludwig Gottfried Neumann)
Mit Sturm und Kraft

Besetzung: Männerchor
Datierung: ? (vgl. *Anmerkung*).
Autograph: D-KA (Nr. 262 [Chorpartitur u. Stimmen]).
Abschriften: Lithographie der vier Stimmen mit dem Hinweis: "Dem Tetschner Gesangvereine zu seinem Fahnenfeste eigends componirt von J. W. Kalliwoda."
Anmerkung: Der Autographbeginn dieses Werkes ist in der ersten Auflage der MGG abgebildet (MGG Bd. 7, Sp. 457f.). Die Unterschrift erweckt jedoch den falschen Eindruck, hierbei handele es sich um das bekannte Deutsche Lied (WoO VIII/5), was aber nicht der Fall ist. Auf diese Verwechslung geht auch eine Unsicherheit bei der Einordnung beider Werke zurück: Der auf der Abschrift zu lesende Hinweis wird auch im MGG-Artikel zitiert, allerdings bezogen auf das Lied von Weismann. Somit bleibt offen, ob diese Notiz sich eigentlich auf das berühmte Stück bezieht und fälschlich auf der Abschrift von diesem vermerkt wurde, oder umgekehrt wirklich Neumanns Dichtung beim besagten Fahnenfest erklang, aber da sie für das berühmte Chorwerk gehalten wurde, man auch den Entstehungsanlass irrtümlich damit in Verbindung brachte. Denkbar ist schließlich auch die Möglichkeit, dass tatsächlich beide Stücke für Tetschen geschrieben wurden: Weismanns Fassung 1838 und Neumanns in einem anderen Jahr.

WoO VIII/08 Der deutsche Rhein, H-Dur
Sie sollen ihn nicht haben. (Nikolaus Becker) Einfach und mit Kraft
(Fassung mit Bläserbegleitung: Moderato, B-Dur)

Besetzung: 3st. Männerchor
Datierung: ?
Autograph: D-KA (Don Mus. Ms. 909).
Bearbeitung: Zusätzlich 2 Fag, 3 Cor, 2 Tr, Trb (Partitur liegt bei).

WoO VIII/09 Des Deutschen Vaterland, F-Dur
Der Boden, wo der Deutsche weilt. Moderato

Besetzung: Männerchor.
Datierung: ?
Autograph: unbekannt.
Abschriften: D-KA (Nr. 362ᵃ [Chorpartitur]).

WoO VIII/10 Der drei Burschen Lied, a-Moll
Was tönt herauf so seltsamer Klang? (Georg Scheurlin) Moderato

Besetzung: 3st. Männerchor.
Datierung: ?
Autograph: D-KA (Mus. Hs. 1417).
Anmerkung: Kalliwoda hat denselben Text auch als Klavierlied vertont (vgl. op. 150, Nr. 1).

WoO VIII/11 Einweihungs- und Begräbnislied
I. Einweihungslied, *Vom heiligen Gefühl der Andacht.* Maestoso, Es-Dur
II. Begräbnis-Lied, *Ruhn in Frieden laß die Seelen.* Moderato, F-Dur

Besetzung: Männerchor.
Datierung: ?
Autograph: unbekannt.
Abschriften: D-KA (Don Mus. Ms. 877 [Stimmen]).
Anmerkung: Kalliwoda hat Chor Nr. 2 auch veröffentlicht (op. 232, Nr. 2), dabei lediglich in den Unterstimmen leichte Veränderungen vollzogen.

WoO VIII/12 Festgesang, C-Dur

Hört, wie zur Lust die Freudenstimmen mahnen.
Andante molto e molta espressione

Besetzung: Männerchor.
Datierung: ?
Autograph: unbekannt.
Abschriften: D-KA (Don Mus. Dr. 1563).

WoO VIII/13 Festgruß, C-Dur

Sei uns gegrüßt im Feierkleide. Poco Adagio

Besetzung: Männerchor.
Datierung: ?
Autograph: D-KA (Mus. Hs. 1417).

WoO VIII/14 Frühlings Wanderschaft, E-Dur
O Heimchen sprich, was zirpest du. Allegretto

Besetzung: Männerchor.
Datierung: ?
Autograph: D-KA (Don Mus. Ms. 902).
Bearbeitung: Klavierliedfassung desselben Textes (vgl. op. 172, Nr. 1).

WoO VIII/15 Gelegenheits-Cantate, D-Dur
Willkommen! an der Donauquellen. Moderato

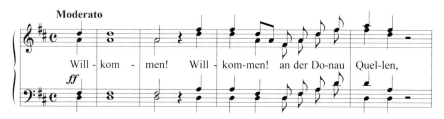

Besetzung: Männerchor mit Soli.
Datierung: ?
Autograph: unbekannt.
Druck (lithogr. Stimmen): D-KA (Don Mus. Dr. 1537) ▪ D-KA (Nr. 361).

WoO VIII/16 Hoppeldoppelmops, Es-Dur
Hoppeldoppelmops, das ist mein Schnupftabak. Allegretto

Besetzung: Männerchor.
Datierung: ?
Autograph: D-KA (Nr. 335).
Anmerkung: Dieses Scherzlied im schwäbischen Dialekt ist wahrscheinlich Kalliwodas eigene Dichtung; der Komponist war ein begeisterter Pfeifenraucher. In einem Brief an seinen Freund Ludwig Kirsner schrieb er am 30. Mai 1857 aus Karlsruhe: „Nun habe ich noch eine kleine Bitte an Dich zu richten und zwar wenn es Dich nicht geniert mir ein halbes Pf. Schnupftabak von Kaufmann Limberger mitzubringen. Er kennt schon meine Sorte, es ist so eine Art Doppel Mops. Ich will mein Näschen nach und nach an vaterländische Produkte gewöhnen." (BLB Karlsruhe, Dokumenten-Nachlass J. W. Kalliwoda, Kiste 6, Mappe 29, Nr. 636.)

WoO VIII/17 Jägerlied, G-Dur
Hallo! Ein Jäger fährt jahraus, jahrein. Vivace

Besetzung: Männerchor
Datierung: ?
Autograph: unbekannt.
Abschriften: D-KA (Anh. Nr. B5).

WoO VIII/18 Jägerlied, D-Dur
Jagd ist Spiel, sinnt nicht viel. Allegro

Besetzung: Männerchor, 4 Cor, Trb-b.
Datierung: 22. Mai 1842 (Aufführung in Donaueschingen).
Autograph: D-KA (Don Mus. Ms. 918).

WoO VIII/19 Jägermarsch, E-Dur

Manche Freude blühet uns im Leben, aber manche Sorge dünkt uns auch.
Moderato

Besetzung: Männerchor, 4 Cor.
Datierung: ?
Autograph: unbekannt.
Abschriften: D-KA (Don Mus. Ms. 1128 [*VI Gesänge für Männer-Chor*. N° 4 aus der gebundenen Sammlung]).
Anmerkung: Kalliwoda veröffentlichte eine andere Vertonung dieses Textes für Männerchor a cappella in einem Zyklus (vgl. *Jägerlied*, op. 96, Nr. 1); dagegen handelt es sich bei der *Introduction* aus der fragmentarisch gebliebenen dritten Oper (ohne Titel, WoO V/3) um einen anderen Text, lediglich der erste Vers ist identisch.

WoO VIII/20 Kriegerchor, d-Moll

Schweigend bricht der große Morgen aus der dunklen Nacht hervor. Lento

Besetzung: Männerchor.
Datierung: ?
Autograph: D-KA (Nr. 346 [Chorpartitur]).
Bearbeitung: 2- bzw. 3st. Männerchor und großes Orchester (vgl. WoO VIII/21 bzw. V/23, Nr. 1).

WoO VIII/21 Kriegerchor (Kriegerlied), d-Moll
Schweigend bricht der große Morgen aus der dunklen Nacht hervor. Adagio

Besetzung: 2st. Männerchor, Pic, Fl, 2 Ob, 2 Cl, 2 Fag, 2 Cor, 2 Tr, Trb, Timp, Str; im Anhang: Tamb-gr, Triangel.
Datierung: ?
Autograph: D-KA (Nr. 265 [Partitur]) ▪ D-KA (Don Mus. Ms. 973 [Stimmen, zusätzliche Chorstimmen als Abschrift]).
Bearbeitung: Männerchor a capp. (vgl. WoO VIII/20).
Anmerkung: Die Bezeichnung *Kriegerchor* steht auf der Partitur, *Kriegerlied* auf den einzelnen Stimmen.

WoO VIII/22 Quartettino, B-Dur
Fra le belle sono quella ch' im bellezza. Allegretto

Catalog: fehlt
Besetzung: Chor, 2 Fl, 2 Cl, 2 Fag, 2 Cor, Str.
Datierung: ?
Autograph: unbekannt.
Abschriften: D-KA (Don Mus. Ms. 919).

WoO VIII/23   Lied, F-Dur
Nimm zu dieses Festes Feier. Andante

Prinz Karl zu Fürstenberg gewidmet.

Besetzung: 3st. Männerchor.
Datierung: 4. März 1835 (Hinweis auf dem Autograph: „gesungen am 15ten Geburts-Tag des Prinzen Carl zu Fürstenberg", gemeint ist der spätere Fürst Karl Egon III.).
Autograph: D-KA (Don Mus. Ms. 2849 [Chorsatz in Dekorschrift]).
Abschriften: D-KA (Nr. 341^d).

WoO VIII/24   Der Maikäfer, Des-Dur
Der Frühling ruft, heraus. Moderato

Besetzung: Männerchor.
Datierung: ?
Autograph: unbekannt.
Abschriften: D-KA (Don Mus. Ms. 910).

WoO VIII/25   Männerchor, C-Dur
Drauf und dran fürs Vaterland. Vivace

Besetzung: 2st. Männerchor, 2 Cor, 2 Tr (jew. colla parte), Trb, Timp.
Datierung: ?
Autograph: unbekannt.
Abschriften: D-KA (Don Mus. Ms. 926).

WoO VIII/26 Männerchor (Ständchen), E-Dur
Hörst du den Ton, der deinen Namen feiert? Adagio

Besetzung: Männerchor
Datierung: ?
Autograph: unbekannt.
Abschriften: D-KA (Don Mus. Ms. 929) ▪ A-Wn (S.m. 14580).
Bearbeitung: Fassung in D-Dur unter dem Titel *Zum Namenstage* in: A-Wn (S.m. 1325, darin Nr. 28).
Anmerkung: Denselben Text hat Kalliwoda unter dem Titel *Romanze des Troubadour* auch als Klavierlied vertont (vgl. op. 4, Nr. 1).

WoO VIII/27 Männerchor, D-Dur
Zu Bacharach am Rheine. (Friedrich Christoph Förster) Allegretto

Besetzung: Männerchor
Datierung: vor 1845
Autograph: unbekannt.
Druck: Erstdruck unbekannt ▪ Niederländische Übersetzung von J. P. Heie („Te Wasenaar aan duin") in der Sammlung: *Instelling / ter / ONDERSTEUNING VAN HULPBEHOEVENDE INLANDSCHE / TOONKUNSTENAARS / en hunne / NAGELATENE BETREKINGEN; / gesticht door de / Maatschappij tot Bebordering der Toonkunst, / in hare / XVI^{DE} ALGEMEENE VERGADERING, / 30 August, 1845.*

Bibliothek: D-B (Mus. 13183 [niederl. Ausgabe]).
Anmerkung: Das Werk ist in seiner Originalfassung nirgendwo nachweisbar, lediglich eine Fußnote in der niederländischen Ausgabe verrät Autor und Textbeginn der Vorlage, nicht jedoch die genaue Quelle.

WoO VIII/28   Männerchor, E-Dur
Gesund und stark dem Baume gleich. Kräftig und nicht zu schnell

Besetzung: Männerchor.
Datierung: ?
Autograph: D-KA (Nr. 347 [Chorpartitur]).
Bearbeitung: Für gemischten Chor (vgl. WoO VIII/28a).

WoO VIII/28a   Schlußlied, E-Dur
Gesund und stark dem Baume gleich. Kräftig und nicht zu langsam

Besetzung: Gemischter Chor.
Datierung: ?
Autograph: D-KA (Nr. 341 [*Schlußlied.*]).

WoO VIII/29 Soldatenlied (Kriegerlied), F-Dur

Das Schlachthorn ruft, die Feinde ziehn zum Streit. Allegro risoluto

Besetzung: 1st. Männerchor, 2 Fl, 2 Ob, 2 Cl, 2 Fag, 2 Cor, 2 Tr, Trb-b, Timp, Str, im Anhang der Partitur: Tamb-gr, Triangel.
Datierung: ?
Autograph: D-KA (Nr. 268 [Partitur]) ▪ D-KA (Don Mus. Ms. 920 [Stimmen]).
Bearbeitung: Männerchor a cap. (vgl. WoO VIII/29a); Vertonung desselben Textes in der 3. Oper (ohne Titel, WoO V/3) als *Chor der Soldaten*.
Anmerkung: Die Stimmen sind mit *Kriegerlied* überschrieben; derselbe Titel ist auf der Partitur durchgestrichen und durch *Soldatenlied* ersetzt.

WoO VIII/29a Soldatenlied, C-Dur

Das Schlachthorn ruft, die Feinde ziehn zum Streit. Moderato

Besetzung: Männerchor.
Datierung: ?
Abschriften: D-KA (Don Mus. Ms. 1128 [*VI Gesänge für Männer-Chor*. Nº 5 aus der gebundenen Sammlung])

WoO VIII/30 Ständchen, Des-Dur
Schlummer sanft in dieser Nacht. (H. Schneider) Adagio

Besetzung: Männerchor.
Datierung: ?
Autograph u. **Abschriften**: D-KA (Nr. 348 [Chorpart. + Stimmenabschr.]).

WoO VIII/31 Trauermarsch, c-Moll
Was wallt für ein langsamer Zug einher. (Adalbert von Thale) Moderato

Besetzung: Männerchor.
Datierung: ?
Autograph: D-KA (Nr. 349 [Chorpartitur]).
Anmerkung: Unter dem eigentlichen Titel des Gedichtes von A. v. Thale, *Die Leiche des Kriegers*, hat Kalliwoda denselben Text auch als Klavierlied vertont (vgl. op. 113, Nr. 2), schließlich sind diese Worte auch dem *Trauer-Chor* aus dem Zyklus für Militärmusik, op. 202, zugrunde gelegt.

WoO VIII/32   Trinklied, D-Dur

Laßt uns trinken, laßt uns singen. Presto

Besetzung: Männerchor
Datierung: ?
Autograph: D-KA (Nr. 343 [Chorpartitur]).
Anmerkung: Kalliwoda hat diesen Chor für dieselbe Besetzung, aber in einer bearbeiteten Fassung veröffentlicht (vgl. op. 131, Nr. 3).

WoO VIII/33   Vokal-Quartett, A-Dur

Wir Cohlrabis! Ich seh' dich wieder? Adagio

Besetzung: Männerchor.
Datierung: ?
Autograph: FFB (Musikalien, Best. Kalliwoda, Nr. 25 [nur erste Tenorstimme vorhanden]).

WoO VIII/34   Volkslied, F-Dur

Hoch ertönen unsre Lieder. Andante

Besetzung: 3st. Männerchor, 2 Fl, 2 Ob, 2 Cl, 2 Fag, 2 Cor, 2 Tr, 3 Trb (coll' canto).
Datierung: ?
Autograph: unbekannt.
Abschriften: D-KA (Don Mus. Ms. 927).

WoO VIII/35 Waldesgruß, D-Dur
Ich grüße dich, du grüner Wald (H. Schneider) Con fuoco

Besetzung: Männerchor.
Datierung: ?
Autograph u. Abschriften: D-KA (Nr. 344 [Chorpart. + Stimmenabschr.]).

WoO VIII/36 Wanderlied (Terzett), C-Dur
Freiheit meiner Seele schwelle mir die Brust nicht. Moderato

Besetzung: 3st. Männerchor.
Datierung: ?
Autograph: unbekannt.
Abschriften: D-KA (Nr. 336 [Stimmen]).
Anmerkung: Kalliwoda hat denselben Text auch als Klavierlied vertont (vgl. op. 192, Nr. 2).

WoO VIII/37 Weihelied, C-Dur
Wir sind geweiht in trauter Rund'. Moderato

Besetzung: 3st. Männerchor, Fl, 2 Cl, 2 Fag, 2 Cor.
Datierung: ?
Autograph: D-KA (Nr. 278 [*Lied.*, Partitur]).

WoO VIII/38   Wiegenlied, A-Dur

Aia pupaia… Seht liebe Freunde. Moderato

Besetzung: Männerchor.
Datierung: ?
Autograph: unbekannt.
Abschriften: D-KA (Anh. Nr. B6).
Anmerkung: Am Ende dieses 16 Takte kurzen Scherzliedes steht der (offenbar durch schlechte Erfahrungen bedingte) Hinweis: „99mal Da Capo".

WoO VIII/39   Der Zecher, g-Moll

Es muß einmal gestorben sein. Mäßig

Besetzung: Männerchor.
Datierung: ?
Autograph: D-KA (Nr. 350 [*Der Zecher. / 4 stimmiger Männerchor / von / J: W: Kalliwoda.* Chorpartitur]).

WoO VIII/40 Sechs Männerchöre (*unvollständig*)

Nr. 1: Liebe und Ehre, *Zum Liebchen tritt der Rittersmann.*
   C-Dur / Grave
Nr. 2: Wiegenlied, *Schlafe süßes Wesen.*
   B-Dur / Innocente
Nr. 3-5: fehlen.
Nr. 6: Ans ferne Liebchen, *O gib mir süße Kunde.*
   G-Dur / Grazioso

<kein Inzipit mitteilbar>

Besetzung: Männerchor (4stimmig?).
Autograph: FFB (Musikalien, Best. Kalliwoda, Nr. 30 [*VI Lieder.*]).
Anmerkung: Nur der Mantelbogen der Bass1-Stimme vorhanden; Innenbogen sowie übrige Stimmen fehlen.

GRUPPE IX
Lieder mit Klavierbegleitung

(Die Besetzung der folgenden Werke ist – sofern nicht anders angegeben – Singstimme und Klavier.)

WoO IX/01   Elf frühe Lieder

Nr. 1: Ständchen, *Süßes Liebchen, ach! erscheine.*
G-Dur / Andante

Nr. 2: Phidile, *Ich war erst sechzehn Sommer alt.*
A-Dur / [o. A.]

Nr. 3: Lied, *Wo kommst du her, so bleich und blaß.*
a-Moll / Lamentoso

Nr. 4: Ständchen an Feodoren, *Rings walten Todesstille.*
Es-Dur / Langsam

Nr. 5: Erinnerung, *Schweigend in des Abends Stille.*
f-Moll / Langsam

Nr. 6: Tell und Lÿda, *Zärtlicher als Tell und Lÿda.*
F-Dur / Andante

Nr. 7: Cavatina, *La mia bella diceva di no.*
A-Dur / Allegro

Nr. 8: Die Knabenzeit, *Wie glücklich, wenn das Knabenkind.*
B-Dur / Allegretto

Nr. 9: Der Liebende, *Beglückt, beglückt, wer dich erblickt.*
F-Dur / [o. A.]

Nr. 10: Die Laube, *Nimmer werd' ich, nimmer dein vergessen.*
Des-Dur / Andante

Nr. 11: Cavatina, *Ah se dire io vi potessi.*
B-Dur / [o. A.]

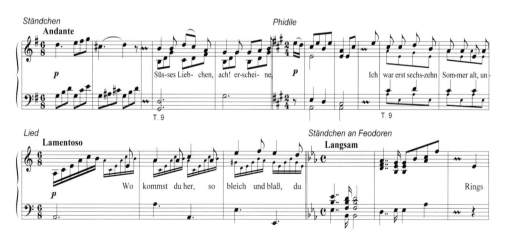

Datierung: 1820 (vgl. *Anmerkung*).
Autograph: unbekannt.
Abschriften: D-KA (Nr. 289).
Anmerkung: Diese elf Lieder sind säuberlich in ein querformatiges Notenheft eingetragen, sie wurden deshalb auch hier als Zyklus zusammengefasst. Auf der ersten Seite des Heftes steht der Hinweis: „Alle im Jahre 1820 in Prag komponiert. J. W. Kalliwoda."

WoO IX/02   Fünf frühe Lieder

    Nr. 1: Das Traumbild, *Wo bist du Bild, das vor mir stand.*
        As-Dur / Adagio
    Nr. 2: Hexenlied, *Die Schwalbe fliegt, der Frühling singt.*
        d-Moll / Allegro agitato
    Nr. 3: Abendlied, *Zögernd tauchte sich der Sonne letzter Strahl.*
        Es-Dur / Ruhig
    Nr. 4: Lied, *Wie still mit Geister leben.*
        a-Moll / Langsam
    Nr. 5: Das Geheimniß, *Sie konnte mir kein Wörtchen sagen.*
        G-Dur / Lebhaft

Datierung: ?
Autograph: unbekannt.
Abschriften: D-KA (Don Mus. Ms. 851 [vgl. *Anmerkung*]).
Anmerkung: Der gebundene Notenband enthält 20 Lieder sowie ein Duett aus dem Opernfragment *Die Wunderbare*. Enthalten sind alle elf Lieder aus WoO IX/1, allerdings ergänzt durch diese fünf Stücke: **Das Traumbild** steht an zweiter Stelle, **Hexenlied** folgt als Nr. 11 nach *Der Liebende*, das **Abendlied** schließt sich mit der Nr. 14 an die zweite Cavatina an, das **Lied** hat die Nr. 17 und **Das Geheimniß** die Nr. 19. Die übrigen Lieder dieses Bandes sind dem Zyklus WoO IX/3 entnommen: Zwei Stücke ohne Titel (*Armes Herz...* bzw. *Es ist so angenehm...*) als Nr. 15 u. 16, *Sängers-Abendlied* als Nr. 18 sowie *Sehnsucht* als Nr. 20.

WoO IX/03 Vierzehn frühe Lieder

Nr. 1: Das Wunderland, *Kennst du das Land, wo lieblich Tal.*
As-Dur / Langsam

Nr. 2: [ohne Titel], *Warte, such ich mir vergebens.*
D-Dur / Bewegt, doch nicht zu geschwind

Nr. 3: Lied, *Armes Herz, du konntest wähnen?*
g-Moll / Lamentoso

Nr. 4: Lied, *Es ist so angenehm, so süß.*
F-Dur / Beweglich

Nr. 5: Lied, *Heut kam ich zu meinem Mädchen.*
A-Dur / Allegro

Nr. 6: Abschied, *Gepriesens Land! das liebend mich erzogen.*
G-Dur / Moderato

Nr. 7: Sehnsucht, *Immerdar mit leisem Weben.*
a-Moll / Allegro

Nr. 8: Gleichmuth, *Nicht heute nur, auch morgen.*
As-Dur / Moderato

Nr. 9: Meeresleuchten, *O komm in mein Schiffchen.*
g-Moll / Moderato

Nr. 10: [Der Ausfall der Munderkinger im Jahr 1798], *Auf, auf ihr Bürger, stauhd ins Gwehr* (Karl Weitzmann).
C-Dur / Moderato

Nr. 11: [ohne Titel], *Dich hab' ich Lieb. Nichts weiß ich sonst zu sagen.*
As-Dur / Molto vivace

Nr. 12: Sängers-Abendlied, *Abendthau. Perlend glänzt auf bunten Wiesen.*
E-Dur / Andante

Nr. 13: Letzter Wille, *Ich lag so gern bei Blumen* (Ludwig Scharrer).
a-Moll / Andantino

Nr. 14: Mit dir zu sein, *Mit dir zu sein, ich dank' es* (G. von Kehsel).
Es-Dur / Moderato

Datierung: 1821c (vgl. *Anmerkung* zu Lied Nr. 4).
Autograph: D-KA (Nr. 290 [Lied Nr. 2 als Abschrift]).
Druck: Marco Berra, Prag (Nr. 4; vgl. *Anmerkung*).
Anmerkung: Die Sammlung enthält 26 Klavierlieder. Neben den hier zusammengestellten 14 liegen folgende Stücke bei: das Kirchenlied WoO VI/33, die Singstimme mit Bass der Sopranarie WoO V/20, jeweils eine Frühfassung von op. 171, Nr. 4 u. 5, op. 177, Nr. 3, WoO IX/4, Nr. 2 sowie WoO IX/12, schließlich vier einzeln erfasste Lieder (WoO IX/11, 15, 26, 32) und das zweistimmige Volkslied WoO IX/37.
Die Autenthizität von Lied Nr. 2 ist fraglich. Als einziges nicht in Autograph vorliegendes Werk trägt es die Notiz: „Höchst wahrscheinlich von J. W. K."

Das Lied Nr. 4 steht auf einem gesonderten Notenbogen mit dem Hinweis. „Zu bekommen in der Musikabteilung des Marco Berra in Prag Altstadt No 459." Aufgrund dieser Information kann man davon ausgehen, dass dieses Lied (wie wohl auch die anderen der Sammlung) ähnlich wie die Stücke im WoO IX/1 um 1820 entstanden ist.

Lied Nr. 10 trug ursprünglich keinen Titel; der hier genannte wurde erst später ergänzt und muss wohl als Programm dieser kriegerisch anmutenden Komposition angesehen werden.

WoO IX/04 Drei Lieder

Nr. 1: Kriegers Abschied vom Liebchen, *Leb wohl mein Schatz.*
   Des-Dur / Allegretto
Nr. 2: Mein Wunsch, *So mancher möchte ihr Blümchen sein.*
   As-Dur / Moderato
Nr. 3: Glöcklein, *Es tönt ein Glöcklein silberhell.*
   H-Dur / Moderato
Frühfassung von Nr. 2: Allegro non tanto, As-Dur

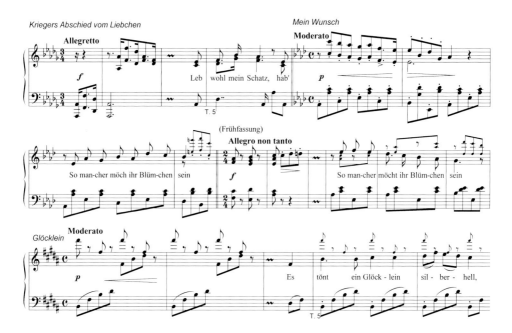

Datierung: Vor 1844 ▪ **Erworben** am 23.02.1844 (zwei Expl. von Lied Nr. 1).
Autograph: unbekannt.
Bearbeitung: Frühfassung von Lied Nr. 2 (*Mein Wunsch*) in D-KA (Nr. 290 [Autograph]).
Druck: *DREI LIEDER / für eine / Singstimme / mit / Begleitung des Pianoforte / componirt / von / J. W. KALLIWODA*. Fr. Hofmeister, Leipzig 138-40.
Bibliothek: D-KA (Don Mus. Dr. 1535 [tiefe Lage], Mus. Dr. 2944a [hohe L.]) ▪ D-KA (Nr. 298) ▪ D-B (Mus.3135).

WoO IX/05   Zwei Lieder von Johann Wilhelm Schäfer

Nr. 1: Bergwald, *Noch einmal empfängst du mich wieder* (Schäfer).
G-Dur / Allegro non tanto
Nr. 2: [Das] Andenken, *Wo ich bin und wo ich walle* (Schäfer).
E-Dur / Moderato

Datierung: zwischen 1846 und 1850 (Bestehen des Verlages Stoll).
Autograph: unbekannt.
Abschriften: D-KA (Nr. 310 [Lied 1] + Nr. 311 [Lied 2]).
Druck: BERGWALD / *von J. W. Schäfer*. Edm. Stoll, Leipzig 102. ▪ ANDENKEN / *von J. W. Schäfer*. Edm. Stoll, Leipzig 103.
Bibliothek: D-KA (Don Mus. Dr. 3030) ▪ D-B (129746 [Lied 1], 129747 [Lied 2]).

WoO IX/06   Zwei Lieder

Nr. 1: Der Abendstern, *Du lieblicher Stern, du leuchtest so fern*
(Hoffmann von Fallersleben). Ges-Dur / Larghetto
Nr. 2: Das alte Lied, *Von Stadt zu Stadt, von Land zu Land*
g-Moll / Allegretto

Datierung: 1839 (Druck).
Autograph: unbekannt
Drucke: *DER ABENDSTERN / für eine / SINGSTIMME / mit Piano-Forte Begleitung / von / J. W. KALLIWODA*. Schott, Mainz 5564 ▪ *DAS ALTE LIED / für eine / SINGSTIMME / mit Piano-Forte Begleitung / von / J. W. KALLIWODA*. Schott, Mainz 5565.
Bibliothek: D-KA (Don Mus. Dr. 2944a) ▪ D-KA (Nr. 317 [Lied 1] + Nr. 318 [Lied 2]) ▪ D-B (87240 [Lied 1] + 87241 [Lied 2]).

WoO IX/07   Zwei Gedichte

Nr. 1: Augensprache, *Bei dem Liebchen weil ich gerne* (Christoph Vorholz).
    D-Dur / Allegretto
Nr. 2: Des Hirten Abschied, *Leise spielt die Abendröte*
    (Salomon Hermann Ritter von Mosenthal). As-Dur / Moderato

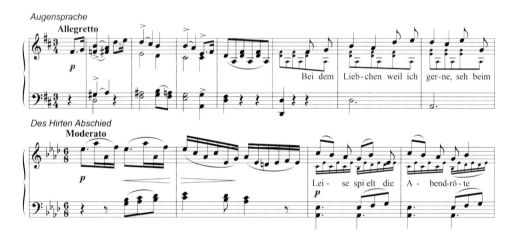

Datierung: 1842 (Druck). ▪ **Erworben** am 26.07.1842.
Autograph: unbekannt.
Abschriften: D-KA (Nr. 297).
Druck: *ZWEI GEDICHTE / ... / für / eine Singstimme / mit / Begleitung des Pianoforte / componirt / von / J. W. KALLIWODA*. Creuzbauer und Nöldeke, Karlsruhe 106 ▪ Augener & Co, London (Lied Nr 1, dt. u. engl. [*Near my loved me*], Übersetzung von Leopold Wray. *1903*).
Bibliothek: D-KA (Don Mus. Dr. 2944a) ▪ D-B (Mus. 3136)▪ GB-Lbl (H.2128.).
Anzeigen und Rezensionen: AmZ 1842, Sp. 936; NZfM 1844, Bd.I, S. 57.

WoO IX/08 Zwei Lieder ohne Titel
  Nr. 1: *O wunder milder weicher Ton, laß mich verhall'n.*
    D-Dur / [o. A.]
  Nr. 2: *Mit der Zitter in der Hand.*
    F-Dur / [o. A.]

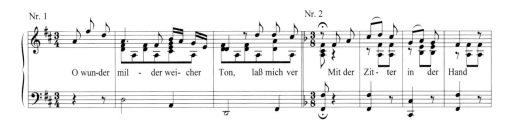

Datierung: ?
Autograph: unbekannt.
Abschriften: D-KA (Nr. 293 [2. / Lieder für eine Singstimme / Mit Begleitung / des / Piano-Forte / von / J. W. Kalliwoda.]).

WoO IX/09 Abendlied (Kirchenlied), E-Dur
  Wer unter deinem Schimmer ruht, o Gott. Larghetto

Besetzung: Sopran, Klavier.
Datierung: 1864 (vgl. *Anmerkung*).
Autograph: D-KA (Nr. 280a [Partitur + Stimmenabschriften]).
Bearbeitung: Orchesterbegleitung mit Fl, Ob, Cl, Fag, Cor, Str.
Anmerkung: Im Rahmen der Museumskonzerte in Donaueschingen wurde am 28. März 1864 ein „Abendlied für Sopran" von Kalliwoda aufgeführt, bei dem es sich u. U. um diese Komposition in der Orchesterfassung handeln könnte. Auf der Klavierfassung notierte Kalliwoda neben dem Titel *Abendlied* auch die Bezeichnung *Kirchenlied*.

358

WoO IX/10   Abendliche Kahnfahrt, E-Dur
Eile mein Schifflein, auf flutendem See. (Joseph Victor von Scheffel)
Allegro moderato

Datierung: ?
Autograph: D-KA (Nr. 294).

WoO IX/11   Abschiedsständchen, e-Moll
Nun die Schatten dunkeln. (Emanuel von Geibel) Allegretto

Datierung: ?
Autograph: D-KA (in Nr. 290).
Druck: *KALLIWODA / LIEDER-ALBUM / Gesang und Klavier*. Universal Edition, Wien 2471 (S. 74-75, *1910*; als *Nachlaß* bezeichnet).
Bibliothek: D-KA (Anh. Nr. C1) ▪ D-KA* (M 6902) ▪ A-Wn (MS 3998) ▪ CZ-Pnm (59 E 6536).

WoO IX/12   Amen, B-Dur
Wenn ich ins Bettchen steige. (Heinrich Heine) Moderato
Frühfassung: Andante, B-Dur

Datierung: ?
Autograph: D-KA (Don Mus. Ms. 841) ▪ D-KA (in Nr. 290 [Frühfassung]).
Abschriften: D-KA (Don Mus. 856 Rückseite!).

WoO IX/13 An die Heimath, D-Dur
O meiner Heimat heil'ge Berge. (Julius Carl Blumenhagen) Moderato

Datierung: ?
Autograph: D-KA (Don Mus. Ms. 979 [*Lied für Singstimme*]).

WoO IX/14 Erwartung, Es-Dur
Komm in den Garten! Ich harre dein. (Karl Bassewitz)
Molto vivace appassionato

Datierung: ?
Autograph: unbekannt.
Abschriften: D-KA (Nr. 299).
Bearbeitung: Übertragung für Klavier von F. Schmidt: Hofmeister, Leipzig 349 (=Schmidt: Beliebte Lieder N° 2).
Druck: *Album für Gesang. / LIEDER UND GESÄNGE / FÜR EINE SINGSTIMME / mit Begleitung des Pianoforte*. No. 14. G. Müller, Rudolstadt 93.
Bibliothek: D-KA (Don Mus. Dr. 2944b) ▪ D-B (85722 [Bearb. für Kl]).

WoO IX/15   Der Fischer, As-Dur

Das Wasser rauscht, das Wasser schwoll. (Johann W. von Goethe) Andante

Datierung: ?
Autograph: D-KA (in Nr. 290).

WoO IX/16   Freundschaft und Liebe, A-Dur

Gern möcht' ich zu dir eilen. (Karl Bernbrunn; Pseud.: Carl)
Etwas bewegt und mit viel Ausdruck

Caecilia Saemann gewidmet.

Datierung: 1850 (Druck).
Autograph: unbekannt.
Abschriften: D-KA (Nr. 309).
Druck: WIDMUNG / an Fräulein / Caecilia Saemann / in / KOENIGSBERG. / LIED FÜR SOPRAN / mit Begleitung des Pianoforte / componirt von / J. W. KALLIWODA. C. F. Peters, Leipzig 3389.
Bibliothek: D-KA (Don Mus. Dr. 2944b).
Anzeigen und Rezensionen: NZfM 1850, Bd.II, S. 226.

WoO IX/17   Frühlingsjubel, E-Dur

Strahlende Sonne, himmlisches Blau. Allegro

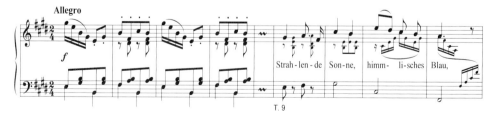

Datierung: Donaueschingen April 1866 (Autograph).
Autograph: D-KA (Nr. 292).

WoO IX/18   Gute Nacht, F-Dur
In dem Himmel ruht die Erde. (Robert Reinick) Andante

(Prinz Emil zu Fürstenberg gewidmet.)

Datierung: ?
Autograph: D-KA (Don Mus. Ms. 849 [Autogr. + eine Abschrift]).
Anmerkung: Auf der Abschrift steht folgende Bemerkung: „Laana bei Neustrachlitz Böhmen / S. D. Prinz Emil zu Fürstenberg." Da diese Widmung nur auf der Abschrift von fremder Hand vermerkt ist, muss zumindest hinterfragt werden, inwieweit sie auch im Sinne Kalliwodas war.

WoO IX/19   Heimweh, g-Moll
Brennt so heiß die fremde Sonne. Andante

Besetzung: Singstimme, Horn, Klavier.
Datierung: 1839 (Druck).
Autograph: unbekannt.
Druck: HEIMWEH / *für eine* / SINGSTIMME / *mit Piano-Forte und Horn Begleitung* / *von* / J. W. KALLIWODA. Schott, Mainz 5441 ▪ E. Ashdown, London (mit Fl/Vl) ▪ Les Concerts de Société (...) German Songs for voice, piano and violoncello obligato. Wessel & Co, London 1840-57. No. 44. ▪ Les Concerts de Société (...) German Songs for Voice, Piano and Violin Obligato. Wessel & Co, London 1845-57. No. 44. ▪ Les Concerts de Société. German songs for voice, piano and horn obligato, the horn partly adapted by H. Jarratt. Wessel & Co, London 1845-54. No. 44. (Engl. Text in allen Fällen: „Fiercely glows the sky above me".).
Bibliothek: D-KA (Don Mus. Dr. 2944a) ▪ D-KA (Nr. 288a) ▪ FFB (Musikalien, Best. Kalliwoda, Nr. 56 [Hornstimme aus d. Schott-Ausg.] ▪ D-Mbs (4 Mus.pr. 32815) ▪ A-Wn (S.m. 24415) ▪ CZ-Pnm (59 D 7239) ▪ GB-Lbl (H.2085.a. [mit Vl], H.2085.f. [mit Cor], H.2085.g. [mit Vlc]).

WoO IX/20 Husarenlied, D-Dur
Der Husar, der Husar, trara! (Nikolaus Lenau) Vivace

Carl Helminger gewidmet.

Datierung: vor 1844 (Ankauf von Joh. Hoffmann durch Hofmeister).
Autograph: D-KA (Don Mus. Ms. 2848 [nur Singstimme]).
Druck: *HUSARENLIED / von / N. Lenau / für eine Singstimme mit Begleitung / des / PIANO-FORTE / seinem Freunde Herrn D^r / Carl Helminger / zugeeignet von / J. W. KALLIWODA*. Joh. Hoffmann, Prag 183 ▪ Fr. Hofmeister, Leipzig (versehentlich als op. 6 ausgezeichnet).
Bibliothek: D-KA (Don Mus. Dr. 2944a) ▪ D-KA (Nr. 301) ▪ CZ-Pnm (59 A 3103).

WoO IX/21 In der Schänke, fis-Moll
Unsre Gläser klingen hell. (Nikolaus Lenau) Tempo di Polacca

Datierung: 1842 (Druck).
Autograph: unbekannt.
Abschriften: D-KA (Nr. 316 [*In der Schenke. / Am Jahrestage der unglücklichen Polenrevolution / Gedicht / von / L.* [!] *Lenau. / Musik / von / J. W. Kalliwoda*]).
Druck: *Die deutsche / SÄNGER-HALLE. / Enthält: / Original Lieder u. Gesänge / mit Begleitung des Pianoforte / v. berühmten Componisten.* No 9. Peter Spehr, Braunschweig 2570 ▪ Vom selben Verlag später erneut veröffentlicht in: *MOZART-ALBUM / oder / auserlesene ORIGINAL Compositionen / für / GESANG u. PIANOFORTE / Unter Mitwirkung von berühmten / Tondichtern des In- und Auslandes / zum Besten des Mozartsdenkmals / herausgegeben / von / AUGUST POTT.* (S. 70-75).
Bibliothek: D-KA (Don Mus. Dr. 2944a, Mus. Dr. 2102) ▪ D-B (111582) ▪ D-HEms (Magazin) ▪ A-Wn (MS 11.245).
Rezensionen und Literatur: In seiner Besprechung des *Mozartalbums* widmet Robert Schumann auch diesem Werk Kalliwodas eine kurze Betrachtung: „...An der Musik haben wir uns erfreut; sie muß, von einem echten deutschen Baß gesungen, von frappanter Wirkung sein." (Kreisig, Martin [Hrsg.]: Gesammelte Schriften über Musik und Musiker von Robert Schumann. Leipzig ^{5}1914. Bd. II, S. 341.)

Anmerkung: Wegen der Aufnahme dieses Lenau'schen Gedichtes mit dem Volltitel: *In der Schenke, am Jahrestag der unglücklichen Polen-Revolution.* in das Mozart-Album wurde nach Robert Schumanns Information dessen Verbreitung in der Österreichischen Monarchie untersagt.

WoO IX/22 Der sterbende Landwehrmann, A-Dur
Es lag auf seinem Bette. Tempo di Marcia

Datierung: 1840 (vgl. *Anmerkung*).
Autograph: unbekannt.
Druck: Lithographische Vervielfältigung ohne nähere Ortsangaben; der Mappe liegt jedoch ein großformatiger Zierdruck des Textes bei mit der Fußzeile: *Artistisch Instit. v. Gutsch & Rupp, C[arls]ruhe.* Da die beiden Druckbilder identisch sind, könnte die Notenausgabe vom selben Herausgeber stammen.
Bibliothek: D-KA (Don Mus. Dr. 1583 [5 Notenexemplare + Textbogen]).
Anmerkung: An den Liedtitel angehängt ist die Zahl 1840 (*Der sterbende Landwehrmann 1840*). Diese – aller Wahrscheinlichkeit nach – *Jahres*zahl könnte sich entweder auf den Kontext des Gedichtes beziehen oder auch Entstehungsjahr der Komposition sein.

WoO IX/23 Lied, D-Dur
Ihr Freunde ruft im frohen Chor. Moderato

Datierung: ?
Autograph: unbekannt.
Abschriften: D-KA (Anh. Nr. B1).

WoO IX/24 Mein Herz und deine Stimme, E-Dur
Laß tief in dir mich lesen. (August Graf von Platen) Affettuoso

Datierung: 1842 (Druck) ▪ **Erworben** am 18.06.1842 und am 23.02.1844 (zwei weitere Expl).
Autograph: unbekannt.
Druck: *MEIN HERZ UND DEINE STIMME. / GEDICHT von A. v. PLATEN / IN MUSIK GESETZT / von / J. W. KALLIWODA*. Schott, Mainz 6543.
Bibliothek: D-KA (Don Mus. Dr. 2944a) ▪ D-KA (Nr. 295) ▪ D-Mbs (4 Mus.pr. 14713) ▪ D-B (87242).

WoO IX/25 Morgenlied, F-Dur
Gott unter deiner Vaterhut. (Johann Gottfried Seume) Adagio

Besetzung: Sopr, Alt, Bass.
Datierung: ?
Autograph: unbekannt.
Abschriften: D-KA (Don Mus. Ms. 911 [Stimmen]).
Anmerkung: Denselben Text vertonte Kalliwoda auch als Klavierlied und veröffentlichte ihn im Zyklus op. 67 (Nr. 6).

WoO IX/26   Nachtlied eines Einsamen, fis-Moll
Weit, weit sind die Sterne. Moderato

Datierung: ?
Autograph: D-KA (in Nr. 290).
Druck: *KALLIWODA / LIEDER-ALBUM / Gesang und Klavier.* Universal Edition, Wien 2471 (S. 69-73, *1910*; als *Nachlaß* ausgezeichnet).
Bibliothek: D-KA (Anh. Nr. C1) ▪ D-KA* (M 6902) ▪ A-Wn (MS 3998) ▪ CZ-Pnm (59 E 6536).

WoO IX/27   Romance, F-Dur
Te souviens tu Marie. [ohne Bez.]

Besetzung: Singstimme, Klavier oder Harfe.
Datierung: ?
Autograph: unbekannt.
Abschriften: D-KA (Don Mus. Ms. 852 [*Vier Lieder*]).
Anmerkung: Die vier in den Notenband handschriftlich eingetragenen Lieder sind: 1. *Lodoiska's Sehnsucht* (op. 67, Nr. 1), 2. *Romance*, 3. *Zigeunerlied* (op. 79, Nr. 4) sowie *Krasnoy sarafane* (WoO IX/28).

WoO IX/28   Krasnoy sarafane, G-Dur
Né schey ti mné matouschka. Allegro moderato

Datierung: ?
Autograph: unbekannt.
Abschriften: D-KA (Don Mus. Ms. 852 [*Vier Lieder*]).
Anmerkung: Der Text ist eine frühe Transkription einer russischen Vorlage (deutsch: *Roter Sarafan*; dabei handelt es sich um ein ärmelloses Überkleid, das zur russischen Frauentracht des 18. und 19. Jahrhunderts gehört hatte). Zu den übrigen Liedern des Notenbandes vgl. die Anmerkung unter WoO IX/27.

WoO IX/29   Schifferlied, G-Dur
Über spiegelklare Wellen. (Johann N. Vogl) Munter, doch nicht zu schnell

Datierung: ?
Autograph: unbekannt.
Abschriften: D-KA (Nr. 312).
Druck: LIEDERTAFEL. / Eine Sammlung / von Romanzen, Liedern, Singquartetten etc. etc. / mit Begleitung des Pianoforte / in Musik gesetzt von / den berühmtesten Componisten Deutschland's. / Herausgegeben von / DR J. N. Vogl. Zweites Heft, N° 2. H. F. Müller, Wien 294.
Bibliothek: D-KA (Don Mus. Dr. 2944b).

WoO IX/30 Schifferlied II, B-Dur
Kommt herbei froh und frei. Con allegrezza

Datierung: ?
Autograph: unbekannt.
Abschriften: D-KA (Nr. 313).
Druck: *Album für Gesang. / LIEDER UND GESÄNGE / FÜR EINE SINGSTIMME / mit Begleitung des Pianoforte*. No. 22. G. Müller, Rudolstadt 101.
Bibliothek: D-KA (Don Mus. Dr. 2944b).

WoO IX/31 Lied für Schlittschuhläufer, E-Dur
Fort! Nun blüht des Winters Reich. (Schütze?) Allegro vivace

Datierung: ?
Autograph: unbekannt.
Abschriften: D-KA (Don Mus. Ms. 958).

WoO IX/32 Schlummerlied, Des-Dur
Es ruhet die Welt in Abendduft. Adagio

Datierung: März 1866 (Autograph).
Autograph: D-KA (in Nr. 290).

WoO IX/32a Schlummerlied (Spätfassung), B-Dur
Es ruhet die Welt in Abendduft. Adagio

Datierung: Donaueschingen d: 8. Mai 1866 (Autograph).
Autograph: D-KA (Don Mus. Ms. 856).
Anmerkung: Die beiden Fassungen unterscheiden sich neben der anderen Tonart auch durch die abweichende Klavierbegleitung; die Melodiestimme ist identisch.
Auf der Rückseite des Autographs befindet sich eine Abschrift des Liedes *Amen* (WoO IX/12).

WoO IX/33 Trennung, g-Moll
Die Stunde ruft zum Scheiden. Andantino

Datierung: ?
Autograph: unbekannt.
Druck: *Trennung. / Für eine Singstimme mit Begleitung des Pianoforte gesetzt / von / J. W. Kalliwoda. / Einzel-Abdruck aus:* **Orpheon***, Album für Gesang / mit Pianoforte.* N° 67. Karl Göpel, Stuttgart (S. 49-51).
Bibliothek: D-KA (Nr. 314) ▪ D-B (O.5423) ▪ A-Wn (MS 16.240).

WoO IX/34   Der Troubadour, c-Moll
Vor seiner Dame Fenster stand (Ferdinand Freiligrath) Allegretto

Anton Haizinger gewidmet.

Datierung: ?
Autograph: unbekannt.
Abschriften: D-KA (Nr. 296).
Druck: *DER TROUBADOUR / von Freiligrath / für / eine Singstimme mit Begleitung des Pianoforte / componirt / und dem / Großh. Bad. Kammersänger Herrn / ANTON HAITZINGER / freundschaftlichst gewidmet / von / J. W. KALLIWODA*. Creuzbauer und Nöldeke, Karlsruhe 94.
Bibliothek: D-KA (Don Mus. Dr. 2944a).

WoO IX/35   Tyrolerlied, G-Dur
Jez siz' i am Bergel. Andante con dolcezza

Besetzung: Singstimme, Gitarre oder Klavier.
Datierung: 1842c.
Autograph: unbekannt.
Abschriften: D-Mbs (Mus. Mss. 8741-31 [*71 Arien und Lieder mit Gitarre*, Nr. 31]).
Bearbeitung: Arrangement für Zither von A. Gerstorfer. Fr. Hofmeister, Leipzig 334.
Druck: *Album für Gesang mit Piano / herausgegeben von R. Hirsch. Jahrg. 1.* Leipzig (*1842*), S. 7-12. ▪ Dass. Neue Ausgabe. Nº 6. Schuberth & Co., Hamburg 1445 (*1851*) ▪ Boesenberg, Leipzig (*1842*) ▪ Ph. Reclam 175 (=Singendes Deutschland), Leipzig.
Bibliothek: D-KA (Don Mus. Dr. 2944b) ▪ D-KA (Nr. 302) ▪ D-B (Mus. O.7972, O.26053 [für Zither]) ▪ D-DT (Mus-L 112n1 (4) + Mus-n 9518 [in: *Pianoforte-Bibliothek*. Bd.5 Nr.44.]) ▪ A-Wn (MS 41.437 + MS 24.048) ▪ GB-Lbl (F.1199.dd.).
Anmerkung: Dieses Lied wurde am 25. Februar 1863 im Rahmen eines Museumskonzertes in Donaueschingen aufgeführt.

WoO IX/36 Walzer, Des-Dur
Du holdes, du süßes, du liebliches Kind. Molto vivace e con fuoco

Datierung: ?
Autograph: unbekannt.
Druck: *ALBUM / für Gesang mit Begleitung des Pianoforte / ... / Herausgegeben vom / Stuttgarter Liederkranz*. Paul Neff und G. A. Zumsteeg, Stuttgart in Kommission mit F. Volkmar, Leipzig [o. J.]. Nr. 13, S. 40-49.
Bibliothek: D-KA (Nr. 254) ▪ D-B (Mus. O.10555).

WoO IX/37 Zweistimmiges Volksliedchen, As-Dur
Ach, weiß nicht, was du an mir hast. Allegretto

Besetzung: Sopr, Ten, Klavier.
Datierung: ?
Autograph: D-KA (in Nr. 290 [*Zweistimmiges Volksliedchen für Sopran und Tenor mit Begleitung des Pianoforte.*]).

WoO IX/38   Weihnachtsliedchen, Es-Dur
Es kam die gnadenvolle Nacht (Johann Kaspar Lavater) Allegretto

Besetzung: 2 Singstimmen, Klavier oder Orgel.
Datierung: 1853c.
Autograph: D-KA (Don Mus. Ms. 907).
Abschriften: D-KA (Nr. 325 [vgl. *Anmerkung*]).
Druck: Strauß-Németh, Kalliwoda. Bd. 1. Notenanhang IV; zu früheren Ausgaben vgl. *Anmerkung*.
Literatur: Strauß-Németh, Kalliwoda. Bd. 1. Kap. 6.3. (*Volkstümliche Bearbeitungen*).
Anmerkung: Die Mappe Nr. 325 enthält neben einer Abschrift mehrere Blätter gedruckter Exemplare des Liedchens. Auf einem steht der Hinweis: „für die fürstl. Kinder Prinzeß Amele (geb. 1848) u. Prinz Karl Egon (geb. 1852)." Ein weiteres Druckexemplar enthält den handschriftlichen Zusatz: „Von J. W. Kalliwoda componiert zu »Bruder Martin«, eine Erzählung für die Jugend von Lucian Reich. Erschienen in Emmendingen, Druck und Verlagsgesellschaft vorm. Dölter A. G. 1899." Ein Exemplar dieses Büchleins liegt ebenfalls in der besagten Mappe.
Das hier mitgeteilte Lied ist lediglich eine Bearbeitung und keine Eigenkomposition von Kalliwoda. Zwar hat es in seiner Überlieferung stets Abwandlungen erfahren, aber der pastoral anmutende Melodienbeginn und der charakteristische Dreiertakt blieben in allen Fassungen erhalten. Als eine der ältesten Quellen erscheint es als Einlage im Krippenspiel des Druisheimer Pfarrers Karl Aloys Nack von 1812 (*Die / Kinder Bethlehems / bey der / Krippe des Herrn. / Ein Weihnachtspiel und Weihnachtgeschenk / für Kinder / von / Karl Aloys Nack, / Pfarrer in Druisheim. /Augsburg, 1812.*). Ein Jahr später führt das sog. *Konstanzer Gesangbuch* dieses Lied auf (*Melodien / zum / zweyten Theile / des / Diözesan-Gesangbuches / für da[s] Bisthum Konstanz, (...) Viertes Heft. / Freyburg, 1816. Nro. 2. Weinacht-Lied.*) Auf diese Ausgabe beruft sich die leicht veränderte, v. a. von ausziierenden Figurationen befreite, Fassung im *Orgelbuch zum Magnifikat II.* aus dem Jahr 1960 (Nr. 584). Den schlichten siebenstrophigen Text dichtete der Zürcher Pfarrer Johann Kaspar Lavater 1780 auf eine volkstümliche Melodie aus dem Kanton Luzern.
Wann Kalliwoda das Lied bearbeitet hatte ist ebenso unbekannt, wie die Tatsache, warum Lucian Reich es in seine Erzählung aufnahm. Es ist bereits in die erste Auflage eingelegt (gedr. in Hüfingen 1853) und wurde auch in den oben erwähnten Emmendinger Nachdruck übernommen. Eine weitere Neuauflage aus den 1950er Jahren enthält das Lied nicht mehr. Dieses Buch war zur Wende vom 19. zum 20. Jahrhundert in Süddeutschland sehr beliebt, was auch zur Verbreitung von den Fehlinformationen geführt haben könnte, Lucian Reich habe den Text vom *Weihnachtsliedchen* selbst gedichtet und Kalliwoda diesen vertont.
Das katholische Gebet- und Gesangbuch *Magnificat* für die Erzdiözese Freiburg war bis 1975 in Gebrauch und damit auch dieses Lied im Umlauf. In einzelnen Gegenden wurde es noch über diese Zeit hinaus tradiert und bis ins 21. Jahrhundert gesungen.

WoO IX/39   Duettino, As-Dur
Drückt dich des Schicksals schwere Bürde. Larghetto

Besetzung: Sopr, Ten, Klavier.
Datierung: ?
Autograph: D-KA (Don Mus. Ms. 898).

WoO IX/40   Duett, A-Dur
Sey Geliebter uns willkommen. Moderato

Besetzung: Ten, Bass, 2 Fl, 2 Cor, Gitarre.
Datierung: ?
Autograph: unbekannt.
Abschriften: D-KA (Don Mus. Ms. 900 [*Duetto für Tenor und Baß mit Begleitung von II Flöten, 2 Horn und Guitare. Gitarrenstimme fehlt*]).

WoO IX/40a   Stimmen zu einem Duett (?), C-Dur
Adagio

Besetzung: 2 Fl, Cor, Fag.
Datierung: ?
Autograph: FFB (Musikalien, Best. Kalliwoda, Nr. 9 [Zwei Stimmenblätter mit jew. zwei Spalierungen für 2 Fl bzw. Cor/Fag]).
Anmerkung: Auf den Stimmen steht der Hinweis: „lag bei Duett für T. u. B., 2 Fl, 2 Cor, Guit." Trotz dieser Notiz kann das vorliegende Notenmaterial schon allein wegen der abweichenden Tonart nicht Teil des erwähnten Duettes (WoO IX/40) sein. Die 43taktige Komposition, zu der es gehört, konnte nicht bestimmt werden.

WoO IX/41 Terzetto, E-Dur

Bella Dea de Numi amore. Larghetto

Besetzung: 2 Ten, Bariton oder Bass, Klavier.
Datierung: ?
Autograph: D-KA (Nr. 330 [*Terzett / für / 2 Tenor und 1 Baritonstimme (oder Baß) / mit Begleitung des Pianoforte / von / J. W. Kalliwoda.*]).

GRUPPE X
Sonstiges & Arrangements

WoO X/01 Donaueschinger Narrenmarsch, G-Dur
Ohne Satzbezeichnung

Besetzung: Klavier oder Orchester.
Datierung: 1840 (vgl. Anmerkung).
Autograph: D-KA (Don Mus. Autogr. 19 [Wohl scherzhaft als *Trauermarsch* betitelt; am Ende der Hinweis: "99mal da Capo."]).
Abschriften: D-KA (Nr. 199 [Mappe enthält I. die Druckausgabe *Donaueschinger Narrenmarsch*, II. *Carnevals-Marsch* mit „Trio zum Narrenmarsch, wie derselbe in Donaueschingen stets gespielt wurde." Dieses 8taktige Trio ist auf einem gesonderten Zettel angehängt. Am Ende findet man die Anweisung: „Marcia da capo ad infinitum."]).
Bearbeitung: Aufgrund seiner Verwendung als Gassenhauer in der Fastnachtszeit wurde der Marsch in vielfältigster Weise für Blas- bzw. Narrenorchester arrangiert.
Druck: Verlag von Otto Mory's Hofbuchhandlung, Donaueschingen (*Donaueschinger Narrenmarsch*).
Literatur: Rudolf Schlatter, Der Donaueschinger Narrenmarsch und die Musik an Fasnet. In: Narren-Chronik der Stadt Donaueschingen. Hrsg. von der Narrenzunft »Frohsinn 1853« Donaueschingen. 1975. S. 104-110. Strauß-Németh, Kalliwoda. Bd. 1. Kap. 6.3. (*Volkstümliche Bearbeitungen*).
Anmerkung: Am 2. März 1840 wurde Kalliwodas Fastnachtsspiel *Billibambuffs Hochzeitsreise* in Donaueschingen uraufgeführt (vgl. WoO V/7). Die Melodie des vorliegenden Marsches ist das Hauptmotiv der Ouvertüre des Singspiels. Darüber hinaus erscheint er als eigenständige Nummer im dritten Akt. Der Komponist griff dabei auf ein altes, europaweit verbreitetes Scherzlied zurück, das in der Gegend um Donaueschingen an den Fastnachtstagen unentwegt gespielt und gesungen wurde ("Hans blieb do, du woascht ja nit wieas Wetter wurd...") – und zwar schon **vor** Kalliwodas Wirkungszeit. Nichtsdestotrotz verbreitete sich die Annahme, Kalliwoda sei der Komponist des Marsches; die Kontroverse darüber dauerte bis in das 21. Jahrhundert hinein.

WoO X/02 Fastnachtsbericht und Narrenlied, (D-Dur)
Ihr Narren, ihr habt jetzt umständlich gehöret. Moderato

Besetzung: Singstimme, Fl, Vl, Vlc.
Datierung: 1846 (Abschrift).
Autograph: unbekannt.
Abschriften: D-KA (Anh. Nr. B7b [Partitur] + B7c [Singstimme]).

WoO X/03 Menagerlied, G-Dur
Verehrteste, hier sehen Sie. Lustig

Besetzung: Männerchor, Fl, Vl, Vlc.
Datierung: 1842 (Abschrift).
Autograph: unbekannt.
Abschriften: D-KA (Anh. Nr. B7a [*Fastnachtsscherz*. Partitur + Stimmen]).

WoO X/04 Zwei Arrangements, F-Dur
1. *Andante religioso* von M[oritz?] Hauser
2. *Adagio religioso* von Gaetano Donizetti

Besetzung: 1.: Vl princ, Str; 2.: Vl princ, 2 Fl, 2 Cl, 2 Cor, Str.
Datierung: ?
Autograph: unbekannt.
Abschriften: D-KA (Nr. 66).

WoO X/05 Arrangement, g-Moll
Andante von Wolfgang Amadeus Mozart

Besetzung: Violine, Klavier.
Datierung: ?
Autograph: D-KA (Nr. 123 [*Mozart, Andante für die / Violine mit Begl. des Pianoforte*]).

WoO X/06 Arrangement, e-Moll
Lied von Franz Schubert [o. A.]

Besetzung: Violine, Klavier.
Datierung: ?
Autograph: D-KA (Nr. 124 [*Lied von F. Schubert. / Für Violine und Clavier arrang von J. W. K.*]).

WoO X/07 Arrangement, d-Moll
Preghiera aus Allessandro Stradella. Andante

Besetzung: 2 Vl, Vla, Vlc, Klavier.
Datierung: ?
Autograph: D-KA (Nr. 125 [*Preghiera.*]).
Anmerkung: Das Wort *Preghiera* ist auf der Klavierstimme durchgestrichen und durch *Gebet* ersetzt.

WoO X/08 Arrangement, D-Dur
Chor aus dem 100. Psalm von Georg Friedrich Händel. Allegro

Besetzung: Chor (kein Text unterlegt!), 2 Fl, 2 Ob, 2 Cl, 2 Fag, 2 Cor, 2 Tr, Trb-b, Timp, Str.
Datierung: ?
Autograph: D-KA (Nr. 280 [*Chor aus dem hundertsten Psalm von Handel. Partitur*]).

WoO X/09 Fünf Arrangements für Orchestrion
    1. Ouvertüre zur Oper Blanda von Kalliwoda
    2. Aus der Oper Faust von Gounod
    3. Galop von G[ustav] Michaelis (*Gruß ans Liebchen*)
    4. Polka Mazurka von Carl Klepsitz (*Leonie*)
    5. Potpourri aus der Oper *Luisa Miller* von Verdi
    6. Morgenblätter, Walzer von Johann Strauß

Besetzung: Orchestrion.
Datierung: ?
Autograph: D-KA (Nr. 134b).

WoO X/10 Acht Arrangements für das Harmonium

1. Choral von Bach (*O Haupt voll Blut und Wunden*)
2. Choral von Bach (*O Welt ich muß dich lassen*)
3. Chor aus *Judas Maccabäus* von Händel
4. Englisches Volkslied von Händel (*God save the King*)
5. Österreichisches Volkslied von Haydn (*Gott erhalte*)
6. Russisches Volkslied von Lwoff
7. Terzett aus *Elias* von Mendelssohn (*Hebe deine Augen auf*)
8. Benedictus aus einer Messe von Kalliwoda

[ohne Nr.] Fürstenberg-Lied von Kalliwoda

Besetzung: Harmonium.
Datierung: ?
Autograph: D-KA (Don Mus. Ms. 914[1] [*VIII Piecen für das Harmonium.*]).

WoO X/11 Arrangements für Klavier

Polnische Volkslieder aus Roger's Liederbuch (15 Stücke)

Besetzung: Klavier
Datierung: ?
Autograph: D-KA (Don Mus. Ms. 858).

WoO X/12 Zwei Walzer für Klavier (Fragment)

Nr. 1: Allegro moderato, D-Dur   Nr. 2: [o. A.] G-Dur

Besetzung: Klavier.
Datierung: ?
Autograph: D-KA (Nr. 36, fol. 8ff [*Grandes Valses en forme de Rondeau*]).
Anmerkung: Die Mappe enthält die Serenade, WoO III/16, die Klavierfassung des Menuettsatzes aus der zweiten Sinfonie, op. 17, ferner die zwei vorliegenden Walzer vollständig sowie weitere mit Bleistift skizzierte Walzer-Incipits.

WoO X/13   Drei Cotillons und Marsch für Klavier

1. Cotillion I, Es-Dur - Cotillion II, D-Dur
2. Cotillion III, Es-Dur - Marsch, D-Dur

Besetzung: Klavier.
Datierung: ?
Autograph:. FFB (Musikalien, Best. Kalliwoda, Nr. 41 + 42).
Anmerkung: Offenbar handelt es sich bei diesen Stücken um Skizzen bzw. Entwürfe von anderweitig gruppierten Kompositionen, von denen zwei zu bestimmen waren: Cotillion I entspricht der ersten Nummer (*Deutsche*) aus den fünf Tänzen WoO IV/33, Cotillion III findet sich unter demselben Namen bei den Tänzen op. 34.

WoO X/14   Posaunenstimme zu Beethovens 4. Sinfonie

Datierung: 11. März 1835 (Erstaufführung der Sinfonie in Donaueschingen).
Autograph:. FFB (Musikalien, Best. Kalliwoda, Nr. 49).
Anmerkung: Kalliwoda besetzte die Bassposaune in allen seinen eigenen großen Orchesterwerken; diese klangliche Verstärkung war ihm offenbar bei fremden Kompositionen ebenso wichtig. Es ist anzunehmen, dass auch zu weiteren Sinfonien Beethovens eine vergleichbare Ergänzung existiert (hat). Aller Wahrscheinlichkeit nach wurde die zusätzliche Stimme schon bei der ersten Aufführung der Sinfonie im Jahr 1835 hinzugefügt und nicht erst bei ihrer Wiederholung am 14. Februar 1864.

WoO X/15   Albumblatt

Quelle: D-Dl (Mus. See. 19. Abdruck mit freundlicher Genehmigung der Musikabteilung der Sächsischen Landesbibliothek – Staats- und Universitätsbibliothek Dresden.).
Anmerkung: Das querformatige *Stammbuchblatt* aus privatem Besitz (Depositum in der Sächsischen Landesbibliothek – Staats- und Universitätsbibliothek Dresden) enthält in einer achttaktigen Klaviernotation den Hauptgedanken der dritten Sinfonie, op. 32 (hier: d-Moll, ¾). Die Signierung lautet: „J. W. Kalliwoda. / Leipzig d. 2ten De. 1832." Die Widmung erfolgte demnach bei der Leipziger Erstaufführung dieser Sinfonie.

WoO X/16 Albumblatt

Quelle: D-TRs (Autographensammlung; Abdruck mit freundlicher Genehmigung der Stadtbibliothek Trier.).
Anmerkung: Dieser siebentaktige Eintrag ist signiert mit: „Zur freundlichen Erinnerung an J. W. Kalliwoda." Später wurde erläuternd hinzugefügt: „Geschrieben im Jahre 1834 zu Utrecht und dem Herrn Dr Ladner zum Geschenk gemacht. Trier den 6. April 1852. [Unterschrift:] W. Eichler." Die beschenkte Person war ein seinerzeit berühmter Arzt in Trier, der als „begeisterter Musikfreund" oft als Solosänger auftrat, und mehrere Jahre Dirigent der Liedertafel sowie Mitbegründer des Cäcilienvereins war. (Aus: Heinz Monz [Hg.], Trierer Biographisches Lexikon. Trier 2000. S. 244.)
Es bleibt offen, ob Kalliwoda den Beginn eines bei seinem Besuch gespielten Stückes skizziert, oder sich lediglich spontan eine kleine Moll-Melodie ausgedacht hat.

VERZEICHNIS DER VERTONTEN LIEDER
Nach Titeln geordnet

Titel	Textanfang	Besetzung	Tonart	Werk
Abend am Rhein (Stolterfoth)	Die Sonne sinkt und schwindet	Klavierlied	E-Dur	147, Nr. 3
Abendliche Kahnfahrt (Scheffel)	Eile mein Schifflein	Klavierlied	E-Dur	IX/10
Abendlied	Es neigt sich mit tauigen Schwingen	Klavierlied	Es-Dur	171, Nr. 5
Abendlied (von Fallersleben)	Herz, und verlangst du nicht Ruhe?	Chor	Es-Dur	124, Nr. 4
Abendlied	Wer unter deinem Schimmer ruht	Chor+Klav	E-Dur	IX/9
Abendlied	Zögernd tauchte sich der Sonne letzter Strahl	Klavierlied	Es-Dur	IX/2, Nr. 3
Abends (N. Müller)	Die Abendglocke schallet	Chor+Klav	As-Dur	99, Nr. 4
Abschied	Gepriesens Land! das liebend mich erzogen	Klavierlied	G-Dur	IX/3, Nr. 6
Abschiedskantate (F. Müller)	Zieht hin von Gottes Huld begleitet	Soli,Chor+Orch	Es-Dur	VII/1
Abschiedslied	Hier wo sonst die Freude laut erklinget	Chor+Orch	Es-Dur	VIII/3
Abschiedsständchen (Geibel)	Nun die Schatten dunkeln	Klavierlied	e-Moll	IX/11
Altdeutsches Lied	Vil gesagt und nit verstanden	Männerch.	C-Dur	131, Nr. 4
Am Bache	Durch der Wiese junges Grün	Klavlied+Vc	A-Dur	189, Nr. 4
Amen (Heine)	Wenn ich ins Bettchen steige	Klavierlied	B-Dur	IX/12
Am Strande bei Scheveningen	Es schäumt das Meer	Klavierlied	e-Moll	79, Nr. 1
An die Heimath (Blumenhagen)	O meiner Heimat heil'ge Berge	Klavierlied	D-Dur	IX/13
An die Sterne	Ihr kleinen Sterne, ach wie so gerne	Klavierlied	H-Dur	112, Nr. 2
Andenken (J. W. Schäfer)	Wo ich bin und wo ich walle	Klavierlied	E-Dur	IX/5, Nr. 2
Ans ferne Liebchen	O gib mir süße Kunde	Männerch.	G-Dur	VIII/40, Nr. 6
Auf dem Wasser zu singen (Stolberg)	Mitten im Schimmer der spiegelnden	Klavierlied	E-Dur	192, Nr. 4
Augensprache (Vorholz)	Bei dem Liebchen weil ich gerne	Klavierlied	D-Dur	IX/7, Nr. 1
Autoren-Litanei (von Fallersleben)	Mathematische Figuren	Männerch.	D-Dur	131, Nr. 5
Ave Maria (Scott/Storck)	Ave Maria! Jungfrau mild!	2 Sop+Klav	E-Dur	197, Nr. 2
Barcarolle	Küßt euch leiser, liebe Wogen	Klavierlied	e-Moll	154, Nr. 1
Begräbnislied (Joh. H. Voß)	Ruhe sanft bestattet (= Trauergesang)	Männerch.	As-Dur	96, Nr. 3
Begräbnislied	Ruh'n in Frieden laß die Seelen	Männerch.	F-Dur	232, Nr. 2
Begräbnislied	Ruh'n in Frieden laß die wir Dir empfehlen	Männerch.	F-Dur	VIII/11, Nr. 2

Titel	Textanfang	Besetzung	Tonart	Werk
Bei der Rückkehr ins Vaterland	Mein Vaterland, mein Jugendland!	Klavierlied	G-Dur	192, Nr. 6
Bei der Weihe einer Glocke	Die Glocke, die wir heute weih'n	Chor	Es-Dur	VI/42
Bergwald (J. W. Schäfer)	Noch einmal empfängst du mich wieder	Klavierlied	G-Dur	IX/5, Nr. 1
Blau Äugelein	Blau Äugelein, sprich warum weinest du?	Klavlied+Vc	G-Dur	189, Nr. 1
Cavatina	Ah se dire io vi potessi	Klavierlied	B-Dur	IX/1, Nr. 11
Cavatina	La mia bella diceva di no	Klavierlied	A-Dur	IX/1, Nr. 7
Chor d. Verschworenen I.	Schweigend bricht der große Morgen	MCh+Orch	d-Moll	V/23, Nr. 1
Chor d. Verschworenen II.	Verrat! Verrat! Wir sind verloren!	MCh+Orch	G-Dur	V/23, Nr. 2
Danklied	Was dankerfüllte Zungen	Männerch.	Es-Dur	VIII/4
Das alte Lied	Von Stadt zu Stadt	Klavierlied	g-Moll	IX/6, Nr. 2
Das Auge der Nacht (Schnezler)	Fromm und treu in stiller Nacht	Klavierlied	F-Dur	54, Nr. 6
Das Bächlein (Rudolphi / Goethe?)	Du Bächlein silberhell und klar	Klavlied+Vl	A-Dur	98, Nr. 2
Das deutsche Lied (H. Weismann)	Wenn sich der Geist auf Andachtsschwingen	Männerchor	C-Dur	VIII/5
Das deutsche Lied II (Scharrer)	Schlag an, du Lied, von Pol zu Pol	Chor	C-Dur	VIII/6
Das Geheimnis	Sie konnte mir kein Wörtchen sagen	Klavierlied	G-Dur	IX/2, Nr. 5
Das letzte Harren (Lobedanz)	Töne Glöcklein, in die Weite	Klavierlied	As-Dur	214, Nr. 5
Das Schneeglöckchen	Ich kenne ein Blümchen	Klavierlied	As-Dur	192, Nr. 1
Das Schwerdt (Uhland)	Zur Schmiede ging ein junger Held	Klavierlied	G-Dur	150, Nr. 6
Das Traumbild	Wo bist du Bild, das vor mir stand	Klavierlied	As-Dur	IX/2, Nr. 1
Das Wanderbuch (Scharrer)	Will mein Conterfei dir schenken	Klavierlied	G-Dur	113, Nr. 4
Das Wunderland	Kennst du das Land, wo lieblich Tal	Klavierlied	As-Dur	IX/3, Nr. 1
Dem Höchsten (Hymne)	Dir, Schöpfer der Natur	Chor+Orch	Es-Dur	VII/10
Den Fernen	Weithin durch der Nächte Stille	Klavierlied	E-Dur	177, Nr. 2
Der Abend (Fr. Förster)	Es singt und klagt die Nachtigall	Chor	f-Moll	124, Nr. 2
Der Abendstern (von Fallersleben)	Du lieblicher Stern, du leuchtest	Klavierlied	Ges-Dur	IX/6, Nr. 1
Der Ausfall der Munderkinger 1798	Auf, ihr Bürger stauhd ins Gwehr	Klavierlied	C-Dur	IX/3, Nr. 10
Der Brautkranz	Wenn vor meinen trunknen Blicken	Klavierlied	F-Dur	182, Nr. 3
Der deutsche Baum	Es ragt in Deutschlands Gauen	Männerch.	E-Dur	233, Nr. 1
Der deutsche Rhein (N. Becker)	Sie sollen ihn nicht haben	Chor+Bl	B-Dur	VIII/8
Der drei Burschen Lied (Scheurlin)	Was tönt herauf so seltsamer Klang (2. Fassung)	Klavierlied	a-Moll	150, Nr. 1
		Männerch.	a-Moll	VIII/10
Der Fischer (Goethe)	Das Wasser rauscht, das Wasser schwoll	Klavierlied	As-Dur	IX/15

Titel	Textanfang	Besetzung	Tonart	Werk
Der Fremdling (Volksweise)	Fern komm ich her	Klavierlied	G-Dur	171, Nr. 3
Der Friede Gottes	Seele, laß dein banges Sehnen	Klavierlied	D-Dur	79, Nr. 5
Der Glöckner (Born)	Saß ein Glöckner hoch im Turm (Frühfassung)	Klavierlied	d-Moll	79, Nr. 2
		Klavierlied	d-Moll	– –
Der Gondolier	Die Wogen schlagen schäumend	Klavierlied	As-Dur	112, Nr. 1
Der Hammerschmied (Fr. Kind)	Die Räder steh'n, der Hammer ruht	Klavierlied	E-Dur	182, Nr. 2
Der Hirtenknabe (Koch)	O Hirtenknab', o Hirtenknab'!	Klavierlied	C-Dur	214, Nr. 1
Der Jäger (W. Gerhard)	Es blies ein Jäger wohl in sein Horn	Klavierlied	D-Dur	214, Nr. 4
Der Landwehrmann (Scharrer)	Das Feuer zankt auf seinem Herd (2. Fassung)	Klavierlied	D-Dur	113, Nr. 1
		Männerch.	C-Dur	VIII/1, Nr. 6a
Der Liebende	Beglückt, beglückt, wer dich erblickt	Klavierlied	F-Dur	IX/1, Nr. 9
Der Maikäfer	Der Frühling ruft, heraus!	Männerch.	Des-Dur	VIII/24
Der Postillion (Lenau)	Lieblich war die Maien Nacht	Klavlied+Vc	A-Dur	105
Der schöne Stern (Edwin)	Ruhig, Herz, und nicht verzaget	Klavlied+Vc	a-Moll	91, Nr. 2
Der Schreiner	Ich baute dir den stillen Schrein	Klavierlied	Es-Dur	154, Nr. 5
Der Sennin Heimweh	Tret' ich aus meiner Hütte	Klavl.+Klar/Vl	G-Dur	236
Der sterbende Landwehrmann 1840	Es lag auf seinem Bette	Klavierlied	A-Dur	IX/22
Der Todtengräber	Sag' an, o Alter!	Klavierlied	f-Moll	79, Nr. 6
Der Troubadour (Freiligrath)	Vor seiner Dame Fenster stand	Klavierlied	c-Moll	IX/34
Der Wanderer (Kornstädt)	Hinaus in die Ferne	Klavlied+Vc	G-Dur	91, Nr. 3
Der Zecher	Es muß einmal gestorben sein	Männerch.	g-Moll	VIII/39
Des Deutschen Vaterland	Der Boden wo der Deutsche weilt	Männerch.	F-Dur	VIII/9
Des Hirten Abschied (Mosenthal)	Leise spielt die Abendröte	Klavierlied	As-Dur	IX/7, Nr. 2
Des letzten Kaisers Rheinfahrt	Der Sänger ruht auf schroffem Stein	Klavierlied	E-Dur	147, Nr. 1
Des Lootsen Rückkehr (Scharrer)	Zersplittert lag des Schiffes Mast	Klavierlied	d-Moll	113, Nr. 3
Des Pilgers Sonntag (Ernst)	Auch im fernen Lande	Klavierlied	E-Dur	150, Nr. 4
Des Ritters Geist	Es herrscht im öden Schlosse	Klavierlied	d-Moll	96, Nr. 2
Deutscher Männer Festgesang	Laß schallen deutscher Männerchor	Männerch.	D-Dur	241, Nr. 1
Deutsches Lied (L. G. Neumann)	Willst du ein Mann, ein Deutscher sein?	Männerch.	C-Dur	VIII/7
(Dich hab' ich lieb...)	Dich hab' ich lieb. Nichts weiß ich sonst	Klavierlied	As-Dur	IX/3, Nr. 11
Die Abendglocke	Die Abendglocke tönet hindurch	Männerch.	Des-Dur	VIII/1 + 2
Die Abendglocken (Silesius)	Die Abendglocken sie singen	Klavlied+Vc	E-Dur	91, Nr. 1

383

Titel	Textanfang	Besetzung	Tonart	Werk
Die Audienz (G. Harrys)	Sei uns willkommen im Jugendgewande	Chor+Orch	C-Dur	VII/13
Die Beichte	Hochwürd'ger Herr Pater	Männerch.	H-Dur	96, Nr. 4
Die Berge	Auf den Bergen nur wohnet die Freiheit	Männerch.	C-Dur	VIII/1, Nr. 4
Die Bitte (Volksweise)	Du Mond, i hätt' a Bitt' an di	Klavierlied	Des-Dur	172, Nr. 3
Die einsame Rose (von Fallersleben)	Das Röslein steht am Felsenrand	Klavierlied	E-Dur	112, Nr. 6
Die Entführung	Hier zur Stunde der Gespenster	Klavlied+Hr	F-Dur	182, Nr. 1
Die Fahnenwacht (Th. Löwe)	Der Sänger hält im Feld	Klavierlied	F-Dur	139, Nr. 2
Die Jäger	Es zieht ein Jäger, das Herz so bang	Klavierlied	b-Moll	155
Die Knabenzeit	Wie glücklich, wenn das Knabenkind	Klavierlied	B-Dur	IX/1, Nr. 8
Die Laube	Nimmer werd' ich, nimmer dein vergessen	Klavierlied	Des-Dur	IX/1, Nr. 10
Die Leiche des Kriegers (von Thale)	Was wallt für ein langsamer Zug einher	Klavierlied	f-Moll	113, Nr. 2
Die Mähr von den drei Schneidern	Es kamen drei Schneider	Männerch.	D-Dur	114, Nr. 1
Die Rückkehr (Schreiber)	So nahst du endlich freundliches	Klavierlied	G-Dur	4, Nr. 3
Die Schiffende (Hölty)	Sie wankt dahin	Klavierlied	E-Dur	4, Nr. 6
Die unbekannte Blume	Jüngst ging ich durch Busch	Klavierlied	A-Dur	4, Nr. 4
Die untergehende Sonne	Wie geht so klar und munter	Chor+Klav	Es-Dur	99, Nr. 6
(Drauf und dran...)	Drauf und dran fürs Vaterland	MCh+Bbl	C-Dur	VIII/25
Duett für Sopran und Bass	Ah crudel tu voi ch' io mora	SB+Orch	c-Moll	V/21
Duettino	Drückt dich des Schicksals schwere Bürde	ST+Klav	As-Dur	IX/39
Duetto	Sei Geliebter uns willkommen	TB+Instr.	A-Dur	IX/40
(Du willst, ich soll dich...)	Du willst, ich soll dich nun vergessen	Klavierlied	a-Moll	214, Nr. 3
Einst und jetzt (Lenau)	Möchte wieder in die Gegend	Klavlied+Vc	F-Dur	189, Nr. 3
Einweihungslied	Vom heiligen Gefühl der Andacht	Männerch.	Es-Dur	VIII/11, Nr. 1
Erinnerung	Schweigend in des Abends Stille	Klavierlied	f-Moll	IX/1, Nr. 5
Erwartung (Bassewitz)	Komm in den Garten! ich harre dein,	Klavierlied	Es-Dur	IX/14
Ferne Liebe	Aus des Herzens stiller Enge	Klavierlied	F-Dur	150, Nr. 2
Festkantate	Hohes Paar! Seid uns gegrüßt!	Chor+Orch	D-Dur	VII/2
Festkantate (Lied, X. Seemann)	Stimmt an ihr Freunde frohen Sang!	MCh+Bl	C-Dur	VII/4
Festgesang	Heut klingt das Lied mit Lust	Chor+Orch	As-Dur	VII/6
Festgesang	Hört! wie zur Lust die Freudenstimmen mahnen	Männerch.	C-Dur	VIII/12
Festgesang	Wie war die Zeit so voll von Schmerzen	Männerch.	Es-Dur	VII/5 + 5a
Festgruß	Laßt frohe Lieder schallen	Chor+Orch	E-Dur	VII/7

Titel	Textanfang	Besetzung	Tonart	Werk
Festgruß	Sei uns gegrüßt im Feierkleide	Männerch.	C-Dur	VIII/13
Festgruß	Seid gegrüßt in diesen Hallen	Chor+Orch	A-Dur	VII/8
Fischerlied (Schottisches Volkslied)	Wie gleitet schnell das leichte Boot	Chor+Klav	E-Dur	144
Frage nicht (Prutz)	O frage nicht, was auf des Auges	Klavierlied	E-Dur	139, Nr. 3
Freie Nacht	Brüder heut' ist freie Nacht!	Männerch.	D-Dur	131, Nr. 2
Freude in Ehren	Ein Lied in Ehren, wer will es wehren	Chor+Klav	C-Dur	99, Nr. 2
Freundschaft und Liebe (Bernbrunn)	Gern möcht' ich zu Dir eilen	Klavierlied	A-Dur	IX/16
Frösche und Unken	Die Frösch' und die Unken	(M)Chor	G-Dur	114, Nr. 2
Frühlings Wanderschaft	O Heimchen, sprich, was (2. Fassung)	Klavierlied	E-Dur	172, Nr. 1
		Männerch.	E-Dur	VIII/14
Frühlingsahnen	Frühlingsahnen, Frühlingswehen	Klavlied+Vl	A-Dur	98, Nr. 3
Frühlingsfeier (Fr. Förster)	Alle Glöcklein im Garten	Chor	A-Dur	124, Nr. 3
Frühlingsjubel	Strahlende Sonne, himmlisches Blau	Klavierlied	E-Dur	IX/17
Fürstenberghymne (X. Seemann)	Laß ew'ger Vater, großer Hort	Chor	Es-Dur	145a
Gebet	Ja Du bist's, der uns den Weg	Männerch.	C-Dur	232, Nr. 1
Geistergruß	Im Haine schlagen lustig	Klavierlied	F-Dur	177, Nr. 1
Gelegenheitskantate	Willkommen an der Donauquellen	Männerch.	D-Dur	VIII/15
Gisela (Stolterfoth)	Hat ein Schiffer grau und alt	Klavierlied	d-Moll	147, Nr. 2
Gleichmuth	Nicht heute nur, auch morgen nicht	Klavierlied	As-Dur	IX/3, Nr. 8
Glöcklein	Es tönt ein Glöcklein silberhell	Klavierlied	G-Dur	IX/4, Nr. 3
Gondoliera (Geibel)	O komm zu mir, wenn	Klavierlied	As-Dur	139, Nr. 1
Griechisches Trinklied (Bulwer)	O, du des Bechers süße Gewalt	Männerch.	h-Moll	241, Nr. 3
Gute Nacht (Reinick)	In dem Himmel ruht die Erde	Klavierlied	F-Dur	IX/18
Häusliches Gebet	Ich muß zu Dir die Hände falten	Chor	Es-Dur	VI/34
Handwerksburschenlied	Das liebe Ränzel ist gespickt	Klavierlied	D-Dur	154, Nr. 6
Heimatlied	Treues, stilles Friedenstal	Ges+Kl+Klar	As-Dur	117
Heimweh	Brennt so heiß die fremde Sonne	Klavlied+Cor	g-Moll	IX/19
Heimweh (Mahn)	In der Fremde muß ich weilen	Klavierlied	G-Dur	214, Nr. 2
Heimweh (Prechtler)	Hin zu euch, ihr meine Lieben	Klavierlied	a-Moll	139, Nr. 4
Herab von den Bergen	Herab von den Bergen zum Tale	Klavierlied	As-Dur	154, Nr. 4
Hexenlied	Die Schwalbe fliegt, der Frühling singt	Klavierlied	d-Moll	IX/2, Nr. 2
Hoppeldoppelmops	Hoppeldoppelmops, das ist mein Schnupftabak	Männerch.	Es-Dur	VIII/16

Titel	Textanfang	Besetzung	Tonart	Werk
Husarenlied (Lenau)	Der Husar, der Husar, trara!	Klavierlied	D-Dur	IX/20
Hymne (F. Müller)	Reine von der Unschuld Licht umflossen	Chor+Orch	Es-Dur	VII/11
Ihr Stern	Stille herrscht im weiten Kreis	Klavierlied	Des-Dur	112, Nr. 4
Im Thale (Schnezler)	Es rauschen die Wasser	Klavierlied	g-Moll	54, Nr. 2
Immer dein!	Siehst du hinab in die dunkle See	Klavierlied	e-Moll	154, Nr. 3
In der Schänke (Lenau)	Unsre Gläser klingen hell	Klavierlied	fis-Moll	IX/21
In die Ferne (Kletke)	Siehst du am Abend die Wolken	Klavlied+Vl	E-Dur	98, Nr. 1
In die Höh'! (Eichendorff)	Viel Essen macht viel breiter *(Frühfassung)*	Männerch.	A-Dur	239, Nr. 4
	Kommt! Laßt uns ausspazieren	Männerchor	B-Dur	VIII/1, Nr. 2
In's Freie (Boberfeld)	In's Weinhaus treibt mich dies und das	Chor+Klav	G-Dur	99, Nr. 1
In's Weinhaus (von Fallersleben)	Hallo! Ein Jäger fährt jahraus, jahrein	Männerch.	F-Dur	131, Nr. 6
Jäger-Lied	Jagd ist Spiel, sinnt nicht viel	Männerch.	G-Dur	VIII/17
Jägerlied	Manche Freude blühet uns im Leben	Männerch.	D-Dur	VIII/18
Jägerlied	*(2. Fassung: Jägermarsch)*	Männerch.	Es-Dur	96, Nr. 1
	Weil mein Land es begehrt	MCh+Hörner	E-Dur	VIII/19
Jephta's Tochter	Ja, du bist's, der uns den Weg zum Leben	Klavierlied	g-Moll	172, Nr. 4
Kirchenarie / -lied	Jetzt flehn wir, weil die Nacht will nahn	Sopr+Str.	B-Dur	VI/32+32a
Kirchenlied	Einsam! einsam! ja das bin ich wohl	Männerch.	f-Moll	VI/33
Klage	Per pieta, non dir mi addio	Sopr+Orch	es-Moll	79, Nr. 3
Konzertarie für Sopran	Né schey ti mné matouschka	Klavierlied	Es-Dur	V/20
Krasnoy sarafane	Schweigend bricht der große Morgen *(2. Fassung)*	Männerch.	G-Dur	IX/28
Kriegerchor		Männerch.	d-Moll	VIII/20
	Das Schlachthorn ruft	MCh+Orch	d-Moll	VIII/21
Kriegerlied (Soldatenlied)	Leb wohl mein Schatz	Orch.lied	F-Dur	VIII/29
Kriegers Abschied vom Liebchen	Nun wohlan, es muß ja sein	Klavierlied	C-Dur	IX/4, Nr. 1
Lebewohl! (Melhop)	Aus schwellenden Blütenkelchen	Klavierlied	a-Moll	171, Nr. 2
Lenz und Liebe	Ich lag so gern bei Blumen in froher	Klavierlied	G-Dur	172, Nr. 5
Lenzverjüngung (Stieglitz)	Libera me Domine	Chor	E-Dur	124, Nr. 1
Letzter Wille (Scharrer)	Zum Liebchen tritt der Rittersmann	Klavierlied	a-Moll	IX/3, Nr. 13
Libera	Seht dort tanzt das süße Kätchen	Männerch.	D-Dur	96, Nr. 6
Liebe und Ehre		Männerch.	C-Dur	VIII/40, Nr. 1
Liebe und Wein		Männerch.	C-Dur	190

Titel	Textanfang	Besetzung	Tonart	Werk
Liebeskummer (Volkslied)	Schätzchen! Was hab ich dir Leid's getan	Männerch.	A-Dur	241, Nr. 5
Lied	Armes Herz, du konntest wähnen	Klavierlied	g-Moll	IX/3, Nr. 3
Lied	Es ist so angenehm so süß	Klavierlied	F-Dur	IX/3, Nr. 4
Lied	Heut kam ich zu meinem Mädchen	Klavierlied	A-Dur	IX/3, Nr. 5
Lied	Ihr Freunde ruft im frohen Chor	Klavierlied	D-Dur	IX/23
Lied (Vulpius)	O! Was spricht so laut zum Herzen	Klavierlied	e-Moll	4, Nr. 2
Lied	Wie still mit Geister leben	Klavierlied	a-Moll	IX/2, Nr. 4
Lied (Hoffmann)	Wo bist du hin	Klavierlied	As-Dur	54, Nr. 3
Lied	Wo kommst du her, so bleich und bloß	Klavierlied	a-Moll	IX/1, Nr. 3
Lied der Liebe (Matthisson)	Durch Fichten am Hügel,	Klavierlied	B-Dur	177, Nr.3
	(Frühfassung)	Klavierlied	G-Dur	– –
Lied eines Schweizerknaben (Stolberg)	Mein Arm wird stark	Klavierlied	d-Moll	54, Nr. 5
Lied für Prinz Carl	Nimm zu dieses Festes Feier	Männerch.	F-Dur	VIII/23
Lied für Schlittschuhläufer	Fort! Nun blüht des Winters Reich.	Klavierlied	E-Dur	IX/31
Lied zur Einsegnung eines Brautpaares	Geheiligt ist der Ehebund	Chor	As-Dur	VI/39
Lied zur Einsegnung einer Orgel	Dir großer Gott soll Herrlichkeit	Chor	D-Dur	VI/28
Lied zur ersten Kommunion	Engel Gottes leiht uns Schwingen	(M-)Chor	Es-Dur	VI/37+37a
Lied zur Glockenweihe	Die Glocke, die wir heute weih'n	Chor	Es-Dur	VI/42
Lied zur heiligen Erstkommunion	Solang' du auf der Erde lebst	Chor+Str	Es-Dur	VI/36
Lied während der Firmung	O sel'ger, heil'ger Augenblick	Chor+Orch	As-Dur	VI/38
Kirchengesang (Neuss)	Halleluja, Halleluja, der Herr ist da	3st. FrCh	As-Dur	VI/29
Lodoiska's Sehnsucht	Singt heut' in frohen Chören	2 Sop+Kl	Des-Dur	207, Nr. 2
Loblied an Maria	Einsam wandle ich	Klavierlied	D-Dur	67, Nr. 1
Männerchor (= Schlußlied)	Gesund und stark, dem Baume gleich	Männerch.	E-Dur	VIII/28 + 28a
Männerchor (Fr. Förster)	Zu Bacharach am Rheine	Männerch.	D-Dur	VIII/27
Männerlust	Gebt dem Mann ein Schwert	Männerch.	Es-Dur	233, Nr. 3
Mailied (Julius / Fleckles)	Was ist das nur für Lust und Schall	2 Sop+Kl	A-Dur	197, Nr. 1
Meeresleuchten	O, komm in mein Schiffchen, Geliebte	Klavierlied	g-Moll	IX/3, Nr. 9
Mein Herz und deine Stimme (Platen)	Laß tief in dir mich lesen	Klavierlied	E-Dur	IX/24
Mein Wunsch	So mancher möcht ihr Blümlein sein	Klavierlied	F-Dur	IX/4, Nr. 2
	(Frühfassung)	Klavierlied	As-Dur	– –
(Mit der Zitter...)	Mit der Zitter in der Hand	Klavierlied	F-Dur	IX/8, Nr. 2

Titel	Textanfang	Besetzung	Tonart	Werk
(*Mit dir zu sein...*)	Mit dir zu sein, ich dank' es mit Entzücken	Klavierlied	Es-Dur	IX/3, Nr. 14
Mondnacht (Eichendorff)	Es war als hätt' der Himmel	Männerch.	G-Dur	241, Nr. 2
Mondnachtliedchen	Alles öd' in tiefster Nacht	Klavlied+Vc	E-Dur	189, Nr. 2
Morgengruß (Ebert)	Ihr Vögelein, so zart und fein	2 Sop+Kl	G-Dur	207, Nr. 1
Morgenlied (Ebert)	Guten Morgen! Süß Erwachen	Chor+Instr	A-Dur	VII/12
Morgenlied (Seume)	Gott, unter deiner Vaterhut	Klavierlied	F-Dur	67, Nr. 6
	(2. Fassung)	Terzett	F-Dur	IX/25
Musik zur Trauung	Jehowa! Deinem Namen sei Ehre	Choral	Es-Dur	VI/40
Nachtblick	So blau die Luft, so warm	Klavierlied	As-Dur	112, Nr. 5
Nachtlied	Stille deckt die weite Flur	Klavierlied	Des-Dur	171, Nr. 4
Nachtlied eines Einsamen	Weit, weit sind die Sterne	Klavierlied	fis-Moll	IX/26
Neujahrslied 1823	Wieder ist ein Jahr verschwunden	Chor+Orch	D-Dur	VII/14
Neujahrsstück 1827 (Die Audienz)	Sei uns willkommen im Jugendgewande	Chor+Orch.	C-Dur	VII/13
Ode (Klopstock)	Willkommen silberner Mond	Klavierlied	Des-Dur	54, Nr. 1
(*O wunder milder...*)	O wunder milder weicher Ton	Klavierlied	D-Dur	IX/8, Nr. 1
Pange Lingua (*deutsch*)	Geist der Wahrheit, Geist der Liebe	MChor+Org	F-Dur	VI/31
Phidile	Ich war erst sechzehn Sommer alt	Klavierlied	A-Dur	IX/1, Nr. 2
Quartettino	Fra le belle sono quella	Chor+Orch	B-Dur	VIII/22
Reiterlied (Herwegh)	Die bange Nacht ist nun herum	Männerch.	cis-Moll	233, Nr. 2
Romance	Te souvienstu Marie, de notre enfance	Klavierlied	F-Dur	IX/27
Romanze des Troubadours	(*siehe: Zu der Romanze...*)			
Sängers-Abendlied	Abendtau. Perlend glänzt auf bunten Wiesen	Klavierlied	E-Dur	IX/3, Nr. 12
Sängers Morgenlied (Thekla)	Grünende Pfade entlang	Klavierlied	A-Dur	139, Nr. 5
Scherzlied für Bass	Rauchen können noch gefallen	Orchlied	D-Dur	V/22
Schiffahrt (von Fallersleben)	Über den hellen, funkelnden Wellen	Chor+Klav	E-Dur	99, Nr. 3
Schifferlied II (Schütze)	Kommt herbei froh und frei	Klavierlied	B-Dur	IX/30
Schifferlied (J. N. Vogl)	Über spiegelklare Wellen	Klavierlied	G-Dur	IX/29
Schillerkantate	Wenn die Gottheit beschließt	Chor+Orch	A-Dur	VII/15
Schlummerlied	Es ruhet die Welt in Abendduft	Klavierlied	Des-Dur	IX/32
	(2. Fassung)	Klavierlied	B-Dur	IX/32a
Schlußlied	Gesund und stark, dem Baume gleich	Männerch.	E-Dur	VIII/28a
Sehnsucht	Immerdar mit leisem Weben	Klavierlied	a-Moll	IX/3, Nr. 7

Titel	Textanfang	Besetzung	Tonart	Werk
Sehnsucht (Goethe)	Was zieht mir das Herz so,	Klavierlied	f-Moll	4, Nr. 5
Soldatenliebe (Hauff)	Steh' ich in finstrer Mitternacht	Klavierlied	D-Dur	54, Nr. 4
Soldatenlied	Das Schlachthorn ruft	Orch.lied	F-Dur	VIII/29 + 29a
Soldatenlied (Kopisch)	Wenn man beim Wein sitzt, *(Frühfassung)*	Männerch.	D-Dur	239, Nr. 2
		Männerch.	D-Dur	VIII/1, Nr. 3
Sonntag und Montag	Heute ist Sonntag *(Frühfassung)*	Männerch.	G-Dur	239, Nr. 3
		Männerch.	G-Dur	VIII/1, Nr. 5
Sonntagsfeier	Seht aus des Himmels goldnem Tor	2 Sop+Kl	Es-Dur	207, Nr. 4
Spießgesellenlied (Scharrer)	Heraus zum lust'gen Waffentanz	Männerch.	C-Dur	138, Nr. 1
Ständchen	Liedchen! hebe dich auf Schwingen	Klavierlied	A-Dur	67, Nr. 4
Ständchen	Hörst du den Ton, der deinen Namen feiert	Männerch.	E-Dur	VIII/26
Ständchen (H. Schneider)	Schlummer sanft in dieser Nacht	Männerch.	Des-Dur	VIII/30
Ständchen	Süßes Liebchen, ach! erscheine,	Klavierlied	G-Dur	IX/1, Nr. 1
Ständchen an Feodoren	Rings walten Todesstille	Klavierlied	Es-Dur	IX/1, Nr. 4
Sturm und Segen (Eberhard)	Welch' heilig stilles Schweigen	Männerch.	F-Dur	146
Tanzlied (von Fallersleben)	Zur Reigen herbei im fröhlichen Mai!	Chor+Klav	C-Dur	99, Nr. 5
Tell und Lýda	Zärtlicher als Tell und Lydia	Klavierlied	F-Dur	IX/1, Nr. 6
Terzetto	Bella Dea de Numi amore	TTB+Kl	E-Dur	IX/41
Tirolerlied (Zille)	Dort auf der Alp hoch wohnt	Klavierlied	As-Dur	150, Nr. 5
Trauergesang (Joh. H. Voß)	Ruhe sanft bestattet (= Begräbnislied)	Männerch.	As-Dur	96, Nr. 3
Trauermarsch (von Thale)	Was wallt für ein (=Die Leiche des Kriegers)	Männerch.	c-Moll	VIII/31
Trennung	Die Stunde ruft zum Scheiden	Männerch.	B-Dur	IX/33
Trinkers Liebschaft (Scharrer)	Ich fand zu Etwashausen drinn,	Männerch.	G-Dur	138, Nr. 3
Trinklied	Laßt uns trinken, laßt uns singen *(Frühfassung)*	Männerch.	A-Dur	131, Nr.3
		Männerch.	D-Dur	VIII/32
Trinklied (Raßmus)	Alles in der Welt ist eitel *(Frühfassung)*	Männerch.	E-Dur	239, Nr. 1
		Männerch.	E-Dur	VIII/1, Nr. 1
Trost im Leiden	Sag', was sollen diese Tränen	Klavierlied	F-Dur	192, Nr. 3
Tyroler-Lied	Jez siz' i am Bergel	Ges.+Gitar.	G-Dur	IX/35
Variationen üb. ein Tiroler Lied	Der Frühling kehrt wieder	S,2T,B+Kl	F-Dur	77
Vergiß mein nicht (von Fallersleben)	Es blüht ein schönes Blümchen	Klavierlied	A-Dur	112, Nr. 3
Vergiß nicht mein! (Volkslied)	Wenn ein Vögelein ich wär	Männerch.	C-Dur	241, Nr. 4
Vergißmeinnicht	Als unser Herr einst Blumen schuf	Klavierlied	E-Dur	192, Nr. 5

Titel	Textanfang	Besetzung	Tonart	Werk
Verlaß mich nicht (Hohlfeldt)	Verlaß mich nicht! O! Du	Klavierlied	fis-Moll	171, Nr. 6
Vokalquartett	Wir Cohlrabis! Ich seh' dich wieder?	Männerch.	A-Dur	VIII/33
Volkslied	Hoch ertönen unsre Lieder	Chor+Orch	F-Dur	VIII/34
Volkslied (Scharrer)	Schätzelein, es kränket mich	Männerch.	F-Dur	138, Nr. 2
Waldesgruß	Ich grüße dich, du grüner Wald	Männerch.	D-Dur	VIII/35
Waldröschen	Warum steh'st du so verborgen	Klavierlied	g-Moll	67, Nr. 2
Walzer	Du holdes, du süßes, du liebliches Kind	Klavierlied	Des-Dur	IX/36
Wanderlied (Volksweise)	Freiheit meiner Seele schwelle	Klavierlied	B-Dur	192, Nr. 2
	(Frühfassung)	Klavierlied	A-Dur	--
	(Terzett)	TTB	C-Dur	VIII/36
Wandrers Heimat	Mag in seiner Heimat bleiben	Klavierlied	G-Dur	150, Nr. 3
(*Warte, such ich mir*)	Warte, such ich mir vergebens	Klavierlied	D-Dur	IX/3, Nr. 2
Weihelied	Wir sind geweiht in trauter Rund'	Männerch.	C-Dur	VIII/37
Weihnachtslied (Heine?)	Die heil'gen drei Könige	Klavierlied	G-Dur	131, Nr. 1
Weihnachtsliedchen (Lavater)	Es kam die gnadenvolle Nacht	2St.+Kl	Es-Dur	IX/38
Weiß und Blau (Scharrer)	Wenn ich zum heitern Himmel schau	Klavierlied	G-Dur	154, Nr. 2
Wer ist groß?	Wer ist groß? Wer im bunten Weltgewühle	Männerch.	C-Dur	96, Nr. 5
Wiegenlied	Aia pupaia, Seht liebe Freunde	Männerch.	A-Dur	VIII/38
Wiegenlied	Englein schlaf	Klavierlied	As-Dur	67, Nr. 3
Wiegenlied	In der Wiege liege, liege	2 Sop+Kl	As-Dur	207, Nr. 3
Wiegenlied	Schlaf ein, mein liebes Kindelein	Klavierlied	F-Dur	172, Nr. 2
Wiegenlied	Schlafe süßes Wesen	Männerch.	B-Dur	VIII/40, Nr. 2
Wie vergelten?	Wenn Röse in den Keller springt	2 Sop+Kl	G-Dur	233, Nr. 4
Wirth und Gast (Prutz)	Herr Wirt! Mir ist so krank,	Männerch.	F-Dur	138, Nr. 4
Wohin (Grün)	Lüfte des Himmels, wo ziehet ihr hin?	Klavierlied	D-Dur	197, Nr. 3
Wohin? Woher? (Schnezler)	Es rauscht im Wald ein Brünnlein	Klavierlied	E-Dur	67, Nr. 5
Wonneabend im Sommer (Ernst)	Wie schön ist dieser Abend	Klavierlied	As-Dur	171, Nr. 1
Zigeunerlied (von Auffenberg)	Wir wandern hin, wir wandern her	Klavierlied	f-Moll	79, Nr. 4
Zu der Romanze des Troubadour	Hörst du den Ton	Klavierlied	E-Dur	4, Nr. 1
	(2. Fassung: Ständchen)	Männerch.	E-Dur	VIII/24
Zur Heimath (Scharrer)	Die grünen Halme wogen	Klavlied+Vc	A-Dur	122
Zweistimmiges Volksliedchen	Ach, weiß nicht, was du an mir hast.	S+T+Klav	As-Dur	IX/37

VERZEICHNIS DER VERTONTEN TEXTE
Nach Textanfängen geordnet

Textbeginn	Titel	(Dichter)	Werk
Abendtau. Perlend glänzt auf	Sängers Abendlied		IX/3, Nr. 12
Ach nur einmal dich umfangen	Finale III aus der Oper *Blanda* (Variante b)		V/2
Ach, weiß nicht, was du an mir hast	Zweistimmiges Volksliedchen		IX/37
Ach wo weilst du, mein Geliebter?	Cavatina aus der Oper *Blanda*		V/2
Ah crudel tu voi ch' io mora	Duett für Sopran und Bass		V/21
Ah se dire io vi potessi	Cavatina		IX/1, Nr. 11
Aia pupaia, seht liebe Freunde	Wiegenlied		VIII/38
Alle Glöcklein im Garten	Frühlingsfeier	Friedrich Ch. Förster	124, Nr. 3
Alles in der Welt ist eitel	Trinklied (Druck)	G. Raßmus	239, Nr. 1
	(Frühfassg.)		VIII/1, Nr. 1
Alles öd' in tiefster Nacht	Mondnachtliedchen		189, Nr. 2
Als Freunde treu und treu als Brüder	Duett aus der „3. Oper"		V/3
Als unser Herr einst Blumen schuf	Vergißmeinnicht		192, Nr. 5
Armes Herz, du konntest wähnen	Lied		IX/3, Nr. 3
Auch im fernen Lande	Des Pilgers Sonntag	Burchard Ernst	150, Nr. 4
Auf den Bergen nur wohnet	Die Berge		VIII/1, Nr. 4
Auf, ihr Bürger, stauhd ins Gwehr	Der Ausfall der Munderkinger	Karl B. Weitzmann	IX/3, Nr. 10
Aus des Herzens stiller Enge	Ferne Liebe		150, Nr. 2
Aus schwellenden Blütenkelchen	Lenz und Liebe		172, Nr. 5
Ave Maria! Jungfrau mild!	Ave Maria	D. Adam Storck nach W. Scott	197, Nr. 2
Beglückt, wer dich erblickt	Der Liebende		IX/1, Nr. 9
Bei dem Liebchen weil ich gerne	Augensprache	Christoph Vorholz	IX/7, Nr. 1
Bei des Entschlafenen Trauerbahre	Deutsches Traueramt, Nr. 1: Requiem		VI/18
Bella Dea de Numi amore	Terzetto		IX/41
Betend lieg ich hier im Staube	Deutsche Volksmesse, Nr. 5: Zum Benedictus		VI/9

Textbeginn	Titel	(Dichter)	Werk
Blau Äugelein, sprich warum weinest du?	Blau Äugelein		189, Nr. 1
Brennt so heiß die fremde Sonne	Heimweh		IX/19
Brüder heut' ist freie Nacht	Freie Nacht		131, Nr. 2
Dank Dir Heiland für die Lehren	Deutsche Volksmesse, Nr. 3: Zum Credo		VI/9
Dank sei euch ihr guten Mächte	Rezitativ u. Arie aus der „3. Oper"		V/3
Das Feuer zankt auf seinem Herd	Der Landwehrmann	Ludwig Scharrer	113, Nr. 1
	(Kllied)		VIII/1, Nr. 6a
	(MChor)		V/18
Das Heil dir, euch das Heil	Einlagenummer zu Davids *Die Wüste*		VI/35, Nr. 1
Das ist mein Leib, so sagtest Du	Geistliches Lied		VIII/9
Das liebe Ränzel ist gespickt	Handwerksburschenlied		154, Nr. 6
Das Röslein steht am Felsenrand	Die einsame Rose		112, Nr. 6
Das Schlachthorn ruft	Soldatenlied (Kriegerlied)		VIII/29 + 29a
Dass.	Chor der Soldaten aus der „3. Oper"		V/3
Das Wasser rauscht, das Wasser	Der Fischer	August H. H. v. Fallersleben	IX/15
Der Boden, wo der Deutsche weilt	Des Deutschen Vaterland		VIII/9
Der du kommst in Vaters Namen	Deutsche Messe, Nr. 6: Zum Sanctus		VI/8
Der Frühling kehrt wieder	Variationen üb. ein Tiroler Lied		77
Der Frühling ruft, heraus	Der Maikäfer		VIII/24
Der Husar, der Husar, trara!	Husarenlied	Johann Wolfgang Goethe	IX/20
Der Sänger hält im Feld	Die Fahnenwacht	Nikolaus Lenau	139, Nr. 2
Der Sänger ruht auf schroffem Stein	Des letzten Kaisers Rheinfahrt	Theodor Löwe	147, Nr. 1
Dich anzubeten, Herr	Deutsche Messe, Nr. 1: Zum Introitus	Adelheid v. Stolterfoth	VI/8
Dich hab' ich lieb, nichts weiß ich sonst	(ohne Titel)		IX/3, Nr. 11
Die Abendglocke schallet	Abends		99, Nr. 4
Die Abendglocke tönet hindurch	Die Abendglocke	Nikolaus Müller	VIII/1 + 2
Die Abendglocken sie singen	Die Abendglocken	Eduard Silesius	91, Nr. 1
Die bange Nacht ist nun herum	Reiterlied	Georg Herwegh	233, Nr. 2
Die Frösch' und die Unken	Frösche und Unken		114, Nr. 2
Die Glocke, die wir heute weih'n	Bei der Weihe einer Glocke		VI/42
Die Gnade unsres Herrn Jesus	Geistliches Lied	Ludwig Scharrer	VI/35, Nr. 2
Die grünen Halme wogen	Zur Heimath		122
Die heil'gen drei Könige	Weihnachtslied	Heinrich Heine?	131, Nr. 1
Die nächtlich dunkel Schleier fallen	Rezitativ u. Arie aus der Oper *Blanda*		V/2

Textbeginn	Titel	(Dichter)	Werk
Die Räder steh'n, der Hammer ruht	Der Hammerschmied	Friedrich Kind	182, Nr. 2
Dass.	Lied des Steigers aus der Oper *Blanda*		V/2
Die Schwalbe fliegt	Hexenlied		IX/2, Nr. 2
Die Sonne sinkt und schwindet	Abend am Rhein	Adelheid v. Stolterfoth	147, Nr. 3
Die Stunde ruft zum Scheiden	Trennung		IX/33
Die Wogen schlagen schäumend	Der Gondolier		112, Nr. 1
Diese Kunde muß uns alle hoch	Einlagearie zu Hérolds *Das Heilmittel*		V/13
Dir großer Gott soll Herrlichkeit	Lied zur Einsegnung einer Orgel		VI/28
Dir, Schöpfer der Natur	Hymne *Dem Höchsten*		VII/10
Dir nur dank ich meine Rettung	Einlagearie zu Mozarts Oper *Titus*		V/8
Dir Vater weihen wir hier Gaben	Deutsches Traueramt, Nr. 3: Offertorium		VI/18
Doch sinnend stehen wir	Abschiedskantate, Nr. 2	Franz Müller	VII/1
Dort auf der Alp hoch wohnt	Tirolerlied		150, Nr. 5
Drauf und dran fürs Vaterland	Männerchor	Moritz Alexander Zille	VIII/25
Drückt dich des Schicksals	Duettino		IX/39
Du Bächlein silberhell und klar	Das Bächlein	K. Rudolphi (Goethe?)	98, Nr. 2
Du holdes, du süßes, du liebliches	Walzer		IX/36
Du lieblicher Stern, du leuchtest so	Der Abendstern	August H. H. v. Fallersleben (Volksweise)	IX/6, Nr. 1
Du Mond, i hätt' a Bitt' an di	Die Bitte		172, Nr. 3
Du solcher Kreis der Sieben	Abschiedskantate, Nr. 7	Franz Müller	VII/1
Du willst, ich soll dich nun vergessen	Du willst, ich soll dich nun...		214, Nr. 3
Durch der Wiese junges Grün	Am Bache		189, Nr. 4
Durch Fichten am Hügel	Lied der Liebe	Friedrich von Matthisson	177, Nr. 3
Eile mein Schifflein	Abendliche Kahnfahrt	Joseph Victor v. Scheffel	IX/10
Ein fremder Bergmann hier?	Duett aus der Oper *Blanda*		V/2
Ein Lied in Ehren, wer will es wehren	Freude in Ehren	Johann Peter Hebel	99, Nr. 2
Ein lustiges Leben führt doch	Lied aus dem Singspiel *Billibambuffs Hochzeitsreise*		V/7
Ein Rosenfest zu feiern	Finale I aus der Oper *Prinzessin Christine*		V/1
Einsam wandle ich	Lodoiska's Sehnsucht		67, Nr. 1
Einsam! ja das bin ich wohl	Klage		79, Nr. 3
Engel Gottes leiht uns Schwingen	Lied zur ersten hl. Kommunion		VI/37+37a
Englein schlaf	Wiegenlied		67, Nr. 3
Er ist hinweg, vielleicht auf immer	Arie aus der Oper *Der Zauberschild*		V/6

393

Textbeginn	Titel	(Dichter)	Werk
Er / Sie ist's! Gott, mein Gott!	Sextett aus der Oper *Prinzessin Christine*		V/1
Er scheint zu schlummern!	Duett aus der Oper *Blanda*		V/2
Erhör uns Gott	Deutsches Seelenamt, Nr. 3: Zur Aufopferung		VI/19
Es blies ein Jäger wohl in sein Horn	Der Jäger	Wilhelm Gerhard	214, Nr. 4
Es blüht ein schönes Blümchen	Vergiß mein nicht	August H. H. v. Fallersleben	112, Nr. 3
Es füllt mein Herz nur Angst	Cavatina aus der „3. Oper"		V/3
Es herrscht im öden Schlosse	Des Ritters Geist		96, Nr. 2
Es ist so angenehm so süß	Lied		IX/3, Nr. 4
Es kam die gnadenvolle Nacht	Weihnachtsliedchen	Johann Kaspar Lavater	IX/38
Es kamen drei Schneider	Die Mähr von den 3 Schneidern		114, Nr. 1
Es lag auf seinem Bette	Der sterbende Landwehrmann		IX/22
Es muß einmal gestorben sein	Der Zecher		VIII/39
Es neigt sich mit taugen Schwingen	Abendlied		171, Nr. 5
Es ragt in Deutschlands Gauen	Der deutsche Baum		233, Nr. 1
Es rauschen die Wasser	Im Thale	August Schnezler	54, Nr. 2
Es rauscht im Wald ein Brünnlein	Wohin? Woher?	August Schnezler	67, Nr. 5
Es ruhet die Welt in Abendduft	Schlummerlied		IX/32+32a
Es schäumt das Meer	Am Strande bei Scheveningen		79, Nr. 1
Es schlossen, Herr! mit Herz	Zwei Trauungslieder		VI/41, Nr. 2
Es singt und klagt die Nachtigall	Der Abend	Friedrich Ch. Förster	124, Nr. 2
Es tönt ein Glöcklein silberhell	Glöcklein		IX/4, Nr. 3
Es trinkt sich so lieblich	Finale II aus der Oper *Blanda*		V/2
Es war als hätt' der Himmel	Mondnacht	Joseph v. Eichendorff	241, Nr. 2
Es zieht ein Jäger, das Herz so bang	Die Jäger		155
Fern komm ich her	Der Fremdling	(Volksweise)	171, Nr. 3
Flattre lust' ger Fränzli	Lied aus dem Singspiel *Billibambuffs Hochzeitsreise*		V/7
Fort! Nun blüht des Winters Reich	Lied für Schlittschuhläufer		IX/31
Fort sogleich aus meinen Blicken	Duett aus der Oper *Die Wunderbare*		V/4
Fra le belle sono quella	Quartettino		VIII/22
Freiheit meiner Seele schwelle	Wanderlied	Volksweise (Kl.lied) (Terzett)	192, Nr. 2
Fromm und treu in stiller Nacht	Das Auge der Nacht		VIII/36
Frühlingsahnen, Frühlingswehen	Frühlingsahnen	August Schnezler	54, Nr. 6
			98, Nr. 3

Textbeginn	Titel	(Dichter)	Werk
Für deine Nachricht und für deine Güte	Duett aus der „3. Oper"		V/3
Fürchte mein Zürnen	Einlagearie zu Rossinis *Die glücklich Getäuschten*		V/12
Gebt dem Mann ein Schwert	Männer-Lust		233, Nr. 3
Geheiligt ist der Ehebund	Lied zur Einsegnung eines Brautpaares		VI/39
Geht nach Haus, der Spaß ist aus	Schlussgesang aus dem Singspiel *Billibambuffs Hochzeit...*		V/7
Geist der Wahrheit, Geist der Liebe	Pange Lingua		VI/31
Gepriesens Land! das liebend mich	Abschied		IX/3, Nr. 6
Gerechter Richter aller Sünden	Deutsches Traueramt, Nr. 2: Dies Irae		VI/18
Gern möcht' ich zu Dir eilen	Freundschaft und Liebe	Carl (=Bernbrunn)	IX/16
Gesund und stark, dem Baume gleich	Männerchor (Schlußlied)		VIII/28 + 28a
Gewöhnt zu lindern fremde Leiden	Einlagenummer zu Himmels *Fanchon*		V/15
Giselda/Waldemar, noch einmal hier	Terzett aus der Oper *Der Zauberschild*		V/6
Gott und Vater wir erscheinen	Deutsche Volksmesse, Nr. 1: Zum Introitus		VI/9
Gott, unter deiner Vaterhut	Morgenlied	Johann Gottfried Seume	67, Nr. 6
	(Kl.lied)		
	(Terzett)		IX/25
Gott! Was seh ich! Ja, sie ist's	Finale II aus der Oper *Prinzessin Christine*		V/1
Gotteslamm in Brodesfülle	Deutsche Messe, Nr. 8: Zum Agnus Dei		VI/8
Grünende Pfade entlang	Sängers Morgenlied	Thekla	139, Nr. 5
Guten Morgen! Süß Erwachen	Morgenlied	Karl Egon Ebert	VII/12
Guter Hirt, du Trost der Deinen	Deutsche Messe, Nr. 9: Zur Communion		VI/8
Hallo! Ein Jäger fährt jahraus	Jäger-Lied		VIII/17
Halleluja, Halleluja, der Herr ist da	Kirchengesang	Jacob Neus	VI/29
Halt! Gebt wohl acht!	Einlagearie zu Boieldieus *Der neue Gutsherr*		V/14
Harald! Du Verräther? Nein!	Arie aus der „3. Oper"		V/3
Hat ein Schiffer grau und alt	Gisela	Adelheid v. Stolterfoth	147, Nr. 2
Heil der schönen Stunde	Festkantate, Nr. 3		VII/2
Heil dir großer König, heil!	Finale aus der „3. Oper"		V/3
Heilig! Heilig bist du Herr!	Deutsches Seelenamt, Nr. 4: Zum Sanctus		VI/19
Heilig, heilig, heilig!	Deutsches Traueramt, Nr. 4: Sanctus		VI/18
Herab von den Bergen zum Tale	Herab von den Bergen		154, Nr. 4
Heraus zum lust'gen Waffentanz	Spießgesellenlied	Ludwig Scharrer	138, Nr. 1
Herr, mein Herr! / Ha, was seh ich?	Terzett aus der Oper *Prinzessin Christine*		V/1
Herr Wirt! mir ist so krank	Wirth und Gast	Robert Eduard Prutz	138, Nr. 4

Textbeginn	Titel	(Dichter)	Werk
Herz, und verlangst du nicht Ruhe?	Abendlied		124, Nr. 4
Heut kam ich zu meinem Mädchen	Lied	August H. H. v. Fallersleben	IX/3, Nr. 5
Heut klingt das Lied mit Lust	Festgesang		VII/6
Heute ist Sonntag	Sonntag und Montag	(Druck)	239, Nr. 3
		(Frühfassung)	VIII/1, Nr. 5
Himmlisches Licht	Deutsches Traueramt, Nr. 6: Requiem		VI/18
Hier wo sonst die Freude laut	Abschiedslied		VIII/3
Hier zur Stunde der Gespenster	Die Entführung		182, Nr. 1
Hin zu euch, ihr meine Lieben	Heimweh	Otto Prechtler	139, Nr. 4
Hinaus in die Ferne	Der Wanderer	C. W. Kornstädt	91, Nr. 3
Hoch ertönen unsre Lieder	Volkslied		VIII/34
Hochwürd'ger Herr Pater	Die Beichte		96, Nr. 4
Hohes Paar! Seid uns gegrüßt!	Festkantate		VII/2
Hoppeldoppelmops, das ist mein	Hoppeldoppelmops		VIII/16
Höchste Liebe, Preis und Ehre	Deutsche Volksmesse, Nr. 2: Zum Gloria		VI/9
Hörst du den Ton, der deinem Namen	Zu der Romanze des Troubadour		4, Nr. 1
Hörst du den Ton, der ...	Ständchen		VIII/26
Hört ihr des Volkes Jubel	Introduction zu Mozarts Oper *Titus*		V/8
Hört, wie zur Lust die Freudenstimmen	Festgesang		VIII/12
Ich baute dir den stillen Schrein	Der Schreiner		154, Nr. 5
Ich bin der schöne, der lustige Fränzel	Arie aus dem Singspiel *Billibambuffs Hochzeitsreise*		V/7
Ich fand zu Etwashausen drinn	Trinkers Liebschaft	Ludwig Scharrer	138, Nr. 3
Ich grüße dich, du grüner Wald	Waldesgruß	H. Schneider	VIII/35
Ich kenne dies Gefühl	Duett aus der Oper *Prinzessin Christine*		V/1
Ich kenne ein Blümchen	Das Schneeglöckchen		192, Nr. 1
Ich küsse die Hand dem Onkel	Chor aus dem Singspiel *Billibambuffs Hochzeitsreise*		V/7
Ich lag so gern bei Blumen	Letzter Wille	Ludwig Scharrer	IX/3, Nr. 13
Ich liebe ohne Hoffnung	Einlagenummer zu Adams *Regine*		V/16
Ich muß zu Dir die Hände falten	Häusliches Gebet		VI/34
Ich / Er soll sie nun wiedersehen	Terzett aus der Oper *Prinzessin Christine*		V/1
Ich steh allein - ein alter kahler Stamm	Finale I aus der Oper *Blanda*		V/2
Ich war erst sechzehn Sommer alt	Phidile		IX/1, Nr. 2
Ihr Freunde ruft im frohen Chor	Lied		IX/23

Textbeginn	Titel	(Dichter)	Werk
Ihr kleinen Sterne, ach wie so gerne	An die Sterne		112, Nr. 2
Ihr Narren, ihr habt jetzt	Narrenlied		X/2
Ihr Vögelein, so zart und fein	Morgengruß	Karl Egon Ebert	207, Nr. 1
Immerdar mit leisem Weben	Sehnsucht		IX/3, Nr. 7
Im Haine schlagen lustig	Geistergruß		177, Nr. 1
In dem Himmel ruht die Erde	Gute Nacht	Robert Reinick	IX/18
In der Fremde muß ich weilen	Heimweh	H. Mahn	214, Nr. 2
In der Wiege liege, liege	Wiegenlied		207, Nr. 3
In's Weinhaus treibt mich dies	In's Weinhaus	August H. H. v. Fallersleben	131, Nr. 6
In tiefer Nacht, in finstrer Schlucht	Lied der Arbeiter aus der Oper *Blanda*		V/2
Ja Du bist's, der uns den Weg	Gebet		232, Nr. 1
Ja, du bist's, der uns den Weg	Kirchenarie / Kirchenlied		VI/32+32a
Ja es spricht aus ihren Blicken	Einlagearie zu Adams *Regine*		V/16
Ja, gekommen aus den Höhen	Deutsche Messe, Nr. 4: Zum Credo		VI/8
Ja ja ich bitte sehr! Lassen Sie sich	Einlagearie zu Adams *Regine*		V/16
Ja, sie ist berufen zu glänzen	Duett aus der Oper *Prinzessin Christine*		V/1
Ja von der Garde des Tyrannen	Einlagearie zu Adams *Regine*		V/16
Jagd ist Spiel, sinnt nicht viel	Jägerlied		VIII/18
Jehowa! Deinem Namen sei Ehre	Musik zur Trauung		VI/40
Jesu, der in größten Schmerzen	Deutsche Volksmesse, Nr. 6: Zum Agnus Dei		VI/9
Jetzt flehn wir, weil die Nacht will	Kirchenlied		VI/33
Jez siz' i am Bergel	Tyroler-Lied		IX/35
Jüngst ging ich durch Busch	Die unbekannte Blume		4, Nr. 4
Kauft Federmesser	Einlagearie zu Rossinis *Die diebische Elster*		V/11
Kennst du das Land, wo lieblich Tal	Das Wunderland		IX/3, Nr. 1
König in dem Reich des Schönen	Huldigungschor	Joseph v. Auffenberg	VII/9
Komm in den Garten! ich harre dein	Erwartung	Karl Bassewitz	IX/14
Kommt herbei froh und frei	Schifferlied II	Schütze?	IX/30
Kommt! Laßt uns ausspazieren	In's Freie	Martin Opitz v. Boberfeld	99, Nr. 1
Küßt euch leiser, liebe Wogen	Barcarolle		154, Nr. 1
La mia bella diceva di no	Cavatina		IX/1, Nr. 7
Laß ew'ger Vater, großer Hort	Fürstenberghymne	Xaver Seemann	145a
Laß schallen deutscher Männerchor	Deutscher Männer Festgesang	Karl August Mayer	241, Nr. 1

Textbeginn	Titel	(Dichter)	Werk
Laß tief in dir mich lesen	Mein Herz und deine Stimme	August Graf von Platen	IX/24
Laß uns Gnad und Frieden finden	Deutsches Seelenamt, Nr. 5: Zum Agnus Dei		VI/19
Laß uns in Frieden gehen	Deutsche Messe, Nr. 10: Zum Schluß		VI/8
Laßt frohe Lieder schallen	Festgruß		VII/7
Laßt uns jubeln, laßt uns singen	Trinklied aus der Oper *Prinzessin Christine*		V/1
Laßt uns trinken, laßt uns singen	Trinklied	(Druck)	131, Nr. 3
		(Frühfassung)	VIII/32
Leb wohl mein Schatz	Kriegers Abschied vom Liebchen		IX/4, Nr. 1
Leicht entschwanden unsre Tage	Duett aus der Oper *Prinzessin Christine*		V/1
Leise spielt die Abendröte	Des Hirten Abschied	Salomon H. Mosenthal	IX/7, Nr. 2
Libera me Domine	Libera		96, Nr. 6
Liedchen! hebe dich auf Schwingen	Ständchen		67, Nr. 4
Lieblich war die Maien Nacht	Der Postillion	Nikolaus Lenau	105
Lob und Ehre und Weisheit und Dank	Deutsches Te Deum (Hymne)		VI/26
Lüfte des Himmels, wo ziehet ihr hin?	Wohin	Anastasius Grün	197, Nr. 3
Mag in seiner Heimat bleiben	Wandrers Heimat		150, Nr. 3
Man hat in neuester Zeit erfahren	Lied aus dem Singspiel *Billibambuffs Hochzeitsreise*		V/7
Manche Freude blühet uns	Jägerlied		96, Nr. 1
Dass.	Jägermarsch		VIII/19
Manche Freude blühet uns	Introduction aus der „3. Oper"		V/3
Mariandel, Zuckermandel	Duetto aus dem Singspiel *Billibambuffs Hochzeitsreise*		V/7
Mathematische Figuren	Autoren-Litanei	August H. H. v. Fallersleben	131, Nr. 5
Mein Bruder, ich habe dich wieder!	Terzett aus der „3. Oper"		V/3
Mein Gott, was muß ich von euch hören	Duett aus der Oper *Blanda*		V/2
Mein Arm wird stark	Lied eines Schweizerknaben	Friedrich L. Graf zu Stolberg	54, Nr. 5
Mein Vaterland, mein Jugendland!	Bei der Rückkehr ins Vaterland		192, Nr. 6
Meine Pflichten zu erfüllen	Rez. u. Arie aus der Oper *Prinzessin Christine*		V/1
Mir ist so wunderbar zu Muth	Ariette aus der Oper *Blanda*		V/2
Mit der Zitter in der Hand	[*Lied ohne Titel*]		IX/8, Nr. 2
Mit dir zu sein, ich dank' es	Mit dir zu sein	G. v. Kehsel	IX/3, Nr. 14
Mit Trommeln und Trompeten	Einlagearie zu Paërs Oper *Sargines*		V/10
Mitten im Schimmer der spiegelnden	Auf dem Wasser zu singen	Friedrich L. Graf zu Stolberg	192, Nr. 4
Möchte wieder in die Gegend	Einst und jetzt	Nikolaus Lenau	189, Nr. 3

Textbeginn	Titel	(Dichter)	Werk
Né schey ti mné matouschka	Krasnoy sarafane		IX/28
Nein, länger kann ich mich nicht halten	Arie Quartett aus der Oper *Die Bürgschaft*		V/5
Nicht heute nur, auch morgen	Gleichmuth		IX/3, Nr. 8
Nimm zu dieses Festes Feier	Lied für Prinz Carl		VIII/23
Nimmer werd' ich dein vergessen	Die Laube		IX/1, Nr. 10
Noch einmal empfängst du mich	Bergwald	Johann W. Schäfer	IX/5, Nr. 1
Nun die Schatten dunkeln	Abschiedsständchen	Emanuel v. Geibel	IX/11
Nun wohlan, es muß ja sein	Lebewohl!	Wilhelm Melhop	171, Nr. 2
Nur noch einmal dich umfangen	Finale III aus der Oper *Blanda* (Variante c)		V/2
O, du des Bechers süße Gewalt	Griechisches Trinklied	Edward Bulwer-Lytton	241, Nr. 3
O frage nicht, was auf des Auges	Frage nicht	Robert Eduard Prutz	139, Nr. 3
O Geliebter, Teurer Fränzle	Cavatine aus dem Singspiel *Billibambuffs Hochzeitsreise*		V/7
O gib mir süße Kunde	Ans ferne Liebchen		VIII/40, Nr. 6
O güt'ger Gott! Was ist geschehen?	Quartett u. Chor aus der Oper *Blanda*		V/2
O Heimchen, sprich	Frühlings Wanderschaft	(als Kl.lied) (als MChor)	172, Nr. 1 VIII/14
O Hirtenknab', o Hirtenknab'!	Der Hirtenknabe	Johannes Koch	214, Nr. 1
O Jesu höchstes Gut	Deutsche Messe, Nr. 7: Nach der Wandlung		VI/8
O, komm in mein Schiffchen	Meeresleuchten		IX/3, Nr. 9
O komm zu mir, wenn	Gondoliera	Emanuel v. Geibel	139, Nr. 1
O leite Herr der ew'gen Ruh'	Deutsches Seelenamt, Libera me		VI/19
O mäch'ger Pluto!	Chor aus dem Singspiel *Billibambuffs Hochzeitsreise*		V/7
O meiner Heimat heil'ge Berge	An die Heimath	Carl J. Blumenhagen	IX/13
O sel'ger, heil'ger Augenblick	Lied während der Firmung		VI/38
O! Was spricht so laut zum Herzen	Lied	Christian August Vulpius	4, Nr. 2
O wunder milder weicher Ton	[*Lied ohne Titel*]		IX/8, Nr. 1
Ob ich die Seine? Ob er die Meine?	Duett aus der Oper *Blanda*		V/2
Per pieta, non dir mi addio	Konzertanarie		V/20
Rauchen können noch gefallen	Scherzlied		V/22
Reich an Kraft sind Jesu Lehren	Deutsche Messe, Nr. 3: Zum Evangelium		VI/8
Reine, von der Unschuld Licht	Hymne	Franz Müller	VII/11
Rings walten Todesstille	Ständchen an Feodoren		IX/1, Nr. 4
Ruhe, Frieden, füllet meine Seele	Duett aus der Oper *Prinzessin Christine*		V/1

Textbeginn	Titel	(Dichter)	Werk
Ruhe sanft bestattet	Trauergesang / Begräbnislied	Johann Heinrich Voß	96, Nr. 3
Ruhig, Herz, und nicht verzaget	Der schöne Stern	Edwin	91, Nr. 2
Ruh'n in Frieden laß die Seelen	Begräbnis-Lied		232, Nr. 2
Ruh'n in Frieden laß die wir Dir	Begräbnis-Lied		VIII/11, Nr. 2
Sag' an, o Alter!	Der Todtengräber		79, Nr. 6
Sag', was sollen diese Tränen	Trost im Leiden		192, Nr. 3
Saß ein Glöckner hoch im Turm	Der Glöckner	Rudolph Born	79, Nr. 2
Schätzchen! Was hab ich dir Leid's getan	Liebeskummer	(Volkslied)	241, Nr. 5
Schätzelein, es kränket mich	Volkslied	Ludwig Scharrer	138, Nr. 2
Schlaf ein, mein liebes Kindelein	Wiegenlied		172, Nr. 2
Schlafe süßes Wesen	Wiegenlied		VIII/40, Nr. 2
Schlag an, du Lied, von Pol zu Pol	Das deutsche Lied II	Ludwig Scharrer	VIII/6
Schlummer sanft in dieser Nacht	Ständchen	H. Schneider	VII/30
Schreckenstag und Trauerstunde			VI/19
Schweigend bricht der große Morgen	Deutsches Seelenamt, Nr. 2: Nach der Epistel		VIII/20
Dass.	Kriegerchor (a cappella)		VIII/21
Dass.	Kriegerchor (mit Orch.)		V/23,Nr.1
Schweigend in des Abends Stille	Chor der Verschworenen		IX/1, Nr. 5
Seele, laß dein banges Sehnen	Erinnerung		79, Nr. 5
Seht aus des Himmels goldnem Tor	Der Friede Gottes		207, Nr. 4
Seht dort tanzt das süße Kätchen	Sonntagsfeier		190
Sei gegrüßet Fürstenbraut!	Liebe und Wein		VII/2
Sei Geliebter uns willkommen	Festkantate, Nr. 2		IX/40
Sei uns willkommen im Feierkleide	Duetto		VIII/13
Sei uns willkommen im Jugendgewande	Festgruß	Georg Harrys	VII/13
Seid gegrüßt in diesen Hallen	Festgruß		VII/8
Seid mir gegrüßt, ihr wackern Bürger	Arie aus der Oper *Die Wunderbare*		V/4
Sie komte mir kein Wörtchen	Das Geheimniß		IX/2, Nr. 5
Sie sollen ihn nicht haben	Der deutsche Rhein	Nikolaus Becker	VIII/8
Sie wankt dahin	Die Schiffende	Ludwig Christoph H. Hölty	4, Nr. 6
Sie wollten jetzt von hinnen zieh'n	Einlagenummer zu Adams *Regine*		V/16
Sieh Amalie! Die Theure hier	Melodram, Vers 7		V/23
Siehst du am Abend die Wolken	In die Ferne	Hermann Kletke	98, Nr. 1

Textbeginn	Titel	(Dichter)	Werk
Siehst du hinab in die dunkle See	Immer dein!		154, Nr. 3
Singt dem Höllenfürsten Lieder	Chor aus dem Singspiel *Billibambuffs Hochzeitsreise*		V/7
Singt heut' in frohen Chören	Loblied an Maria		207, Nr. 2
So blau die Luft, so warm	Nachtblick		112, Nr. 5
So mancher möcht ihr Blümlein sein	Mein Wunsch		IX/4, Nr. 2
So nahst du endlich freundliches	Die Rückkehr	D. Schreiber	4, Nr. 3
Solang' du auf der Erde lebst	Lied zur hl. Erstkommunion		VI/36
Solch ein Glück sich zu verschlagen	Terzett aus der Oper *Blanda*		V/2
Steh' ich in finstrer Mitternacht	Soldatenliebe	Wilhelm Hauff	54, Nr. 4
Stille deckt die weite Flur	Nachtlied		171, Nr. 4
Stille herrscht im weiten Kreis	Ihr Stern		112, Nr. 4
Stimmet nun mit leichtem Herzen	Schlußchor aus der Oper *Prinzessin Christine*		V/1
Stimmt an ihr Freunde frohen Sang	Lied (Festkantate)	Xaver Seemann	VII/4
Strahlende Sonne, himmlisches Blau	Frühlingsjubel		IX/17
Süßes Liebchen, ach! erscheine	Ständchen		IX/1, Nr. 1
Sum, sum, sum,...	(Der Maikäfer)	*siehe*: Der Frühling ruft heraus!	
Te souvienstu Marie	Romance		IX/27
Töne Glöcklein, in die Weite	Das letzte Harren	Edm. A. J. Lobedanz	214, Nr. 5
Tret' ich aus meiner Hütte	Der Sennin Heimweh		236
Treues, stilles Friedenstal	Heimatlied		117
Über den hellen, funkelnden Wellen	Schiffahrt	August H. H. v. Fallersleben	99, Nr. 3
Über spiegelklare Wellen	Schifferlied	Johann Nepomuk Vogl	IX/29
Umsonst, ich kann sie nicht entdecken	Szene u. Arie aus der Oper *Blanda*		V/2
Und da so hochgesinnt und bieder	Abschiedskantate, Nr. 6	Franz Müller	VII/1
Unser Opfer ist vollendet	Deutsche Volksmesse, Nr. 7: Zum Dona nobis		VI/9
Unsre Gläser klingen hell	In der Schänke	Nikolaus Lenau	IX/21
Urteilt bedächtig vor der Verschwörung	Einlagearie zu Mozarts Oper *Titus*		V/8
Vater, nimm aus Priesters Händen	Deutsche Messe, Nr. 5: Zum Offertorium		VI/8
Vaterland verklärter Frommen	Deutsches Traueramt, Nr. 5: Agnus Dei		VI/18
Verehrteste, hier sehen Sie	Menagerlied		X/3
Verlaß mich nicht! O! Du	Deutsches Seelenamt, Nr. 1 (Eingang) + 6 (Kommunion)	Christoph Ch. Hohlfeldt	171, Nr. 6
Verleihe ew' ge Ruhe			VI/19
Verrat! Wir sind verloren!	Chor der Verschworenen		V/23, Nr. 2

Textbeginn	Titel	(Dichter)		Werk
Viel Essen macht viel breiter	In die Höh'!	Joseph v. Eichendorff	(Druck)	239, Nr. 4
			(Frühfassg.)	VIII/1, Nr. 2
Vielgeliebte, Hochgeboren Vettern	Chor aus dem Singspiel *Billibambuffs Hochzeitsreise*			V/7
Vil gesagt und nit verstanden	Altdeutsches Lied			131, Nr. 4
Vom heiligen Gefühl der Andacht	Einweihungslied			VIII/11, Nr.1
Vom Zauber Deiner Huld getrieben	Abschiedskantate, Nr. 5	Franz Müller		VII/1
Von den Türmen hoch und bleich	Melodram			V/25
Von Dir, du Gott der Ewigkeit	Zwei Trauungslieder			VI/41, Nr. 1
Von Stadt zu Stadt	Das alte Lied			IX/6, Nr. 2
Vor seiner Dame Fenster stand	Der Troubadour	Ferdinand Freiligrath		IX/34
Warte, such ich mir vergebens	(*ohne Titel*)			IX/3, Nr. 2
Warum steh'st du so verborgen	Waldröschen			67, Nr. 2
Was dankerfüllte Zungen	Deutsche Messe, Nr. 11: Danklied			VI/8
Dass.	Danklied			VIII/4
Was ist das nur für Lust	Mailied	Julius (= L. Fleckles?)		197, Nr. 1
Was raschelt in den Bäumen	Lenzverjüngung	Heinrich Stieglitz		124, Nr. 1
Was tönt herauf so seltsamer Klang	Der drei Burschen Lied	Georg Scheurlin	(Kl.lied)	150, Nr. 1
			(MChor)	VIII/10
Was wallt für ein langsamer Zug einher	Die Leiche des Kriegers	Adalbert von Thale		113, Nr. 2
Dass.	Trauermarsch			VIII/31
Was zieht mir das Herz so,	Sehnsucht	Johann Wolfgang Goethe		4, Nr. 5
Weil mein Land es begehrt	Jephta's Tochter			172, Nr. 4
Weit, weit sind die Sterne	Nachtlied eines Einsamen			IX/26
Weiter will ich nichts mehr hören	Quartett aus der Oper *Die Bürgschaft*			V/5
Weithin durch der Nächte Stille	Den Fernen			177, Nr. 2
Welch froher Tag! Dem Grafenhaus	Chor aus der Oper *Blanda*			V/2
Welch' heilig stilles Schweigen	Sturm und Segen	August Gottlob Eberhard		146
Welche Gluth auf meinen Wangen?	Finale III aus der Oper *Blanda* (Variante a)			V/2
Wenn die Gottheit beschließt	Schillerkantate			VII/15
Wenn ein Vögelein ich wär	Vergiß nicht mein!	(Volkslied)		241, Nr. 4
Wenn ich ins Bettchen steige	Amen	Heinrich Heine		IX/12
Wenn ich zum heitern Himmel schau	Weiß und Blau	Ludwig Scharrer		154, Nr. 2
Wenn in des Waldes duftender Kühle	Arie aus der Oper *Prinzessin Christine*			V/1

Textbeginn	Titel	(Dichter)	(Druck) (Frühfassg.)	Werk
Wenn man beim Wein sitzt,	Soldatenlied	August Kopisch		239, Nr. 2
Wenn Röse in den Keller springt				VIII/1, Nr. 3
Wenn sich der Geist auf Andachts...	Wie vergelten?			233, Nr. 4
Wenn vor meinen trunknen Blicken	Das deutsche Lied	Heinrich Weismann		VIII/5
Wer ist groß? Der mit hoher Hand	Der Brautkranz			182, Nr. 3
Wer ist groß? Wer im bunten	Chor aus dem Singspiel *Billibambuffs Hochzeitsreise*			V/7
Wer unter deinem Schimmer ruht	Abendlied			96, Nr. 5
Wer weiß, wie bald auch dich	Deutsches Traueramt; Nr. 7: Libera			IX/9
Wie geht so klar und munter	Die untergehende Sonne	Friedr. A. Krummacher		VI/18
Wie gleitet schnell das leichte Boot	Fischerlied	Schottisches Volkslied		99, Nr. 6
Wie glücklich, wenn das Knabenkind	Die Knabenzeit			144
Wie herrlich glänzt die Sonne	Introduction aus der Oper *Prinzessin Christine*			IX/1, Nr. 8
Wie im Himmel so auf Erden	Deutsche Volksmesse, Nr. 4: Zum Sanctus			V/1
Wie in goldener Abendröthe	Ariette aus der Oper *Prinzessin Christine*			VI/9
Wie ist es so herrlich im blühenden	Introduction aus der Oper *Blanda*			V/1
Wie rollt es so ernst wie die Knöchel	Knöchelszene aus dem Singspiel *Billibambuffs Hochzeitsreise*			V/2
Wie schön ist dieser Abend	Wonneabend im Sommer	Burchard Ernst		V/7
Wie still mit Geister leben	Lied			171, Nr. 1
Wie war die Zeit so voll von Schmerzen	Festgesang			IX/2, Nr. 4
Wieder ist ein Jahr verschwunden	Neujahrslied			VII/5 + 5a
Will mein Conterfei dir schenken	Das Wanderbuch	Ludwig Scharrer		VII/14
Willkommen silberner Mond	Ode	Friedr. Gottlieb Klopstock		113, Nr. 4
Willkommen! an der Donauquellen	Gelegenheits-Cantate			54, Nr. 1
Willst du ein Mann, ein Deutscher sein	Deutsches Lied	Ludwig Gottfried Neumann		VIII/15
Wir Cohlrabis! Ich seh' dich wieder?	Vokalquartett			VIII/7
Wir fühlen tief, daß höhere Gewalten	Melodram			VIII/33
Wir sind geweiht in trauter Rund'	Weihelied			V/26
Wir wandern hin, wir wandern her	Zigeunerlied	Freih. Joseph v. Auffenberg		VIII/37
Wo bist du Bild, das vor mir stand	Das Traumbild	[E. T. A.?] Hoffmann		79, Nr. 4
Wo bist du hin	Lied			IX/2, Nr. 1
Wo hat mein Fuß sich verirrt?	Szene u. Arie aus der Oper *Blanda*			54, Nr. 3
Wo ich bin und wo ich walle	Andenken	Johann W. Schäfer		V/2
				IX/5, Nr. 2

404

Textbeginn	Titel	(Dichter)	Werk
Wo im dichten Dunkel	Romanze aus der Oper *Prinzessin Christine*		V/1
Wo kommst du her, so bleich	Lied		IX/1, Nr. 3
Wo soll ich Worte finden	Einlagenummer (Duett)		V/19, Nr. 2
Wohl herrlich ist im Geist zu schauen	Abschiedskantate, Nr. 4	Franz Müller	VII/1
Wohlauf, mich drängts zu streiten	Quartett aus der Oper *Der Zauberschild*		V/6
Zärtlicher als Tell und Lÿda	Tell und Lÿda		IX/1, Nr. 6
Zersplittert lag des Schiffes Mast	Des Lootsen Rückkehr	Ludwig Scharrer	113, Nr. 3
Zieht hin von Gottes Huld begleitet	Abschiedskantate	Franz Müller	VII/1
Zögernd tauchte sich der Sonne	Abendlied		IX/2, Nr. 3
Zu Bacharach am Rheine	Männerchor	Friedrich Ch. Förster	VIII/27
Zu Lieb und Trauer sich verbinden	Abschiedskantate, Nr. 3	Franz Müller	VII/1
Zum Himmel dürfen wir erheben	Deutsche Messe, Nr. 2: Zum Gloria		VI/8
Zum Liebchen tritt der Rittersmann	Liebe und Ehre		VIII/40, Nr. 1
Zum Reigen herbei im fröhlichen Mai!	Tanzlied	August H. H. v. Fallersleben	99, Nr. 5
Zur Schmiede ging ein junger Held	Das Schwerdt	Ludwig Uhland	150, Nr. 6

Verzeichnis der Dichter

Aufgeführt sind alle Dichter und Librettisten, wenn möglich, mit Lebensdaten, von denen Kalliwoda einen Text bzw. ein Gedicht vertont hat, dazu der jeweilige Titel (bei allgemeinen Titeln – z. B. *Lied* – zusätzlich der Textanfang) und die Werknummer.

Auffenberg, Joseph Freiherr von (1798-1857)
    Huldigungschor (*König in dem Reich des Schönen*)   VII/9
    Zigeunerlied   79, Nr. 4
Bassewitz, Karl (Johann Friedrich Franz) (1809-1907)
    Erwartung   IX/14
Becker, Nikolaus (1809-1845)
    Der deutsche Rhein   VIII/8
Blumenhagen, Julius Carl (1789-1870)
    An die Heimat   IX/13
Boberfeld [=Opitz], Martin von (1597-1639)
    In's Freie   99, Nr. 1
Born, Rudolph
    Der Glöckner   79, Nr. 2
Bulwer-Lytton, Edward (1803-1873)
    Griechisches Trinklied   241, Nr. 3
Carl [=Bernbrunn, Karl] (1787-1854)
    Freundschaft und Liebe   IX/16
Eberhard, August Gottlob (1769-1845)
    Sturm und Segen   146
Ebert, Karl Egon (1801-1882)
    Morgengruß   207, Nr. 1
    Morgenlied   VII/12
Edwin, ?
    Der schöne Stern   91, Nr. 2
Eichendorff, Joseph von (1788-1857)
    In die Höh'!   239, Nr. 4 + VIII/1, Nr. 2
    Mondnacht   241, Nr. 2
Ernst, Burchard (1804-1874)
    Des Pilgers Sonntag   150, Nr. 4
    Wonneabend im Sommer   171, Nr. 1
Förster, Friedrich Christoph (1791-1868)
    Der Abend   124, Nr. 2
    Frühlingsfeier   124, Nr. 3
    Zu Bacharach am Rheine   VIII/27
Freiligrath, Ferdinand (1810-1876)
    Der Troubadour   IX/34

Geibel, (Franz) Emanuel von (1815-1884)
    Abschiedsständchen   IX/11
    Gondoliera   139, Nr. 1
Gerhard, Wilhelm (1780-1858)
    Der Jäger   214, Nr. 4
Goethe, Johann Wolfgang von (1749-1832)
    Das Bächlein (?)   98, Nr. 2
    Der Fischer   IX/15
    Sehnsucht   4, Nr. 5
Grün, Anastasius (1808-1876)
    Wohin   197, Nr. 3
Harrys, (Johann) Georg (1780-1838)
    Text zum Neujahrstück *Die Audienz*   VII/13
Hauff, Wilhelm (1802-1827)
    Soldatenliebe   54, Nr. 4
Hebel, Johann Peter (1760-1826)
    Freude in Ehren   99, Nr. 2
Heine, Heinrich (1797-1856)
    Amen   IX/12
    Weihnachtslied („Die heil'gen drei Könige")?   131, Nr. 1
Herwegh, Georg (1817-1875)
    Reiterlied   233, Nr. 2
Hoffmann von Fallersleben, August Heinrich (1798-1874)
    Abendlied   124, Nr. 4
    Autoren-Litanei   131, Nr. 5
    Der Abendstern   IX/6, Nr. 1
    Die einsame Rose   112, Nr. 6
    In's Weinhaus   131, Nr. 6
    Schiffahrt   99, Nr. 3
    Tanzlied   99, Nr. 5
    Vergiß mein nicht   112, Nr. 3
Hoffmann, [Ernst Theodor Amadeus (1776-1822)?]
    Lied (*Wo bist du hin*)   54, Nr. 3
Hohlfeldt, Christoph Christian (1776-1849)
    Verlaß mich nicht   171, Nr. 6
Hölty, Ludwig Christoph Heinrich (1748-1776)
    Die Schiffende   4, Nr. 6
Julius, [=Fleckles, Leopold (1802-1879)?]
    Mailied   197, Nr. 1
Kehsel, G. von
    Mit dir zu sein   IX/3, Nr. 15
Keller, Carl (1784-1855)
    Libretto zur Oper *Prinzessin Christine*   V/1
Kind, Friedrich (1768-1843)
    Der Hammerschmied   182, Nr. 2
    Libretto zur Oper *Blanda, die silberne Birke*   V/2

Kletke, (Gustav) Hermann (1813-1886)
    In die Ferne   98, Nr. 1
Klopstock, Friedrich Gottlieb (1724-1803)
    Ode (*Wilkommen silberner Mond*)   54, Nr. 1
Koch, Johann (1802-1873)
    Der Hirtenknabe   214, Nr. 1
Kopisch, August (1799-1853)
    Soldatenlied   239, Nr. 2 + VIII/1, Nr. 3
Kornstädt, C. W.
    Der Wanderer   91, Nr. 3
Krummacher, [Friedrich Adolf (1767-1845)?]
    Die untergehende Sonne   99, Nr. 6
Lavater, Johann Kaspar (1741-1801)
    Weihnachtsliedchen   IX/38
Lenau, Nikolaus (1802-1850)
    Der Postillion   105
    Einst und jetzt   189, Nr. 3
    Husarenlied   IX/20
    In der Schänke   IX/21
Lobedanz, Edmund Adolf Johannes (1820-1882)
    Das letzte Harren   214, Nr. 5
Löwe, Theodor
    Die Fahnenwacht   139, Nr. 2
Mahn, H.
    Heimweh   214, Nr. 2
Matthisson, Friedrich von (1761-1831)
    Lied der Liebe   177, Nr. 3
Mayer, Karl August (1808-1894)
    Deutscher Männer Festgesang   241, Nr. 1
Melhop, Wilhelm (1802-1868)
    Lebewohl!   171, Nr. 2
Mosenthal, Salomon Hermann Ritter von (1821-1877)
    Des Hirten Abschied   IX/7, Nr. 2
Müller, Franz (1796-1852)
    Abschiedskantate (*Ziehet hin von Gottes Huld*)   VII/1
    Hymne (*Reine, von der Unschuld Licht*)   VII/11
Müller, Nikolaus (1770-1851)
    Abends   99, Nr. 4
Neumann, Ludwig Gottfried (1813-1865)
    Deutsches Lied (*Willst du ein Mann*)   VIII/7
Neus, Jacob (1767-1846)
    Kirchengesang (*Halleluja, der Herr ist da*)   VI/29
Platen, August Graf von (1796-1835)
    Mein Herz und deine Stimme   IX/24
Prechtler, (Johann) Otto (1813-1881)
    Heimweh   139, Nr. 4

Prutz, Robert Eduard (1816-1872)
  Frage nicht   139, Nr. 3
  Wirth und Gast   138, Nr. 4

Raßmus, [=Rasmus, Gustav (1817-1900)?]
  Trinklied   239, Nr. 1 + VIII/1, Nr. 1

Reinick, Robert (1805-1852)
  Gute Nacht   IX/18

Rudolphi, Caroline (1754-1811)
  Das Bächlein (?)   98, Nr. 2

Schäfer, Johann Wilhelm (1809-1880)
  Andenken   IX/5, Nr. 2
  Bergwald   IX/5, Nr. 1

Scharrer, Ludwig
  Das deutsche Lied II   VIII/6
  Das Wanderbuch   113, Nr. 4
  Der Landwehrmann   113, Nr.1 + VIII/1, Nr.6a
  Des Lootsen Rückkehr   113, Nr. 3
  Letzter Wille   IX/3, Nr. 14
  Spießgesellenlied   138, Nr. 1
  Trinkers Liebschaft   138, Nr. 3
  Volkslied   138, Nr. 2
  Weiß und blau   154, Nr. 2
  Zur Heimath   122

Scheffel, Joseph Victor von (1826-1886)
  Abendliche Kahnfahrt   IX/10

Scheurlin, Georg (1802-1872)
  Der drei Burschen Lied   150, Nr. 1 + VIII/10

Schneider, H.
  Ständchen   VIII/30
  Waldesgruß   VIII/35

Schnezler, (Ferdinand Alexander) August (1809-1853)
  Das Auge der Nacht   54, Nr. 6
  Im Thale   54, Nr. 2
  Wohin? Woher?   67, Nr. 5

Schreiber, D.
  Die Rückkehr   4, Nr. 3

Schütze, ?
  Lied für Schlittschuhläufer   IX/31

Seemann, Xaver († 1870)
  Festkantate (*Stimmt an ihr Freunde*)   VII/4
  Fürstenberghymne   145a

Seume, Johann Gottfried (1763-1810)
  Morgenlied   67, Nr. 6 + IX/25

Silesius [=Badenfeld], Eduard (1800-1860)
  Die Abendglocken   91, Nr. 1

Stieglitz, Heinrich (1801-1850)
    Lenzverjüngung — 124, Nr. 1

Stolberg, Friedrich Leopold Graf zu (1750-1819)
    Auf dem Wasser zu singen — 192, Nr. 4
    Lied eines Schweizerknaben — 54, Nr. 5

Stolterfoth, (Wilhelmine Julie) Adelheid von (1800-1875)
    Abend am Rhein — 147, Nr. 3
    Des letzten Kaisers Rheinfahrt — 147, Nr. 1
    Gisella — 147, Nr. 2

Storck, D. Adam (1778-1822) / Scott Walter
    Ave Maria — 197, Nr. 2

Thale, Adalbert von (1784-1844)
    Die Leiche des Kriegers — 113, Nr. 2 + VIII/31

Thekla, [=Ida von Reinsberg-Düringsfeld (1815-1876)?]
    Sängers Morgenlied — 139, Nr. 5

Uhland, Ludwig (1787-1862)
    Das Schwerdt — 150, Nr. 6

Vogl, Johann Nepomuk (1818-1866)
    Schifferlied — IX/29

Vorholz, Christoph (1801-1865)
    Augensprache — IX/7, Nr. 1

Voß, Johann Heinrich (1751-1826)
    Trauergesang / Begräbnislied — 96, Nr. 3

Vulpius, Christian August (1762-1827)
    Lied (O! Was spricht so laut zum Herzen) — 4, Nr. 2

Weismann, Friedrich Bernhard Heinrich (1808-1890)
    Das deutsche Lied — VIII/5

Weitzmann, Karl Borromäus (1767-1828)
    Der Ausfall der Munderkinger — IX/3, Nr. 10

Zille, Moritz Alexander (1814-1872)
    Tirolerlied — 150, Nr. 5

Liste der Widmungsträger

Die folgende Liste enthält sämtliche Personen, denen Johann Wenzel Kalliwoda ein Werk gewidmet hat. Soweit möglich wird eine Kurzbiographie angehängt zusammen mit der Information, in welcher Beziehung die betreffende Person zu Kalliwoda stand. Aufgeführt sind ebenso die Institutionen, denen eine Komposition dediziert wurde, geordnet nach den jeweiligen Städten, in denen diese ihren Sitz hatten. In allen Fällen wird die Opusnummer und das Entstehungsjahr bzw. – wenn bekannt – das Uraufführungsdatum des entsprechenden Werkes mitgeteilt.

Amalie Christine Caroline (1795-1869) Fürstin zu Fürstenberg, geborene Gräfin Hochberg, Prinzessin von Baden. Seit 1818 Gattin von Fürst Karl Egon II. (Drei Gesänge op. 91, 1838.)

Amalie Sophie (1821-1899) Prinzessin zu Fürstenberg, Tochter von Karl Egon II. und Fürstin Amalie. Seit 1845 verheiratet mit Herzog Victor Moritz von Ratibor. (Fünf Kontretänze op. 88, 1838.)

Amalie Caroline (1848-1918) Prinzessin zu Fürstenberg, Tochter von Karl Egon III. und Fürstin Elisabeth. Sie war in den 1860er Jahren Kalliwodas letzte Schülerin aus der Fürstenfamilie und gehörte bereits der zweiten Generation an, der der Kapellmeister Klavierunterricht erteilt hatte. (Kleine ungedruckte Stücke für Klavier bzw. Harmonium, die meisten datiert am 25. Mai, ihrem Geburtstag: Adagio WoO IV/02, 1860. Wiegenlied WoO IV/34, 1860. Pastorale WoO IV/39, 1864. Air Styrien WoO IV/05, 1865. Impromptu WoO IV/17, 1866.)

Bartak (Bertack) **Vinzenc** (...). Zögling des Prager Konservatoriums in der gleichen Klasse wie Kalliwoda. Er spielte in Doppelkonzerten oft mit Johann Taborsky zusammen. (Concertante für 2 Violinen op. 20 [mit Taborsky zusammen], Mai 1831.)

Böhme, Carl Gotthelf S. (1785-1855) Musikalienverleger. Böhme kaufte im Jahr 1828 nach dem Tod des Begründers Carl Friedrich Peters den Leipziger Musikverlag *Bureau de Musique*. Er edierte die Werke älterer Komponisten – in erster Linie J. S. Bachs – und setzte sich ebenso für seine Zeitgenossen ein. Kalliwoda veröffentlichte die meisten seiner Kompositionen bei diesem Verlag; aus dem regelmäßigen Briefwechsel entstand schließlich auch eine Freundschaft zu Böhme. Nach seinem Tod verschlechterten sich offenbar die Bedingungen für Kalliwoda, denn dieser wandte sich nach 1856 vermehrt an andere Verleger. (Grand Duo für 2 Violinen op. 50, 1834. Drei Stücke für Violine und Klavier op. 170, 1850.)

Booth, Wilhelm von (...) gehörte wahrscheinlich zu Kalliwodas Bekanntenkreis in Karlsruhe. (Zwei Charakterstücke für Violine und Klavier op. 209, 1856.)

Brée, Johannes Bernardus van (1801-1857) belgischer Nationalkomponist. Brée wirkte hauptsächlich als Dirigent und konzertierte erfolgreich auf der Violine. Seine wichtigste Wirkungsstätte war Amsterdam. Hier könnte ihn Kalliwoda bei einem Besuch 1835 kennen gelernt haben, doch die beiden Werke dedizierte er ihm wahrscheinlich bei Begegnungen in Leipzig. (Concertino Nr. 3 für Violine und Orchester op. 72, 26. November 1835. Konzertvariationen für 2 Violinen und Orchester op. 83 [mit Carl Fischer zusammen], 22. Oktober 1838.)

Buxton, E. (Mehrere Klavierstücke op. 149, 1846.)

Colmar. Philharmonische Gesellschaft in Colmar. (Ouvertüre Nr. 10 op. 142, 13. Januar 1842.)

David, Ferdinand (1810-1873) Violinist, Schüler von Louis Spohr. Da er frühzeitig Waise wurde, wuchs David unter der Vormundschaft von Mendelssohns Vater auf. Den Komponisten selbst, mit dem ihn eine lebenslange Freundschaft verband, lernte er auf seiner ersten Konzertreise 1825 in Berlin kennen. Mendelssohn war es auch, der David 1836 als Konzertmeister an das Gewandhaus nach Leipzig berief; diese Stellung hatte er bis zu seinem Tod 1873 inne. (Violinconcertino Nr. 5 op. 133, 1844.)

Dessau. Mitglieder des Orchesters von Dessau. Kalliwoda wurde im Dezember 1835 von Kapellmeister Friedrich Schneider, dem Leiter der Hofkapelle des Herzogs Leopold Friedrich, nach Dessau eingeladen. Hieraus entstand eine intensive Bindung, die Anlass gab für mehrere Reisen in die anhaltische Residenzstadt. (Ouvertüre Nr. 5 op. 76, November 1838.)

Deutsche Liedertafel. Dachorganisation für alle Männergesangvereine Deutschlands, die nach dem Muster der von Carl Friedrich Zelter 1809 gegründeten Berliner Liedertafel nach und nach entstanden. Kalliwoda bedachte mit dieser Komposition somit keine Einzelgruppe, sondern den gesamten Dachverband. (Männerchor *Liebe und Wein* op. 190, 1852.)

Donaueschingen. Mitglieder der Fürstlich Fürstenbergischen Hofkapelle. (Ouvertüre Nr. 12 op. 145, 20. April 1945.)

Donaueschinger Gesangverein. 1835 von Kalliwoda gegründeter und von ihm geleiteter Verein zur Pflege von weltlichem Chorgesang. (Sechs Gesänge für vier Stimmen mit Klavier ad lib. op. 99, 1840.)

Dreyschock, Alexander (1818-1868) Pianist. Dreyschock trat schon als Achtjähriger öffentlich auf und absolvierte ab 1833 sein Musikstudium in Prag. Viele Kunstreisen führten ihn durch Europa. Zwischen 1838 und 1861 trat er häufig auch in Leipzig auf, im Erscheinungsjahr des ihm gewidmeten Werkes am 2. Oktober. (Klaviertrio Nr. 3 op. 200, 28. November 1853.)

Edersheim, M. J. (Konzertdivertissement op. 75, 1838.)

Elisabeth Louise (1819-1897) Prinzessin zu Fürstenberg, Tochter von Karl Egon II. und Fürstin Amalie. (Drei Charakterstücke op. 40, 1833. Fünf Kontretänze op. 86, 1838.)

Emil (1825-1899) Prinz zu Fürstenberg, Sohn von Karl Egon II. und Fürstin Amalie, jüngerer Bruder von Karl Egon III. (Lied *Gute Nacht* WoO IX/18.)

d' Enzenberg, Graf Gustave (um 1795-1843) K. K. Österreichischer Kämmerer. Bereits 1817 wurde er Landesadministrationschef von Karl Egon II., ab 1824 Geheimer Rat und Präsident der Domänenkanzlei und damit Chef der Fürstlich Fürstenbergischen Beamtenschaft. Enzenberg spielte schon unter Kreutzer im Orchester das zweite Cello und wurde bereits 1830 pensioniert. (Fantasie Nr. 1 op. 33, 1833.)

Fink, Charlotte (1820-1843) Pianistin, Tochter von Gottfried W. Fink, dem Redakteur der *Allgemeinen Musikalischen Zeitung*. Sie trat zwischen 1835 und 1838 öfter im Gewandhaus auf. (Rondeau à la Polonaise op. 42, 1833.)

Fischer, Beatrix (1806 - um 1885) Großherzoglich Badische Hofopernsängerin. Sie wurde in Temesvár (heute Rumänien) geboren. Nach dem Tod des Vaters siedelte die Mutter mit den Kindern nach Wien über, wo Beatrix vom Stiefvater musikalische Anleitung erhielt. 1823 debütierte sie als Käthchen von Heilbronn am Theater an der Wien. Nach dessen Auflösung zwei Jahre später heiratete sie den aus Karlsruhe stammenden Hofschauspieler und Regisseur Karl Fischer, mit dem sie in Prag, Leipzig, Pest, Preßburg und Paris gastierte. In Brünn und Aachen erhielt sie Engagements, bevor sich das Ehepaar 1831 endgültig in Karlsruhe niederließ. Bis zu ihrem Ruhestand 1854 trat Fischer noch häufig in verschiedenen europäischen Großstädten auf. (Fünf Lieder op. 172, 1851.)

Fischer, Karl Gotthelf (1766-1841[39?]) Violinist. Von 1792 bis 1839 Mitglied des Gewandhausorchesters Leipzig. (Konzertvariationen für 2 Violinen und Orchester op. 83 [mit Johannes B. Brée zusammen], 22. Oktober 1838.)

Frenzel, Emilie (Walzer für Klavier op. 195, Nr. 1, 1852.)

Fürstenberg: Die Mitglieder der Fürstenfamilie sind jeweils unter ihren Vornamen aufgeführt.

Gall, Jean (Colmar) (Konzertdivertissement op. 134, 26. Februar 1846.)

Geusau, Stephanie von, Freifräulein (...). Nachfahrin der Karlsruher Adelsfamilie von Geusau. Der ältere Karl Freiherr von G. (1741-1829) war Vertrauter des Großherzogs Karl Friedrich sowie Geheimrat und Generalleutnant der badischen Armee. Dessen Sohn Karl d. J. (1775-1826) wirkte u. a. als Oberstallmeister und Generalmajor ebenfalls beim badischen Militär. Stephanie könnte die Enkelin von letzterem gewesen sein. (Fünf Lieder op. 214, 1857.)

Graff, J. (Streichquartett Nr. 1 op. 61, 1835.)

Haizinger, Anton (1796-1869) Großherzoglich Badischer Kammersänger. Der in Wilfersdorf (Österreich) geborene Tenor wirkte zunächst als Lehrer in Wien, bevor er 1821 ein Anstellungsangebot am Theater an der Wien erhielt. Während seiner Laufbahn als Bühnensänger gastierte er u. a. in Prag, Preßburg, Frankfurt, Stuttgart und Mannheim. Ein endgültiges Engagement erhielt er 1825 in Karlsruhe, wo er bis zu seinem Abschied 1850 blieb. Neben weiteren Gastspielen war Haizinger auch als Gesangslehrer tätig und gehörte zu den Mitbegründern der Musikschule in Karlsruhe 1837. (Lied *Der Troubadour*, WoO IX/34.).

Haysdorf, Therese von (...) Hofdame der Fürstin Amalie zu Fürstenberg. (Rondo für Klavier op. 10, 11. März 1828.)

Helminger, Carl (*Husarenlied* WoO IX/20, vor 1844.)

Hermann, Friedrich Valentin (1828-1907) Bratschist. Der aus Frankfurt a. M. stammende Musiker gehörte ab November 1846 als erster Violaspieler dem Gewandhausorchester in Leipzig an und widmete seinerseits 1856 Kalliwoda sein zweites Capriccio für drei Violinen op. 5. Hermann wurde 1878 pensioniert. (Zwei Duos für Violine und Viola op. 208 [mit Hermann Hunger zusammen], 1855.)

Heybey, Karl (Sechs Nocturnes op. 186, 1852.)

Hornstein, Baron Ferdinand von († 1890) K. K. Kämmerer. 1827 auf eigenen Wunsch von Karl Egon II. zum Fürstlich Fürstenbergischen Hofkavalier ernannt. Er sang im Hoftheater regelmäßig Baritonrollen, muss aber aufgrund des ihm gewidmeten Werkes auch Cello oder Violine gespielt haben. Nach dem Tod seines Vaters stellte er 1838 einen Entlassungsantrag und verließ Donaueschingen. (Rondeau Concertant op. 24, 1832.)

Hunger, Hermann Otto (1813-1866) Violinist. Der gebürtige Leipziger trat ab seinem zwanzigsten Lebensjahr öffentlich in Konzerten auf und wurde im April 1842 Mitglied des Gewandhausorchesters. Ab der Saison 1846/47 wechselte er zur Viola. (Zwei Duos für Violine und Viola op. 208 [mit Friedrich Hermann zusammen], 1855.)

Kalliwoda, Emil (1842-1901) Sohn von Johann Wenzel, Fabrikbeamter in Karlsruhe. Mit seinem Bruder Gustav verwaltete er den musikalischen Nachlass des Vaters. (Introduction und Rondino WoO III/04, 1853.)

Kalliwoda, Therese, geb. Brunetti (1803-1892) Sängerin, Tochter der Prager Schauspielerin Therese Brunetti. Sie erhielt Klavierunterricht von dem mit der Familie befreundeten Carl Maria von Weber sowie weitere musikalische Ausbildung am Prager Konservatorium. 1822 wurde sie Kalliwodas Frau, bevor sie gemeinsam nach Donaueschingen übersiedelten. (Drei Gesänge op. 98, 1839.)

Kapferer, Eugenie, geb. Bausch (...) Fürstlich Fürstenbergische Hofrätin, Tochter des Freiburger Regierungsrates Bausch, seit November 1827 Gattin von Domänenrat Franz Albert Kapferer. Eugenie Kapferer übernahm im Hoftheater Sopranrollen. (*Heimatlied* op. 117, 1842.)

Kapferer, Franz Albert (1802-1874) Arzt und Domänenrat. Kapferer studierte in Freiburg und Heidelberg Medizin und unternahm anschließend verschiedene Ausbildungsreisen. 1827 wurde er praktischer Arzt in Donaueschingen und zweiter Leibarzt der Fürstenfamilie. 1833 erhielt er den Charakter eines F. F. Rates und in den Folgejahren verschiedene Auszeichnungen und Ehrungen aufgrund sehr guter Leistungen. (Variations concertantes op. 21, 1831.)

Karl Egon II. (1796-1854) Fürst zu Fürstenberg. Er studierte an den Universitäten Freiburg (1812/13) und Würzburg (1813-15) und nahm 1815 am Feldzug des Fürsten Schwarzenberg teil. Als Karl Egon 1817 volljährig wurde, übernahm er die selbständige Herrschaft in Donaueschingen und war nach Kalliwodas Anstellung 32 Jahre hindurch dessen Dienstherr. (Symphonie Nr. 2 op. 17, 14. März 1827.)

Karl Egon III. (1820-1892) Fürst zu Fürstenberg, Sohn von Karl Egon II. und Fürstin Amalie. Er trat die Nachfolge seines Vaters in dessen Todesjahr 1854 an. (Zwei Adagios, op. 225 1857. Ungedruckt, jeweils an seinem Geburtstag, dem 4. März, datiert: Männerchor WoO VIII/23 [1835], Festmärsche op. 227a [1858] sowie Lied ohne Worte WoO IV/21 [1866] und IV/38 [1857].)

Karlsruhe. Liederkranz. Der 1841 gegründete Verein entwickelte sich im Lauf der Zeit zu einem der größten und wichtigsten Männergesangsvereine der Residenzstadt. Der erste musikalische Leiter war Musikdirektor Karl Spohn. 1864, im Jahr der Widmung, ging die Leitung von Heinrich Strauß auf Heinrich Giehne über. (Fünf Gesänge für Männerchor op. 241, 1864.)

Kistner, Jules (1805-1868) Verleger. Kistner war ab 1846 Mitglied der Gewandhaus-Konzertdirektion in Leipzig, ab 1852 hatte er die Funktion des Kassierers inne. Er war der Bruder des Musikverlegers Carl Friedrich Kistner (1797-1844), dessen Nachfolge er im Verlag bis 1866 übernahm. (Konzertvariationen op. 73, 1837.)

Klengel, Moritz Gotthold (1793[4]-1870) Violinist, Sohn des Kantors und Schullehrers in Stolpen, Johann Gottlieb Klengel. Moritz trat 1814 als Geiger in das Leipziger Gewandhausorchester ein und war über fünfzig Jahre v. a. als Vorspieler der zweiten Violinen tätig. Unter seinen Nachkommen finden sich mehrere Personen, die im Leipziger Musikleben namhaft wurden (Julius d. J., Paul). (Grand Rondeau op. 37, 15. Oktober 1833.)

Kníže (Knjze), Fr. Max (1784-1840) Musiker und Liederkomponist. Kníže war Mitglied des Orchesters des Ständischen Theaters in Prag, Fagottist und Gitarrenvirtuose. Nachdem Kalliwodas Schwiegervater Joachim Brunetti gestorben war, heiratete Kníže dessen Witwe Therese. (Streichquartett Nr. 2 op. 62, 1836.)

Koller, Frida von (...) Tochter des Fürstlichen Oberforstrates Philipp von Koller († 1858). (Adagio für Klavier op. 187, 1853.)

Konstanz. Sängerrunde Bodan (Vier Deutsche Chöre op. 233, 1862.)

Lange, Karl August (1789-1865) Violinist und Bratschist. Lange war von 1810 bis 1850 Mitglied des Gewandhausorchesters in Leipzig, trat aber schon 1799 als Solist dort auf. In den ersten fünf Jahren war er zweiter Konzertmeister und 1816/17 Vorspieler der Bratschen. (Variationen op. 13, 10. März 1829.)

Lasollaye, Baronin **Sophie von** (...) evtl. Tochter des Hofrates und Kabinettsekretärs Leopold von Lasollaye in Donaueschingen. (Klaviersonate op. 176, 1851.)

Leede, Alwine, Cornelie und **Emilie**. Töchter (oder Gattin und zwei Töchter?) des Leipziger Verlegers Christian Friedrich Leede. (Frühlingspolka für Klavier op. 195, Nr. 2, 1852 [Alwine]. Drei Gesänge für zwei Soprane op. 197, 1854 [Cornelie & Emilie]).

Leipzig. Leitung (Direktion) der Gewandhauskonzerte in Leipzig. (Symphonie Nr. 3 op. 32, 1830/32.)

Leipzig. Musikverein Euterpe in Leipzig. (Ouvertüre Nr. 7 op. 101, 5. Februar 1839.)

Leipzig. Mitglieder des Gewandhausorchesters Leipzig. (Ouvertüre Nr. 2 op. 44, 15. Oktober 1832.)

Leopold, Fürst Friedrich (1794-1871) Herzog zu Anhalt-Dessau, Enkel des bekannteren Herzogs Leopold Friedrich Franz. Der in der Residenzstadt Dessau geborene Leopold Friedrich beerbte 1817 seinen Großvater, nachdem sein Vater bereits drei Jahre zuvor verstorben war, und gelangte so schon früh an die Regierung des anhaltisch-dessauischen Landes. Der volksnahe Herrscher führte erfolgreich die Politik seines Vorgängers fort: Er modernisierte die Verwaltung, richtete Stiftungen für bedürftige Schüler und Studenten ein und ließ viele bedeutende Gebäude, darunter Kirchen, in Dessau und Umgebung bauen. Daneben war er ein großer Förderer des Hoftheaters und der Hofkapelle, die lange unter der Leitung des Kapellmeisters und Komponisten Friedrich Schneider stand. (Ouvertüre Nr. 14 op. 206, November 1854.)

Lindpaintner, Peter Josef von (1791-1856) Violinist und Komponist. Lindpaintner war Geigenschüler bei G. Anton Plödterl in Augsburg und erhielt Kompositionsunterricht bei Peter Winter sowie später noch einmal bei Joseph Grätz in München. Nach einer Anstellung ab 1812 als Musikdirektor am neugegründeten Isartortheater übernahm er 1820 in der Nachfolge Johann Nepomuk Hummels die Stelle des Hofkapellmeisters in Stuttgart. (Streichquartett Nr. 3 op. 90, 1838.)

London. Philharmonische Gesellschaft in London. (Symphonie Nr. 4 op. 60, 12. März 1835.)

Lübeck, Johann Heinrich (1799-1865) niederländischer Violinvirtuose, Komponist und Lehrer. Nach einer Ausbildung in Musiktheorie in Potsdam wirkte Lübeck im Theaterorchester in Riga und Stettin. 1823 kehrte er in seine Heimat zurück und stand von 1827 bis zu seinem Tod als Direktor an der Spitze des neugegründeten Konservatoriums in Haag. 1829 wurde ihm zusätzlich die Stelle des Hofkapellmeisters übertragen. (Fantasie Nr. 2 op. 74, 1837.)

Magdeburg. Konzertleitung in Magdeburg. (Ouvertüre Nr. 1 op. 38, 1833.)

Matthäi, August Heinrich (1781-1835) Violinist in Leipzig. Matthäi wurde 1803 in das Gewandhausorchester aufgenommen und zu Studienzwecken nach Paris geschickt, wo er u. a. bei Rodolphe Kreutzer Unterricht erhielt. 1809 begründete er eines der ersten deutschen Streichquartette. Als Vorgänger von Mendelssohn war er von 1817 bis zu seinem Tod Kapellmeister des Gewandhausorchesters. (Violinconcertino op. 15, 5. März 1829.)

Maximilian Egon I. (1822-1873) Prinz zu Fürstenberg. Sohn von Karl Egon II. und Fürstin Amalie, jüngerer Bruder von Karl Egon III. (Zwei Festmärsche op. 227, 1859. Galopp WoO IV/10, 29. März 1841.)

Mendelssohn Bartholdy, Felix (1809-1847) Komponist. Ab 1835 war Mendelssohn Kapellmeister am Gewandhaus in Leipzig. Kalliwoda traf ihn regelmäßig während seiner häufigen Reisen dorthin, und es entwickelte sich ein freundschaftliches Verhältnis zwischen den beiden Musikern. Mendelssohn ermöglichte die Aufführung der meisten Sinfonien Kalliwodas im Gewandhaus. (Ouvertüre Nr. 11 op. 143, 26. Februar 1846.)

Molique, Wilhelm Bernhard (1802-1869) Violinist und Komponist. Molique erhielt Geigenunterricht zunächst von Louis Spohr, dann von Pietro Rovelli in München. 1817 bekam er eine Orchesterstelle in Wien, bevor er 1820 wieder nach München zurückkehrte. 1826 nahm er die Stelle eines königlichen Musikdirektors und Konzertmeisters in Stuttgart an. 1849 siedelte er nach London über, wo er bis 1866 blieb. (Violinconcertino op. 30, 18. Oktober 1832.)

Mühlenfeldt, Carl (...) Pianist aus Braunschweig. Er trat am 7. Januar 1812 im Leipziger Gewandhaus auf. (Introduction, Variationen und Rondo op. 71, 1837.)

Mühling, Heinrich Leberecht August (1786-1847) Violinist und Pianist. Mühling wirkte zwischen 1804 und 1808 als Orchestermusiker und Solist am Leipziger Gewandhaus und war ab 1809 Musikdirektor in Nordhausen a. H. 1823 übersiedelte er nach Magdeburg, wo er neben Organistentätigkeiten die Leitung der Magdeburger Liedertafel übernahm. (Divertissement de Concert op. 43, 1834.)

Oberhoffer, Karl (1811-1885) Großherzoglich Badischer Hof- und Kammer-Opernsänger in Karlsruhe. (Lied *Die Jäger* op. 155, 1848.)

d' Obvexer, Baronin **Verene** (Rondo für Klavier op. 11, 1828.)

Panhuys, C. de (Konzertvariationen op. 89, 1838.)

Pauline (1829- 1900) Prinzessin zu Fürstenberg, Tochter von Karl Egon II. und Fürstin Amalie. Seit 1847 verheiratet mit dem späteren Fürst und Herzog Karl Hugo von Ujest. (Introduction und Rondo op. 123a, 1843.)

Pearsall, Robert Lucas (1795-1856) Rechtsanwalt. Pearsall entstammte einer alten und reichen englischen Familie. 1825 verließ er England, studierte in Mainz und München (bei Caspar Ett) Musik, kam aber auch nach Baden-Baden, Karlsruhe und Wien. (Vierhändige Klaviersonate op. 135, 1845.)

Pechatschek (Pecháček)**, Franz Xaver** (1793-1840) Violinist und Komponist. Geboren in Wien, wo er ersten Geigenunterricht von seinem Vater Frantisek Martin P. erhielt. Nach einer Konzertreise nach Prag studierte er Komposition und wurde Violinist im Orchester des Theaters auf der Wieden. 1822 ging er als Konzertmeister der Königlich Württembergischen Hofkapelle nach Stuttgart, 1826 in gleicher Eigenschaft zur Großherzoglich Badischen Kapelle nach Karlsruhe. Obwohl einer seiner Söhne sowie sein Vetter auch die Initiale F (für Franz) haben und Musiker waren, dürfte Franz Xaver derjenige gewesen sein, den Kalliwoda während seiner ersten Konzertreise 1822 in München kennen gelernt hatte und 1837 beim Schwarzwälder Musikfest in Hechingen wiedertraf. (Grand Rondeau op. 84, 1838.)

Pixis, Friedrich Wilhelm (1785-1842) Prager Violinist. Pixis unternahm Konzertreisen nach Deutschland, Dänemark, Polen und Russland, lebte kurzzeitig in Wien und lehrte ab 1810 am neu gegründeten Konservatorium in Prag, wo auch Kalliwoda zu seinen Schülern zählte. (Violinkonzert op. 9, 22. Dezember 1821.)

Pohlenz, Christian August (1790-1843) Musikdirektor. Pohlenz studierte an der Universität Leipzig Jura und Musik, er wirkte als Pianist und Gesangslehrer sowie als Organist an verschiedenen Kirchen und war Leiter der Gewandhauskonzerte von 1827-35. (Drei Rondos op. 19, 1830.)

Poppr, F. (...) Auf den Programmzetteln der Museumskonzerte in Donaueschingen im Jahr 1834 ist wiederholt zu lesen: „Lied von F. Popper". Es ist möglich, dass es sich bei diesem Komponisten um den gesuchten Widmungsträger handelt. Neben der Übereinstimmung der (nicht auflösbaren) Initiale des Vornamens wird diese Vermutung auch dadurch bekräftigt, dass die gewidmete Komposition ebenfalls ein Vokalwerk ist. (Sechs Gesänge für Männerchor op. 96, 1839.)

Portmann, C. J. L. (Sechs Lieder op. 67, 1836.)

Prag. Fünfzigjahrfeier des Prager Konservatoriums. Kalliwoda gehörte zu den ersten Zöglingen des Instituts und wurde von dessen Direktor Johann Kittl um eine Komposition für die Feierlichkeiten im Sommer 1858 gebeten. (Ouvertüre Nr. 15 op. 226, 7. Juli 1858.)

Queisser, Carl Traugott (1800-1846) Posaunist und Violinist. Der aus Döben bei Grimma stammende Musiker konzertierte ab 1818 im Leipziger Gewandhaus erfolgreich als Posaunist, und wechselte im Jahr darauf zunächst zur Violine. Von April 1828 bis zu seinem Tod gehörte er schließlich als erster Violaspieler dem Orchester an. (Ouvertüre Nr. 9 op. 126, 1843.)

Reichold, Emilie (...) Pianistin aus Chemnitz, die Kalliwoda in Leipzig kennen gelernt hatte. Sie war Schülerin von Friedrich Wieck und spielte bei der Uraufführung des ihr gewidmeten Rondos den Solopart. (Grand Rondeau op. 16, 10. März 1829.)

Reuther, Heinrich (...) Oboist im großherzoglichen Hoforchester Karlsruhe, angestellt mindestens in der Zeit zwischen 1838 und 1853. (Concertino für Oboe op. 110, 25. Januar 1844.)

Rochlitz, Antoinette († um 1880) Großherzoglich Badische Hofopernsängerin in Karlsruhe. (Sechs Lieder op. 192, 1853.)

Rothe, Pauline (Divertissement für Klavier zu vier Händen op. 203, 1855.)

Saemann, Caecilia (Königsberg) (Lied *Freundschaft und Liebe* WoO IX/16, 1850.)

Scharrer, Ludwig (...) Dichter. Scharrer wird im Fürstenbergarchiv in Donaueschingen als Zehntablösungsgehilfe, später als Hofzahlamtsgehilfe erwähnt, bevor er 1841 aus der Fürstlichen Verwaltung austrat. 1842 erschien seine Gedichtsammlung *Bunte Blüthen*, aus denen Kalliwoda mehrere Texte vertont hatte. (Drei Lieder op. 182, 1852.)

Schmitt, W. (Polonaise Nr. 2 op. 45, 8. November 1832.)

Schönherr, Karl (...) Verleger. Mitarbeiter beim Leipziger Musikverlag *Bureau de Musique C. F. Peters*. (Grand Rondeau für Flöte und Streichquartett op. 80, 26. Oktober 1837.)

Schumann, Robert (1810-1856) Komponist und Begründer der Leipziger *Neuen Zeitschrift für Musik*. Die beiden Musiker trafen sich wiederholt in Leipzig, doch während sich Schumann in seinen Tagebüchern öfter über Kalliwoda äußert und ihm bereits 1833 seine Intermezzi op. 4 gewidmet hat, sind keine Aussagen des Hofkapellmeisters über den berühmten Zeitgenossen überliefert. (Sechs Etüden für Violine solo op. 87, 1838.)

Spohr, Louis (1784-1859) Violinist und Komponist. Spohr wirkte als Kapellmeister in Wien, Frankfurt a. M. und ab 1822 am Hof des Kurfürsten Wilhelm II. in Kassel. Zwischen 1804 und 1825 trat er öfter in Leipzig auf. (Ouvertüre Nr. 6 op. 85, Dezember 1838.)

Stahl, Frédéric (...) (Konzertvariationen op. 22, 1831.)

Stockholm. Königliche Musikakademie Stockholm. (Symphonie Nr. 5 op. 106, 5. März 1840.)

Stotzingen, Baronin **Gabriele von** († 1882) (Klaviervariationen op. 94, 1839.)

Strauß, Josef (1793-1866) Violinist, Komponist und Kapellmeister. Nach dem ersten Unterricht bei seinem Vater wurde Strauß in Wien von verschiedenen namhaften Musikern ausgebildet. Hier erhielt er die erste Anstellung im Orchester des Theaters an der Wien. In der Folgezeit hatte er ähnliche Stellungen in Pest, Temesvár, Hermannstadt und Brünn inne. Konzertreisen führten ihn u. a. nach Prag, Leipzig und Berlin. Nach weiteren Anstellungen in Straßburg und Mannheim wurde er 1824 zunächst Konzertmeister und von 1826 bis 1864 Hofkapellmeister in Karlsruhe. Dort starb er 1866, einen Tag vor Kalliwoda. (Konzertpolonaise op. 8, 5. März 1829. Violinconcertino Nr. 4 op. 100, 1840.)

Sulger, Matthias (1793-1871) Hofrat in Donaueschingen. Sulger stand ab dem 25. Lebensjahr in fürstlichen Diensten. Er war zunächst Sekretär der jungen Fürstin Amalie, bevor er in die Domänenkanzlei kam und 1826 zum Kabinetts-, drei Jahre später schließlich zum Hofrat ernannt wurde. Diese Stellung behielt er bis zu seiner Pensionierung 1859 inne. Sulger war nicht nur ein guter Freund von Kalliwoda, sondern auch seine Vertrauensperson in Verhandlungen mit dem Fürsten. (Sechs Gesänge op. 54, 1834.)

Täglichsbeck, Thomas (1799-1867) Violinist und Komponist. Täglichsbeck wirkte in München (u. a. am Isartor-Theater), bevor er 1827 an den Hof des Erbprinzen – nachmaligen Fürsten – Konstantin nach Hechingen kam, um die vakante Stelle des Hofkapellmeisters zu übernehmen. Er konzertierte im November 1828 und Oktober 1834 auch in Leipzig und widmete seinerseits 1835 sein Violinkonzert op. 8 Kalliwoda. (Variations brillantes op. 18, 1830.)

Taborsky, Johann (...) Zögling des Prager Konservatoriums in der gleichen Klasse wie Kalliwoda, mit dem er auch zusammen konzertierte. Ein weiterer Partner Taborskys in Doppelkonzerten war Vinzenc Bartak. (Concertante für 2 Violinen op. 20 [mit Bartak zusammen], Mai 1831.)

Thurneisen, E. (Basel) (Sechs Salonstücke für Violine und Klavier op. 148, 1846.)

d' Uechtritz, Baronin **Emma** (Rondo für Klavier op. 23, 1831.)

Veit, Wenzel Heinrich (1806-1864) Jurist. Veit kam nach dem frühen Tod seiner Eltern mit 15 Jahren nach Prag, um Philosophie und Jura zu studieren, und war zunächst dort Beamter, ab 1854 Kreispräsident in Eger. Als musikalischer Autodidakt spielte er Klavier sowie Orgel und komponierte im Stile Schumanns und Mendelssohns u. a. mehrere Streichquartette. Von Mai bis August 1841 war er vorübergehend Musikdirektor in Aachen, wozu ihm aber die musikalische Ausbildung und Erfahrung fehlte. (Lied *Der Postillon* op. 105, 1840. Fantasie über böhmische Lieder op. 193, 1852.)

Verschuer, Amalie (1820-1848) und **Henriette** († 1889). Töchter des Oberjägermeisters und F. F. Hofmarschalls Ernst Verschuer († 1860), die wahrscheinlich bei Kalliwoda Klavierunterricht erhielten. Ernst V. gehörte seit ca. 1838 der Donaueschinger Schauspielgesellschaft an. Seine Tochter Amalie war Gattin des F. F. Hofrats Karl Hubert Dilger; Henriette heiratete 1846 den Oberforstrat Philipp von Koller, dessen zweite Frau sie war. (Fünf Kontretänze für Klavier zu vier Händen op. 95, 1839.)

Weber, Friedrich Dionys (1766-1842) Direktor des Prager Konservatoriums. Weber studierte Philosophie und Jura; musikalische Ausbildung erhielt er von Abbé Vogler. Er war auch als Komponist tätig. (Symphonie Nr. 1 op. 7, Dezember 1825.)

Wieck, Clara Josephine (1819-1896) Pianistin und Komponistin, seit 1840 Gattin von Robert Schumann. Clara Wieck trat zwischen den Jahren 1828 und 1881 unzählige Male in Leipzig auf, 1834, im Erscheinungsjahr des ihr gewidmeten Werkes, am 5. Mai und 3. November. (Rondo passionato op. 49, 1834.)

Wien. Gesellschaft der Musikfreunde des österreichischen Kaiserstaates. So lautet die ursprüngliche Bezeichnung der 1812 gegründeten und bis heute existierenden Gesellschaft. (Symphonie Nr. 6 op. 132, 7. Dezember 1843.)

Will, Karl (1812-1892) Konzertmeister in Karlsruhe. Der aus Sternheim a. M. stammende Musiker war Schüler von Spohr und ließ sich nach seinem Studium zunächst in Zürich nieder. 1840 trat er in die Karlsruher Hofkapelle ein, zu deren Konzertmeister er 1853 ernannt wurde. Er war ein vielseitiger Musiker, angesehener Violinspieler und Pädagoge, der auch kleinere Stücke komponiert und ein Lehrbuch zur *Harmonie- und Formenlehre* veröffentlicht hatte. (Konzertfantasie für Violine und Klavier op. 212, 1856.)

Zürich. Musikgesellschaft Zürich. (Ouvertüre Pastorale op. 108, 1842.)

Zürich. Müllerscher Gesangverein. 1837 von Alexander Müller gegründeter gemischter Chor. Unter den zahlreichen Singvereinigungen in Zürich, die nach Hans Georg Nägelis Gründung eines Sängerinstituts 1804 und des ersten *Stadtsängervereins* entstanden, gehörte dieser zu den ältesten gemischten Chören. (Vier vierstimmige Gesänge op. 124, 1843.)

Zürich. Sängerverein Harmonie. Von Hans Lavater und E. Erismann 1841 gegründeter Männerchor, der nach Hans Georg Nägelis *Männerchor Zürich* von 1826 die zweitälteste Institution zur Pflege des reinen Männergesanges war. (Vier heitere Chöre op. 239, 1863.)